上海市中等职业学校
教学工作诊断与改进指南

Shanghaishi Zhongdeng Zhiye Xuexiao
Jiaoxue Gongzuo Zhenduan Yu Gaijing Zhinan

上海市教育评估院 编著

上海教育出版社

编著委员会

前　言

2015 年发布的《教育部办公厅关于建立职业院校教学工作诊断与改进制度的通知》明确提出"建立职业院校教学工作诊断与改进制度，……是持续提高技术技能人才培养质量的重要举措和制度安排"，2020 年教育部等九部门印发的《职业教育提质培优行动计划（2020—2023 年）》提出"深入推进职业学校教学工作诊断与改进制度建设，切实发挥学校质量保证主体作用"，2021 年中共中央办公厅、国务院办公厅印发的《关于推动现代职业教育高质量发展的意见》明确指出"推进职业学校教学工作诊断与改进制度建设"，体现了国家层面已经把职业学校教学工作诊断与改进（以下简称"诊改"）确立为一项稳定、持久的制度安排。受上海市教育委员会委托，从 2016 年起，上海市教育评估院组织推进上海市中等职业学校诊改工作，在市教委指导下组建了上海市中等职业学校教学工作诊断与改进专家委员会。

七年来，按照教育部的诊改工作部署，上海市坚持"需求导向、自我保证，多元诊断、重在改进"的工作方针，切实引导和帮助中等职业学校主动适应经济社会发展需要，改善办学条件、规范学校管理、深化教学改革、完善制度体系、健全运行机制，为促进中等职业教育健康可持续发展发挥了积极作用。在推进中职诊改工作实践过程中积累了一定的实践经验，同时也认识到存在的不足。为了深化对诊改的认识，加强理论研究成果、典型实践案例的推广宣传，我们系统谋划，集专家之力，设计和形成了《上海市中等职业学校教学工作诊断与改进指南》，目的是进一步指导下一阶段的诊改工作，持续完善学校内部质量保证体系，健全内生发展机制，增强内生发展能力，提升学校办学水平和人才培养质量，不断推进上海市中等职业学校治理体系和治理能力现代化。

本书内容主要包括三个部分。第一部分：理论基础。汇集了全国职业院校教学工作诊断与改进专家委员会主任委员杨应崧教授，教育部职业教育与成人教育司院校发展处任占营处长，全国职业院校教学工作诊断与改进专家委员会副主任委员、中职组组长周俊教授，上海市教育评估院职成教所所长刘磊副研究员、赵冬燕助理研究员关于中职诊改工作的重要理论研究成果，作为诊改的理论基础。

第二部分：工作指南。重点设计和制定了学校层面、专业层面、课程层面、教师层面和学生层面的中职诊改工作指南。围绕教学诊改的核心理念，紧密联系中职学校实际，包括诊改主体、诊改目的、诊改任务、诊改运行、成效检验等主要内容，每个层面的指南后还附有诊断点设计提示、诊改报告设计等，希冀能够对各校深入推进诊改起到一定的指导作用。每部分最后设置了各个层面诊改工作常见问题解答，方便为读者在实践过程中释疑。

第三部分：实践案例。收录了67篇中职学校诊改工作实践案例，并按照诊改主体层面分为四个篇章，分别为学校篇、专业篇、课程篇、教师篇，目的是给有关院校以直观和鲜活的经验启发。略有遗憾的是，本书未收录学生层面诊改工作的案例，反映出目前本市开展学生层面诊改工作的学校还较少，这也是后续诊改工作推进的一个重点和难点。

本书是集体的智慧结晶和共同劳动成果。编著过程中，刘磊、冯晖对本书进行了总体设计、编著统筹。各章的负责人为：第一章杨应崧、任占营、周俊、刘磊、赵冬燕，第二章刘磊、冯明、王鹤、李钰、金怡、姜晓敏、赵冬燕，第三章见案例执笔人。赵冬燕、李星承担了案例撰写、修改的组织工作，胡兰、黄蓉、邹旻承担了部分文字工作。冯明、杨晓红、姜晓敏、胡笑冰、金怡、李钰、王鹤、钟勇等专家对案例提出了修改建议。本书的出版还得到各相关院校领导、诊改工作负责人和专业教师的大力支持。

本书撰写过程中，邀请杨应崧、周俊、邬宪伟、鲍贤俊等专家担任本书编著顾问，对书稿提出了很好的建议和指导。

在此谨对为本书顺利付梓付出努力的领导、专家和同仁表示诚挚的敬意和感谢。由于时间仓促和水平有限，不妥和纰漏之处恐在所难免，祈请专家学者和读者不吝指正。

编著者

2023 年 10 月

目　录

课　程　篇

教 师 篇

第一章
理论基础

职业院校内部质量保证体系运行基本单元探析 ①

2015 年，教育部启动了职业院校教学工作诊断与改进制度（以下简称"诊改"）建设工作。为推进和落实这项工作，全国诊改专委会提出了简称为"55821"的职业院校内部质量保证体系基本构架，要求在学校、专业、课程、教师、学生各个层面建立 8 字形质量改进螺旋（以下简称"8 字形螺旋"）。这作为一个全新的概念，自然引起社会各方的关注，希望一探究竟。在此之前，有不少职业院校已在内部质量管理中引入戴明循环（PDCA）、ISO 体系等方法，同样体现了自我诊断与改进的理念。因此，尤其渴望了解：8 字形螺旋到底是何方神圣？能否以戴明循环等体系代替 8 字形螺旋？能否简化为"O"形，甚至"一"字形，以利推广？本文拟通过回顾 8 字形螺旋这一概念的生成脉络，回答院校的关切和感兴趣者的疑问。

一、有始有终的线段状模式

自有人类社会以来，就有了社会活动和社会事务，也就有了相应的管理活动，其中包括对质量的关注和管理。

一个时代有一个时代的特点，造就了适应时代特点和要求的社会运行形态、管理思想、组织形式，乃至组织和个人的运行、工作方式。

在工业革命前，因为生产力极度低下、物质资源普遍匮乏，家庭或小作坊、小商店是主要的生产和服务组织形式。除了当政者视为直接关乎国计民生或情有独钟的极少数物资之外，质量全凭商品制造者或服务提供者来保证，质量好坏评价全凭老百姓的口碑，简单却不失真实。即便如此，各行各业总有一些对优良品质的执着追求者，孜孜不倦地在实践中摸索改进，创造出一件件流芳百世的宝物精品，比如越王勾践剑、都江堰水利工程。与此同时，先人们也在不断地总结质量管理方面"软"的经验成果，提出或引用诸如"未雨绸缪""谋定而动""工欲善其事，必先利其器""千里之行，始于足下""千里之堤，溃于蚁穴""失败乃成功之母"等警句箴言。

第一次工业革命为世界打开了通向工业经济时代的大门。随着社会生产力的大幅提升、新型生产组织的涌现和社会关系的深刻变革，科学管理运动应运而生，科学管理实践与理论不断发展完善，创造出完全不同于农耕时代的，以法定权力为基础，分工精细、权责相符、等级分明的科层式组织形式和与之相适应的工作方式：任务—计划—组织—实施—总结—激励（奖惩），姑且称之为"线段状"工作方式。

在科层式单向管理背景下，组织内各个部门的工作方式可以进一步简化为：计划—组织—实施—（总结）报告。质量管理部门的工作自然也遵循这一模式。

线段状模式一事一议、有始有终、条理清晰、实施简便，也确有成效，因此在很长的

---

① 作者杨应崧、袁洪志，原文发表于《江苏高职教育》2020 年第 4 期。

历史时期中被广泛接受和采用。问题在于，在"流变"（指社会各种"流"，如人员流、信息流、技术流、物资流、资金流等的流量和流速）不大的环境中，各层级领导者、管理者很容易产生危机意识不强、全局观念薄弱、权责混淆不清等问题，目标和任务设置不科学乃至口号化、过程管理简单粗放、绩效判断主观随意等现象比比皆是，导致在淡化目标（特别是阶段性现实目标）作用的同时，给主要为上级负责的报告留下太多修饰描摹的空间，甚至有"九分成绩一分缺点"的八股套路风行一时。总结和报告也就失去了应有的激励、反思、改进作用，更谈不上前鉴后师、持续改进。这种现象在非生产领域尤其常见，曾经长期在计划经济年代工作的人们一定深有体会。

二、有始无终的戴明循环

随着经济社会的发展进步，"流变"水平快速提高，人们对产品质量的要求越来越高，企业面临的生存压力越来越大，迫切需要寻求持续发展的取胜之道，正是在这样的背景下，戴明学说崭露头角。

戴明学说的内涵非常丰富，核心思想集中体现于著名的"戴明14点"，影响最为广泛的莫过于戴明循环，也即PDCA循环。

戴明循环由4个相互衔接的基本环节组成：计划（plan）、实施（do）、检查（check）、改进（act）。它适用于任何一项工作的有序推进，有利于不断改进工作、持续提升质量，并且表述简洁、易记易用。

图1 戴明循环示意图

结合戴明14点，可以对戴明循环有更为深入的理解。一是"计划"包含长远目标、原则方针的确立。尤其对最高管理层，戴明一再强调要从纷繁复杂的日常事务中解脱出来，确定正确的发展战略，把改进产品和服务作为恒久的目标，永远以质量取胜。二是"检查"要用数据说话。戴明创立了在质量管理中引入统计学的理论，是把统计分析技术应用于非生产活动的先驱者。三是PDCA不是一个封闭的圆环，而是有始无终、首尾相继、螺旋上升的质量提升过程。四是该循环适用于各个层面，从组织到个人都可以建立PDCA循环，最终形成"大环套小环"的总体格局。

戴明使战后茫然不知所措的日本企业抓住了质量这个决定竞争实力强弱的牛鼻子，学会了全面质量管理技术，取得了令世人惊叹不已的经济成就。有鉴于此，PDCA循环理所当然地得到普遍认同与广泛应用。但在实践中，常常出现这样的情况，"检查"以事后总结材料为主，不免流于形式。改进滞后且针对性不强，改进的效果不明显。循环只存在于最高管理层，没有底下层面"小环"的承载和互动，未能如戴明所期望的那样：消除一切影响员工积极性的因素。

分析产生的原因，除了有实践者对戴明循环理解不深刻、实施不到位带来的问题，还因时代的局限，受到另外两个因素的影响。因素之一，对在质量保证中起着关键作用的"目标"关注得不够。尽管戴明循环中的"计划"包含了目标的确立，但只是停留在长远的、战略性的一般描述上。"计划"强调的是"质量不是来源于检验"，应当注重防患于未然的理念。而且，戴明竭力反对为员工设定可计量目标。目标的不清晰、不具体，自然导致"检查"的随意和结论的模糊，目标的作用无法充分体现。

因素之二，囿于当时的信息技术，在多数情况下，数据无法实现源头实时采集，更遑论即时交流、互动、分析、展示，常态化实施鲜有可能。所以，戴明所提倡的"用数据说话"，只能停留在对历史数据的统计分析上，可以起亡羊补牢的作用，却很难做到监测预警、实时改进。

值得庆幸的是，20世纪50年代，彼得·德鲁克创造了目标管理（MBO）这样一个具有划时代意义的概念。

他认为：管理首先需要明确目标；目标管理应当成为管理者的第一要务；目标管理的最大优点在产生自我激励，激发人们的内在动力和潜力。

德鲁克的贡献还在于，他不仅强调了目标的重要性，而且要求高层管理者对所确定的总体目标进行逐层分解，直至转变成各个部门和个人的分目标，形成完整的目标体系。

德鲁克的目标管理理论弥补了戴明循环的不足，在随后的实践中，许多企业把目标放在了质量管理的出发点位置，收到了非常好的效果。

如果依据目标管理理论对戴明循环进行适当修正，将目标的确立作为工作的起点，并有具象化的标准予以支撑，"检查"就显得简单明了，反馈就能够有的放矢，"改进"就容易收到成效。伴随总体目标的逐层分解，"大环套小环"的联动机制也就不难形成。

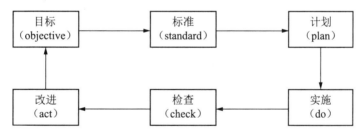

图2 戴明循环用目标管理理论改进后的工作模式示意图

近年来，英特尔、谷歌等企业在推行一种简称为OKR的新管理模式，要求从公司、部门到每一个员工都要自设3个问题：我的目标（Objective）是什么？怎么知道我的目标已经抵达，也就是关键结果（Key Results）或标准是什么？怎样去实现我的目标？并且要定期对照目标和关键结果进行自我检查（诊断）。这不仅和诊改的做法十分相近，而且足见现代企业对目标和标准体系建立的高度重视。

三、激发"两力"的"双台"模式

众所周知，计算机和存储设备的发明引发了第二次数据爆炸，这次爆炸为我们带来第二个自然界——数据自然界，开启了人类第二个活动空间，引起人们工作、学习、生活、思维、管理等方式的深刻变化，人类社会在不知不觉中迎来了知识经济时代。

知识经济时代必然呼唤适应其特点和规则的新组织形式的出现。1965年，佛瑞斯特在《一种新型的公司设计》一文中描绘未来企业组织的理想形态——层次扁平化、组织信息化、结构开放化。1988年，彼得·德鲁克撰文《新型组织的出现》预言企业朝知识型转变的必然趋势。1990年，彼得·圣吉发表研究成果《第五项修炼——学习型组织的艺术与实务》，明确提出"学习型组织"的概念，阐明创造学习型组织的途径。

知识经济最基本的特点是知识与创新成为压倒一切有形经济要素的核心要素，学习力和创造力成为组织和个人的核心竞争力。

知识管理理论认为，在知识经济时代，必须坚决摒弃那种跟着经验或者感觉走的所谓"改进"。因为，如果在变化"快、广、深、大"，迭代周期极短的世界里，不拥有"改善心智模式"的自觉，不掌握最新的知识与技术，不具备创新的思维与能力，"改进"就只能是按下葫芦浮起瓢式的顾此失彼，或是翻烧饼式的来回折腾，到头来只能是同一水平上的周而复始，直至灾难性崩塌，而且会来得非常快。由此得出结论，无论是组织还是个人的工作方式都必须从工业经济时代的只有"前台"转变为既有"前台"又有"后台"的方式。所谓"后台"，指的是完成一项任务之后，必须认真地回顾、反思，认真地诊断、评价，深挖存在的主要问题、剖析其产生的原因并加以有效改进。同时强调，"改进"的前提和基石是知识的"学习"和"创新"。大卫·加文认为学习型组织"是一个善于创造、取得和传播知识的组织，并且善于改进它的行为，以反映新的认知"。显而易见，学习型组织是能够适应知识经济时代特点的组织形式。

图3是借助学习型组织的理念，对前面所述的工作方式修正后的示意图。

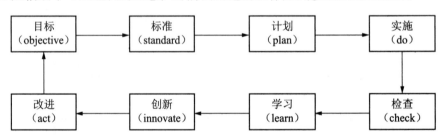

图3　学习型组织工作方式示意图

四、缺陷归零的 8 字形螺旋

2013年11月党的十八届三中全会通过的《中共中央关于全面深化改革若干重大问题的决定》提出："深入推进管办评分离，扩大省级政府教育统筹权和学校办学自主权，完善学校内部治理结构。强化国家教育督导，委托社会组织开展教育评估监测。"

诊改正是职业院校在管办评分离背景下实施的一项改革探索，目的在于"建立职业院校教学工作诊断与改进制度，引导和支持学校全面开展教学诊断与改进工作，切实发挥学校的教育质量保证主体作用，不断完善内部质量保证制度体系和运行机制，是持续提高技术技能人才培养质量的重要举措和制度安排，也是教育行政部门加强事中事后监管、履行管理职责的重要形式，对加快发展现代职业教育具有重要意义"。

诊改最鲜明的特点一是自主保证、二是重在过程。在诊改推进过程中，院校碰到的共性堵点也集中在这两个方面。有些院校跳不出长期科层式管理形成的思维定式，习惯于把质量优劣的"宝"押在外部对结果的检验和评价上，反而忽略了各个质量创造主体的作用和责任，诊改重心始终漂浮在学校层面，自我诊断蜕化为另类考核，诊改复核演变成另类评估。还有一些院校，特别是那些校领导信息化素养不高的学校，忽视了网络信息技术的运用，即使意识到质量生成过程的决定性作用，也试图引入预警纠偏功能，却因为找不到路径、下不了决心，三四年过去了，仍然无法摆脱"理想很丰满，现实很骨感"的尴尬。试想，如果要求每个人在工作过程中频繁地、费时费力地做记录、填表格、答问卷，有几人能够坚持，到头来不是胎死腹中就是虎头蛇尾。所以，常态化和动态化就成了诊改需要突破的关键瓶颈。

随着网络信息技术的突飞猛进，第四次工业革命不期而至。今天，几乎所有伴随过程产生的人、物、事数据的实时采集、瞬时共享、即时交流、及时展现已经成为可能，多少年来人们梦寐以求的"三全"（全员、全过程、全方位）保证终将成为现实。

在制造业，借助现代网络信息技术，通过对生产过程实时数据的即时分析、诊断，可以对偏离预设目标路径的运作状态发出预警并立即纠偏调控，从而实现零缺陷制造（ZDM）。

有了现代网络信息技术的支撑，教育教学质量不应当再满足于事后的总结回顾、统计分析和亡羊补牢式的整改，而是必须高度重视对过程的实时监控，将一切可能影响人才培养质量的问题消弭在萌芽状态。正是出于这样的考虑，才有了图4所示的8字形螺旋。

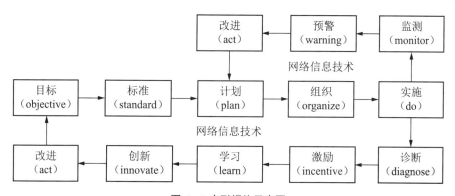

图4　8字形螺旋示意图

诊改要求院校各个层面、岗位、人员都应建立8字形螺旋，把它看成院校内部质量保证体系的基本单元、细胞组织。力图通过8字形螺旋的建立和运行，为机体注入充满创新活力、代谢生机、免疫功能的良性基因。

五、问计需求，不断改进

8字形螺旋的建立涉及所有层面、所有岗位、所有人员，是对传统思维方式、工作习惯的颠覆性改造，而且没有成熟的样板和经验可以学习、借鉴，在起步阶段，受到指责、非难，遭遇难题，阻力在所难免。此时，至关重要的是要有咬定青山不放松的决心定力、抓铁有痕的实干精神，还要有善于激发内生动力的巧劲智慧。

建立覆盖所有岗位、所有人员的 8 字形螺旋，首先要联系实际，学懂弄通习近平新时代中国特色社会主义思想，做好、做深质量强国战略思想的学习和宣传，将现代质量意识和先进质量保障理论、方法逐层传递给学校所有师生员工。要引导大家全面、准确、深刻地理解和把握其实质，避免陷入常见的认识误区。

误区之一，主体不一致。忽略了它是适应当今时代要求、普遍适用于各层面主体的工作方式，是将质量保证责任落实到"人人"的可靠载体，是主体"自我净化、自我完善、自我革新、自我提高"意识的扎实体现。如果把 8 字形螺旋异化为衔接不同主体的管理流程，似乎只要能拼凑出一个"8"字形便是 8 字形螺旋，结果必定是各种"螺旋"满天飞，8 字形螺旋的实质内涵面目全非，实践意义荡然无存。

误区之二，起点遭迷失。习近平总书记一再强调要"坚持目标引领和问题导向"，并在工作中身体力行这一理念。无数事实表明，如果不善"积势蓄势谋势"、不善"识变求变应变"，做工作不是先有目标、标准，而是信马由缰、我行我素，自我诊断就成了现状罗列、自我表彰，而问题导向只能是拍脑袋、走形式，要不就是"我来做你来评"，忘记了主体地位、没有了责任担当、遏制了内生动力。

误区之三，"联动"被忽视。有了问题不做系统分析，解决问题不求多措并举，不仅容易诱发报喜不报忧、揽功推责等不良风气，而且会直接影响"改进"的实际效果。质量管理大师约瑟夫·朱兰曾经做过一项研究，结论是"在所发生的质量问题中，追究其原因，只有20%来自基层操作人员，而80%的质量问题是由于领导责任所引起的"。类似地，学校某一层面自我诊断发现的问题，究其原因，往往不全是该层面的主体造成的，也不是个体能够独自解决和改进的。因此，应当坚持系统治理、综合施策的理念，针对诊断出的问题实事求是地分析原因，找到相关主体的责任，各负其责地加以改进。由此产生联动机制，逐步形成共创、共治、共享的良好氛围。

误区之四，不重视学习创新。前已述及，在知识经济时代，"学习"和"创新"应当成为"改进"的前提和基石，必须有和经验主义决裂、向形式主义说"不"的勇气。凡诊改做得好的院校都非常重视在学习的基础上，创造性地推进诊改。它们的共同点是，在诊改工作中遇到困惑、问题，不是喊冤叫屈、打退堂鼓，而是组织有针对性的学习研讨、交流互动、专题培训。比如：怎样科学地树立目标、制定标准；怎样选择诊断点、设置预警值；如何设计实施方案、链接激励机制；如何梳理职责、完善制度；如何应用网络信息技术改变教学、学习、工作、管理、合作、服务、生活形态；等等。有的院校因此创建了一站式办事大厅，有的创造了学生画像、教师画像，有的引入了"一页纸"过程管理，有的营造出自下而上的诊改联动机制，有的正在探索考核从形式到内容的转型升级，受到师生的由衷欢迎。

误区之五，不重视制度建设。从无到有建立 8 字形螺旋必须要有相应的制度做保证，既要明确主体责任、建设标准，还要明确自诊周期、报告形式、改进实施、效果考核等运行要求。否则，建立内部质量保证体系就永远定格在坐而论道、纸上谈兵。

8 字形螺旋持续运行的原动力来自质量保证主体真真切切的获得感，因此激发原动力是质量保证从被动转为主动的难点、关键。

诊改试点院校的共同经验是问计于需求、获得感驱动、智能化开路。它们善于从转变管理形态和教学形态入手，把师生从填表、跑腿、做材料等简单繁杂劳动，以及政出多门、多头汇报、反复请示等低效率工作环境中解脱出来，让师生将主要精力集中到紧扣目标的高质量、高效率工作上，腾出时间来学习新知识、新技术、新技能，在此基础上不断创新、改进、提升，最终实现组织与个人的同步高质量发展。在全国试点院校现场复核中，不少人这样谈体会："我对诊改的第一反应是抵触，认为又是玩概念、搞形式那一套。但随着诊改的深入推进，感觉做工作思路清楚了、效率提高了，不仅接受了诊改，而且愿意参与其中。"

综上所述，8字形螺旋不是专为诊改凭空杜撰的虚妄概念，也不是舶来品的改头换面，它融入了戴明的持续改进理念，确立了目标的起点地位，突出了学习力和创造力培育。而且，因为有现代网络信息技术的支撑，具备了伴随过程的即时改进功能，使得全员参与质量保证、零失败教育等美好愿望有了实现的可能性。从"线段状"模式到PDCA循环，到"双台"模式，再到8字形螺旋，折射出从工业经济到知识经济再到新工业时代的变迁脉络，是中国职教人对第四次工业革命即将带来的新形态、新需求的探索性回应。经过这几年的努力，如常州工程职业技术学院、无锡职业技术学院、陕西工业职业技术学院、黄河水利职业技术学院、淄博职业学院、上海电子信息职业技术学院、天津市第一商业职业学校、上海市贸易学校、石家庄工程技术学校、佛山市南海区盐步职业技术学校等一批职业院校的8字形螺旋建立不仅起步早而且做得实，目前已经进入制度化运行阶段，师生开始有了获得感，并正在逐步走向常态化运行。实践表明，8字形螺旋是激发内生动力、创新活力的引擎，是培植代谢生机、免疫功能的基因，是职业院校内部质量保证由管理变治理、被动变主动、零散变系统、主观变客观、一时变日常的重要保证。

当前，需要警惕的是，把"繁""难"作为拖延、推诿的理由。需要提醒的是，经济社会转型不是一件轻而易举的事，习近平总书记告诫我们要准备"付出异乎寻常的努力"，职业教育的提质升级也不可能一蹴而就。读书要经历从"厚"到"薄"的过程，方能把握其精髓。创新须以学习吸收为前提，方能取得实质性突破。不下真功、不出实招，开步不稳就想跳跃，那样的诊改只能是玩概念、走形式，结果必定是理念落后、思路混乱、风气不正、质量滑坡、危及生存。

在抗击疫情的紧要关头，教育部作出了"停课不停学"的相应部署，线上教学转眼间在全国范围内成了教学的主要方式，有效提升了社会各界对教育信息化的认知水平，有力促进了各类学校信息化建设的步伐。令人欣喜的是，随着课堂教学形态的变化，一些地方和学校已经开发出相应的信息支撑平台，并被师生广泛接受和使用。在这些学校，诊改和质量保证的常态化已经成为现实。实践表明，诊改并不难，关键在站位、决心、实干精神。

参考文献：

［1］中国共产党第十九届中央委员会第四次全体会议公报［EB/OL］.（2019-10-31）［2020-01-15］. http://cpc.people.com.cn/n1/2019/1031/c64094-31431615.html.

［2］全国职业院校教学工作诊断与改进专家委员会.高等职业院校教学工作诊断与改进文件选编与实践研究［M］.北京：高等教育出版社，2018.

［3］吴军.智能时代：大数据与智能革命重新定义未来［M］.北京：中信出版社，2016.

［4］Kesheng Wang, Yi Wang. Data Mining for Zero-Defect Manufacturing［M］. Trondheim, Norway: Tapir Akademisk Forlag, 2012.

［5］朱扬勇，熊赟.数据学［M］.上海：复旦大学出版社，2009.

［6］秋禾.11天读懂管理史［M］.北京：中国纺织出版社，2007.

职业院校教学工作诊断与改进
与传统评估的八大区别 [①]

为贯彻国务院《关于加快发展现代职业教育的决定》，建立常态化的职业院校自主保证人才培养质量的机制，根据《教育部 2015 年工作要点》和《高等职业教育创新发展行动计划（2015—2018 年）》，教育部决定从 2015 年秋季学期开始，逐步在全国职业院校推进建立教学工作诊断与改进制度，全面开展教学诊断与改进工作。职业院校教学工作诊断与改进是指学校根据自身的办学理念、办学定位、人才培养目标，聚焦专业设置与条件、教师队伍与建设、课程体系与改革、课堂教学与实践、学校管理与制度、校企合作与创新、质量监控与成效等人才培养工作要素，查找不足与完善提高的工作过程。

诊断与改进和管办评分离背景下的评估的区别体现在八个方面。

一是目标不同。评估是要督促院校按照既定目标、标准的要求，建设一个自上而下的、周期性的、以层级式管理为基本架构的人才培养质量管理系统。诊断和改进，是为了引导和帮助职业院校发挥教育质量保证主体的作用，自主开展多层面、多维度的诊断与改进工作，逐步建成一个覆盖全员、贯穿全程、纵横衔接、网络互动的常态化教学工作诊断与改进制度体系。诊断与改进的目的是高质量地全面达成预定目标并不断创造性地超越既定目标，是定位、导航、体检、矫治，是改进、创新，主要不是为了做价值判断和考核评议。

二是运作动力不同。评估作用下形成的质量管理系统，其运作动力主要来自外部，来自行政指令，虽然建成难度比较小、见效快，但是院校容易产生被动应付的心理，质量管理容易出现时紧时松、上紧下松的现象，持续改进动力不足。诊断与改进的运作动力主要来自实际的社会需求，来自质量生成主体提升核心竞争力的内在需要，来自院校内部大大小小"质量改进螺旋"相互激励、牵制的潜在机制。它虽然建设难度较大、过程较长，但因为从根本上消除了被动应付、上紧下散的土壤，所以能够形成常态、维持张力、落实"三全"、持续改进。

三是标准设置不同。评估的标准由评估的组织者设定，同一组织主体组织的同类评估的标准是基本统一的，而且通常在同一轮评估周期中维持不变。所以，习惯称之为"既定标准"。诊断与改进的标准由质量主体，也就是学校，根据社会需求和学生的发展需求制定。因此，在不突破教育部设定底线的前提下，各地区、各院校都可以补充设定适合自身实际的标准，并且可以跟随需求的变化和达成的状态不断修正，甚至提出"跳一跳够得着"的新目标与标准，使得生成质量的主体始终保持改进提升的激情与张力。故称其为"需求标准"。

[①] 作者杨应崧，原文发表于《中国教育报》2015 年 10 月 29 日第 10 版。

四是组织主体不同。评估的组织主体是评估的组织者，可以是利益相关方，也可以是没有直接利害关系的第三方机构。在实施管办评分离之后，不包括职业教育的管理方和办学方。而诊断与改进的组织主体是质量的直接创造者，是质量保证的第一责任人。对职业教育来说，指的是院校及其办学者。

五是教育行政部门的角色不同。在评估中，教育行政部门是组织主体，扮演的角色是指挥员、裁判员。在建立职业院校教学工作诊断与改进制度的过程中，教育行政部门则起着规划、设计、引导、支持的作用，扮演指导员、教练员的角色。

六是指标体系不同。评估的指标体系为的是对评估对象做出价值判断，依据的标准是既定的、静态的，一般是按照逐层分解的模式设计。诊断与改进的指标体系是质量生成主体用于诊断、定位、导航的，依据的标准是开放的、动态的，所以是按"态（现实状态）—里（影响因素）—表（表现指标）"的逻辑展开，更像罗盘、坐标。

七是运行形态不同。评估是为了对教育机构的办学方向、办学条件和办学水平等做出评议和估价。需要事先选定评估节点，并在规定的时间内完成规定的工作，给出评判的结论。因此，评估具有项目的性质，注重的是结论。而诊断与改进是质量生成主体为了找准定位、调整纠偏、持续改进而设计的运行模式，所以是融入工作全程的，没有起讫时间的限制，类似于日常的"自我保健"，注重的是过程。

八是操作方法不同。诊断与改进强调质量计划与标准的制定，强调广泛采用深度汇谈的方法，强调从源头采集数据，强调过程性数据开发、采集和利用，强调数据的实时采集、分析和展现。

总之，诊断与改进旨在建立职业院校人才培养质量保证工作新常态，体现"四变"。

一是服务需求——变自娱自乐为服务需求。坚持以经济社会与学生全面发展的需求为引领。树立质量目标和标准时，不能搞脱离实际需求的闭门造车，不能一成不变，更不能成为某一群体或机构从自身利益出发的越俎代庖。

二是立足自我——变"以外部保障为主"为"以内部保证为主"。强调工作与保证同步，承担工作任务必须同时担负质量保证的责任，无一例外。

三是常态诊改——将诊断与改进列为一切工作的组成环节，变脉冲式激励为常态化改进，由此激发院校的学习动力与创新活力，并使其成为工作新常态。

四是平台支撑——变回顾总结为实时监控，全力打造数字化校园环境。通过人才培养工作状态数据采集与管理平台的普遍建立和优化升级，使得实时监测、及时预警成为现实，办真正让人民满意、放心的职业教育。

职业院校教学工作诊断与改进制度建设的思考 [①]

为完善职业教育内部质量保证制度体系，建立常态化的职业院校自主保证人才培养质量机制，教育部决定建立职业院校教学工作诊断与改进制度，着力推动职业院校履行人才培养质量主体责任，强化教育行政部门加强事中事后监管、履行管理职责。正确认识职业院校教学工作诊断与改进制度，持续提高技术技能人才培养质量具有重要意义。

一、建立职业院校教学工作诊断与改进制度的时代背景

教育质量既是当前经济社会质量的重要内容，又关系着今后经济社会发展的质量。职业教育已经成为推动实体经济发展和提升国家竞争力的重要支撑。一定程度上，职业教育质量、技术技能人才培养质量，直接关系着中国经济社会发展质量。

（一）建立职业院校教学工作诊断与改进制度是管办评分离的必然选择

教育领域全面深化综合改革，推行管办评分离，必须加快健全学校自主发展、自我约束的运行机制。在这个背景下，职业院校教学工作诊断与改进制度明晰了管、办、评的职责范围，界定了人才培养质量各方责任的总体框架：职业院校是人才培养质量的第一责任主体，确保人才培养质量在其生成的过程中首先得到保证，体现职业院校担负主体责任的内在自觉性；教育管理部门是人才培养质量的第二责任主体，复核职业院校是否具备履行第一主体责任的制度、机制和能力，体现教学管理部门的管控应激性；利益相关方是人才培养质量的第三责任主体，以结果评价导向倒逼第一和第二责任主体推动人才培养质量持续改进，体现第三方责任主体的外在技术性。

（二）建立职业院校教学工作诊断与改进制度是学校履行主体责任的重要内容

职业教育深化体制改革，需要明确职业院校的办学权利和义务，落实学校办学主体地位，逐步形成政府依法履职、院校自主保证、社会广泛参与，以及教育内部保证与教育外部评价协调配套的现代职业教育质量保障机制。建立职业院校教学工作诊断与改进制度，就是要构建政府、学校、社会的新型关系，推动职业院校不断强化主体责任，用好办学自主权，实现院校质量自治；推动政府更加尊重学校办学自主权，履行营造公正公平发展环境的管理责任；推动社会全过程参与办学质量评价，促进教学质量持续提升。

（三）建立职业院校教学工作诊断与改进制度是持续提升培养质量的重要抓手

职业院校提高竞争力，服务国家产业转型升级，必须把资源配置和工作重心转移到持续提高技术技能人才培养质量上来。建立职业院校教学工作诊断与改进制度，就是要建立一种推动职业院校完善持续改进和提高教育教学质量的机制，通过分析质量生成过程，寻找教育教学质量的关键控制点（环节），运用制度、机制、能力、文化、行动等实施控制，让制度运行成为机制，让机制坚持成为能力，让能力升华成为文化，让文化自觉成为行

---

① 作者任占营，原文发表于《国家教育行政学院学报》2017 年第 3 期。

动，从而实现持续提升人才培养质量。

二、职业院校教学工作诊断与改进制度建设的主要任务

"职业院校教学工作诊断与改进，指学校根据自身办学理念、办学定位、人才培养目标，聚焦专业设置与条件、教师队伍与建设、课程体系与改革、课堂教学与实践、学校管理与制度、校企合作与创新、质量监控与成效等人才培养工作要素，查找不足与完善提高的工作过程"，明确界定了职业院校教学工作诊断与改进制度建设的任务要求。从实施路径上看，教学工作诊断与改进就是要完成确定目标、聚焦要素、查找不足、完善提高系列工作过程；从任务要求上看，教学工作诊断与改进就是要完善职业院校内部质量保证体系、提升教育教学管理信息化水平和树立现代质量文化。

（一）完善职业院校内部质量保证体系

完善职业院校内部质量保证体系，就是要以诊断与改进为手段，在学校、专业、课程、教师、学生不同层面建立起完整且相对独立的自我质量保证机制，强化学校各层级管理系统间的质量依存关系，形成全要素网络化的内部质量保证体系，实现内部质量支撑外部需求，促进教育链与产业链有机融合。

完善职业院校内部质量保证体系，就是要学校回答好五个问题：一是办学定位是否准确，怎么保证准确确立办学定位；二是专业设置是否合理，怎么保证合理设置专业；三是课程（课程体系）设置是否科学，怎么保证科学设置课程（课程体系）；四是课堂教学是否有效，怎么保证课堂有效教学；五是制度体系是否支撑有力，怎么保证制度体系有力支撑。

完善职业院校内部质量保证体系，就是要学校把握好五个"度"。一是要根据社会服务面向，科学确定办学定位，实现办学定位与服务面向契合，提高办学定位、发展目标与社会需求的符合度。二是要不断适应产业升级带来的人才和技术新需求，借力行业指导，建立需求导向的专业动态调整机制，不断优化专业结构，实现专业（群）与产业对接，提高学校专业结构与产业结构的契合度和对办学定位的支撑度。三是要根据岗位（群）技能要求，深化校企合作，基于岗位（群）要求确定专业人才培养规格，基于培养规格设置课程（体系）和课程目标，基于课程目标确定教学内容，实现专业人才培养方案与岗位（群）对接，专业课程内容与职业资格（标准）对接，提高人才培养规格与岗位（群）需求的吻合度。四是要紧扣实际工作中的技能点（模块）及要求，创新优化教学方法和评价方式，实现教学过程与生产过程对接，校内理论学习与企业顶岗实践对接，提高学生、社会、用人单位、政府对教学质量的满意度。五是要创新产教融合、校企合作、工学结合的体制机制，健全全员、全过程、全方位的质量保证体系，优化教学条件与资源配置，实现教材教辅与信息化教学资源对接，校内教师与企业兼职教师对接，提高师资队伍、教学仪器设备、实践教学基地、图书资料等教学资源对人才培养的保障度。

（二）提升教育教学管理信息化水平

人才培养工作状态数据采集与管理平台，数据涵盖了职业院校人才培养工作的关键指标，能够比较客观地反映职业院校的办学情况，使学校能够全面、实时掌握各专业人才培养过程信息，是学校教学工作诊断与改进制度的运行基础。职业院校要加强人才培养工作

状态数据管理系统的建设与应用，完善预警功能，提升学校教学运行管理信息化水平，为教育行政部门决策提供参考。一是要建立一种大数据价值观，在面对数据指标缺陷时，从疲于应付、迎评达标的填报动机转向主动采集、诊断改进的价值取向。二是要建立一套科学有效的数据应用制度，尊重投入与产出效能的数据分析，客观评价学院、专业的办学状态和人才培养水平。三是要建设一支技术过硬的数据管理队伍，在满足人才培养工作状态数据采集与管理平台要求的基础上，结合本校信息化建设实际，优化数据结构和完善平台功能，实现源头采集，做好数据的整理、分析、挖掘，构建完善的质量预警机制，尽早消除影响人才培养质量的各种不利因素。

（三）树立现代质量文化

树立现代质量文化是职业院校教学工作诊断与改进制度建设的根本方向。质量文化是由物质层面、行为层面、制度层面及道德层面组成的金字塔，是在学校长期办学实践中，由学校全体教职员工普遍认同，逐步形成并相对固化的群体质量意识、质量方针、质量目标、质量标准、质量评价方法、质量奖惩制度等。也就是说，学校全体成员都要树立质量意识，认同学校的质量价值观，"时时、处处、事事"都为质量负责。"上下同欲者胜，同舟共济者赢。"只有全体教职员工立足本职岗位，建立自己的质量标准，才能构建全面质量管理体系，形成内部的质量管理机制，树立现代质量文化。作为院（校）长，要常问自己"我们的办学定位是否准确，方向是否明确，我们是否科学设置了专业，专业结构是否已经优化"；作为二级学院（系部）负责人，要常问自己"专业建设计划或方案是否科学，专业定位和目标是否明确，条件保障是否到位，产教融合、校企合作、工学结合培养人才是否落实到位"；作为专业带头人，要常问自己"我们是否科学制定人才培养方案，是否正确设置了课程或课程体系"；作为教师，要常问自己"我们是否在有效地进行课堂教学，每节课是否都达到了预定教学目标"。

三、编制职业院校质量保证体系建设实施方案的关键控制点

对职业院校而言，建立教学工作诊断改进制度就是要编制好内部质量保证体系建设校本实施方案，并确保方案得到有效执行。由于不同院校的基础和难点不同，问题点和侧重点不同，突破口和控制点不同，校本质量保证体系建设实施方案也定会各不相同。那怎么判断职业院校内部质量保证体系建设实施方案的方向是否可行、内容是否科学呢？笔者认为，依据"建立常态化的职业院校自主保证人才培养质量的机制"目标，可以围绕建立健全、常态化、职业院校、自主保证、人才培养质量、机制这六个关键控制点对校本方案的方向正确性和内容科学性做出基本判断。

一是建立或是建立健全。缺失的制度要建立，是查漏补缺；已有的制度要完善，是健全、整合和优化。毋庸置疑，每所学校都有一套自己的质量管理制度，问题是制度健全不健全、好用不好用、运行没运行、有无实际效果。建立教学工作诊断改进制度，实现路径不是"再搞一套"，更不是"推倒重来"，而是在现有的基础上完善、重组和优化。唯有继承与创新，才有改进和发展，制度才能落地生根，机制才有运行基础。

二是常态化。既然是常态化就绝不是一次性。"诊断与改进就是过去的评估"，这种认识是片面的、错误的，是"评估情结"的具体体现。过去的评估是对学校办学质量的绝对

评价，是终结性、回溯式、静态的。诊断与改进是实现常态化、动态进行的螺旋式的诊断、改进、提升和发展；诊断与改进的复核是对学校内部质量保证能力的评价，是内在的、个性的、全过程的。这种评价不是为了证明，而是为了改进，为了促进教学系统的优化，促进教育活动取得实效。实现常态化，就是要利用先进信息技术实现源头准确、高效、便捷的常态化采集，及时掌握和分析人才培养工作状况，在人才培养的过程中随时进行评价、反馈、改进和提高。

三是职业院校。如前所述，职业院校是质量保证的第一责任主体。职业院校办学水平有高低，履责能力有大小，有些院校已经具备，有些院校正在完善。对于不同阶段的院校，需要分类指导推进，切实提高工作的针对性和实施效果。总体上，对新建院校要"保证学校的基本办学方向、基本办学条件、基本管理规范"，对优质院校要"集聚优势、凝练方向，提高发展能力"，对大部分院校要"保证院校履行办学主体责任，建立和完善学校内部质量保证制度体系"。

四是自主保证。自主保证就是自我管理、自我约束、自我完善、自我适应，制定校本方案。这是要点、难点，也是痛点。一方面，长期以来政府主导的多，学校自主思考的少，政府大包大揽的多，学校主动作为的少。另一方面，学校层次不同、类型不同，发展阶段不同，主要矛盾和矛盾的主要方面也不同，国家或者省级一两套标准方案走遍天下是不可能的，也是不可取的。所以，从制度设计上看，国家、省级方案保基本，院级方案鼓励个性化发展，鼓励引导职业院校分析人才培养质量的生成过程，自主寻找教育教学质量的关键控制点（环节），构建网络化、全覆盖、具有较强预警修复功能和激励作用的校本内部质量保证体系。

五是人才培养质量。建立教学工作诊断与改进制度的价值核心是提升人才培养质量，在方案制定时聚焦在人才培养工作上，体现以学生为本、以教学为中心，落脚点在人才培养质量是否提高上。质量是抽象的，但也是具体的。对学生而言，质量就是学生个体的认识、情感、兴趣、特征、意识、品质等个体发展程度，强调学生个体自发展与学校及教师指导帮助相结合，完成一定阶段的自我实现。对国家而言，质量就是学校培养的学生满足国家、社会用人需要的程度，其特点是注重外部需要，并以满足程度作为评价质量高低的标准。

六是机制。建立机制的基础是完善制度，建立机制的目的是形成能力。制度运行起来才能形成机制，机制长期坚持才能内化成为能力。机制具有动态性和实践性。所谓动态性，是指职业院校内部职能和岗位责权的动态调整与配置，以及不断修订完善的内部规章制度。所谓实践性，是指只有通过与之相应的院校内部管理体制和制度的建立（或者变革），机制在实践中才能得到体现。所以，建立机制的关注点不再是准备缺失的"原始资料"，而是要分析确定引起这些"原始材料"缺失的制度是否健全。如果制度不健全，那就完善相关制度；如果制度是健全的，那就要关注制度是否在有效运行，是否形成了良性运行机制。

四、职业院校教学工作诊断与改进制度建设成效的判断表征

从时间上看，学校教学工作诊断与改进制度建设是一项长期性工作，需要逐步完善内

部质量保证体系，经历"制度—机制—能力—文化—行动"历史阶段，建设成效显现周期长，短期内难以用显性指标测量。从空间上看，学校推进教学工作诊断与改进制度建设是根据本校实际制定校本方案，构建校本质量保证体系，不同学校的建设成效难以用一把尺子或一组绩效指标测量。那怎么感知、怎么判断职业院校教学工作诊断与改进制度建设成效呢？笔者认为，学校在探索实践过程中可以从以下六个方面对本校制度建设成效做出基本判断。

一是学校是否已经从过分关注质量评价结果向关注质量生成的全过程转变。院校内部质量保证体系建设还在初级阶段，对其本质、结构与功能的正确理解和深刻认识还有待进一步深化。有些学校容易习惯性简单机械地模仿传统意义上的外部质量保障体系和运行模式，过于权宜性和功利性，从而使其沦为外部质量保障和第三方检查评价的前期准备阶段。职业院校应切实对质量全程把控，淡化短期的、静止的终结性和回溯性评价，强化长期的、动态的形成性和前瞻性评价，从关注质量评价结果向关注质量生成的全过程转变。

二是学校是否已经从原来相对分割、孤立的质量管控措施，向全面系统的质量管理转变。学生成长的轨迹是线性的，但人才培养工作是多维、复合的。教学、学生等部门的教育教学工作在时间、空间上相互交错，有相辅相成，也有时空冲突。在人才培养工作的不同方面，每个学校都有很多质量管理措施，但这些措施可能是分散的，它们之间可能是矛盾的，效果上可能是相悖的，这就需要从相对分割、孤立的质量管控措施走向全面系统的质量管理。

三是学校是否已经开始从依赖外部问责机制产生动力，向内部自愿问责激发内生动力转变。以高职院校为例，在高职领域开展的前两轮评估在特定历史阶段对推动事业发展发挥了重要的作用，对于大量新升格的高职院校，依靠外部问责和奖惩机制，基本实现了管理基本规范、条件基本达标、质量基本保证。在学校与政府、社会的新型关系时期，基于"承诺—履行"的伦理契约和价值理性，职业学校以"自律"换取"自主和自由"，通过质量承诺和全面质量管理，使政府、社会、家长、学生相信学校会通过内部自愿问责激发提升自身质量的内生动力。

四是学校是否已经从强化模仿和趋同的标准化向促进多样化发展转变。在过去一段时期，以问责（奖励和惩罚）为基础的质量保障体系，采用绩效指标以及资源分配相关联的等级评分规则对院校进行的总结性评价，强化了院校之间的模仿和趋同而非促进多样化，其直接的外在表现形式就是"千校一面"。当前，面对生源类型多样化、群体对象复杂化、学生成长个性化、社会需求多元化、发展环境国际化，职业院校必然要从传统的标准化走向多样化，人才培养从标准化向差异化、多样化、个性化转变，从而实现院校特色发展。

五是学校是否已经开始从院校身份表征质量向专业建设水准表征质量转变。"国家示范性高等职业院校建设计划"实施以来，重点建设了 200 所国家示范（骨干）高职院校，各地也相应建设了一大批省级示范（骨干）高职院校。示范（骨干）高职院校的身份已是表征办学质量的金字招牌和优秀品牌，成为政府配置资源、学生报考志愿、企业招聘员工的重要依据。但随着考试招生制度的改革深化，这些品牌学校内部专业建设水平和培养质量的不均衡的弊病将会很快显现。整体提升专业建设水准必将成为高职院校强化内涵、提升质量的突破点和着力点，必将成为高职院校体现办学特色的逻辑起点和教育教学改革的核心环节，必将成为表征办学质量的金字招牌和优秀品牌。

六是学校是否已经从原来依赖政府制定质量标准，向学校制定更高的校本质量标准转变。由于区域、校际的不均衡性和差异性，政府制定的质量标准（如院校设置标准、专业建设标准、实训设备配备标准）往往是最低要求，或者是基本要求。当前，职业院校要在保证国家标准不降低的前提下，不再依赖政府制定标准，而是结合本校实际，制定校本质量标准，建立健全对接产业、企业发展中高端水平的教学标准体系。只有这样，才能赢得企业认同，赢得市场的认可，才是学校品牌信誉的根本保证。

"让发展更有质量""加快建设质量强国"，是新时期经济社会发展对职业院校提出的更高质量要求。教学工作诊断与改进制度建设，是一项具有根本性、全局性、稳定性和长期性的工作。建立常态化的职业院校自主保证人才培养质量机制，每位职业教育工作者不忘初心、保持定力、立足岗位、尽职尽责，定会向社会提供有质量的职业教育，为促进我国经济转型和结构调整，打造中国经济升级版，提供重要人才支撑。

参考文献：

［1］教育部办公厅.关于建立职业院校教学工作诊断与改进制度的通知（教职成厅〔2015〕2号）［Z］.2015-06-23.

［2］教育部.关于深入推进教育管办评分离促进政府职能转变的若干意见（教政法〔2015〕5号）［Z］.2015-05-04.

［3］教育部.高等职业教育创新发展行动计划（2015—2018年）（教职成〔2015〕9号）［Z］.2015-10-19.

［4］教育部职业教育与成人教育司.关于印发《高等职业院校内部质量保证体系诊断与改进指导方案（试行）》启动相关工作的通知（教职成司函〔2015〕168号）［Z］.2015-12-30.

［5］苏永建.高等教育质量保障中的价值冲突与整合［J］.中国高教研究，2013（11）：19—25.

中等职业学校教学工作诊断与改进的实践思考 ①

教育部办公厅颁布了《关于建立职业院校教学工作诊断与改进制度的通知》(教职成厅〔2015〕2 号，以下简称《通知》)，决定从 2015 年秋季学期开始，逐步在全国职业院校推进建立教学工作诊断与改进（简称"诊改"）制度，全面开展教学诊改工作。这标志着中等职业学校质量建设迈上了一个新台阶。

一、中等职业学校教学工作诊改的意义

中等职业教育是现代职业教育的基础，加快发展现代职业教育必须巩固提高中等职业教育的发展水平，特别是要尽快提高作为中等职业教育主体的中等职业学校的办学质量。作为办学质量决定性因素的教学工作无疑处于举足轻重的地位，亟须强化和提高。因为教学工作是中等职业学校的核心工作，事关人才培养质量和职业教育的吸引力。教学工作诊改无疑对提高中等职业学校办学质量具有深远的历史意义。

"诊断"本是医学术语，最早将诊断原理运用于社会科学作为内部管理重要手段的是企业，并形成了企业诊断理论。21 世纪前后，诊断作为一个重要理念，逐渐被引入教育领域，成为一种新型的应用教育技术，在引领学校建构反思意识、强化发展动力、提高管理效能、促进学校自主发展方面发挥了重要作用。因此，教育行政部门将其作为中等职业学校提升教学质量的重要抓手。

（一）教学工作诊改有利于提升中等职业学校教学工作的地位，促进学校领导班子共同关注、支持、强化教学工作

从理论上讲，教学工作是学校的中心工作，学校一切工作都必须围绕教学而展开。但由于多种因素的影响，不少中等职业学校的教学工作成为分管教学工作副校长的个人工作，成为学校少数人的事件，成为学校校长都可以不关注的工作。这种情况的出现，原因是多方面的。一是因为不少中等职业学校办学条件差，教学必不可少的实训条件十分薄弱，学校处于为生存而苦苦挣扎之中，校长的主要精力不得不放在经费的争取上，放在项目的游说上，实在难以顾及教学工作，导致教学工作没有得到应有的重视。二是由于传统观念的影响，加之职业学校办学条件的制约、师资水平与人才培养要求的不匹配，导致学校招生困难，而招生决定着学校的生死存亡，因此学校领导不得不将主要资源、主要精力放在招生上，弱化了教学工作。三是教学工作是常规的基础性工作，其质量高低相对来说是隐性的，对短时间内提高学校的知名度和影响力作用不大，为改变学校处境、扩大生源、争取经费，学校领导不得不将主要精力放在面子工程上，导致教学工作事实上的被忽视。开展常态化周期性的教学诊断，激励学校关注教学工作，必将稳定教学工作在学校工作中的中心地位。

---

① 作者周俊，原文发表于《江苏教育研究》2015 年第 Z6 期。

（二）教学工作诊改有助于建构促进教学质量提升的内生机制，增强学校发展软实力

一般来说，职业学校教学质量的高低大都通过学生的就业率、就业质量显示。虽然技能大赛在一定程度上反映了学校的教学质量，但因其有多方面的局限性，并不能充分证明学校教学质量，就业在事实上成为学校教学质量高低的主要显示器。由于中国产业结构长期在低端运作，对员工的素质、技术要求并不高，加之就业门槛较低，对新进员工的受教育年限并没有强制要求，人才质量高低并没有成为就业的决定性因素，由此带来教学质量被淡化甚至被忽视的问题。在这种情况下，促进教学质量提升的内生机制无从谈起。随着产业结构的转型升级，培养高素质、技术技能型劳动者的要求越来越高，学校必须改变传统的人才培养模式，建构办学质量自我提升的内生机制。教学诊改作为一项制度性工作，必然能促进学校主动建构诊改的工作流程，形成学校发展的内生机制。

（三）教学工作诊改有益于提高师资队伍和教学管理队伍的建设水平，奠定中等职业教育高质量发展的基础

合格的师资是提高教学质量的保证。教学管理人员是教学资源的组织者，也是教学质量提升的保障者。由于长期以来教学工作事实上的被忽视，导致不少地区、不少学校并没有重视师资队伍建设，教学管理人员没有得到应有的尊重，工作处于应付状态。不少地区将中等职业学校视为政府机关，遵循所谓的不扩大编制原则，严加限制中等职业学校人事工作，导致师资短缺，编制不足，生师比居高不下。不仅如此，不少地区人事部门按普教的要求配置职教师资，过分强调学历，而对有无技能或技能高低不加考虑，导致技能教学与现有师资不匹配，这也成为制约中等职业学校教学水平提高的重要因素。开展教学工作诊改，特别是教育行政部门的抽样复核，必将进一步突破师资队伍建设上的种种障碍，促进师资队伍、教学管理队伍的建设力度。

二、中等职业学校教学诊断与改进工作的主要内容

《通知》从战略高度阐述了职业院校教学诊改的原因、内容和流程设计，为中等职业学校教学工作诊改指明了方向。

中等职业学校教学工作诊改的对象是"三个基本"。其中，基本办学方向是中等职业学校办学质量的根本，也是学校自我诊断必须高度关注、认真反思的核心问题。基本办学条件是中等职业学校办学质量的基础，也是开展教学工作诊断的重要事项。基本管理规范是中等职业学校办学质量的保障，也是提高办学质量的重要抓手。

依据"三个基本"，《通知》明确了教学诊改工作的十项内容。一是办学方向——人才培养工作的前提；二是办学定位——人才培养工作的指南；三是人才培养目标——人才培养工作的依据；四是专业设置与条件——人才培养工作的基础；五是教师队伍建设——人才培养工作的条件；六是课程体系与改革——人才培养工作的抓手；七是课堂教学与实践——人才培养工作的重点；八是学校管理与制度——人才培养工作的保证；九是校企合作和创新——人才培养工作的关键；十是质量监控与成效——人才培养工作的保障。常态化周期性诊改中等职业学校此十项内容，必将进一步推进中职教学质量的提高。

依据教学工作诊改制度的内容，《通知》明确了教学诊改工作将要完成的五项任务。

（1）理顺工作机制。《通知》要求依据一个方针，建构包括三项具体内容的工作机制。一个方针就是"需求导向、自我保证，多元诊断、重在改进"的工作方针；三项内容就是建立职业院校人才培养工作状态数据平台，学校自主诊改，教育行政部门根据需要抽样复核；工作机制就是职业院校持续提高人才培养质量的机制。（2）落实主体责任。《通知》要求职业院校要履行好人才培养工作质量保证主体责任，做好三项工作。一是建立常态化周期性的教学工作诊改制度；二是开展多层面、多维度的诊改工作；三是构建校内"三全"（全员、全过程、全方位）质量保证制度体系。（3）分类指导推进。《通知》从提高诊改的针对性和实施效果出发，明确了职业院校各自的诊断重点。中等职业学校教学工作诊改的重点是保证"三个基本"。（4）构建数据系统。《通知》要求职业院校要充分利用信息技术，做好三方面工作。一是建立校本人才培养工作状态数据管理系统；二是及时掌握和分析人才培养工作状态；三是依法依规发布社会关注的人才培养核心数据。（5）试行专业诊改。由于专业教学诊改涉及面比较广，且不同的专业有其不同的特质要求，故《通知》提出试行要求。

为保证教学工作诊改取得应有成效，《通知》提出了三项要求。（1）完善组织保证。为将教学诊改工作落到实处，《通知》要求建立部、省两级教学工作诊改专家委员会。部级专家委员会负责指导方案研制、政策咨询、业务指导等工作；省级专家指导委员会负责指导本省相关业务工作。（2）加强省级统筹。《通知》明确提出教学工作诊改的主体是省级教育行政部门，其工作职责如下：一是制定本省教学诊改工作方案；二是根据教育部指导方案制定本省（区、市）工作方案、细则和实施规划；三是组织实施本省职业院校教学诊改工作；四是组织专家抽样复核本省职业院校的诊改工作；五是组织和检查本省区域内职业院校诊断后的改进情况。另外，由于中等职业学校数量众多，办学情况比较复杂，《通知》提出可由省级教育行政部门委托地（市）级教育行政部门组织实施。（3）确保公开透明。为保证职业院校教学工作诊改取得实效，在推进职业院校人才培养质量提升工作中发挥应有的作用，《通知》一并提出了加强管理的要求。

三、中等职业学校教学工作诊改的重点

开展教学诊改既是新形势下提高办学质量的重大举措，也是学校实现自我发展、自我提高的重要机遇。中等职业学校必须在深刻认知的基础上，依据"三个基本"和"十项内容"，做实"三项建设"工作；从问题入手，围绕"六大重点"进行自我诊断、自我剖析。

（一）中等职业学校教学诊改的准备工作

第一，做好内部质量保证制度的建设工作。学校要依据《通知》精神，建立校本化的教学诊改制度，并将其列入内部质量保证制度体系之中。通过制度建设明确教学自我诊改的目标、原则、时间、路径和要求，将其作为常态化周期性的工作。同时通过制度建设，明确教学诊断的具体内容，定期从教学实际出发，围绕人才培养工作要素自我诊断，及时总结经验，找出存在问题，制定相应措施并改进。

第二，做好教学工作诊改工作机制的建设工作。机制是执行力的基础，也是教学诊改落到实处的保证。没有机制或机制不健全，即使建构了相应制度也不能将其落实到位。建设教学工作诊改工作机制，就是依据校本化的制度，将诊改的目标、原则、时间、路径和

要求通过一定的工作流程落到实处。

第三，做好教学诊改的队伍建设工作。队伍是教学诊断的前提，也是教学诊断能够取得成效的保证。依据《通知》精神，必须建设好三支队伍。首先，建设好平台数据采集和管理队伍。教学诊断要求充分利用信息技术，通过校本人才培养工作状态数据平台分析学校人才培养工作现状。为保证客观、公正、及时、准确地将相关数据填报到平台上，需要培养一支熟练掌握数据平台准则和技术的专业队伍。其次，要建设好校本诊断专家队伍。教学诊改是集教育、教学、管理等于一体的综合性工作，其诊断者一要具备一定的理论基础，如督导理论、教育学理论、心理学理论、管理学理论等；二要具备一定的教育教学和科学思维能力；三要掌握相关的诊断方法，如问卷调查法、考察法、访谈法、分析法等。再次，要建设好能依据诊断结论进行改进的教学管理队伍。改进是诊断的目的，依据诊断结论改进是开展教学诊断的宗旨，必须依据改进的需要提升原有的教学管理队伍质量。必须看到，传统的管理大都局限于控制和协调，在开发和创新上相对不足，而基于诊改的管理队伍需具备开发意识和创新能力。为此需通过培训，建立一支拥有自我诊断意识、掌握诊断知识技术、富有开发意识和创新精神的管理队伍。

（二）中等职业学校教学诊改的重点工作

第一，做好办学思路与组织的诊断工作。学校的办学思路集中体现在办学指导思想上。了解学校办学指导思想，要做好四方面的诊断工作。一是诊断学校办学理念与现代职业教育理念及学校实际的吻合程度。二是诊断学校依据区域需要、学校优势和现代职业教育发展大势定位状况。三是诊断学校发展目标的科学性和实效性。四是诊断学生职业精神、职业技能和人文修养与用人单位要求的吻合状况。

学校组织情况集中反映在学校治理结构上。治理结构是现代职业学校制度的重要内容。把握学校治理状况，要做好两方面的诊断工作。一是诊断学校内部治理结构完善状况及学校在专业设置与调整、人事管理、教师评聘、收入分配等方面的自主权限。二是诊断学校领导班子成员的办学理念、管理能力、创新能力和整合资源的能力状况。

第二，做好资源与条件的诊断工作。资源条件是教学工作的基础，也是教学工作能否达到预期目的的决定性因素。职业教育的资源条件突出表现在办学经费、师资队伍、实践教学条件、信息化条件与资源四个方面。办学经费是教学工作的经济基础。把握办学经费情况，要做好三方面的诊断工作。一是诊断经费收入情况：经费渠道是否稳定，来源是否可靠，特别是实验实训及设备经费、教师培训经费等是否有保证。二是诊断经费支出情况：财务管理制度是否健全，是否依据预算支出，日常教学经费占比是否合理。三是诊断生均经费情况：教育法规定的生均经费是否到位，能否保证学校正常运行。师资队伍是教学工作最重要的资源，也是教学工作得以运行的前提。准确把握师资队伍建设水平，要做好三方面的诊断工作。一是诊断师资数量与结构：专任教师的配备及学历达标状况，专业带头人、企业兼职教师、"双师型"骨干教师队伍建设状况。二是诊断教学能力：教师的教学设计、实施、评价和研究能力，专业课教师企业实践能力及信息化教学能力。三是诊断师资队伍建设规划、措施与成效：教师职业道德建设状况，学校专业标准执行、教学团队建设、专业带头人培养以及教师培训状况等。实践教学条件是职业教育特质的显现，也是决定职业学校教学质量的关键因素。评价实践教学条件，要做好两方面的诊断工作。一是诊断校内实训条件：实训基地专业覆盖状况，设备设施的完好情况和利用率状况，虚拟仿真实训系统开发应用状况等。二是诊断校外实训基地情况：基地能否适应专业教学要求，能否满足学生实习和实训需要。信息化条件与资源是教育现代化的基础，也是提升教学质量的保证。把握学校信息化建设状况，要做好三方面的诊断工作。一是诊断校园网状况：校园网满足教育教学需要、网页内容更新、网络教学资源建设状况等，以及提升教师信息素养的举措。二是诊断教学用计算机现状，了解信息化教学的基本条件。三是诊断图书及数字化教学资料状况：数字化教学资料和图书资料的建设状况等。

第三，做好专业与课程的诊断工作。专业与课程集中反映了学校的办学方向。专业与课程建设状况可通过专业规划与建设、人才培养方案、课程建设等诊断得以把握。专业规划与建设集中反映了学校专业建设的规范化程度，把握其建设情况，要做好三方面的诊断工作。一是诊断专业规划的制定、执行与调整状况。二是诊断专业建设举措与成效的情况。三是诊断校企合作的实践状况。人才培养方案是专业与课程建设的依据，也是建设的目标。评价人才培养方案，要做好两方面诊断工作。一是通过方案的制定、执行与调整情况的诊断，了解人才培养目标定位是否合理，方案是否得到有效执行、及时调整，能否搭上"立交桥"。二是通过课程体系的建立、执行与调整情况的诊断，了解课程体系建构的科学依据，反映人才培养时代要求的程度，专业技能课程比重是否合理。课程建设是专业建设的核心内容，也是教学质量提升的基础。评价课程建设状况，要做好三方面诊断工作。一是通过对教学内容、方法和手段的诊断，了解教学内容是否符合要求，教学过程是否对接生产过程，以及教学模式改革创新状况、考核评价状况。二是通过对课程建设计划、措施和成效的诊断，了解课程内容是否对接职业标准，能否及时更新，以及精品课程、主干课程建设状况。三是通过对课程资源的诊断，了解教材选用和网络教学资源使用状况。

第四，做好过程管理的诊断工作。过程管理是学校的常规性重点工作，是教学质量提升的重要保障。过程管理的质量可通过教学管理、学生管理、质量监控和安全管理四方面的诊断得以把握。教学管理对教学质量的提升具有决定性意义。把握教学管理质量，要做好三方面诊断工作。一是通过对教学管理制度、执行与成效的诊断，了解制度完善、执行及教学秩序运转状况。二是通过对教学管理队伍的诊断，了解教学组织管理系统建设状况，以及人员数量结构和素质状况。三是通过对实践教学管理与实习管理的诊断，了解管理制度建设、执行和管理状况，国家相关规定的落实状况。学生管理是学生素质提升的重要举措，也是教学工作顺利运行的基础。评价学生管理质量，要做好三方面诊断工作。一是通过对学生管理制度、执行与成效的诊断，了解制度完善、执行状况，重大事项管理到位状况，学生素质教育状况，以及学生的行为习惯。二是通过对学生管理队伍的诊断，了解队伍结构、素质、工作状况。三是通过对学生奖惩管理情况的诊断，了解相关政策执行状况，特别是家庭经济困难学生的资助情况。质量监控是教学工作顺利运转的保证。评价质量监控状况，要做好三方面诊断工作。一是通过对制度设计的诊断，了解教学工作制度和质量保证机制建设状况。二是通过对运行状态的诊断，了解制度执行状况、多元参与教学评价状况、人才培养数据平台建设和使用状况。三是通过对监控效果的诊断，了解自我诊断后的工作改进状况。安全管理是学校一切工作得以展开的前提。把握安全管理状况，要做好两方面诊断工作。一是通过对应急预案的诊断，了解安全管理组织和制度建设状况。二是通过对校园安全状况的诊断，了解学校安全运转、规范办学状况。

第五，做好素质教育的诊断工作。素质教育是教学的重要内容，也是学校教育的中心工作。学校素质教育状况可通过德育工作、文化素养与身心素质培养、校园文化三方面的诊断予以把握。把握德育工作状况，要做好五方面诊断工作。一是通过对德育课程教学的诊断，了解《中等职业学校德育大纲》的落实情况，德育课程开设状况，教学的针对性、实效性和时代感如何，其他课程是否有机渗透德育内容，以及德育师资建设状况。二是通过对德育实践的诊断，了解学校按照"三贴近"原则，从知行统一、教管结合出发，设计和组织德育活动状况。三是通过对心理辅导的诊断，了解学校心理健康教育条件建设、教育内容等状况。四是通过对职业指导的诊断，了解学校职业指导的水平和质量。五是通过对志愿者活动的诊断，了解志愿服务活动是否正常，管理是否规范，机制是否形成。文化素养与身心素质培养，是素质教育的重要内容，其质量可通过两方面状况的诊断予以确认。一是诊断总体设计，了解素质教育课程开设状况。二是诊断实施效果，了解学生的人文修养、审美情趣和学生健康状况。校园文化是学校特有的育人基础。校园文化建设质量可通过两方面诊断予以把握。一是通过对校园环境的诊断，了解学校生态文明建设状况、公共环境建设和校园文化活动开展状况。二是通过对特色营造状况的诊断，了解校园文化、主题教育校本特色状况，以及校风、教风和学风建设状况。

第六，做好教学质量的诊断工作。教学质量是教学工作的指南，也是教学活动的评价标准。在现有条件下评价教学质量可通过社会评价、技能评价的诊断得出初步结论。考察社会评价要做好三方面诊断工作。一是通过对年度招生数、巩固率的诊断，了解学校招生举措和规范化招生状况，特别是学生巩固率状况，因为这在一定程度上反映了学校真实的教学质量。二是通过对就业率、就业质量的诊断，了解学校就业推进举措，学生就业面向和起薪点与专业人才培养目标的吻合状况。三是通过对社会认可度的诊断，了解毕业生社会满意度，用人单位的评价情况。技能教学是职业学校的特质，技能评价在一定程度上反映了学校教学质量。考察技能评价要做好两方面的诊断工作。一是通过对双证书获取率的诊断，了解学生技能学习状况。二是通过对专业技能竞赛情况的诊断，了解各种技能大赛师生参与和获奖状况。

中等职业学校只有做好上述方面的准备工作，把握重点工作，精心组织好自我诊断，才能真正发挥教学诊改在提升教学质量、提高人才培养质量中的积极作用，实现自身的可持续发展。

高质量发展视域下中职教学诊断与改进制度建设的探索 [①]

中共中央办公厅、国务院办公厅印发的《关于推动现代职业教育高质量发展的意见》在"完善质量保证体系"部分明确提出"推进职业学校教学工作诊断与改进制度建设",标志着职业学校教学工作诊断与改进成为一项国家层面的制度安排,明确了此项工作的地位和功能。在高质量发展的时代主题下,如何更加深刻地认识教学工作诊断与改进(以下简称"诊改"),即为什么要开展诊改,诊改能实现哪些跨越,近年来上海中职在诊改方面开展了哪些探索,未来如何深入推进制度建设,本文将围绕以上问题展开研究。

一、现实需要:职业学校开展诊改的必然性

国家政策层面将诊改作为职业学校质量保证的一项制度建设,不是臆想出来的,而是国内和国际两个方面的现实需要,具有历史必然性。

(一)服务新时代职业教育高质量发展的需要

何为质量?一般意义上即为一组固有特性满足需要的程度。职业教育的发展质量即职业教育的供给满足经济社会对技术技能人才需要的程度。职业教育是与市场结合最紧密的教育类型,需要盯紧现代经济结构调整和产业升级变革动向,不断增强适应性,一方面服务经济社会发展,另一方面促进就业,增进人民福祉。在此过程中职业教育的质量成为最关键的变量。如何确保高质量?质量保证方法和成效至关重要。诊改提供了服务高质量发展的质量保证方法。诊改主张需求导向、问题导向的价值理念。所谓需求导向,是以经济社会和产业需求为导向自主确立学校的发展规划,发展规划中明确发展目标和相应标准,然后制定能有效支撑学校发展规划的子规划,同时把子规划中的目标和标准落实到各部门和各条线,形成上下贯通的目标链和标准链,让需求导向逐步分解落地。所谓问题导向,指诊改是职业学校自身不断寻找问题、分析问题和解决问题的过程。与一般意义上的寻找问题不同的是,诊改的问题是基于学校的办学现实与先前确立的目标、标准之间的差距,一般需要通过数据管理系统中相关办学数据分析得出,而不是纯粹的主观判断。分析问题和解决问题的过程同样需要办学相关数据分析的加持,以验证问题解决的效果。

(二)遵循国际职业教育质量保障普遍做法的需要

纵观国际上经济发达或职业教育比较发达的国家,在开展职业教育质量保障时,均有一个共同特点,即把质量保障分为外部保障和内部保障,而评价又是质量保障最核心的内容,且把学校内部评价作为质量保障的重要方面,注重自我质量保证,持续改进。如德国职业教育评价分为外部评价和内部评价。外部评价没有全国性的统一模式,而是由各州的

---

① 作者刘磊、赵冬燕,原文发表于《上海教育评估研究》2023 年第 3 期。

质量评价机构组织实施，按照各州的职业教育法，学校有接受外部评价的义务。而内部评价主要通过建立 ISO9001 标准、Q2E 等开展内部质量保证，并不是考察学校办学质量本身的高低，而是对产生质量的流程进行控制和管理。同样，日本的《新基准》法规规定，职业学校必须制定相应的自我评价形式，对学校的管理、运行等做出评价。内容一般包括教育内容和课程、教育方法、招生考试、教师组织、管理运行、学生评教、学生出路等。日本职业教育外部评价的内容主要有两个：一是基准评价，审查设置基准，评价学校设立的目标达成度；二是内部质量保证体系的整备与系统情况，主要考察学校自身内部质量保证体系、制度的建设情况和评价机能改善情况。可见外部评价和内部评价结合，凸显内部评价的重要作用已是国际职业教育质量保障的普遍做法，而在我国目前外部评价所占比例较大。诊改坚持自我质量保证、自主发现问题的理念主张恰是符合国际质量保障的主流做法。

二、理论审视：诊改力图实现的四大逻辑转向

若要实现诊改服务职业教育高质量发展的战略目标，需要在理论上思考诊改应实现哪些跨越，即从逻辑上实现何种转向。

（一）实现教育管理向教育治理的重大转向

党的十八届三中全会首次提出"推进国家治理体系和治理能力现代化"的改革目标。十九届四中全会提出，到 2035 年，基本实现国家治理体系和治理能力现代化。党的二十大又重申了这一时间目标。治理与管理有何区别？习近平总书记深刻指出："治理和管理一字之差，体现的是系统治理、依法治理、源头治理、综合施策。"在教育领域特别是职业教育领域，教育治理尤为重要。诊改应实现教育管理向教育治理的转向。一是处理好上与下的关系。科层制的树形体制是典型的管理体制，上面发布任务，下面实施，下对上负责，是典型的自上而下的关系。而治理要改变这种单一的自上而下的关系，转变为上与下良性互动，自下而上和自上而下相结合的关系。二是处理好个体与群体的关系。管理模式下典型的动力来源为牵引力，即传统火车中"火车跑得快，全凭车头带"，领导个体的牵引和鞭策作用至关重要。而治理则是要激发包含领导在内的所有人员发挥积极性和主动性，变传统火车为动车组列车，所有车厢均能产生动力，车头起到把握方向的作用，即把所有人作为质量保证的主体，实现全员深度参与，共同参与治理的发展格局。三是处理好内部与外部的关系，即职业学校内部与外部利益相关方的关系，治理不仅关注职业学校内部，而且要与外部建立良好的合作关系，加强资源共享，吸引行业企业深度参与。

（二）实现外部推动向内部生成的重大转向

与评估相比，诊改的不同在于动力形成机制。对学校而言，评估的标准、要求等均来自外部要求，深入人心的"以评促建、以评促改、评建结合、重在建设"的方针一方面说明了评估的初衷，另一方面也表明评估提供的是一种外在的推动。诚然，评估的优点很多，如作为指挥棒，能提供强有力的导向和推动作用，在推动职业教育发展中的地位不可或缺。但其缺点是稳定性、长久性的动力来源不足。而诊改则可以实现从外部推动到内部生成的跨越。因为"诊改的动力来自实际的社会需求，来自质量生成主体提升核心竞争力的内在需要，来自职业院校内部大大小小'质量改进螺旋'相互激励牵制的潜在机制"，

能从根本上消除评估带来的被动应付、动力不持续的问题。如果把外部推动与内部生成看作唯物辩证法的外因与内因的关系，内因是事物变化的根据，外因是事物变化的条件，外因通过内因起作用，则更应充分认识到诊改的重要作用。诊改为贯彻落实学校的办学自主权提供了重要的政策保障和认识土壤，有助于学校立足本身的实际和文化禀赋进行特色办学。

（三）实现局部变革向系统建构的重大转向

当前我们的发展多数采用的是项目推动式的发展逻辑，一般采用项目立项、投入经费、开展建设、项目验收的基本程序，这种发展逻辑在短时间内可实现质量明显提升的战略预期。我国改革开放制定的基本政策之一就是"允许一部分人先富起来，先富带动后富"，取得了令世界瞩目的经济发展奇迹。但项目推动式的发展有本身难以克服的缺陷，即项目是局部的，很难设计包罗万象的项目。职业教育领域开展的"双高"建设、"双优"建设、精品课程、创新团队等项目皆是如此，即聚焦职业教育办学的某个方面或某些方面的局部变革。而诊改则力图实现从局部变革到系统重构的跨越，因为诊改涉及基本情况、学校领导等十个方面，涵盖了学校教育教学的方方面面，通过建立8字形质量改进螺旋诊改工作运行机制，开展学校、专业、教师、课程、学生五个层面的诊改，逐步深入推进，系统构建职业教育内部质量保证体系。

（四）实现从阶段性推动到常态化保证的重大转向

为什么要建立诊改制度？从根本上讲这是破解职业学校质量保障从项目式阶段性推动如何走向常态化的难题。制度是一切工作的依据，也是工作目标实现的保证。要实现常态化，必须以制度建设为前提，因为制度具有稳定性、约束性、权威性的特点。建立诊改制度则是从内涵上构建常态化保证的关键。首先，学校立足实际，建立周期性的学校教学工作诊断与改进的运行实施方案。实施方案是诊改工作的根本制度，周期内所有诊改工作均应以此为依据。其次，明确周期内各层面的诊改主体、诊改内容、诊改运行、激励措施等。再次，强化系统数据治理的常态化，逐步生成海量数据，为决策服务、为人才培养服务。最后，从推动诊改工作的角度看，建立学校自主诊改和外部抽样复核相结合的制度设计时，需要明确外部抽样复核是对学校自主诊改"有没有""动没动""有效否"的检验，即通过外部抽样复核检测学校内部质量保证的实效，而不是对学校教育教学质量的价值判断。

任何理念要落实到人才培养之中，必须以扎实的实践为落实路径，上海中职诊改经过近年来的探索，形成了有效的实践范式。

三、实践范式："五结合"的上海中职诊改探索特点

上海中职诊改着力实现逻辑转向，在实践推进过程中主张理念先行、系统设计和操作易行等原则，逐步形成了"五结合"的实践范式。

（一）贯彻全国方案和开展本土探索相结合

在诊改实践中，以全面落实全国诊改方案为前提，结合上海职业教育的实际和特点，瞄准上海职教体系建设和上海教育综合改革的努力方向，构建上海中等职业教育质量保证体系，在教育部总体要求之外又增加了个性化要求。第一，目标任务中增加落实改革创新

举措。进一步聚焦课堂、规范管理，完善课程实施条件，实现系统培养、多样成才，满足学生生涯发展多元需求，继续深化中等职业学校内涵发展和特色创新，推动本市各项改革创新举措落到实处。第二，工作原则上提出坚守底线、鼓励创新、学校自主、协同实施的原则。提出上海的要求要高于全国，做到"三个体现"：体现上海教育综合改革的成效、体现教育教学改革专项成果、体现上海特点和学校特色。第三，诊断内容按照上海教育综合改革深入推进的要求，增加1个特色与创新项目、3个诊断要素和11个诊断点，集中体现了专业改革状态、学生素质提升和教师专业发展状态以及国际合作交流状态。诊断内容包含7个诊断项目、20个诊断要素、110个诊断点，几乎涵盖了学校所有工作范畴的内容，供学校诊改时参考，形成符合上海职教特点的教学诊断与改革质量保障内容体系。

（二）专业机构牵头和协作小组推进相结合

上海中职诊改工作由专业机构牵头和协作小组推进相结合，形成了由市级、区块（协作组）和学校三方组成的上海中职诊改工作模式，构建了上海特色的中等职业学校诊断改进工作组织体系，为有效推进诊改工作发挥了积极的作用。在上海市教委领导下，成立上海市中等职业学校教学诊断与改进专家委员会，由熟悉中等职业教育、具有管理经验、具有公信力的中高职教育专家、教育教学研究专家以及行业企业专家组成。专家委员会在全市诊改工作中起到统筹协调的作用，包括在诊改运行方案制定、典型案例的征集等工作中起到牵头和推动作用，并组织复核工作和专家组培训工作。诊改专委会和上海市教育评估院双重开展工作，诊改专委会设秘书处，下设理论组、平台组和专业组，秘书处设在上海市教育评估院职业与成人教育评估所，秘书处下分为7个协作组。全市中职学校以协作组为单位开展日常学习培训等工作。各协作组组长单位是市级和学校间的桥梁，发挥纽带作用，负责本组学校诊改抽样复核的沟通、协调、培训、交流等工作，推进解决诊改工作过程中的问题，提高诊改工作的实际效果。

（三）诊改理论研究和技术方法研究相结合

科学理念、创新意识和先进工具是开展诊改工作的前提，是支持学校质量变革的根本力量。上海中职诊改工作重视对诊改理论和技术的研究，把握诊改制度的核心理念，提高诊改工作实施的科学性。第一，重视对诊改工作实施的内涵和要求的科学理解。通过开展专题研讨培训，学习诊改政策文件，将诊改工作的核心理念、实施要求等准确传达给学校相关部门负责人，统一认识，注重对诊改主体人员质量意识的提升，强调学习先进的质量管理理念的重要性。第二，重视诊改工作个性化指导。组织开展对被复核学校诊改工作的培训，同时联合协作组开展专项培训和指导，介绍诊改理念、理论，解读诊改实施方案，指导平台使用方法等，将诊改理论和技术方法结合到各校的实际中应用和推广。第三，充分挖掘现代信息技术在诊改工作中的潜能。由诊改第六协作组牵头开发了"上海市中职校校本数据分析诊断与改进应用中心"平台，该数据中心可与各中职校校本数据中心对接，也可与教育部诊改数据管理系统对接，能对日常学校运行过程中产生的数据进行分析，为学校的质量年报提供数据支撑，也为学校诊断提供决策参考，为数据挖掘与分析奠定良好的基础。

（四）学校自主诊改和抽样复核相结合

教学工作诊断改进制度包括学校的自主诊改和市级抽样复核两个部分，二者互为补充，不可或缺。学校自主诊改是基础和核心。自主诊改以目标和标准为逻辑起点，鼓励各中职校在学校、专业、课程、教师、学生五个层面开展工作，分别建立8字形质量改进螺旋诊改工作运行机制，推进诊改工作过程中计划、执行、监测和改进的实现，确保诊改工作的有效推进和质量改进的良性循环。通过打造目标链和标准链，明确五个层面的诊断点和影响因素，构建诊改运行的长效机制，完善中职校内部质量保证体系。抽样复核工作是诊改工作推进的重要抓手，对诊改工作的实际开展和完善内部质量保证制度体系及运行机制起到重要保证作用。上海市中职抽样复核学校的确定采取学校自荐、协作组推荐和市中职诊改专委会抽取相结合的方式，市优质中职培育学校优先推荐参与抽样复核。市中职诊改专委会结合学校诊改方案和近年来学校提交的自我诊改报告情况，根据学校类别、专业和地域分布等，抽取部分学校参与复核工作。同时，上海市将抽样复核的结果作为政府决策部门对学校办学质量考核的重要参考，在经费投入、政策倾斜等方面，对于不同复核结果的学校差异化对待。这能够有效激发中职校在诊改工作中的积极性。

（五）坚持学校量力而行和尽力而为相结合

上海中职诊改坚持学校量力而行和尽力而为相结合的原则。量力而行主要体现在立足各学校的实际和文化禀赋，各中职学校推进诊改的力度与学校的实际情况相契合，避免"一刀切"。具体做法是学校在五个层面（学校、专业、课程、教师、学生）中根据学校的实际情况选择两到三个层面，依据8字形质量改进螺旋建立诊改制度，形成清晰的工作流程、合理的诊改周期以及可操作的诊改方法与手段。国家改革发展示范学校和上海市改革发展特色示范学校应选择三个层面，其余学校至少选择两个层面。尽力而为主要体现在通过各种形式的培训辅导报告，宣传理念、提高认识、指导实践。第一，市级层面每年召开专题会议，邀请全国诊改专委会专家开展辅导报告，对市专家和学校进行全面培训与辅导。第二，协作组层面积极开展活动，每次活动聚焦不同主题，主要形式有专家培训、研讨交流、现场考察等。第三，学校层面召开全员动员启动会，邀请相关专家进行辅导报告，宣传意义，明确要求。第四，抽样复核工作开展前召开专家培训会，明确复核工作的各项要求和安排，领会要点、掌握方法，为深入推进诊改、有效提升诊改质量奠定良好基础。

四、未来展望：中职诊改制度建设构想和推进

上海中职诊改工作的推进重点在于形成更加明确的制度架构，让学校自主诊改走向纵深，不断提升学校关键办学能力。

（一）从部分层面延伸到全部层面

上海目前在诊改层面上的要求采取针对部分层面的诊改，即把学校层面和专业层面作为必选层面，而课程、教师、学生作为自选层面，绝大多数学校选择三个层面开展诊改工作。随着诊改工作的进一步深入，中职校诊改工作需要延伸到五个层面。围绕五个层面的目标和标准，结合数据和事实开展自我诊断，建立8字形质量改进螺旋诊改工作运行机制，形成问题明确具体、改进措施切实可行的自我诊改报告。特别是学生层面，因需要覆盖全体学生，也被认为是难度最大的诊改层面，后续应着重引导学校开展学生层面的诊改。从"五横"的质量保证主体来看，内部质量保证体系的出发点和落脚点都是学生的全

面发展。因此，学生层面的诊改工作将作为重要的推进方向，建立科学可行的诊改运行机制，促进学生成长发展。同时，五个层面之间要产生互动，呈现共同参与、协调改进的氛围，形成要素全网络化的内部质量保证体系。

（二）从平台建设升级到数字化转型

建设教学工作诊断改进制度的过程中，平台建设是关键。"上海市中职校校本数据分析诊断与改进应用中心"平台在全市中职校中的推广应用，一定程度上支撑了教学诊断与改进工作。要凸显平台支撑诊改工作，提升中职校在人才培养工作状态数据管理系统的建设与应用能力，不断完善发现问题、分析问题、解决问题的能力，需要实现诊改平台从"有"到"优"的转变，在原有平台的基础上进一步升级，瞄准数字化转型的需要，坚持系统观念、统合思维、数字赋能。推动教育数字化转型，实现大规模个性化教学是人类的第三次教育变革，数字化转型的重要性不言而喻。上海在教育数字化转型方面提出了系统的实施方案：通过数字素养提升、教育资源建设和教育评价改革三个抓手，促进教、学、管、考、评、教研、服务、资源、活动和家校互动等场景的全方位转型，政产学研多方协同共同探索教育数字化转型发展的可行性路径。诊改平台的数字化转型，一方面需要打破"数据孤岛"，建好数据基座，实现数据互联，打造统一的数据标准；另一方面要加强数据采集和分析的管理升级。具体包括两点：一是数据采集应下移，减少或避免汇总数据再上传平台的做法，采用源头采集数据的方式，包括采集底层数据、源头数据，导入源数据等；二是数据分析应上升，强化数据运用，用数据的分析运用强化数据采集的真实性、准确性和及时性。

（三）从经验总结到固化诊改框架

经过第一个诊改周期的探索，系统回顾梳理近年的诊改实践经验，面向各中等职业学校征集诊改运行的典型案例。典型案例集中反映学校教学诊断与改进工作在某个或某些方面的典型做法，按照诊改理念和实施逻辑，聚焦诊改发现问题、解决方法和措施，强调各层面主体责任的落实。但若要将诊改全面推向纵深，需要寻求更加明确的推进抓手，上海将这个抓手锚定为中职诊改指南，组建团队编制学校层面、专业层面、课程层面、教师层面和学生层面的诊改指南，每一个层面的指南内容包括诊改主体（责任主体）、目的（预期效果）、主要任务（确立目标和标准、制定发展规划、设计实施计划、落实全程监测、纠错避险改进）、诊改运行（运行制度、运行模式、运行周期、自我诊改报告、协同联动、激励措施）和成效检验。每个层面的指南后另附各诊断点设计提示、诊改报告设计提示和常见问题问答等。该指南的意义在于固化诊改做法，形成稳定的诊改框架，持续完善学校内部质量保证体系建设，提升学校办学水平和人才培养质量，推进上海市中等职业学校治理体系和治理能力现代化。

参考文献：

［1］曾天山.扎实推动职业教育高质量发展［EB/OL］.（2022-09-13）［2023-06-15］. http://www.qstheory.cn/dukan/hqwg/2022/09/13/c_1128998433.htm.

［2］周志刚，等.职业教育质量评价体系研究［M］.北京：经济科学出版社，2018.

［3］杨应崧.职业院校教学工作诊断与改进与传统评估的八大区别［N］.中国教育报，2015-10-

29（10）.

　　［4］周俊.基于质量提升的职业院校教学工作诊断与改进研究［J］.中国职业技术教育，2015（26）：35—38.

　　［5］袁振国，杨晓哲.上海教育数字化发展：引领变革　奠基未来［J］.上海教育，2022（19）：34—35.

　　［6］李海伟，王龚，陆美晨.教育数字化转型的路径探索与上海实践［J］.华东师范大学学报（教育科学版），2023（3）：110—120.

第二章

工作指南

学校层面诊改工作指南

为贯彻落实《教育部办公厅关于建立职业院校教学工作诊断与改进制度的通知》（教职成厅〔2015〕2号）和《关于做好中等职业学校教学诊断与改进工作的通知》（教职成司函〔2016〕37号）精神，结合上海教育综合改革和前期开展教学工作诊断与改进取得的经验与成效，制定上海市中等职业学校教学工作诊断与改进学校层面工作（以下简称"学校诊改"）指南，为建立和完善学校内部质量保证体系，推动学校建立常态化和周期性的自我完善、自主保证、自主优化的人才培养质量机制，持续为提升人才培养质量提供有效方法和路径。

一、诊改主体

学校党政领导班子是学校诊改工作的主体，对本层面的质量负第一责任。

二、诊改目的

聚焦立德树人，提高技术技能人才培养质量，实现现代职业教育高质量发展是发展现代职业教育的基本任务。开展学校诊改，就是要依据学校教学诊改实施方案，切实发挥学校的教学质量保证主体作用。学校根据自身的办学理念、办学定位和人才培养目标，聚焦专业设置与条件、教师队伍与建设、课程体系与改革、课堂教学与实践、学校管理与制度、校企合作与创新、质量监控与成效等人才培养工作要素，找出存在的问题，分清问题产生的原因，提出改进的具体举措，不断完善内部质量保证制度体系和运行机制，努力改善办学条件、规范学校管理、深化教学改革、完善制度体系、健全运行机制，促进学校高质量发展。

三、诊改任务

学校层面的诊改重在顶层设计，要按照事前、事中、事后三个阶段，构建目标标准引领、设计组织保障、过程监控预警、诊断改进提高的诊改模式。事前确立目标、标准，制定学校发展规划；事中设计实施计划并组织落实，做好实施过程中的监测和预警；事后对照标准诊断，激励学习，创新改进，通过发现问题找原因，提出有效的改进措施，保证目标的实现。

（一）确立目标、标准

目标与标准之间存在密切的联系，目标是标准制定的依据，标准是衡量目标的标尺，是目标的具象体现，也是目标本质特性的显现。因此，确立科学、先进、合理、有效的目标和支撑实现目标的标准，是有效推进学校诊改的重要保证。

1. 明确发展目标

学校要依据立德树人的根本任务，结合自身所处的区域环境、行业背景、历史沿革、发展现状，以及国家和地方对职业教育改革发展的要求，通过广泛、深入的调研和数据分析，经过系统科学的论证，确定学校发展目标。学校层面确立的目标，至少应包括以下几个方面：学校总体发展目标，如达标校、示范校、优质校；专业建设目标，如专业（或专业群）的设置与调整目标、专业（或专业群）的建设目标；教师队伍建设目标；课程建设目标；人才培养目标；智慧校园建设（数字化转型）目标；学校管理目标，指导具体专业、课程、教师和学生确立自己的发展目标。

2. 确定发展标准

学校要根据确立的发展目标，依据现有的国家和地方标准，结合学校实际，确定相对应的发展标准。学校标准应不低于国家和地方标准。学校层面应确立或制定包括但不仅限于以下标准：学校发展标准；专业设置与调整标准、专业（或专业群）建设标准；教师队伍建设标准、教师发展标准、教师评聘标准；课程建设标准；学生发展标准、学生毕业标准；智慧校园建设（数字化转型）标准；学校管理标准；等等。

需要强调的是，学校层面的目标和标准，应向专业、教师、课程、学生等层面有效传递，各层面确立的目标和标准能有效支撑学校层面目标的实现和标准的落实。具体如图 1 所示。

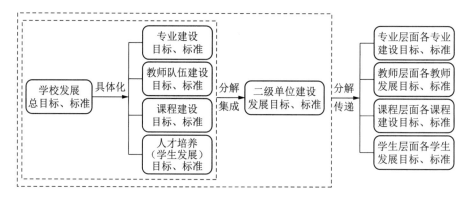

图 1　目标、标准分解流程

（二）制定学校发展规划

学校要根据确定的发展目标编制中长期发展规划（五年规划）、专项规划（专项规划包括但不仅限于专业建设规划、师资队伍建设规划、课程建设规划、学生发展规划、智慧校园建设规划等）和二级单位子规划，形成上下衔接、左右呼应的规划体系，如图 2 所示。

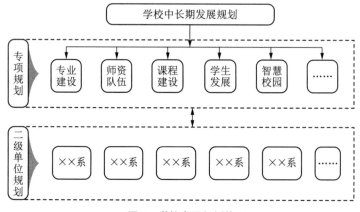

图 2　学校发展规划体系

（三）设计实施计划

学校要根据中长期发展规划确定的目标、标准，制定达成目标、标准的具体工作任务，设计形成组织实施计划。

1. 分解目标任务

（1）明确总体目标任务。学校要按照中长期发展规划确定的目标，明确达成目标的若干具体任务。

（2）分解总体目标任务。学校要把具体目标任务分解到规划期内的年度或学期。

（3）分解年度目标任务。学校要将年度目标任务分解到二级单位和各职能部门。

目标任务分解如图3所示。

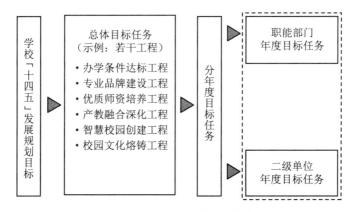

图3 学校层面目标任务分解流程

2. 制定工作标准

学校要根据目标任务，通过充分沟通和论证，制定相应的工作标准，如表1所示。

表1 学校层面目标任务及标准（按年度分解）

总体目标任务	工作标准	分年度目标任务及工作标准					
		规划年度	学校		职能部门		二级单位	
			目标任务	工作标准	目标任务	工作标准	目标任务	工作标准
任务1	该任务结束时的结果标准	××年	当年度目标任务	该任务结束时的结果标准	当年度目标任务	该任务结束时的结果标准	当年度目标任务	该任务结束时的结果标准
		××年	当年度目标任务	该任务结束时的结果标准	当年度目标任务	该任务结束时的结果标准	当年度目标任务	该任务结束时的结果标准
		××年	当年度目标任务	该任务结束时的结果标准	当年度目标任务	该任务结束时的结果标准	当年度目标任务	该任务结束时的结果标准
		××年	当年度目标任务	该任务结束时的结果标准	当年度目标任务	该任务结束时的结果标准	当年度目标任务	该任务结束时的结果标准
		××年	当年度目标任务	该任务结束时的结果标准	当年度目标任务	该任务结束时的结果标准	当年度目标任务	该任务结束时的结果标准
任务2								
任务3								
……								

3. 编制年度工作计划

在明确目标任务的基础上，学校要厘清思路、路径、方法，绘制完成目标任务的时间表和路线图，落实确保目标任务完成的保障措施，编制学校年度工作计划。

（四）落实全程监测

学校要按照相关工作标准，合理设计诊断点，实时采集数据，依托数据管理平台加强过程监测。通过数据分析，及时预警反馈，督促和引导责任主体及时改进。

1. 合理设计诊断点

学校可以从基本情况、人才培养、师资队伍、教育科研、社会服务、交流合作、过程监控等维度科学设计学校层面的诊断点，具体见附件1学校层面诊断点设计提示举例。

2. 实时采集数据

（1）建设数据平台。学校信息化数据管理平台建设是开展诊改工作的重要基础，需要与内部质量保证体系同步设计、整体规划、分步实施。一是要加强公共数据平台建设：建设校本数据中心，实现业务系统与数据中心对接，促进数据融通共享，为状态数据的实时采集与动态分析提供保障；建设统一身份认证平台，预设用户角色及相应个性化配置；建设数据分析系统，基于现有系统的业务数据，设定诊断点，设置标准值、预警值，对学校各维度、各层面的教学管理动态观测分析，及时预警，直观展现，为自我诊改提供依据。二是要加强公共业务系统建设：建设能体现学校特色、功能强大的统一门户网站，实现一站式业务系统访问与使用，为不同对象推送不同的事务信息；建设网上办事大厅，搭建电子校务平台，为师生提供高效便捷的校园服务；建设移动校园，实时采集多元终端数据，实现人人采集、人人使用、人人监督；组建信息化团队，完善业务系统，自建人事管理、科研管理、招生就业、资产管理、教师业务管理等业务系统，消除数据孤岛、实现数据共享，同时要深度挖掘现有系统的潜在功能，拓展业务数据覆盖面。三是要加强校园网络建设：升级校园网基础设施，提供高品质大规模开发承载的校园网络；建设无线网络全覆盖，建立常态化维护机制，提供高速稳定的网络互联服务。

（2）强化数据管理。一是要明确数据采集人员和职责：建立专门的数据管理机构，明确数据管理人员和数据采集人员。数据管理员负责数据平台的日常管理和数据采集的权限分配等工作；数据采集员负责完成各自权限范围内的数据采集工作。二是要规范数据采集流程。数据管理员在规定时间内向数据采集员开放数据平台，数据采集员按分配权限填写数据、修改数据，完成数据批量导入导出等，并按系统操作要求将数据提交部门领导和学校领导审阅。三是要加强数据管理和使用：建立数据采集平台管理使用的规章制度；坚持部门负责、源头输入原则，保证数据的准确、规范和标准；建立数据负责人制度，层层落实责任，明确谁输入谁负责，保证高质量完成数据采集工作。

3. 全程监测预警

（1）建立监测队伍。依托教学质量监控网络，建立教学质量监测预警小组。

（2）设置预警周期。针对不同的诊断点，设置不同的监测周期，确保及时发现问题，及时预警。对于动态数据变化幅度较小的诊断点，可以学年为监测周期，比如招生数；而对于动态数据变化较为明显的预警点，则要根据客观实际缩短其监测周期，确保质量监测预警机制能有效发挥作用，比如将学生违纪率监测周期设置为"每月"。

（3）动态监测预警。预警小组成员根据诊断点和预警周期的设置，各司其职，严密监控，发现问题及时预警。此外，督导、评估、考核等也是学校质量监测的有效手段，其评价结论或意见也可以作为学校自我诊断的依据。因此，学校要对督导、评估、考核等发现的问题予以预警。

（五）纠错避险改进

学校层面应以科学打造目标链与标准链为引领，以数据管理系统为关键支撑，基于8字形质量改进螺旋对目标达成开展常态纠错避险、过程性纠错避险改进和阶段性纠错避险改进，形成质量保证闭环，实现学校办学质量螺旋式提升。

1. 实施常态性纠错避险

学校层面的常态纠错避险应结合职能部门和二级单位的日常工作，对实施过程进行监督和执行。学校职能部门和二级单位在年度工作任务实施过程中，按照"监测—预警—改进"小循环，对照部门年度工作任务的完成进度和质量开展常态自诊，针对数据管理系统推送的预警情况进行认真分析，找出预警原因，及时进行预防、调整、补救，对存在的问题提出改进方案实时改进。

2. 过程性纠错避险改进

学校要对数据管理系统推送的预警情况进行认真分析，找出预警原因，及时进行预防、调整、补救，对存在的问题提出改进方案立即改进。

随着数据管理系统智能化水平的不断提升，最终打通"小循环"，实现真正意义上的常态监测、实时预警、即时改进。

3. 阶段性纠错避险改进

学校要通过阶段性的自我诊断，对照发展目标和标准，判断任务完成情况，发现实施过程中存在的问题，分析问题产生的原因，明确责任主体，引导责任主体通过学习培训创新教育理念和工作方法，提出符合学校发展实际的解决方案和有效措施，形成阶段性的闭环。一轮自诊与改进后，结合改进成效，提升相应的目标和标准，以此实现学校办学质量阶段性螺旋式提升。

四、诊改运行

没有扎实的诊改行动就不会有问题的真正解决，没有问题的真正解决就不会有内部质量体系的扎实落地和有效运行。学校层面可依据自身条件和具体实际，从运行制度、运行模式、运行周期、自我诊改报告、协同联动、激励措施六个方面来探索诊改并付诸行动。

（一）运行制度

学校要梳理现有规章制度，按照建立"五纵"质量保证体系的要求，重新归类建构，通过"立、改、废"等方式，构建内部质量保证制度体系。具体构建包括但不仅限于以下制度。

1. 决策指挥制度

包括学校章程、发展规划、岗位聘任制度、职称评审制度、考勤管理制度、绩效考核制度、值班管理制度、质量分析与年度报告制度、考核性诊断制度等。

2. 质量生成制度

包括教学常规管理制度、学生成绩评定制度、师资队伍培养制度、教师考评制度、教材建设管理办法、课程规范管理制度、专业建设绩效管理制度、数据采集及管理办法、德育队伍管理制度、班主任绩效管理办法、学生日常管理制度、专业设置与调整管理制度、实训基地管理制度、毕业生跟踪调查制度等。

3. 资源建设制度

包括固定资产购置和管理制度、招投标制度、教材选用制度、招生就业工作制度、教学资源建设制度等。

4. 支持服务制度

包括财务管理制度、安全管理制度、教代会实施细则、数据采集与管理制度、维修管理制度等。

5. 监督监控制度

包括督导检查制度、工作质量监控预警管理制度、自我诊改制度、年度质量报告制度等。

（二）运行模式

8字形质量改进螺旋是教学诊改的基本运行模式，其运行过程可以概括为：事前制定目标标准、事中进行监测预警、事后开展诊断改进。事前：应根据学校中长期发展规划（五年发展规划），确立学校发展的目标标准，并以此作为诊改的逻辑起点。事中：应通过分解目标任务、制定工作标准等以年度为单位制订达成目标任务的工作计划，并按计划组织、实施。组织实施过程中，要通过数据平台对照诊断点进行动态监测，发现问题及时预警反馈，促使责任主体及时落实措施予以改进。事后：应开展自我诊断，根据诊断结果加强绩效考核、自我激励，引导诊改主体通过业务培训、学习研讨等方式不断创新教育教学理念和工作方法，不断改进和提升工作能力与水平，以实现学校的发展目标。学校层面8字形质量改进螺旋的运行如图4所示。

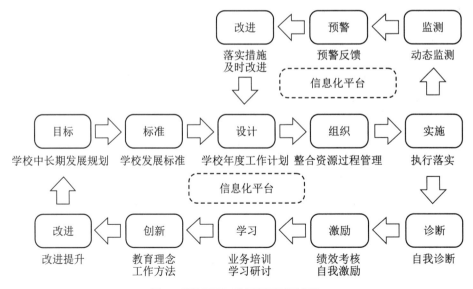

图 4　学校层面 8 字形质量改进螺旋

需要强调的是，充分把握目标和标准是 8 字形质量改进螺旋运行的逻辑起点。每一个 8 字形质量改进螺旋基本单元的运行主体是唯一的。每一项工作的诊改都应按照 8 字形质量改进螺旋进行。

（三）运行周期

学校层面诊改运行周期一般为一年的短周期和五年的长周期。

（四）自我诊改报告

按照学校诊改的运行周期，学校每年应撰写年度自我诊改报告（参考格式见附件 2），每五年应撰写阶段性自我诊改报告（参考格式见附件 3）。

学校年度自我诊改报告要以学校诊改制度建设与运行方案为依据，阐述诊改工作概述、学校管理、专业建设、课程建设、师资队伍建设、学生发展等方面诊断改进的内容。诊改报告要坚持定性描述与定量分析相结合，参照学校、专业、课程、师资和学生五个层面的量化数据和主要诊断点，根据学校实际选择相应量化数据作为数据支撑。学校年度自我诊改报告应由各部门撰写部门自我诊改报告后由诊改工作小组汇总形成。

学校阶段性自我诊改报告要概述学校诊改制度和机制建设与运行、数据管理平台建设与运行、师生员工参与程度、学校目标达成度，以及诊改工作推进的瓶颈或短板等。同时，要对照学校自我诊断参考表中的诊断内容提示，逐项进行自我诊断，阐明目标达成情况、尚存在的问题及原因分析，并针对自我诊断情况逐项提出有针对性和可行性的拟改进措施。

学校自我诊改报告必须坚持实事求是原则，严格依据事实和数据，综合各层面诊改结果，做出精准诊断和客观剖析，突出问题导向、重在改进提高。

（五）协同联动

内部质量保证体系诊改工作涉及所有部门、全体教师和学生，诊断要素多有交叉，学校应建立"纵向协同、横向联动"的工作机制，统筹策划，协同推进，确保学校诊改工作顺利开展。

1. 部门协同

学校要合理架构诊改的组织体系，明确各层面纵向五系统，即决策指挥系统、质量生成系统、资源建设系统、支持服务系统、监督控制系统中所有的组成部门及其职责，通过各部门之间的分工协作，确保有效完成诊改的目标任务。学校诊改的组织体系可以参考图 5。

2. 各层面联动

各层面的诊改是既相对独立完整又相互关联支撑的。学校层面的诊改目标需要得到专业、课程、教师、学生层面诊改目标的支撑，其目标的达成度有赖于其他层面目标的达成度；反之，专业、课程、教师、学生层面诊改目标的实现，需要得到学校层面的悉心指导和鼎力支持。学校层面自我诊断发现的问题，究其原因，往往不全是该层面的主体造成的，也不是该层面能够独自解决和改进的。因此，应当坚持系统治理、综合施策的理念，针对诊断出的问题实事求是地分析原因，找到相关主体的责任，各负其责地加以改进，由此产生联动机制，逐步形成共创、共治、共享的良好氛围。

以学校层面与专业层面的联动为例，这两个层面的交集之处是专业。学校层面在制定

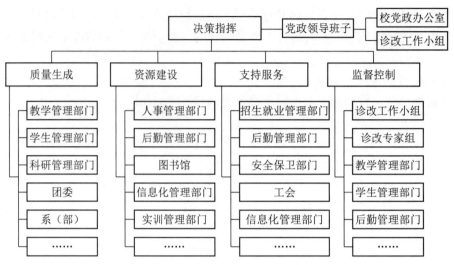

图 5　学校诊改的组织体系

中长期发展规划和专业建设的专项规划时，应充分尊重各专业建设发展的实际，包括具体专业的发展历程、现状及发展前景等；具体专业在制定发展规划、发展目标和教学标准时，应对标学校中长期发展规划和专业建设的专项规划。在开展教学诊改时，学校要对专业层面进行指导、考核与诊改报告的汇总分析，建立完善有效的联动机制；专业层面要对标学校层面关于专业建设的目标和标准，积极开展自我诊断、自我激励、学习创新，提出提高本专业和全校专业建设水平的对策、建议，实现专业发展和学校发展的同频共振。

（六）激励措施

内生动力是职业教育质量发展的源泉。学校要制定"外部激励＋自我激励"相结合的诊改激励措施。外部激励可通过将质量目标融入日常工作来实现，加强保障和激励，构建质量管理体系；自我激励可通过培育质量文化来实现，强化质量主体意识，激发全校师生的内生动力。

1. 建立目标责任制，完善考核激励机制

学校要将质量目标融入日常工作，建立目标责任制，并对职能部门和二级单位完成目标的情况进行考核，考核结果作为职能部门和二级单位绩效奖励发放的依据，从而促进内部质量保证体系的有效运行，实现预期的质量目标。在此基础上，职能部门和二级单位对员工完成岗位责任目标的绩效进行考核，考核结果与绩效工资等级挂钩。

2. 培育质量文化，形成自我激励机制

学校要通过宣传、培训、交流等手段，促进全体师生员工更新理念，树立全方位创新发展的责任意识，进一步增进他们对提高工作质量和教学质量重要性的认识，使其认同学校的质量价值观，把质量意识内化为深入人心的价值理念和行为准则。让师生员工知晓学校的质量方针与目标，知晓自主有效性保证质量的贡献以及改进质量绩效带来的好处和不符合要求带来的不利影响，并将其落实于自觉行动中。让师生员工在自我诊改中实现目标导向和问题导向的统一，产生持续改进的愿望与动力。

五、成效检验

学校层面是否收获了预期的诊改成效，对于不断完善学校内部质量保证体系，推动学校建立常态化、周期性的自我完善、自主保证、自主优化的人才培养质量机制，持续提升人才培养质量，具有十分重要的意义。诊改成效的检验可以从质量保证的动力、体系、状态、覆盖面，以及质量评价手段、整体质量水平六个维度来检验。

质量保证动力由"要我做"变为"我要做"；质量保证体系由"零敲碎打"变为"系统谋划"；质量保证状态由"一时兴起"变为"常态运行"；质量保证覆盖面由"单向发力"变为"人人参与"；质量评价手段由"各吹各调"变为"大数据说话"；整体质量水平由"一成不变"变成"持续提升"。以上皆为检验诊改是否有效的依据。

附件 1 ▶

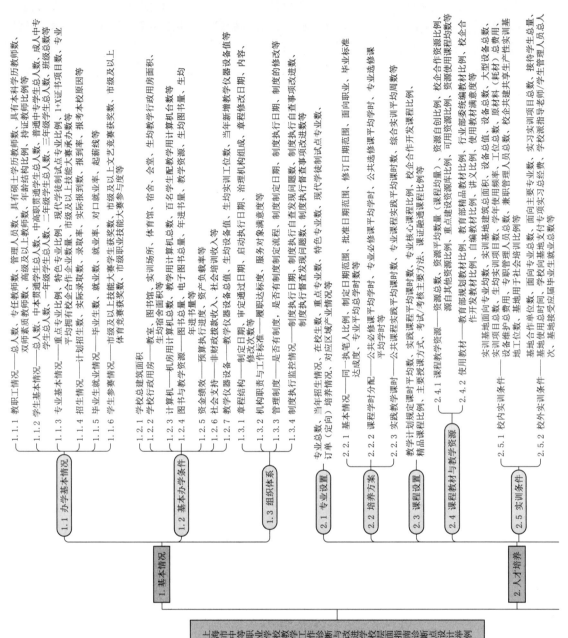

◀ **附件 2** ▶

学校年度自我诊改报告

（参考格式）

第一部分　自我诊改工作概述

本部分重点围绕以下几个方面概述。

1. 基本办学条件达标情况。参照教育部申请诊断改进抽样复核的五项基本条件进行诊断，若有未达标条件，简要阐述原因。

序号	数据项	标准	学校数据
1	全日制学历教育在校生数	1200 人以上	
2	师生比	达到 1:20	
3	专业教师人数占专任教师的比例（%）	不低于 50%	
4	校舍建筑面积	不少于 24000 平方米	
5	生均仪器设备价值（元/生）	不低于 2500 元	

2. 目标链、标准链打造情况。对照学校诊改制度建设与运行实施方案，从学校、专业、课程、教师、学生五个层面，叙述"两链"打造、实施及成效等情况。

3. 若已使用教育部人才培养状态管理系统进行数据采集，简要说明情况。

4. 学校信息化建设情况。简要阐述学校现有信息化建设及应用情况，如建设校本数据平台情况等。

第二部分　五个层面诊改情况

本部分主要阐述学校、专业、课程、教师和学生五个层面的自我诊改情况，分别叙述学校自我诊断目标是否达成、存在的问题、采取的改进措施和已经取得的改进效果等。

一、学校层面

参照沪教委职 2016 年 45 号文"上海市中等职业学校教学工作诊断项目参考表"对有关学校层面的诊断点提示，重点关注以下方面。

1. 规划目标是否成"链"。学校五年规划、专业建设规划、课程建设规划、教师发展规划和学生发展规划等是否完善贯通。部门职责、岗位职责、职能部门工作标准是否建立或完善。

2. 所有规划目标是否分解落地，实施操作是否可行，过程是否有监测与预警，是否有制度保障。

3. 学校诊改制度建设与运行情况。是否落实 8 字形质量改进螺旋。

二、专业层面

参照沪教委职 2016 年 45 号文"上海市中等职业学校教学工作诊断项目参考表"和沪教委职 2018 年 24 号文"上海市中等职业学校专业教学工作自主诊断项目参考表"对有关专业的诊断点提示，重点关注以下方面。

1. 专业建设目标标准是否符合学校发展规划，是否符合专业发展现状，目标标准是否明确可测。

2. 是否建有专业诊改的监测预警机制。

3. 专业的社会认可、建设成效和社会服务等情况。

4. 立足学校实际，查找专业发展过程中存在的问题，提出改进措施，切实推动专业教学质量稳步上升，形成专业建设特色与品牌。

5. 各专业是否依据专业教学标准、聚焦人才培养方案、结合数据和事实开展自我诊断，形成问题明确具体、改进措施切实可行的自我诊改报告。

三、课程层面

参照沪教委职 2016 年 45 号文"上海市中等职业学校教学工作诊断项目参考表"和沪教委职 2018 年 24 号文"上海市中等职业学校专业教学工作自主诊断项目参考表"对有关课程的诊断点提示，重点关注以下方面。

1. 课程建设规划目标标准是否符合学校发展规划及专业建设规划，是否可以和教师的课堂教学目标标准衔接，是否明确可测。

2. 课程开发程序是否合理，是否建立修订和动态管理机制。

3. 是否建有课程诊改的制度及运行机制。

四、教师层面

参照沪教委职 2016 年 45 号文"上海市中等职业学校教学工作诊断项目参考表"和沪教委职 2018 年 24 号文"上海市中等职业学校专业教学工作自主诊断项目参考表"对有关师资的诊断点提示，重点关注以下方面。

1. 是否开始教师层面的诊改工作。

2. 教师个人发展规划是否符合学校师资队伍建设规划及专业课程建设规划，是否有个人发展的目标与标准。

3. 教师的课堂教学目标标准是否与课程教学目标标准衔接，是否明确可测。

4. 教师个人发展的诊改是否易行可操作，学校是否建有支持教师个人发展的保障机制。

5. 教师是否有获得感。

五、学生层面

参照沪教委职 2016 年 45 号文"上海市中等职业学校教学工作诊断项目参考表"和沪教委职 2018 年 24 号文"上海市中等职业学校专业教学工作自主诊断项目参考表"对有关学生发展的诊断点提示，重点关注以下方面。

1. 是否制定学校德育规划，有无明确目标和标准。

2. 学校德育规划工作是否建立了诊改制度，以及具体的实施运行情况和效果。

3. 是否建立促进学生自主发展的激励机制。

4. 学生是否有获得感。

◀ **附件 3** ▶

学校阶段性自我诊改报告

（参考格式）

一、学校诊改工作概述

概述学校诊改制度和机制建设与运行、数据管理平台建设与运行、师生员工参与程度、学校目标达成度，以及诊改工作推进的瓶颈或短板等（建议在 2000 字左右）。

二、学校自我诊断参考表

诊断内容	诊断内容提示	自我诊断	拟改进措施
（一）诊改制度建设	1. 学校发展规划是否成体系，发展目标与标准是否明确、具体、适切、可检测，是否将发展规划和目标任务妥善分解到年度、学期和相关部门		
	2. 学校、专业及自选层面（国家改革发展示范学校和上海市改革发展特色示范学校在课程、教师、学生层面中自选至少 1 个层面，其余学校不做要求）是否依据 8 字形质量改进螺旋建立诊改制度，工作流程是否清晰，诊改周期是否合理，诊改方法与手段是否可操作		
	3. 学校各组织机构职责是否明确，是否依据国家职业教育改革实施方案要求实施教师和校长专业标准，建设和实施专业教学标准、课程标准、顶岗实习标准、实训条件建设标准（仪器设备配备规范）		
	4. 专业及自选层面目标、标准是否与学校发展规划契合，是否与学校教学条件相适切；目标与标准是否明确具体、可检测		
	5. 学校领导是否重视诊改；是否采取相应措施建设学校质量文化；是否建立推进诊改的考核激励制度，引领师生员工认识和参与诊改		
（二）诊改机制运行	1. 学校层面是否依据诊改方案有序推进诊改；过程是否有监测、预警，是否持续诊改		
	2. 专业层面是否在调研基础上，依据专业教学标准，聚焦专业人才培养方案，围绕专业人才培养目标，结合数据和事实开展自我诊断，形成问题明确具体、改进措施切实可行的自我诊改报告		
	3. 自选层面是否围绕目标和标准，结合数据和事实开展自我诊断，形成问题明确具体、改进措施切实可行的自我诊改报告		
	4. 在诊改过程中，学校、专业和自选层面之间是否产生互动，呈现共同参与、协调改进的氛围		
（三）数据管理平台建设	1. 是否开展平台建设的顶层规划工作		
	2. 是否建有或使用相关数据管理系统，是否建立数据管理机构		
	3. 学校是否建构数据管理规范，是否对数据进行了分析，并将其作为决策依据		

（续表）

诊断内容	诊断内容提示	自我诊断	拟改进措施
（四）诊改工作成效	1. 学校、专业和自选层面的诊断是否围绕目标和标准，通过数据分析发现了问题，并对问题进行了界定和原因分析		
	2. 针对学校、专业和自选层面诊断出的问题，是否依据目标和标准及时采取相应措施加以改进		
	3. 诊改是否与学校日常工作相融合。学校各级管理人员的诊改理念是否更新，思路是否清晰；师生员工的质量意识、标准意识、自我诊改意识是否形成		
	4. 师生员工对学校诊改是否有正确认知，是否有获得感		

校长（签字）：　　　　　　　　　　　　　　　　　　年　　　月　　　日

备注：

1. 报告内容必须真实、准确，务必写实，尽量不使用形容词和副词。

2. 每一项的自我诊断须阐明目标达成情况、尚存在的问题及原因分析（建议在 500 字左右）。

3. 每一项的拟改进措施须突出针对性、注重可行性（建议在 200 字左右）。

专业层面诊改工作指南

专业是学校教学组织和实施的基本单元，是学校内涵建设的核心和特色品牌的窗口，也是联结课程、教师和学生的平台。为贯彻落实《教育部办公厅关于建立职业院校教学工作诊断与改进制度的通知》（教职成厅〔2015〕2号）和《关于做好中等职业学校教学诊断与改进工作的通知》（教职成司函〔2016〕37号）精神，结合上海教育综合改革和前期开展教学工作诊断与改进取得的经验与成效，制定上海市中等职业学校教学工作诊断与改进专业层面教学工作诊断与改进（以下简称"专业诊改"）指南，为提升专业教师团队主体意识和质量意识，建立和完善专业人才培养质量保证体系，促进专业人才培养质量不断提升提供有效方法和路径。

一、诊改主体

专业层面诊改的主体是专业教师团队，包括参与本专业建设和教学的公共基础课教师、专业课教师、实训指导教师等。专业带头人是专业诊改的第一责任人，带领本专业教师团队自主制定专业建设和教学方案，实施专业诊改各项任务。学校相关职能部门对专业诊改负有指导、督促、检查、评价的职责。教务部门、督导部门、质量管理部门、专业系部、学生和企业专家等也共同参与专业诊改，对专业诊改工作进行指导和监督。

二、诊改目的

专业是学校教育教学的基本单元，专业定位、专业建设和专业质量是学校人才培养目标达成的关键因素和根本保证。专业诊改是专业教师团队按照学校教学工作诊断与改进制度建设和运行方案的要求，对照学校关于专业建设和教学的目标、标准，聚焦专业人才培养方案实施过程，查找不足和完善提高的过程。通过自主优化调整人才培养模式、课程体系、教学安排、师资队伍、教学条件和校企合作等，建立常态化周期性的专业诊改机制，形成专业质量自主保证、持续改进的运行机制，不断提升人才培养质量。

三、诊改任务

学校开设的所有专业都要开展专业诊改，包括中等职业教育专业、中高职贯通教育专业和中职—应用本科贯通专业。专业诊改从内涵上划分，可以分为专业建设诊改和专业教学诊改两个类别，涉及构建目标体系、确立标准体系、落实全程监测和纠错避险改进四个方面的任务。

（一）构建目标体系

专业教师团队根据学校事业改革与发展五年规划、学校专业建设与发展规划，依据区域社会经济发展和产业转型升级对专业人才培养的新要求，参照上海市和学校的专业建设标准和专业教学标准，开展专业人才培养需求调研，制定本专业建设规划（方案），制订年度工作计划，形成专业建设和教学的时间表、路线图。专业层面的目标体系，向上与学校层面目标规划衔接，向下往本专业的课程、师资及学生的目标和标准传递。

（二）确立标准体系

专业教师团队根据国家、上海和学校的标准与制度，制定专业建设和专业教学两个方面的标准体系，同时贯彻落实学校层面关于专业建设和教学的相关标准。专业层面的标准体系向上与学校层面标准对接，向下往本专业的课程、师资及学生的标准传递。

1. 建立专业建设标准（目标）体系

专业教师团队对照学校制定的专业建设与发展规划和学校制定的专业分级建设标准，确立本专业建设目标，如校级重点专业、校级骨干专业、校级一般专业等。对照自定的专业建设目标，根据专业建设实际水平查找差距和问题，制定本专业建设规划（方案）。根据本专业建设规划（方案）制订年度工作计划，将专业建设和教学任务分解到人，明确工作任务的相关质量标准和要求。确保专业建设任务完成情况可量化、可测评。同时，制定与本专业建设相关的其他标准，如实习实训基地（室）建设标准、技能大师工作室建设标准等。

2. 建立专业教学标准（目标）体系

专业教师团队对接市场需求，定期组织市场调研，形成专业人才需求调研报告；在需求调研的基础上，根据学校专业建设规划，确定本专业定位；进一步细化专业人才培养目标，依据上海市颁布的相关专业教学标准，制定专业人才培养方案。对照国家和上海市的中等职业学校专业教学标准和本专业人才培养方案，修订完善专业相关教学标准，如专业实习实训教学标准、专业实训大纲等。依据学校教学工作管理规范，修订与完善本专业教学管理工作标准，如专业教学工作岗位职责、专业教学（实训）管理规范，以及专业实习实训基地（室）设施设备管理、运维和使用规范等。

3. 落实学校层面相关目标（标准）

专业教师团队要落实学校颁布的关于专业建设和教学的相关工作标准，根据学校颁布的专业市场调研报告、专业人才培养方案、专业建设规划（方案）、专业年度工作计划和总结的撰写工作标准（格式体例）等制定本专业的相关教学文件。专业教师团队要全面落实学校制定的中职专业和贯通专业相关教学管理制度，如教材选用和管理工作制度、人才培养方案修订制度、学生实习管理制度、校内教学督导制度等。专业教师团队要根据学校制定的专业建设方案、总结和阶段性检查及验收工作相关制度和标准，对专业建设立项、过程监督、总结验收等工作进行规范。

（三）落实全程监测

专业教师团队对照专业诊改目标和标准，对专业建设和教学情况进行自主过程监督和自我评价。按照制定的专业建设规划（方案）和年度工作计划，聚焦影响专业建设和教学质量的关键要素开展诊改。专业教师团队根据专业实际设计本专业诊改的核心诊断点（见附件1）；利用人才培养状态数据平台采集专业建设和教学的全员、全过程、全方位状态数据；开展自主诊断和全程监测，动态监测专业建设目标和专业人才培养目标的达成度和任务完成率。

（四）纠错避险改进

利用专业人才培养状态数据平台，依据专业建设与教学的目标和标准发现问题、分析问题和解决问题。根据设置的目标标准进行专业建设和教学实时预警,通过数据平台及时将预警情况反馈至专业教师团队。专业带头人定期组织教研活动,教师团队针对诊断分析与目标标准之间存在的偏差,查找偏差产生的原因,共同制定问题改进举措。在学校诊改激励措施之下,专业教师团队积极落实改进举措,不断提高参与专业建设的积极性、主动性,形成专业诊改的良性循环。

四、诊改运行

(一)运行制度

根据学校教学工作诊断与改进制度建设和运行方案,学校教学部门负责制定学校专业诊改制度建设和运行方案。专业诊改制度要明确诊改工作的对象、范围、路径和机制,与学校层面、课程层面、教师层面和学生层面诊改实现上下左右呼应衔接。各专业根据学校教学部门制定的专业诊改制度制订本专业诊改工作计划,并推进计划实施。学校诊改工作领导小组下设专业诊改工作小组,小组由分管教学副校长牵头,教学部门、督导部门、学生部门和系部的相关负责人作为小组成员,负责指导和监督各专业诊改。各专业要建立本专业诊改团队,由专业带头人作为团队第一责任人。专业诊改团队要积极参与相关学习培训活动,认真学习专业诊改的理念、方法和技术,不断提升诊改工作的理论和实务水平。

(二)运行模式

专业诊改包括专业建设诊改和专业教学诊改两条主要的路径,按照8字形质量改进螺旋运行(见图1)。前者涵盖了专业建设整体维度,从专业人才培养目标、质量生成、专业课程资源、支持系统、质量控制等方面对专业建设的全方位情况进行诊改;后者主要聚焦专业人才培养方案的落实和专业教学计划的实现。从两者的内涵来看,前者包含了后者。

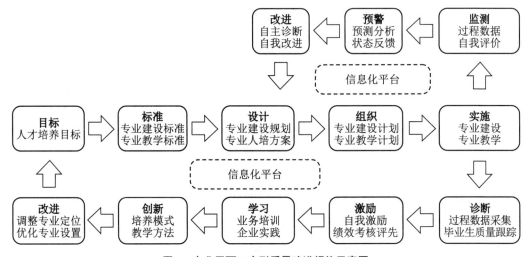

图1 专业层面8字形质量改进螺旋示意图

专业建设诊改的运行以确立专业建设目标为起点。专业建设目标是本专业未来发展的总体定位和方向。专业教师团队对照国家、上海市和学校提出的专业建设分级标准,制定符合本专业实际的3—5年的专业建设规划(方案)。规划目标要体现出一定的超前性、科学性和可操作性。专业建设规划（方案）基于专业现状、对标专业情况分析和调研，分别从专业人才培养模式、课程建设、师资队伍建设、实习实训基地建设等方面制定具体任务和举措。这些任务和举措要对照学校专业建设分级标准进行设计，既要有定性的描述，又要有定量的数据。将专业建设目标根据工作任务进行分解，形成年度工作任务分解表，明确相关任务的责任人、责任部门和完成时间节点等。通过任务分解表将可量化的指标进一步具体化，形成一套可量化、可测评的专业建设任务完成度评价体系。例如，可设计本专业在校生规模、师资队伍的数量与结构、课程资源的数量与质量、实践教学条件的增量与要求、毕业生的知识和技能水平、用人单位满意度等量化指标。根据专业建设规划（方案）及年度任务分解表，制订专业建设年度工作计划。利用专业人才培养状态数据平台加强对专业建设任务完成度的过程监控，发现问题及时调整纠偏。在专业建设过程中，专业教师团队不断加强学习和创新，针对问题制定改进举措，进一步修订并优化专业建设规划（方案），确保专业建设目标达成并落实。在专业建设过程中，学校各职能部门将为专业教师团队提供各种保障（人员、资金、设备等），建立相关制度，规范专业运行与管理，保障专业建设的正常推进。

专业教学诊改是专业教师团队聚焦专业人才培养方案的落实情况开展的诊断与改进。专业教师团队通过建立市场调研机制，定期开展专业人才培养方案的市场调研。根据国家、上海和学校颁布的相关专业教学标准，编制本专业人才培养方案。专业人才培养方案明确了本专业的培养目标、人才规格、主要课程教学内容、教学安排表和毕业要求等专业教学的基本标准和要求。在学校层面相关教学管理制度规范下，专业教师团队全方位落实专业人才培养方案，在实施过程中对本专业人才培养模式的科学性、课程体系设置的规范性、专业教学计划落实的严谨性、师资队伍配备的合理性、专业实训条件的符合需求性、学生实习安排的规范性等进行诊断。利用专业人才培养状态数据平台，进行专业教学过程的实时预警。专业教师团队不断加强学习和创新，针对专业教学中发现的问题制定改进举措，组织开展新一轮市场调研，进一步修订并优化专业人才培养方案，确保专业人才培养目标达成并落实。

（三）运行周期

专业建设诊改的周期与本专业制定的专业建设规划（方案）的周期一致。例如：某专业制定的专业建设规划（方案）设计 3 年的建设任务，则以 3 年为一个"大循环"、1 年为一个"小循环"；某专业制定的专业建设规划（方案）设计 5 年的建设任务，则以 5 年为一个"大循环"、1 年为一个"小循环"。

专业教学诊改的周期通常与专业人才培养方案的周期一致。对中等职业学校而言，专业人才培养基本以 3 年为一个周期，因此以 3 年为一个"大循环"、1 年为一个"小循环"。

（四）诊改报告

专业教师团队对照相关目标和标准，定期组织召开专业质量诊断与改进活动，以专业实际运行数据为基础，通过开展专业剖析与自我诊断，于每年年底形成本专业诊改报告（见附件 2）。专业诊改报告主要是对照专业建设标准和专业教学标准，聚焦专业层面的相关诊断点，分析专业建设和教学中存在的差距与不足，为专业发展进一步做好规划，为专业建设提供新思路、新对策和新措施，促进专业人才培养质量不断提高。

（五）协同联动

除了在目标链和标准链上的上下贯通外，专业诊改与学校诊改、课程诊改、教师诊改和学生诊改等几个层面，在诊改主体、诊改内容和诊改问题改进等方面也互相衔接、共同联动。第一，诊改主体协同联动。专业教师团队本身就是由教师组成，教师在参与专业诊改的过程中同步参与课程诊改，为课程层面落实上位专业层面的目标和标准奠定了良好基础，促使课程教学改革与专业教学改革同向同行。第二，诊改内容协同联动。专业诊改是对学校诊改的重要支撑，同时也是对课程诊改、教师诊改和学生诊改提供参考标准和依据。第三，问题改进的协同联动。部分专业诊改发现的问题单纯依靠专业教师团队难以解决，需要学校上级主管单位、学校内部职能部门、学校外部行业企业等共同制定改进举措。

（六）激励措施

专业教师团队在诊改过程中，不断更新教育理念、变革教育模式，落实立德树人根本任务。专业教师团队在诊改过程中，质量意识和主体意识不断增强，将自我激励的内部动力转化为提升本专业人才培养质量的主观能动性。同时，学校的教学评价、绩效考核也成为专业教师团队专业发展和成长的外部动力。在内外两方面动力的共同激励下，形成专业诊改的动力引擎。

（七）学习创新

面向数字化、网络化、智能化时代技术迭代和人全面发展、终身发展的需求，在诊改过程中专业教师团队的诊改理念、诊改方法和诊改能力不断提高。通过积极自主学习、主动参与培训，树立诊改意识、数据意识和质量意识，培育数字化思维、新型能力和大数据可视化分析方法，不断更新教育理念、变革教育模式，推进专业数字化转型、生态变革和人才培养模式与教学模式创新。

五、成效检验

（一）理念有更新

专业诊改是否与专业日常教学工作相融合。专业教师团队的诊改理念是否更新、思路是否清晰；师生员工的质量意识、标准意识、自我诊改意识是否形成，质量保证动力是否由"要我做"变为"我要做"。

（二）诊断能精准

专业层面的目标链、标准链是否健全。诊断是否建立了围绕目标和标准，通过数据分析发现问题，并对问题进行界定和原因分析的上下衔接、左右呼应、整体协同的联动机制。专业质量保证体系是否由"零敲碎打"变为系统谋划。

（三）改进常态化

针对专业层面自我诊断出的问题，是否依据目标和标准的要求，及时采取相应措施加以改进。专业质量保证状态是否由"一时兴起"变为常态运行，是否形成常态化、持续性的诊改工作运行机制。

（四）实证用数据

专业诊改是否能够实现专业人才培养动态监测、预测预警和持续改进，是否能通过专业层面全要素、全流程、全场景诊改数据的源头采集、管理与应用，将专业质量评价手段由"各吹各调"变为用大数据说话，形成数据实证支撑、问题明确具体、改进措施切实可行的专业诊改报告。

（五）全员获得感

专业教师团队对诊改是否有认知，是否积极主动开展自主诊改、承担专业教学质量保证主体责任，质量保证覆盖面是否由单向发力变为人人参与，诊改工作是否有获得感。

（六）质量有提升

专业诊改是否形成了专业教学工作自主诊断、持续改进的工作制度和运行机制，是否能够围绕上海现代产业转型、产业升级对人才培养的需求不断创新专业人才培养模式、推进专业教学模式变革。专业人才培养质量是否能够持续提升。

◀ **附件1** ▶

上海市中等职业学校专业层面诊断点提示

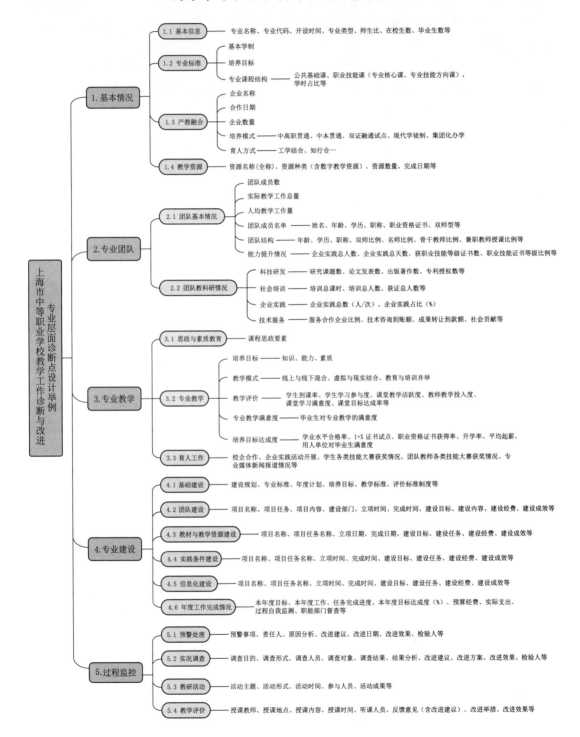

◀ 附件 2 ▶

上海市中等职业学校专业诊改报告

（____—____学年）

根据《上海市教育委员会关于印发〈上海市中等职业学校专业教学工作自主诊断与改进实施方案〉的通知》（沪教委职〔2018〕24 号）要求，对照《学校教学诊断与改进制度建设和运行方案》和《专业建设与发展规划》进行专业层面自我诊改。现就××学年××专业的自我诊断与改进情况，报告如下。

一、基本情况

本专业基本办学条件达标情况。参照专业层面诊改诊断点提示，若有未达标条件，简要阐述原因。

序号	诊断数据项	观测点	诊断数据		
			2020 届	2021 届	2022 届
专业规模	专业全日制学历教育在校生的占比（％）	/			
	专业专任教师规模数占比（％）	/			
1	专业师生比	达到 1：20			
2	专业教师人数占专任教师的比例（％）	不低于 50％			
3	高级技术职务人数占专任教师的比例（％）	不低于 20％			
4	"双师型"专任专业教师	不低于专业教师的 60％			
5	生均仪器设备价值占比（％）	不低于 2500 元			

根据近三个学年的横向数据比较，对专业的基本条件指标变化进行趋势分析。

二、诊改任务

本部分主要阐述专业层面的自我诊改情况。对照《学校教学诊断与改进制度建设和运行方案》和《专业建设与发展规划》，参考诊断点提示，分别叙述目标链、标准链的打造情况，以及实施和成效等情况。借助监测数据，叙述专业建设和专业教学目标标准是否符合学校发展规划、是否符合专业发展现状，目标标准是否明确可测、是否达成，存在的问题以及采取的改进措施和已经取得的改进效果等。

1. 目标达成度

诊断要素：专业定位是否紧贴市场、紧贴产业、紧贴职业，是否适应上海市城市数字化转型对新技术、新模式、新业态发展的实际需求；面向的职业岗位群是否准确对接；人才培养目标是否与产业结构调整需求相适应，是否满足职业岗位群的需求，是否有持续跟踪调研毕业生的就业质量。

数据分析：专业人才需求调研和市场专业人才需求报告提出的专业人才知识、能力和素养的需求分析数据；近三届毕业生质量跟踪数据的趋势分析。

序号	诊断数据项	诊断数据		
		2020 届	2021 届	2022 届
1	专业招生计划数			
2	专业录取报到数			
3	知识、能力、素质合格率（%）			
4	体质达标率（%）			
5	学生违纪率（%）			
6	毕业率（%）			
7	毕业生双证书获取率（%）			
8	毕业生就业率（%）			
9	毕业生平均就业对口率（%）			
10	毕业生平均升学率（%）			
11	用人单位对毕业生的满意度（%）			
12	毕业生对专业教学的满意度（%）			

2. 标准适切度

诊改要素：专业教学标准制定是否落实立德树人根本任务，是否注重人的全面发展；思想政治教育、数字化能力素质教育和创新创业教育是否纳入专业教学标准，专业课程体系设置是否合适；专业课程是否紧贴岗位群实际工作过程，内容是否对接职业标准、行业标准和 1+X 证书试点；公共基础课、专业基础课和实践技能课比重是否适当；专业教学计划是否合理，职业教育活动设计是否系统，是否注重企业实践教学。

数据分析：专业人才培养数据，毕业生教学质量跟踪分析。

序号	诊断数据项	诊断数据		
		2020 届	2021 届	2022 届
1	专业核心课程的重要度（%）			
2	专业核心课程的满足度（%）			
3	A 类（理论课）、B 类（理论＋实践课）、C 类（实践课）教学所占比重（%）			
4	公共课、专业基础课、专业实践课程所占比重（%）			
5	专业实践课占整个课程体系的比重（%）			
6	用人单位对毕业生专业核心能力的满意度（%）			

三、诊改运行

参照上海市中等职业学校专业教学工作自主诊断项目参考表对有关专业的诊断点提示，分别叙述专业建设、专业教学、团队建设、资源建设和运行情况，以及是否建有专业诊改的监测预警机制，专业的社会认可、成效和社会服务等情况。立足学校实际，查找专业建设发展过程中存在的问题，提出改进措施，切实推动专业教学质量稳步提升，形成专业建设特色与品牌。

1. 模式适应度

诊改要素：人才培养模式是否推进中高职贯通、中本贯通、双证融通试点、现代学徒制、集团化办学等综合改革试点，是否开展产教融合、校企合作；育人方式是否体现工学结合、知行合一；教学方式是否运用线上与线下混合、虚拟与现实结合、教育与培训并举；学习方式是否注重个性化、沉浸式和探究式。

数据分析：专业人才培养模式数据；诊改前后专业人才培养效果的对比数据分析。

序号	诊断数据项	诊断数据		
		2020 届	2021 届	2022 届
1	产教融合、校企合作的单位数			
2	1+X 证书试点获得率（%）			
3	职业资格证书获得率（%）			
4	各类技能大赛获证率（%）			
5	学业水平考试合格率（%）			
6	毕业生升学率（%）			
7	毕业生平均起薪（元）			

2. 师资支撑度

诊改要素：专业团队教师的规模是否适度；专任教师和兼职教师比例是否协调，专业的生师比例是否恰当；教学团队结构（包括年龄、职称、学历、学位）是否合理；教师"双师"素质和社会实践能力是否能支撑专业发展的需要；团队教师是否具备较强的教科研能力、职业培训和技能鉴定能力，上海市技能大师、上海市名师工作室主持人、学校专业带头人、骨干教师比例是否合理，是否在上海市以上的行业与协会中有社会兼职、地位和影响力，是否有较好的成效。

数据分析：教学团队成员、职业资格证书等基本情况；近三年教学团队的教学任职考核、教科研、教师能力提升培训进修、企业实践和社会服务等数据，开展职业培训、技能鉴定等相关数据的趋势分析。

序号	诊断数据项	诊断数据		
		2020 年	2021 年	2022 年
1	教学团队任职资格考核合格率（%）			
2	教学团队职业教育教学总课时数			
3	教学团队职业培训鉴定总课时数			
4	教学团队教科研（课题、论文、著作）数量			
5	教学团队能力提升培训进修（人 / 次）			
6	教学团队企业实践活动（人 / 次）			
7	教学团队社会服务贡献（人 / 次）			

3. 资源有效度

诊改要素：专业教学资源（数字资源、数字教材、虚拟仿真资源等）建设是否满足专业人才培养、技能鉴定和社会培训的需求；校内专业实训室（中心）布局是否合理，实训室（中心）数量、设备配置等是否满足教学、技能鉴定和社会服务的需求；校内实训室（中心）的管理是否规范，是否有较高的使用效率；校企行三方是否形成专业教学共同体，是否共建共享数字教学资源、共治共营实习实训（虚拟仿真）基地和专业创新创业教育平台，运营管理是否规范、有效。

数据分析：专业教学资源的内容、数量和质量，资源开放使用效率数据；校内专业实训室（中心）的名称、数量、面积、工位数、设备配置状态数据；实训室（中心）功能先进适用专业实训教学相关数据，比如实训教学开课率、实训室（中心）利用率、实训设备使用率和完好率等数据；校外实习实训（虚拟仿真）基地、专业创新创业教育平台的名称、使用率等相关数据。

序号	诊断数据项	诊断数据		
		2020 年	2021 年	2022 年
1	资源数量（含数字资源）（GB）			
2	资源开放使用率（%）			
3	校内专业实训室（中心）工位数			
4	实训教学开课率（%）			
5	实训室（中心）利用率（%）			
6	实训设备使用率（%）			
7	校外实习实训（虚拟仿真）基地使用率（%）			

四、诊改成效

学校对标上海"五大中心""四大品牌"的建设目标，以上海市产业结构和布局战略性调整为导向，以新一代信息技术与专业建设深度融合为宗旨，对照《专业建设与发展》要求，继续推进专业层面的教学诊断与改进、深化专业内涵建设取得的成效。

（1）综合分析各专业是否依据专业教学标准，聚焦人才培养方案，结合监测数据和事实开展自我诊断，形成问题明确具体、改进措施切实可行的诊改运行的制度体系。

（2）根据 8 字形质量改进螺旋，是否建立专业监测预警机制，是否对标学校专业发展规划和专业人才培养方案，是否每年开展专业布局优化与设置调整研讨活动，是否动态调整专业结构和专业布局等。

（3）根据诊改成效检验提示，综合分析专业层面诊改是否推进了六个转变，分析存在的问题和改进举措。

课程层面诊改工作指南

课程是中等职业学校传递知识和技能的载体，是链接学校专业、教师和学生的纽带，是人才培养目标实现和人才培养规格达成的平台，也是展示专业建设特色和教学质量的窗口。为贯彻落实《教育部办公厅关于建立职业院校教学工作诊断与改进制度的通知》（教职成厅〔2015〕2 号）和《关于做好中等职业学校教学诊断与改进工作的通知》（教职成司函〔2016〕37 号）精神，结合上海教育综合改革和前期开展教学工作诊断与改进取得的经验与成效，制定上海市中等职业学校教学工作诊断与改进课程层面教学工作诊断与改进（以下简称"课程诊改"）指南，为提升教师课程建设和教学主体意识、质量意识，提升中等职业学校课程建设和教学质量监控能力和水平提供有效方法与路径。

一、诊改主体

课程层面的诊改主体是课程建设和教学的团队。课程建设和教学团队负责人是课程建设诊改的第一责任人，承担具体教学任务的教师是本门课程教学诊改的第一责任人。课程建设和教学团队负责人对具体课程教学的诊改负有指导、督促的责任。学校相关职能部门对课程建设和课程教学诊改负有指导、督促、检查、评价的职责。同时，学校教务部门、督导部门、质量管理部门、专业系部、相关教研室、专业带头人、学生和企业专家等也共同参与课程诊改，对课程诊改工作进行指导和监督。

二、诊改目的

课程是学校教书育人、立德树人的直接载体，是决定人才培养质量高低的关键环节。在课程层面开展诊改，就是承担具体课程教学任务的教师或教学团队，依据课程标准，寻找问题、分析原因、做出改进，为人才培养质量的提升夯实基础。根据学校教学工作诊断改进的总体要求，制定课程诊改制度，构建课程教学和课程建设的目标体系，建立从课程开发到课程考核各阶段的标准体系，构建 8 字形质量改进螺旋，开发课程教学数据管理平台，以数据为支撑、以问题为导向、以改进为目的，提高学校的课程教学和管理水平，形成常态化的自主保证课程教学质量机制，提高课程建设水平和课程教学质量。

三、诊改任务

课程诊改面向中等职业学校各专业人才培养方案规定的所有课程。从课程性质来看，学校公共基础课程、专业基础课程、专业核心课程和专业拓展课程全覆盖，必修课程、限定选修课程和任意选修课程等全覆盖；从课程所属的专业来看，诊改对象覆盖学校所有专业的课程，包括各中等职业教育专业的所有课程、中高职教育贯通专业和中职—应用本科贯通专业中职阶段的所有课程。

（一）确立目标体系

课程教学团队根据学校层面的专业建设发展规划和学校课程建设规划制定各课程建设规划，聚焦专业人才培养方案，制定课程发展规划和实施计划。各课程建设规划的目标与学校发展规划和各子规划目标衔接，与各专业建设规划目标相匹配。能够根据专业发展目标，构建课程体系，组建课程建设团队，细分课程建设任务，明确课程教学团队的具体分工和责任。根据课程建设规划制订年度工作计划，建设任务分解到人、分解到年度，课程建设任务完成度可量化、可测评。

（二）确立标准体系

课程建设和教学团队结合学校相关制度，制定课程建设标准和课程教学标准。

1. 建立课程建设标准（目标）体系

制定学校课程分级建设标准。国家级课程建设标准可参照教育部等部门颁布的相关文件，如职业教育国家精品在线开放课程、国家级课程思政示范课程、首届全国教材建设奖职业教育获奖教材配套数字课程、"十三五"职业教育国家规划教材配套数字课程等国家级课程建设标准。上海市级课程建设标准可参照市教委教研室颁布的相关文件，如上海市中等职业教育在线开放课程、精品课程2.0、网络课程建设等相关标准。学校的校级精品课程建设标准和一般课程建设标准可按照市级课程建设标准的各块内容酌情调整标准。课程建设标准体现不同等级课程建设的核心指标，撰写要条理清晰、任务明确，对课程建设团队的基本条件和职责分工、课程实施条件和建设成果等提出具体要求，突出可测量、可评价的量化指标。相关标准要让全校教师知晓。

2. 建立课程教学标准（目标）体系

各专业人才培养方案涉及的课程均要有相应的课程教学标准（包括中高、中本贯通专业的中职阶段课程）。公共基础课采用教育部颁布的相关标准，专业课则根据实际情况采用市级专业教学标准中的课程标准或学校根据需求自定课程标准。课程教学标准应包含课程的性质、课程目标、课程内容与要求、教学活动设计参考、教材选用参考、考核评价方式、教学实施建议等。拟定课程标准制定的阶段性工作计划，优先建设好专业核心课的课程标准，然后再分批制定专业方向课、专业选修课等标准。

3. 落实课程质量监控相关标准

落实学校课程质量监控相关工作标准，如课程标准撰写工作标准（格式体例）、教案撰写工作标准（格式体例）、教案检查工作标准、课程教学评价标准、授课计划执行情况检查工作标准、作业布置与批改检查工作标准等。根据学校课程教学常规管理制度，如教材选用和管理工作制度、学生评教同行评价制度、教学督导制度等，完善常规教学文件，规范教学业务流程。制定课程建设方案、总结和阶段性检查及验收工作相关制度和标准，对课程建设立项、过程监督、总结验收等工作进行规范，制定各个环节的材料格式体例和撰写标准。

（三）落实全程监测

对照课程层面诊改的目标和标准，课程教学团队根据课程教学标准和课程建设标准，对课程教学和建设情况进行自主过程监督和评价。按照编制的发展规划和实施计划，聚焦影响课程教学质量的关键要素开展诊改，加强教学过程和教学活动的规范化、标准化，加强对教学活动的全过程管理，定期发现问题、分析问题、制定举措，建立持续调整更新的动态优化机制。

依托智慧校园建设，在学校人才培养数据管理平台中打造课程教学数据管理模块，利用课程数据管理平台支撑课程层面实时诊改，提高诊改工作的时效性和科学性。设计课程诊改中课程标准、课程教材、课程资源、课程教学团队、课程教学过程和课程建设任务系列诊断点。利用数据管理平台记录课程建设和课程实施过程诊断点的数据变化情况，通过数据监测、数据搜集和数据分析以及预警发布，能够及时发现问题、分析原因并制定改进举措。

（四）纠错避险改进

针对课程诊改中发现的问题及时进行预警并制定改进举措。根据学校教学工作诊断与改进制度建设和运行方案以及课程诊改方案，加强对学校课程诊改工作的考核和评价。制定学校教学工作诊断改进激励措施，对认真落实诊改工作、重视课程教学管理、课程建设成果突出的教师和教学团队进行资助或奖励，提高教师的积极性、主动性和创造力，形成课程教学和建设诊改的良性循环。

四、诊改运行

课程层面的诊改包括课程建设诊改和课程教学诊改两条主要的路径。前者从课程整体建设维度出发，从课程目标、质量生成、课程资源、支持系统、质量控制等方面对课程整体建设情况进行诊改；后者聚焦课堂教学层面每次课教学目标的落实，相对比较微观。

（一）运行制度

学校要制定课程诊改制度。课程诊改制度与学校教学工作诊断与改进制度建设和运行方案相匹配。课程诊改制度要明确诊改工作的对象、范围、路径和机制，与学校层面、专业层面、教师层面和学生层面诊改实现上下左右呼应衔接。

1. 统一思想，加强培训

学校要加强对教学工作诊断改进的全员培训，制定课程诊改实施方案，组织课程诊改专题研讨交流，帮助教师充分把握课程诊改的意义，以及诊改工作的目的和流程。发放诊改工作指导手册（指南），指导教师科学开展课程建设诊改和课程教学诊改，提高教师质量保障的主体责任意识和质量保证能力。课程建设诊改的理念和思路清晰，问题导向鲜明。课程教学诊改得到师生认同，师生积极参与课程诊改。

2. 构建体系，组织保障

学校要建立课程教学和管理组织架构，组织架构清晰，各部门职责明确，课程负责人和课程团队成员分工明确、责任到位，做到全员、全程、全方位开展课程诊改。制定并完善学校课程教学和管理相关制度，相关政策文件指导性强、可操作性强，能够落实到位。学校教学质量监控制度完备并落实，各相关部门加强对各课程团队的指导和监督检查，确保诊改机制高效运行。

（二）运行模式和周期

课程层面的诊改包括课程建设诊改和课程教学诊改两条主要的路径，按照8字形质量改进螺旋运行（见图1）。前者从课程整体建设维度出发，从课程目标、质量生成、课程资源、支持系统、质量控制等方面对课程整体建设情况进行诊改；后者聚焦课堂教学层面每次课教学目标的落实。

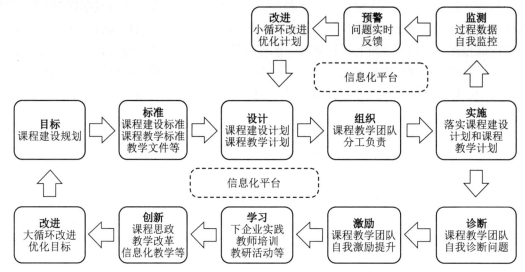

图1　课程层面8字形质量改进螺旋示意图

1. 课程建设诊改

课程建设诊改的周期和课程建设方案中确定的课程建设周期一致，根据建设周期按照学期或学年进行课程诊改。课程建设诊改的目的在于提升课程建设水平，打造专业或学科建设品牌。

课程教学团队对照学校制定的课程建设标准进行课程建设。学校设置分层级的课程建设标准：一般课程建设标准、校级精品课程建设标准、市级精品课程建设标准和国家级精品课程建设标准。各课程教学团队对照学校的课程建设标准，根据本课程建设的基础，确定适切的建设目标，编制课程建设方案。课程建设方案是对课程建设水平的整体内涵提升，从课程目标、质量生成、课程资源、支持系统、质量控制等方面提出建设标准。课程建设方案中的工作任务要根据年度进行细化，明确相关任务的具体目标、措施、责任人和预期成果。利用课程建设数据管理平台对课程建设状态进行过程监控（即小循环），实时反馈经费使用和任务完成等相关数据，并对问题数据即时发出预警，及时纠偏、改进，确保课程建设任务达成预定目标。课程建设大循环周期结束后，通过撰写课程建设自我诊改报告，进行任务完成情况汇总分析，聚焦问题进行诊断，并制定改进举措。

2. 课程教学诊改

职业教育人才培养目标通过细化分解落实到具体课程来实现，课程教学目标又细化分解为课堂教学目标落实到课堂中。因此，课堂目标的达成支撑课程目标的达成，本专业所有课程目标的达成支撑专业培养目标的达成。课程教学诊改的核心就在于关注课程在课堂中实施的环节。在教学过程中落实立德树人、德技并修的要求，挖掘课程思政元素，深化课程思政改革。

课程教学诊改同样由小循环和大循环协同组成，课程教学诊改的目的在于提升课堂教学质量。小循环为课程单次课堂教学诊改，是过程性诊改。教师根据教案所撰写的本次课的教学目标、重点难点和相关教学设计，结合学生课堂互动、课中测评和课后作业情况，进行教学反思。构建了课程数据管理平台的学校，可以根据平台实时生成的学生行为数据、学习目标达成度数据、学生学习满意度数据，如出勤率、互动率、任务完成率等，进行实时诊断。对预警信息，教师要以"事不过夜"的精神，及时优化调整教学设计并通过撰写教学反思来实现自我诊断改进。

大循环为课程教学任务全面完成后的诊改，根据课程开设的学期（1 个学期、2 个学期或者 3 个学期）确定循环周期。除以上两个循环涉及的具体做法外，大循环周期结束后课程教学团队通过撰写课程教学自我诊改报告实现自我诊断改进，对课程实施的全流程进行问题梳理，分析问题成因，针对问题成因制定改进举措，从而优化本课程教学的目标和标准。

课程一个单元（模块）教学任务完成后也可进行诊改，重点在于一个单元（模块）教学任务完成后，对照课程数据管理平台汇总的此阶段相关数据，发现单元（模块）教学中的相关问题，并制定优化策略改进教学设计。这在性质上仍属于大循环。

（三）自我诊改报告

课程教学团队要撰写、搜集整理阶段性课程层面的自我诊改报告。根据学校制定的课程诊改制度，课程团队定期（每年、每学年或每学期等）撰写课程教学或课程建设自我诊改报告，依据课程建设目标和课程标准，围绕目标、结合数据和事实找差距，报告内容完整，包括现状分析、存在问题、改进举措和下一年度工作打算等。各年度的课程自我诊改报告能够前后呼应、互相衔接。

（四）协同联动

除了在目标链和标准链的上下贯通外，课程诊改与专业诊改和教师诊改在诊改主题、诊改内容和诊改问题改进等方面也互相衔接、共同联动。第一，诊改主体协同联动。课程教学团队本身就是由教师组成，教师在参与课程诊改过程中也促进了教师个人的专业成长，为推进教师诊改达成教师个人发展规划提供了平台和载体。第二，诊改内容协同联动。课程诊改的主要内容也是专业诊改中课程教学体系建设的重要支撑，能够为深化专业诊改提供印证。第三，问题改进的协同联动。部分课程诊改发现的问题单纯依靠课程教学团队难以解决，需要从专业建设和教师队伍建设层面共同优化目标，并制定改进举措。

（五）激励措施

课程教学诊改要建立动态的课程教学质量绩效考核机制，依托大数据分析排名，对每学期、每学年的课程教学质量进行考核性诊断，将结果运用于教师评先评优，同时进行绩效激励，推动课程教学目标有效实施，提高课堂教学质量。

课程建设诊改按照月度、季度、半年、年度的任务完成情况进行绩效评价，建立奖励与问责机制，对达到课程建设目标的课程予以相关奖励。相关成果可用于教学名师和教学技能标兵评选、教师职称评审等，考核结果作为部门绩效激励的依据。

五、成效检验

从课程规划目标的适切性、课程质量生成的规范性、课程资源条件的适用性、课程支持系统的完备性和课程监督系统的全面性五个方面检验课程诊改的成效。

（一）课程规划目标、标准更为适切

课程规划目标与专业建设规划目标和师资队伍建设规划目标对接。目标分解到位，任务分工合理，目标达成度高。通过课程诊改发现的问题，对课程建设和课程教学的目标与标准进行优化，根据最近发展区理论，制定课程层面不断提升发展的适切目标。在目标和标准优化的基础上调整实施方案，让课程建设和教学过程更为科学、更加合理，全方位保障课程建设和教学目标的达成。

（二）课程质量生成更为规范

制定一系列课程管理制度，规范课程质量生成的各个环节。教师充分了解课程（教学）制度并能在课堂教学中予以落实。课程思政目标得到贯彻。教师根据学生的学情，充分利用信息化教学手段，按照授课进度计划进行课堂教学组织和实施，策划教学活动并确保课程教学质量。专业人才培养方案、课程标准、课程授课计划和教案等，在课时、教学内容安排等方面实现匹配。教师对标意识强，按照课程标准选择课程教材并开展教学，对学校课程建设标准知晓度高，参与建设覆盖面大。课程团队相关的教研活动、工作会议等过程记录完备。

（三）课程资源条件更为丰富

课程的开设和实施具有丰富的课程资源支撑，如教材、课件、教案、教学活动方案、视频资源、学生任务书、实训指导手册、实训大纲等材料。建立课程资源平台并能不断优化更新，推进课程资源数字化管理和共享，构建有专业特色的资源库和实训软件等，促进学生个性化学习。

（四）课程支持系统更为完备

课程支持系统主要由课程教学团队、课程数据管理平台、教学条件、实训条件和学习环境等构成。课程教学团队有合理的师资结构，形成"双师"团队。相关课程实训（实验）条件完备，构建了设施设备先进的实训室和理实一体多功能教室，工位充足，环境良好。信息化教学设备和多媒体设备配备到位，便于教师开展信息化教学改革。图书馆等公共学习空间为学生创造良好的自主学习条件，便于个性化学习的开展。

（五）课程监督系统贯穿全程

形成8字形质量改进螺旋并常态化运行课程诊改。科学设计课程层面诊断点，注重用数据说话。利用课程管理数据平台实现实时预警，能够及时发现问题，并不断调整纠偏。教师可利用课程管理数据平台实时预警功能，对课堂教学过程进行过程监督和实时控制。学校教学质量监督机构（教务部门、督导部门、团队负责人、课程负责人等）、第三方评价机构（学生家长、社会用人单位、企业专家）、学生等也可利用课程管理数据平台对课程教学质量进行监督、反馈和评价。

◀ 附件 1 ▶

上海市中等职业学校课程层面诊断点提示

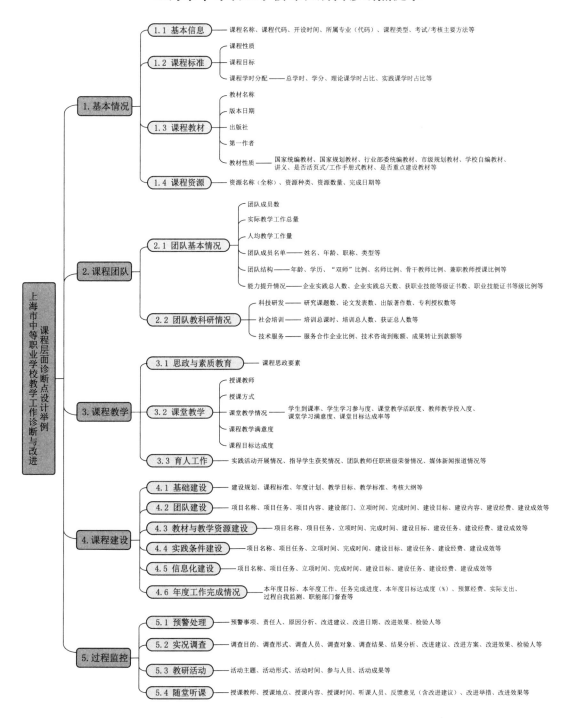

◀ 附件 2 ▶

上海市中等职业学校课程层面自我诊改报告设计举例
（××学年度）

专业名称：＿＿＿＿＿＿＿＿　　　　课程名称：＿＿＿＿＿＿

课程教学团队成员：＿＿＿＿＿＿　　报告日期：＿＿＿＿＿＿

一、课程现状分析

（一）课程基本情况

（二）课程团队

（三）课程教学

（四）课程资源

（五）课程评价

二、课程建设目标

三、课程建设标准

（一）标准制定依据（行业标准、国家标准等）

（二）课程建设标准

四、课程建设成果

五、课程诊改的实施

序号	诊断要素[①]	诊断点（质控点）	××年度实际完成情况[②]	××年度目标达成度（%）[③]	分析报告（原因分析、存在问题与改进措施）[④]
1	课程定位	专业教学标准与人才培养方案人培目标的对应性和支撑度			
2	课程标准	是否有课程标准，课程标准是否定期优化，课程标准优化是否以市场调研为依据，课程标准格式要素是否规范			
3	课程教材	教材选用是否合理			
4	课程资源	是否开发符合课程设计要求的文本资源、数字化资源、生活资源以及特色资源			
5	课程团队	年龄结构、职称结构、学历结构、"双师"素养等			
6	课程教学	教学计划、教学设计（教案）等常规文件是否齐全，课程思政建设是否深化，信息化教学改革是否推进			
7	课程评价	学生学习结果评价，学生取证率，学生评教满意度，企业评价等			

（续表）

序号	诊断要素①	诊断点（质控点）	××年度实际完成情况②	××年度目标达成度（%）③	分析报告（原因分析、存在问题与改进措施）④
8	质量监控	听课评课、第三方督导、过程预警等			
……	……	……			

备注：

① 诊断要素：教学诊断与改进专业建设质量控制点中的主要诊断要素；

② ××年度实际完成情况：填写是/否、数值、比例或者百分比；

③ ××年度目标达成度（%）：填写完成百分比；

④ 分析报告（原因分析、存在问题与改进措施）：自我诊改过程中存在的问题分析与改进措施，不超过200字。

教师层面诊改工作指南

教师层面的诊改是学校教学诊断与改进的一个重要层面，也是推进人才培养质量提升的关键性因素。为贯彻落实《中共中央 国务院关于全面深化新时代教师队伍建设改革的意见》，努力建设有理想信念、有道德情操、有扎实学识、有仁爱之心的高素质专业化创新型教师队伍，落实立德树人根本任务，促进人才培养质量全面提升，制定了上海市中等职业学校教学工作诊断与改进教师层面工作指南。

一、诊改主体

教师层面的诊改主体是学校全体教师，学校党政领导班子及相关管理部门对教师诊改负有指导、组织、推进、检查、评价的职责。

二、诊改目的

教师诊改的目的是激发教师树立自主诊改意识、增强专业发展内在动力，提升教师的自主诊改能力，帮助教师更加精准地分析自身实际，不断突破个人的最近发展区，助力教师成为"四有"好老师（学校结合办学实际制定），实现自我持续提升，助力学校教育教学改革与学生成长成才，为提高人才培养质量夯实基础。

教师诊改可依据教师标准，从师德素养、教学教研、管理育人、理论科研、个人发展（含职称、进修、培训等）五个维度展开。师德素养维度，要求教师严格遵守"十要、十不准"，以德立身，坚持将立德树人作为根本任务，做中国特色社会主义共同理想的坚定信仰者和忠实实践者。教学教研维度，要求教师潜心一线教学，不断追求基于学情的高质量教学效果。管理育人维度，要求教师凸显学生的主体地位，能够因材施教，实施合适的教育。理论科研维度，要求教师积极进行教科研，将各项研究成果应用于教学、服务于企业、服务于社会，提升教科研成效。个人发展维度，要求教师强化实践锻炼，注重自我发展，持续进行终身学习。

三、诊改任务

教师诊改是教师对自己的教育教学能力和行为进行诊断与改进，通过对教师队伍的现状分析、诊断点选择，打造教师发展目标链和标准链，并在诊断与改进机制运行过程中优化教师队伍结构、提升教师队伍水平。

（一）建立目标链，明确教师层面诊改的起点和落脚点

学校以五年发展规划为基础，制定学校师资队伍建设发展规划，确立师资队伍建设总体目标，将建设任务进行年度分解，并传递至各部门，各部门再进行分解。以专业系部为例，系部推动各专业在建设方案中明确专业师资建设任务，制订本专业年度教师发展计划，再将师资队伍建设任务传递给教师；教师按照年度计划和个人发展目标，结合实际，确定

与自身基础相适应的阶段发展规划和年度工作计划。最后，经充分协调、磨合、对接，形成逻辑清晰、上下联通、相互支撑的"学校—专业—教师"三级建设目标链。

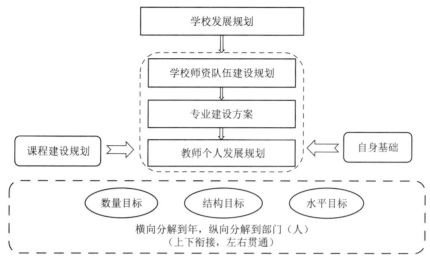

图1 "学校—专业—教师"三级建设目标链示意图

（二）建立标准体系，明确教师层面诊改的标尺

学校依据师资队伍建设体系和岗位聘任的相关要求，梳理上级有关教师发展的标准，明确学校共性的基本评聘标准，制定学校教师发展标准，然后以此为基本标准，梳理现有制度，依据目标需求修订并完善师资建设方案及督导考核办法，汇集成册形成标准集，明确各类评选、认定、考核和评聘标准与条件等。

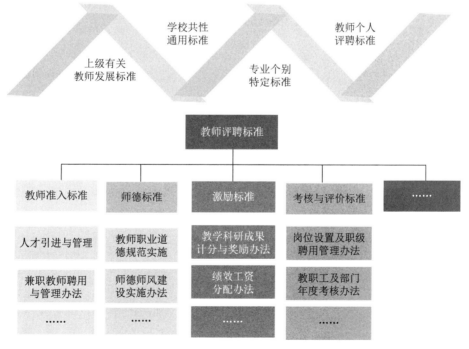

图2 学校教师发展标准举例

结合教师职称晋升和岗位聘任的相关要求，针对职称／职业特定发展阶段，确立教师个人发展标准，如包括师德素养、教学教研、管理育人、理论科研、个人发展五个维度，详见表1。教师发展标准制定同样采取教师个人意愿和部门（单位）加以引导相结合的方式，体现教师的个性发展与部门（单位）需求的统一，从而使师资发展标准成链。教学新手、教学能手、校内骨干等初级发展阶段由学校制定校本标准，市级骨干、专业带头人、教学名师等则参照市级认定标准。

（三）教师设定个人发展目标，明确职业生涯发展方向

教师依据教育部、上海市或学校颁布的教师标准，结合自身实际，制定与自身基础、条件相适应的阶段发展规划和年度工作计划，形成适应时代、逻辑清晰、符合规范、左右衔接，能促进自身发展、更好落实立德树人根本任务的发展目标链。教师可立足职业生涯整体设立发展目标，可从自身实际出发，在思想政治、学历提升、职称晋升、教书育人等方面设置目标，形成引领自身发展的目标链。如基于职称发展等级，确立"助教—讲师—高级讲师—正高级讲师"层级递进的成长目标；基于职业发展方向，制定"教学新手—教学能手—骨干教师—学科带头人—教学名师"的发展通道等。

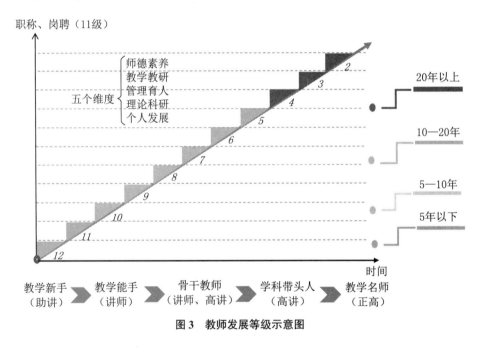

图3　教师发展等级示意图

（四）教师制定发展规划

根据学校五年发展规划中的师资建设目标，制定学校师资队伍建设子规划。例如，学校以培养专业带头人、骨干教师和"双师型"教师，形成师德高尚、结构合理、高素质、专业化的教师队伍为目标，在师资规划中要确定专业（学科）带头人、市级骨干教师（班主任）、校级骨干教师（班主任）等数量以及"双师型"教师的占比；在专业建设方案中要明确专业带头人培养、骨干教师（班主任）培养、"双师型"教师比例等建设目标，以及负责部门和完成时间等。

教师根据不同层级的教师标准和专业传递的师资队伍建设任务，结合周期内的工作情

表 1 教师发展标准举例

职级阶段	师德素养	教学教研		管理育人		理论科研		个人发展	
		定性标准	定量标准	定性标准	定量标准	定性标准	定量标准	定性标准	定量标准
教学新手（助讲，12—11级）	坚定理想信念，坚持立德树人；遵守教师职业伦理及相关法律法规；热爱职业教育，以身作则，关爱学生，做学生健康成长的指引者	具备教育专业知识和领域/学科知识及相关教学技能；探索适合职业教育学生的教学方法与途径；掌握信息化教学手段	1. 实习期至少每月听课2次；2. 实习期至少参加公开课听课比赛1次或听课活动；3. 以个人或团队的形式至少参加1次校级以上教学法比赛；4. 独立承担2门以上课程的全部上课工作；5. 试用期考核合格，年度考核合格	担任班主任工作；育人能力显著提升	1. 探索课程思政实施路径和方法，每学年完成至少1篇课程思政教学案例；2. 按照班主任工作标准，有质量地完成班主任工作；3. 班主任工作考核合格；4. 定期完成班主任工作培训	积极参加相关教育教学理论学习和培训，做好教学与班主任工作的总结反思	在学校校刊上至少发表2篇课程（学科）教学案例或文章	了解学校发展，融入学校文化；确定个人的发展目标	1. 制订三年个人发展计划；2. 如进校时无教师资格证的教师，必须在3年内取得教师资格证；3. 自身素养的提升，如三笔字、演讲等；4. 参加上海市中等职业学校新进教师规范化培训
教学能手（讲师，10—9级）	热爱职业教育事业，践行社会主义核心价值体系，履行教师职业道德规范，依法治教，摒弃不当教学行为，乐于教育教学实践，用于教学创新，引导学生探索真知	具有规定学历、教师资格和技能水平等基本条件；掌握所教专业及其他专业间的关系，采用合适的教学方法与手段，编制教案，如期完成教学任务；教学序化课程内容，合理使用教学资源，有效检测学生学业成绩	1. 每学年开设公开课2次，评价良好；2. 每个月听课学习1次，每学年主持教研活动及以上2次；3. 系统担任所教的全部门课程的教学工作，教学质量考核均合格；4. 校级及以上教学法比赛获奖，担任社团指导教师或指导学生参加校级以上比赛	担任班级管理工作，能关心、公平、体谅地对待学生，与学生建立愉悦彼此的关系	1. 担任学生管理工作，并考核良好；2. 每学年完成至少1篇教学案例、1篇班级管理教学案例；3. 至少参加上班主任基本功大赛1次；4. 组织班级学生参加各级各类竞赛活动获得奖项	熟悉职业教育政策，了解其发展趋势和方向，把握专业在行业、企业中的地位与角色，深入了解合作企业，开展技术服务与培训	1. 至少完成教学案例1篇；2. 至少参加校内专业（学科）建设项目1项；3. 至少公开发表专业学术论文1篇	主动参与教师职业发展需求的理论与实践培训	1. 按照教师培训分管理办法文件要求，完成对应培训学分；2. 专业教师完成对应的企业实践

况，对照自身师德素养、教学教研、管理育人、理论科研、个人发展（培训、学历进修等）多维度确立发展目标，制定个人发展规划。

表2　个人发展规划样例

×× 个人发展规划（×× — ×× 年）							
整体发展目标							
发展维度	师德素养（素质提升措施）						
	教学教研（业绩提升措施）						
	管理育人（素质提升措施）						
	理论科研（业绩提升措施）						
	个人发展（素质提升措施）						
规划目标内容		×× 年	×× 年	×× 年	×× 年	×× 年	
师德素养	参加师德类培训（10 课时为 1 学分）	市级培训课时数					
		区级培训课时数					
		校级培训课时数					

（五）教师制订实施计划

教师应认真研读人事部门分解的学校师资五年规划和年度工作计划，了解相关的工作任务，结合个人实际情况编写年度工作计划。

教师在实施计划中要明确年度预期目标、现状分析、工作重点、具体措施等，就师德素养、教学教研、管理育人、理论科研、个人发展等方面制订具体计划。

表3　年度实施计划

×× 教师 ×× 年度实施计划（示例）				
项目内容	预期目标	现状分析	工作重点	具体措施
教学教研	学生的满意率超过98%；参加教法比赛，获得市级一等奖及以上	学生评教在良好及以上；所在教研室教师有参赛欲望	聚焦课堂，提高课堂教学的有效性；关注信息、蓄力准备、报名参加比赛	关注学情，根据课程标准上好课；组建团队、确定选题、全力备赛
管理育人	指导学生参加技能大赛，获得省市二等奖及以上	往届指导学生获得一等奖，具备比赛经验	关注信息、蓄力准备、报名参加比赛	挑选学生、确定比赛项目、全力备赛
理论科研	主持一项校级课题	能够将工作总结成文，但不懂做课题	学习并参与到项目课题研究中	参加课题研究相关培训；积极联系有课题项目的主持人，主动参与学习

（六）落实全程监测

学校应依据教师发展维度，确立相应的诊断点，为教师自我诊改提供服务。师德素养维度设置思政学习、师德失范处理等诊断点；教学教研维度设置基础授课、资源建设等诊断点；管理育人维度设置班主任工作、指导学生比赛等诊断点；理论科研维度设置课题研究、论文发表等诊断点；个人发展维度设置培训进修、企业实践等诊断点，并划定相应的临界目标值，各点数据汇成教师电子档案袋，记录教师的成长历程，实现全程的动态监测。

学校可依托诊改信息平台，跟踪教师成长轨迹，即时提醒反馈监测发现的问题。人事部门基于数据统计，就教师发展阶段的情况与问题及时给予反馈；质量办基于数据统计，就教师课堂听课反馈等情况与问题及时给予反馈；教研室基于数据统计，就教师项目课题等进展与问题及时给予反馈；学工部基于数据统计，就学生及班级管理等情况与问题及时给予反馈。

（七）纠错避险改进

教师层面的诊改主体是教师本人，学校只是做好相应的服务、指导、推动等工作。诊改过程中需要注意及时纠错避险改进，可从以下几方面着手。

即时即改。教师针对监测发现的问题进行判断分析，结合预警反馈对提出的合理化建议进行比对，以便做出更为合理的决策与调整，为实时改进提供依据。对于平台及各部门的相关反馈，教师结合自身情况将其融入自我诊改，按照个人工作计划落实工作任务。

周期改进。教师依据标准完成自测诊断，根据自测报告分析找到自身的优势和劣势，明确"我要发展什么"，人事部门或教师发展部门收集教师的发展需求，组织相关质量提升培训，帮助教师学习新技能、新知识，不断提升自我。最后，教师针对诊改周期的存在问题制定改进措施，找到自我专业成长的最近发展区（即教师相邻两个发展阶段的衔接地带），重新确定下一阶段的发展目标，实现螺旋上升。

教师对师德素养的关注是第一位的，在此基础上，教师在不同发展阶段还应有不同的关注点。例如：新教师还应关注基本教学能力、职业技能；骨干教师是师资中坚力量，还应关注"双师"素质、教学质量、适度的教研科研等；专业（学科）带头人是学校各专业、各基础学科的主导者，还应关注专业学科建设、项目研发应用、服务社会等；教学名师是学校师资队伍中的领军人物，还应关注专业学科发展研究、指导及参与企业技术升级等。

四、诊改运行

（一）诊改流程

教师自诊遵循"事前设计建标、事中实施管控、事后阶段自诊"的程序进行。

1. 事前设计建标

教师事前明确目标、任务、标准，从师德素养、教学教研、管理育人、理论科研、个人发展等维度制定措施。教师每年制订年度计划。

2. 事中实施管控

教师事中结合日常工作，对任务的进度、质量、规范性等进行监测，平台实时显示教师年度规划目标的达成情况，教师根据目标达成率分析目标未达成的原因并制定拟改进措施，开展常态纠偏。

3. 事后阶段自诊

教师事后基于平台数据开展阶段自诊。通过教师层面诊断与改进工作的推进实施，引导教师在自我诊断与改进中实现目标导向和问题导向的统一，增强教师主体意识，激发教师内生动力，培育教师内化于心、外化于行的自觉自律的全面质量意识和质量习惯，为师资队伍建设发展注入新理念、新动力。

教师层面诊改必备的制度文件应包含师资队伍建设发展规划、教师个人发展规划、教师准入标准、师德师风标准、教师发展标准、绩效考核标准等，各学校根据各自的实际情况可在制度文件名称上有所不同。

（二）运行模式

教师诊断与改进8字形质量改进螺旋模型由两个螺旋组成，分别为大螺旋和小螺旋，两个改进螺旋相交于计划、组织和实施环节，相互联动、相辅相成。

1. 上螺旋为小螺旋

小螺旋主要借助信息化管理平台，通过实时数据采集和大数据分析，围绕一年的教育教学、教科研、培训等工作实时监测并及时发布预警，充分发挥教师的主体责任，对制订计划、组织实施等环节进行自我数据报告、常态纠偏、实时调控，及时动态进行改进，保证计划目标实现。

2. 下螺旋为大螺旋

大螺旋以目标为出发点，通过设定标准、制订计划、组织实施、诊断监测、考核激励、学习创新、改进提升等生成整个流程各环节的完整循环。在该循环过程中，依托管理制度、绩效考核标准以及相关激励机制等手段，促使责任主体不断学习创新。该循环结束后，教师按照信息化管理平台反馈的数据进行自我分析，找到自己的优势和劣势，发现自我专业成长最近发展区的空白点，调整下一阶段的工作目标，进入下一个循环。

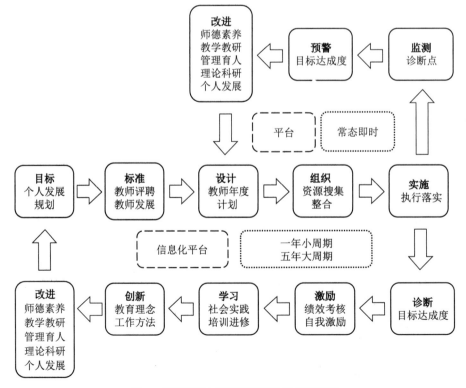

图 4　教师层面 8 字形质量改进螺旋示意图

（三）运行周期

教师层面 8 字形质量改进螺旋的运行由大、小周期叠加而成，就学校五年发展规划的建设流程而言教师诊断改进为五年大周期，就教师年度工作流程而言教师诊断改进为一年小周期。大周期是一个完整的五年规划。学校确定建设目标、标准，制订建设计划并组织与实施；建设满一个周期，教师对个人发展规划进行自我诊断，学校实施外部考核和奖励；教师通过自我诊断和内外激励产生学习动力和创新活力，引发知识创新，改进下一个周期的发展与规划。

（四）自我诊改报告

教师依据教师标准，聚焦年度计划的目标达成度，进行目标达成度诊断。将未开展或已开展但未达成目标的工作内容进行汇总，依据个人数据与师资发展标准比对，分析诊断中发现问题的原因所在，研判教师个体发展的现状及短板，撰写个人自诊报告，有针对性地提出补齐短板、完善不足的措施和方案，积极开展自我学习技能训练，调整个人目标和个人工作计划。

教师诊改报告至少包含目标计划、目标达成情况、未达成原因、改进措施四个部分，教师根据自己的实际情况进行补充完善。

表4　教师自诊报告

×× 教师自诊报告（示例） 20××—20×× 学年　　　　×× 专业（学科）　　　　　　　日期：			
发展维度	目标计划	目标达成情况	未达成原因	改进提高方向
教学教研	担任三门课程教学任务	已完成		
	参加校级以上教法比赛	未完成	校级比赛获鼓励奖，未获得更高级别的参赛机会	加强日常磨课，观摩优秀教师上课，提升课堂展示能力
理论科研	公开发表 1 篇论文	未完成	论文已成稿，但未找到期刊发表	多搜集期刊资源，参加相关培训，提升论文写作能力

（五）协同联动

结合教师提交的个人五年发展规划、个人学年工作计划等文本资料与信息化平台记录的数据资料，人事部门就教师职称等级等进行评定与反馈，教务部门就教师课堂教学、教研等进行评定与反馈，教研室就教师课题项目、论文发表等进行评定与反馈，学工部就教师的班级管理、学生工作等进行评定与反馈。在此基础上，教师结合自身情况对阶段性工作成效、工作问题等进行深入的梳理与汇总，撰写学期工作小结、学年自诊报告，完成阶段性总结。

教师对阶段性存在的问题或未达成的目标进行归因分析，所属自身主观内因的，教师个人进行培训学习、深造研修，进而调整改进；所属客观外因的，教师向学校相关部门进行问题反馈与具体求助，各部门通力合作给予相应的支持，提供必要的条件资源，助力破解问题瓶颈，进而实现阶段性目标的达成。

（六）激励措施

学校建立考核激励机制，制定教师诊断与改进实施办法，明确教师诊改责任部门、责任主体以及各项诊改要求,"立改废"相结合,遵循动态化制度建设原则,及时废除不利于教师发展和学校发展的规章制度,及时制定激励教师成长、推动师资队伍加快发展的规定办法。在诊改周期结束时,教师按照个人计划进行阶段性自我诊断;学校人事部门对教师实施考核性诊断(如聘期考核、年度考核等),考核时融入教师五个维度的量化标准。

对诊改中发现异常状态的教师,学校及时介入,调整改进过程,以问题为导向,有针对性地引导教师进行诊改。同时,加大目标考核激励力度,对考核不佳的教师予以培训再造,必要时适当降低绩效;对考核不合格者,则降低岗位聘用等级,甚至将其调离教师岗位;对于表现优异者,在教师达到相应级别的基本条件后,即可进入业绩量化考核、排序评审和聘任。将业绩量化排序作为评优树先、绩效奖励的重要依据,形成绩优者和绩劣者的差异性激励。

五、成效检验

从师资队伍结构更优、教师自我发展动力更足、教师质量意识和获得感更强三个方面检验教师层面诊改的成效。

(一)师资队伍数量、结构更加优化

根据学校师资队伍建设规划,对照教师发展标准,运用8字形质量改进螺旋,可以找到师资队伍的短板,如教师数量不足、专业教师与文化基础课教师比例失衡、师资队伍结构不合理等问题,学校可以采取相应的措施,通过引进、培养等办法优化教师队伍。

(二)教师自我发展的动力更加强劲

由外部推动到自主诊改,教师根据学校、专业发展目标,结合自身的实际情况,依据教师发展标准,设定自我发展的目标,教师成长和发展的路径更加清晰。对于学校工作,如参加教学法比赛等,教师由机械认领到自主自发,激发了教师的潜力,从"要我做"到"我要做",教师的内生发展动力不断增强。

(三)教师的质量意识和获得感持续提升

由一时到常态,诊改工作融入日常工作,营造出人人重视质量、人人创造质量、人人享受质量的质量文化氛围。依据目标、对照标准,教师可以及时发现自己的短板和问题,采取措施,调整策略,以实现目标。在这个过程中,教师因为成长、成功而提升了获得感。

◀ 附件 1 ▶

上海市中等职业学校教师层面诊断点设计提示

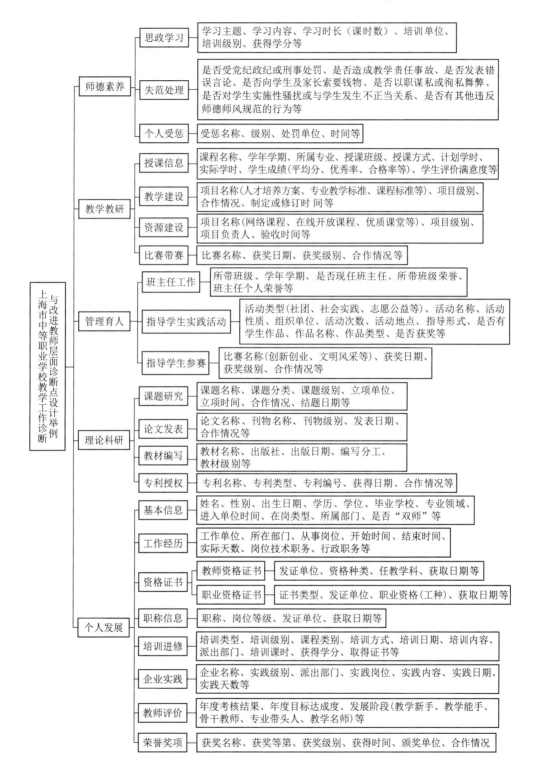

◀ 附件 2 ▶

上海市中等职业学校教师层面自我诊改报告设计举例

×× 教师自诊报告				
发展维度	目标计划	目标达成情况	未达成原因	改进提高方向
师德素养				
教学教研				
管理育人				
理论科研				
个人发展				

学生层面诊改工作指南

学生是学校的主体，是立校的根本。学校、专业、课程和教师的诊改成效都要通过学生体现出来。建立中等职业学校教学工作诊断与改进制度，开展学生层面教学工作诊断与改进（以下简称"学生诊改"）并构建学生诊改运行机制，是学校落实立德树人根本任务，促进学生德智体美劳全面发展的抓手，也是构建学校内部质量保证体系的关键环节。

一、诊改主体

学生层面的诊改主体是学校全体学生。学生通过制定个人规划，确立个人目标，运用8字形质量改进螺旋持续进行自我诊改，切实保证质量，不断提升自身发展水平。

学校党政领导班子及相关管理部门对学生诊改负有指导、组织、推进、检查、评价的职责。

二、诊改目的

学生诊改是以党和国家教育改革相关文件精神为依据，坚持学生发展为本的理念，通过制定学生层面诊断改进制度，构建学生个人发展的目标体系和标准体系，运行8字形质量改进螺旋，强化学生主体地位，保证学生成才质量，充分尊重学生个体差异，发展学生个体的潜力与优势，激发学生内生动力，帮助中职生养成自律、自信、责任、担当等品质，提高学生综合素质，促进学生的自我发展和自我成长。

三、诊改任务

学生层面的诊改任务主要包括学生确定自己的发展目标、制定发展规划、设计实施计划等。

（一）确立目标和标准

学生层面诊改工作的起点是学生树立的自身目标，每位学生要能够树立自身成长成才的目标。因此，目标本身的质量不容忽视。学生要依据学校制定的学生发展目标和标准来树立自己的发展目标。

1. 学生确定自己的发展目标

学校应关注学生设置目标的过程，引导学生制定契合自身发展基础的科学、合理、有效的发展目标。在目标的确立过程中，学校要关注以下几个方面。

其一，指导学生进行个人SWOT分析，客观全面分析自身的优势和不足，发现自己独特的竞争力以及外部环境的机会和挑战，发现自己潜在成功的空间。

其二，本着发挥优势因素，克服劣势因素，利用机会因素，化解威胁因素的思路，参照学校的学生发展目标，引导学生选择并确立贴合自身发展基础和潜力的个人发展目标。

其三，鼓励学生在制定目标时勇于创新，发现和发挥自己的特长和优势，即在参照学校学生发展目标的基础上，创新性地提出自己独特的发展目标，如阅读一本小说、参加击剑比赛取得成绩。

其四，要加强对学生的培训和指导，帮助学生掌握制定个人发展目标的科学方法。

2. 学校开发学生发展目标和标准

学校的学生发展目标和标准是学生制定个人发展规划和开展自我诊改的主要参考文件。因此，编制学生发展目标和标准是推进学生层面诊改工作的基础。

学校学生发展目标和标准的开发一般由学生管理部门负责完成，是学校层面的工作，与学生诊改关系密切。

学校的学生发展目标设计，需要考虑以下几个方面。

其一，学生发展目标的设计应该遵循党的教育方针和职业教育的办学方针，体现教育立德树人根本任务和中职学生的发展特点，结合时代特点和校情，满足学生的成长需求和社会对人才的需求，把德智体美劳全面发展的教育目标细化为中职学生应形成的必备品格和关键知识、能力的具体要求。

其二，学生发展目标的设计要坚持以人为本的原则，出发点和落脚点在于促进全体学生的全面发展与终身发展，要充分考虑学生的基础差异，提升每位学生人生出彩的能力。

其三，学生发展目标的设计要遵循最近发展区理论，即让每位学生都有机会跳一跳就能实现目标，是在学校育人总目标统领下的具有差异性的一系列目标，满足不同发展基础的学生需求。例如，针对不同发展基础的学生，分别设计合格、良好、优秀和卓越等多个梯度的发展目标。避免让基础薄弱的学生望而生畏，失去信心，也避免让基础好的学生觉得没有挑战，失去发展动力。

其四，学生发展目标的设计要遵循 SMART 原则。即，Specific：设置的目标要清晰、完整；Measurable：设置的目标要可以衡量；Attainable：设置的目标要有实现的可能；Relevant：设置的目标要有相关性（与总体目标、愿景目标等相契合）；Time bound：目标的实现要有时间的限制。

学生发展标准是衡量学生发展目标的标尺，是目标达成的底线，是其具象表现。学校设计学生发展标准时需要考虑以下几个方面。

其一，不同梯度的学生发展目标均要有相对应的学生发展标准。一方面，要包括基础标准（即兜底标准），这是面向全体学生的最低标准，可依据《中等职业学校学生公约》等上位文件的要求来制定。另一方面，要包含发展标准（即激励标准），鼓励学生向更高的目标发展，可参照教育部、省、市或校级优秀学生和优秀学生干部等标准制定。

其二，学生发展标准要体现德智体美劳"五育"并举的具体要求。可以参考上海市中等职业学校学生综合素质评价的评价内容和要求，从道德与公民素养、技能与学习素养、运动与身心健康、审美与艺术素养、劳动与职业素养五个方面着手，结合学校自身特色进行设计。

其三，标准表述要具体、可量化。一方面便于学生明确努力的方向，另一方面便于学生对照标准来诊断自己是否达到目标以及存在哪些短板和问题。

（二）制定发展规划

学生发展规划是学生实现个人发展目标的蓝图，是学生制订年度或学期个人成长计划的重要依据。学校制定学生发展规划需要注意以下几个方面。

其一，学生发展规划必须以落实和实现学生个人发展目标为最基本的目的，即需要紧密围绕学生个人发展目标来撰写，不要偏离目标。

其二，学生发展规划主要是帮助学生明确实现个人发展目标的路径，即在发展规划中要进行目标任务分解，明确为了实现目标必须完成的几项任务。

表1 学生发展规划设计提示

一、基本情况					
姓名		性别		出生年月	
专业				班级	
二、个人SWOT分析					
个人优势：			个人劣势：		
外部机会：			外部威胁：		
三、发展总目标（勾选）					
合格（ ）		良好（ ）		优秀（ ）	卓越（ ）
四、学期个人发展规划 第××学期（××年××月至××年××月）					
维度	模块		具体指标	目标与措施	

（说明：维度、模块和具体指标可以参照学校学生发展标准相关内容提前设置完成，学生直接填写目标与措施即可。）

其三，学生发展规划由学生个人自主撰写，班主任或相关教师需要从旁协助，提醒学生撰写时要紧扣目标，并指导学生进行任务分解。学生发展规划的设计提示见表1，详情见附件1。

（三）设计实施计划

为更好地发挥目标的引领作用，学校可引导学生根据自己的发展规划，确立年度或学期个人成长计划，从而将自己的发展规划目标分解为以学期或年度为单位的小目标。

例如，某个基础薄弱的学生若给自己制定的个人发展总目标是达到优秀，教师可指导学生将总目标进行拆分，学生先对照合格水平的各项发展标准要求，实现达到合格水平的目标，再对照良好水平的各项发展标准要求继续前进，最终达到优秀水平的总目标。

学生应明确在当前学期或年度应该做什么事情以及做到什么程度，便于在具体目标的引领下取得进步。

（四）落实全程监测

根据诊改制度，学生需要确定自我发展目标，设计个人发展规划和成长计划，定期开展自我诊断。需要对学生诊改全过程进行监测，便于及时发现问题，保障诊改效果。

1. 运用信息化平台

学生层面诊改工作的高效运行需要网络信息技术环境，可以借助源头采集、实时、多维度、全方位的大数据支撑诊改工作，因此对信息化平台的运用至关重要。一方面，学校要做好信息化平台顶层设计，平台架构要具有实时、常态化支撑学校诊改工作的功能，对数据进行源头、即时采集和分析，这样能够监测目标的达成以及实施计划的执行情况。另一方面，综合利用现有各系统的基础信息与运营数据，统筹分散在各个系统的学生数据，更高效地服务学生的自我诊改。

2. 设置学生发展诊断点

学生发展诊断点是设置和采集学生层面诊改相关数据的重要依据。诊断点主要依据学生发展标准设置，覆盖学生发展的方方面面，例如道德与公民素养（包括日常行为规范、参与党团等德育活动等）、技能与学习素养（学业水平考试成绩、各级各类技能竞赛活动等）、运动与身心健康（体育素养测评结果、体育特长项目等）、审美与艺术素养（对艺术的欣赏与表现能力、参与学生艺术团队）、劳动与职业素养（日常生活劳动、生产劳动参与和表现）等方面，详情见附件2。

（五）纠错避险改进

学校须加快数字化、智能化建设进程，尽早实现通过信息化平台进行自动监测预警，实时发现问题、及时解决问题。在前期信息化条件不成熟的情况下，也可以采用人工监测和预警。例如，学生以月度总结的形式监测目标任务完成情况，学生管理部门通过人工整理相关数据对规划目标完成率低的学生进行预警。

四、诊改运行

学生层面的诊改顺利运行需要建立运行制度，运行8字形质量改进螺旋，撰写自我诊改报告等，具体如下。

（一）运行制度

学生层面的诊改实施方案是关于学生层面诊改推进的进一步细化和落地。学生诊改实施方案一般由主抓学生管理工作的部门负责编制，或者学校指定部门制定。

内容可以从以下几个方面入手。首先，根据学校诊改方案中关于学生诊改的任务和要求进行编制。其次，学生诊改方案要明确学生诊改的周期、主要任务、如何开展以及对应的责任人等工作要求，需要特别指出学生诊改工作不仅仅是学生管理部门推进的工作，更需要学校所有部门的支持。最后，学生诊改方案切忌讲空话和大话，要具体、翔实，且可操作性强、能落地。

（二）运行模式

学生层面8字形质量改进螺旋形象地展示了诊改的路径，即学生需要确定自我发展目标，设计个人发展规划和细化成长计划，组织安排学习资源和个性化发展与实践平台，实施成长计划，通过平台监测成长过程数据，及时预警、改进。经过一个诊改周期，学生自主诊断目标达成情况，自我激励，不断学习创新，改进不足，最终实现目标。

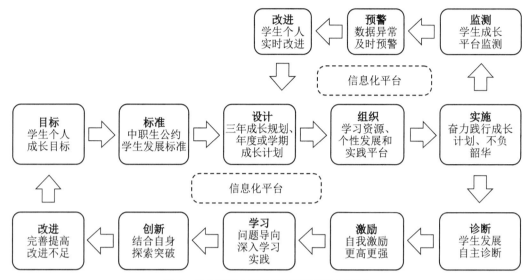

图1　学生层面8字形质量改进螺旋示意图

8字形质量改进螺旋包含了事前、事中、事后"三部曲"，在运行中学校要结合工作实际，在螺旋的每一个环节标注工作要点，指导实践操作。构建和运行8字形质量改进螺旋需要注意以下几个方面。

其一，事前把目标和标准作为逻辑起点。学生在教师的引导下确定自我发展目标，学习参照《中等职业学校学生公约》、学校学生发展标准等制度文件，设计个人发展规划和细化成长计划。

其二，事中实行监测预警和实时改进。学生合理组织安排各类学习活动和资源，有效实施自己的成长计划。依托信息化数据平台，学生上传或平台自动采集学生在实现目标过程中产生的各类数据。出现预警的数据时，平台及时发出预警，帮助学生实时改进不足，并及时调整个人发展规划和成长计划。

其三，事后做好诊断和改进。在一个诊改周期结束时，学生依据平台数据等信息，开展自主诊改，即诊断自己设定的目标达成情况，查找问题，分析原因，完成个人诊改报告。学生通过阶段目标的实现，激励自我，获得信心，不断朝着更好的方向努力。针对未实现的目标，学生开展原因分析，以问题为导向，深入学习，不断探索创新，寻求解决问题的途径和方法，制定改进措施，不断实践，从而实现目标。

通过循环往复的自我诊断、自立目标、自主实施、自我改进，实现自检、自省、自觉、自信，从而不断认识自我、发展自我、提升自我，最终实现成长目标。

（三）运行周期

学生个人诊改可以以学期或季度、月度为大循环周期，开展阶段性的自我诊改。在智能化平台支持下，可通过小循环进行实时监测预警改进。学校可以根据实际情况自主确定。

（四）自我诊改报告

学生个人发展诊改报告是记录自己诊断与改进过程和诊改结果的重要形式，是8字形质量改进螺旋运行阶段性成果的书面反映。通过比较现状与目标的差距来发现问题和偏差，从而产生解决问题、消除偏差的愿望，再进一步转化为学习、创新、改进的动力。

学校在指导学生完成个人发展诊改报告时，需注意以下几个方面。

其一，建议主要通过相关平台记录的数据来呈现学生发展的现状。

其二，学生个人发展诊改报告至少要包含以下两部分内容。

一是梳理目标任务完成情况。可以通过表格的形式让学生对照计划目标勾选达成或未达成，并记录或展示取得的成果，即使该目标是未达成也可以记录取得的成果。以此来帮助学生梳理取得的点滴成果和进步，树立和激发学生自我发展的信心。

表2　××学年第×学期××同学个人成长目标完成情况汇总表

序号	成长计划中的目标	完成情况 （达成／未达成）	获得的成果
1			
2			
3			
……			
	计划外的目标任务		
1			
……			

二是梳理未完成目标任务的诊改情况。逐一分析未完成目标任务的原因，并制定改进措施。以此来帮助学生掌握不断实现自我发展的方法，帮助学生不断发展。

表3　××学年第×学期××同学未完成目标的诊改表

序号	未完成目标任务	未完成的原因分析	改进措施
1			
2			
……			

（五）协同联动

学生诊改工作有效推进，需要其他层面的协同配合，具体内容主要有以下几个方面。

其一，编制覆盖学生德智体美劳五个方面的发展标准和诊断点，但仅依靠学生管理部门很难完成，需要教学管理部门和专业教学部等相关部门协助。

其二，在学生自我诊断过程中，仅依靠学生自己很难高效完成，需要一支师资队伍来做好学生诊改的指导工作。学校可以根据实际情况，由学生管理部门、班主任、专业教师等相关人员组建成这支学生诊改指导队伍。为了提升指导效果，切实保证学生诊改成效，建议学校可以开展学生诊改专项培训，帮助教师深入了解和运用诊改的理念与方法。

其三，要做好学生诊改的指导工作。一是开展学生诊改培训，帮助学生明白诊改工作的重要意义和价值，指导学生如何撰写个人发展规划和个人诊改报告等；二是指导学生找准发展目标，落实发展对策，促进学生不断激励自身，改进不足；三是指导学生用好平台，真实记录诊改过程；四是指导学生进行自我诊断，引导学生科学制定和执行改进措施，使学生学会学习、学会做事、学会做人、学会生活，促进学生全面发展。

其四，学生自我诊断发现的共性问题，通常不全是学生造成的，也不是学生层面能够独自解决和改进的。因此，诊改过程要遵循人人有责、人人尽责、人人享有的原则，坚持系统治理、综合施策的理念，针对诊断出的问题，实事求是地分析原因，找到相关主体的责任，各负其责地加以改进，共同服务学生发展的需求。

（六）激励措施

学生层面诊改工作的激励措施主要是通过激发学生的内驱力来实现学生的自我激励。为了鼓励更多学生参与诊改工作，学校可以建立和完善学生诊改激励制度。

1. 学生自我激励

学生层面 8 字形质量改进螺旋持续运行的原动力来自学生真真切切的获得感，主要是学生的自我激励。学生诊改的过程，实质上是进行自我评价、自我激励、自我完善、自我革新的过程，所有的学生都能够以目标为统领、以问题为导向，事前深思熟虑、事中监控纠偏、事后提升改进，不断实现目标，不断超越过去的自己，取得进步，获得成就感，激发谋进求变的内在动力。

2. 学校建立和完善学生诊改激励制度

面对教学诊改，不同认知、不同追求、不同目标的学生肯定会有不同的态度，有的积极投入，有的等待观望，还有的不以为意。为激励更多的学生投入诊改，学校可将学生诊改激励纳入学生管理相关制度。

激励可以基于做加法的原则，也就是凡参与自我诊改的学生，在相关评奖评优时适当加分，或将参与诊改列为评奖评优的前提条件。

五、成效检验

学生诊改的成效，可以从以下几个方面进行检验。

（一）学生有获得感

学生能够主动制定个人规划，确立个人目标，运用 8 字形质量改进螺旋持续推进自我诊改，形成诊改报告，不断提升自身发展水平。

（二）学校有健全的学生诊改制度

学校有健全的学生诊改制度，能够明确学生层面的诊改实施主体、诊改内容、诊改周期和诊改报告要求，指导学生层面诊断改进工作的推进与实施。学生诊改工作依据诊改制度常态化有效推进。

（三）全员参与诊改工作

学校须落实全体学生参与诊改，学生按照诊改运行制度和方案实施自我诊改。

促进学生诊改工作，不仅是学生管理部门的责任，还需要其他相关部门协同联动、各负其责，共同服务学生的发展。

（四）有效利用诊改数据

要有效发挥数据的作用，对学生数据源头进行全面采集，实现数据的开放共享，通过数据分析查找问题，发现短板。依据数据和事实获得诊断结论。

（五）形成典型案例

不断优化学生层面诊改的各项工作，更新完善目标链和标准链，持续优化学生诊改工作实践，使学生更有获得感。对学生层面开展的诊改工作进行总结，形成可推广、可复制的典型案例。

◀ 附件 1 ▶

学生发展规划设计提示

××同学发展规划（××年至××年）

一、学生基本情况					
姓名		性别		出生年月	
专业			班级		

二、个人SWOT分析	
个人优势：	个人劣势：
外部机会：	外部威胁：

三、发展总目标（勾选）			
合格（ ）	良好（ ）	优秀（ ）	卓越（ ）

四、学期个人发展规划 第××学期××年××月至××年××月			
维度	模块	具体指标	目标与措施

（说明：维度、模块和具体指标建议参照学校学生发展标准的相关内容提前设置完成，学生直接填写目标与措施即可。）

学生诊改诊断点设计提示

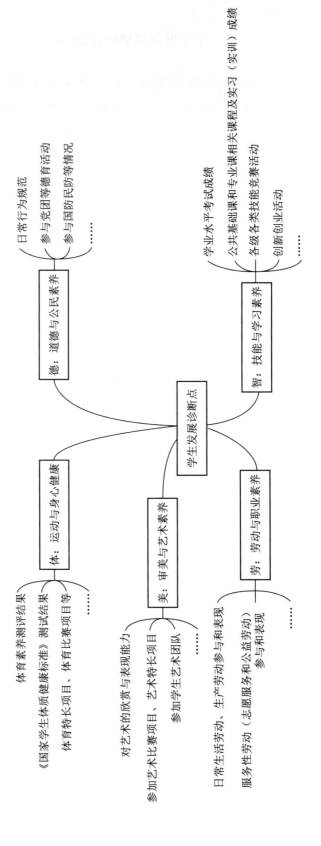

学生发展诊断点

德：道德与公民素养
- 日常行为规范
- 参与党团等德育活动
- 参与国防民防等情况
- ……

智：技能与学习素养
- 学业水平考试成绩
- 公共基础课和专业课相关课程及实习（实训）成绩
- 各级各类技能竞赛活动
- 创新创业活动
- ……

体：运动与身心健康
- 体育素养测评结果
- 《国家学生体质健康标准》测试结果
- 体育特长项目、体育比赛项目等
- ……

美：审美与艺术素养
- 对艺术的欣赏与表现能力
- 参加艺术比赛项目、艺术特长项目
- 参加学生艺术团队
- ……

劳：劳动与职业素养
- 日常生活劳动、生产劳动参与和表现
- 服务性劳动（志愿服务和公益劳动）参与和表现
- ……

◀ **附件 3** ▶

学生诊改报告设计提示

××学年第××学期学生诊改报告

班级		姓名		日期：	年	月	日

一、个人成长目标完成情况			
序号	成长计划中的目标	完成情况 （达成 / 未达成）	获得的成果
1			
2			
3			
……			
	计划外的目标任务		
1			
……			

二、未完成目标的诊改情况			
序号	未完成目标任务	原因分析	计划改进措施	建议
1				
2				
……				

附 录

诊改常见问题解答

💬 学校层面

1. 如何建立常态化、周期性的质量提升动力机制?

学校要把诊改工作作为学校常态工作,从工作现状入手,每年分析学校人才培养工作状态数据,依据计划目标寻找问题,进而界定和分析问题,找出原因,制定整改方案,建立以 8 字形质量改进螺旋为基本模式的常态化、周期性的质量提升动力机制。具体构建包括但不仅限于以下机制。

(1)主体责任落实机制。明确诊改工作各项内容的主体以及其具体的责任。

(2)监督控制反馈机制。明确质量产生过程中若发现问题应如何处理、如何反馈,明确职责及处置流程。

(3)持续推进机制。明确推进诊改工作的人员配置、职责、工作流程及进度表,定期检查诊改工作推进进度,明确进度不达标者的处理办法等。

(4)诊改过程阶段预警机制。明确对数据的要求、数据运行管理模式、数据采集要求与采集流程,通过数据分析,对照预警值进行预警,限期整改。

(5)质量改进激励约束机制。树立并落实全员、全过程、全方位的质量保证体系并形成相应的激励约束机制,将自我诊改工作与绩效考核结合起来,奖罚分明。

2. 如何打造目标链和标准链?

学校打造目标链和标准链,可以分以下几步走。第一,构建学校规划体系。要运用SWOT 分析工具,科学制定学校发展目标和标准,明确支撑发展目标的建设任务;要编制规划年度建设路线图,作为年度目标任务的起点。第二,依据发展目标和标准,引导各层面制定建设发展的标准。第三,各专业编制专业建设方案,将学校建设发展目标和人才培养定位传递至各专业。第四,各课程编制课程建设计划(方案),依据专业建设方案,课程团队编制课程年度建设计划,将目标和标准落细落实。第五,教师依据学校发展目标和建设要求,确定个人发展目标,制定个人发展规划。第六,学生依据毕业标准和发展标准,自我确立发展目标,制定个人发展规划。具体可参考图 1。

在打造目标链和标准链的过程中要遵循统筹顶层设计与分层对接的指导思想,充分发扬民主,经过上下和左右的沟通、协调、磨合,做到同向、同心、顺畅对接。

💬 专业层面

1. 专业诊改与学校的专业层面诊改有什么区别?

专业诊改与学校的专业层面诊改是属于两个不同层面、不同主体、不同内容的诊改,

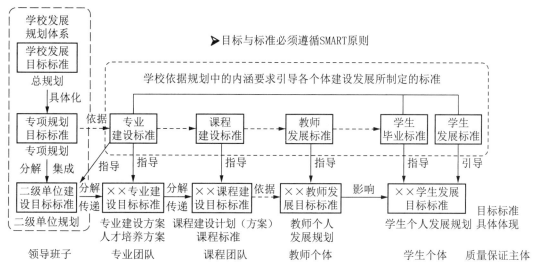

图1　学校打造目标链、标准链的思路图

不能以学校的专业层面诊改替代专业诊改。专业诊改是具体专业的诊改，是在本专业人才培养需求调研的基础上，依据专业教学标准和专业建设发展规划，围绕人才培养目标标准和专业人才培养方案，聚焦职业能力培养，以数据和事实为支撑，按照8字形质量改进螺旋所开展的常态化、周期性的自主诊改。学校的专业层面诊改是聚焦所有专业（或专业群）的建设与发展规划，对专业建设与发展定位的适应度、专业结构布局与优化调整的适切度和专业建设与教学的有效度开展的自主诊改。

2. 专业负责人在专业诊改中主要负责哪些工作？

首先，依据学校发展规划和学校的专业建设规划，牵头制定本专业的建设规划，明确专业发展目标和标准，每年修订一次专业人才培养方案。其次，紧密跟踪专业面向的产业变化情况和企业岗位变化情况，及时做好调整。再次，与学校层面的相关负责人一起遴选设计专业质量监控诊断点和预警值，并关注诊断点数据变化情况。最后，根据诊断点数据变化情况，与专业发展目标、标准进行比对，及时发现问题、分析问题，提出举措，改进提升。

💬 课程层面

1. 谁来负责学校课程诊改？

谁来负责对学校课程层面的工作进行诊断和改进？通常的观念认为，应该由学校教学管理部门、办学质量督导部门或者上级评估机构和外部专家来负责。这种理解根植于评估的思维，与诊断改进的指导思想相违背。诊断改进倡导质量生成的主体即为诊断改进的主体，因此课程层面的诊断改进工作以课程教学团队为主体。但是，课程教学团队并非课程诊改的唯一主体，应倡导多元主体参与诊改，在诊改过程中也要充分发挥学生、教师、专业带头人、教学管理部门和质量督导部门的作用。

2. 学校课程诊改要对照哪些规划目标？

在对课程层面进行诊断改进时主要对照学校自定的校级层面阶段性专业建设规划、师资队伍建设规划和课程建设规划，如学校层面的公共基础课程建设规划或专业课程建设规划；还要对照专业层面制定的各专业阶段性建设规划，如 A 专业三年建设规划、B 专业三年建设规划。将学校层面和专业层面规划中提出的目标任务逐层落地分解到课程层面，体现目标链的上下贯通衔接。

3. 如何提高学校课程标准的规范性？

从 2021 级开始，中等职业学校公共基础课程要严格执行教育部课程标准。思想政治、语文、历史按照《教育部关于印发〈中等职业学校思想政治、语文、历史课程标准（2020年版）〉的通知》（教材〔2020〕2 号）文件精神，艺术和英语课程按照《关于发布中等职业学校艺术、英语等 2 门课程标准的公告》，数学、物理、化学、信息技术、体育与健康课程参照《关于发布〈中等职业学校数学课程标准〉等 5 门课程标准的公告》。

相关专业课程标准要参照教育部颁布的《中等职业学校专业教学标准》和上海市教委最新颁布的专业教学标准中课程标准的格式体例。可参考《上海市教育委员会关于印发上海市中等职业学校第四批网络信息安全等 9 个专业教学标准的通知》（沪教委职〔2021〕4号），结合实际，组织实施。

4. 课程诊改需要积累哪些过程性材料？

第一，要撰写、搜集整理阶段性课程自我诊改总结报告。根据学校制定的课程诊改制度，课程团队定期（每年、每学年或每学期等）撰写课程教学或课程建设自我诊改总结报告，依据课程建设目标和课程标准，围绕目标，结合数据和事实找差距，报告内容完整，包括现状分析、存在问题、改进举措和下一年度工作打算等。各年度的课程自我诊改报告要能够前后呼应、互相衔接。

第二，要撰写、搜集整理课程建设方案和阶段性总结。参与校级及以上课程建设的课程教学团队制定了课程建设方案并撰写课程建设阶段性总结和项目验收总结材料。课程建设方案与学校制定的课程建设规划和专业建设规划对接。课程建设要有过程管理资料。

第三，要梳理课程标准，优化调整相关佐证材料。课程教学团队根据专业人才培养方案的课程设置和上位文件的要求，定期优化调整课程标准。课程标准优化要有依据、有相关会议记录和过程性材料支撑。

第四，要梳理课程建设相关显性成果。将课程建设中形成的国家级、市级、校级精品课程，开发的微课、网络课程等数字化课程教学资源，创建的优质实训环境和条件，以及在信息化教学改革、教科研等方面形成的系列成果进行总结。

💬 教师层面

1. 如何界定教师层面诊改的问题？

教师层面的诊改是一种通过激发内生动力和创造外部激励来促进教师专业发展的路径，因此教师层面诊改的问题立足于教师职业生涯发展和学校师资队伍建设。问题的提出涉及：教师个人的定位在哪里？目前处于什么状态？后续发展如何规划？存在哪些能力短板？需要什么样的平台（培训等）来提升？如何干预职业发展中遇到的瓶颈？

2. 教师层面的 8 字形质量改进螺旋怎么运行？

教师层面的 8 字形质量改进螺旋可解释为大小循环叠加而成。所谓"大循环"，指的是一个完整的五年规划，由学校确定建设目标、标准，制订建设计划并组织与实施；建设满一个周期，教师对个人发展规划进行自我诊断，学校实施外部考核和奖励；教师通过自我诊断和外部激励产生学习动力和创新活力，引发知识创新，改进下一个周期的发展与规划。所谓"小循环"，指的是教师每一年的教育教学、教科研、培训等工作实时监测与动态调整的内循环。两个循环相交于"计划—组织—实施"环节，组成一个有机整体，相辅相成，互联互动，缺一不可。

3. 教师层面诊改必备的制度文件有哪些？

教师层面诊改必备的制度文件应包含师资队伍建设发展规划、教师个人发展规划、教师准入标准、师德师风标准、教师发展标准、绩效考核标准等，各学校根据实际情况可在制度文件名称上有所不同。

💬 学生层面

1. 学生在学生诊改中主要做什么？

学生是学生层面诊改的主体，需要参照学校学生发展目标和标准，确定个人发展目标，制定发展规划和成长计划，完成自我诊改报告等工作。

2. 为做好学生诊改工作，学生管理部门需要做哪些工作？

一是牵头开发学校学生发展目标和标准，为学生制定个人发展目标、完成自我诊改报告提供重要依据。

二是组织面向全体学生的诊改培训和指导，帮助学生了解学生诊改的意义，理解学校学生发展目标和标准，掌握方法，能够制定科学、合理的个人发展目标和成长计划，完成自我诊改报告。

三是与其他部门沟通协调，协同解决学生诊改中发现的问题。学生自我诊断发现的共性问题通常不全是学生造成的，也不是学生管理部门能够独自解决和改进的，需要其他部门共同参与改进。

3. 学生与学生管理部门在学生诊改工作中容易产生的误区有哪些？

学生层面诊改工作的主体始终是学生，不能将学生管理部门的工作、德育工作视为学生诊改。

学生诊改工作与学校、专业、课程和教师四个层面的诊改有着密不可分的关系。要做好学生诊改工作，学校层面需要打造好"两链"，学生管理部门以及全体教师需要对学生进行有针对性的指导和推进，帮助学生掌握方法，自主诊改。

第三章
实践案例

学 校 篇

基于大数据的教学体征诊断与数据治理应用

上海信息技术学校　王　鹤　李睿杰

摘要： 为贯彻落实《关于推动现代职业教育高质量发展的意见》，完善质量保证体系，推进职业学校教学工作诊断与改进制度建设，围绕上海现代产业转型升级对人才培养的新需求，学校将新一代信息技术与教育教学实践深度融合，按照"五纵五横一平台"总体目标，基于人才培养状态数据管理系统，架构学校教学体征智能诊断平台和人才培养大数据决策分析平台，建立教学过程与教学质量的预测预警、诊断分析和反馈改进机制，实现内部教学质量精准诊断、动态监控和持续改进，为构建人才培养工作精准模型、提高人才培养工作有效性提供数据支撑。

关键词： 大数据　体征诊断　数据治理　应用

一、指导思想

物联网、云计算、人工智能和数据挖掘等技术应用于教育模式变革、教学场景重构和评价方式创新已成为必然选择。为全面贯彻落实《教育信息化 2.0 行动计划》《深化新时代教育评价改革总体方案》精神，学校以"互联网+"、物联网、大数据和人工智能等新技术的融合应用为智慧引擎，推进基于大数据的教学体征诊断与数据治理，构建基于"互联网+"环境下的差异化教学、个性化学习、精细化管理、智能化服务、数据化决策的教育治理生态。

二、应用创新

学校以全国职业院校教学工作诊断与改进试点为契机，按照"五纵五横一平台"总体目标，基于人才培养状态数据管理系统，架构学校教学体征智能诊断平台和人才培养大数据决策分析平台。

（一）促进信息技术与教育教学实践深度融合，构建智慧教育新生态

信息技术与教育教学实践的创新融合，以教学应用的新技术为智慧引擎，引领推动教育理念更新、模式变革、体系重构和流程再造，构建以学习者为中心的智慧教育新生态，推进学校治理从模板化教育到个性化教育、从印象管理到定量管理、从被动响应到主动介入、从开环管理到闭环管理。

（二）引入人工智能和大数据科学分析技术，建立教学体征数字画像

坚持"一数一源"无感知伴随式数据采集原则，引入人工智能和大数据挖掘与学习分

析技术，构建教学体征智能诊断平台，实现教育教学体征全场景、全要素、全流程、全业务的数据采集和智能分析，形成学生核心素养数字画像、招生生源分析模型、学业预测预警模型和就业匹配模型等大数据模型，为教学工作的诊断与改进、学生核心素养的过程性监测和增值性评价提供数据支撑。

（三）融合教育大数据治理的理念与技术，推进内部质量保证体系建设

有机融合教育数据治理理念与大数据、人工智能和智能分析技术，将教学体征全域全要素数据进行分析与重构，形成5个层面52个诊断要素和203个关键诊断点，借助大数据可视化工具，搭建人才培养状态数据监测分析平台，支撑教学工作动态监测、预测预警、智能诊断和改进。

三、做法

分析和挖掘教育教学过程产生的海量数据，借助学习分析等技术将其转化为有价值的教学信息。根据教学工作运行状态、数据产生的应用来源、数据结构属性、数据产生的环节、数据结构等要素开展数据治理。

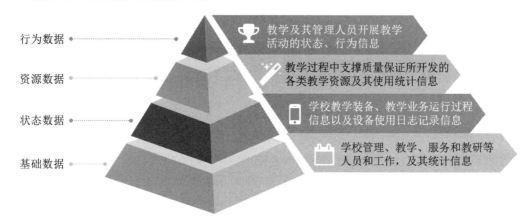

行为数据 —— 教学及其管理人员开展教学活动的状态、行为信息

资源数据 —— 教学过程中支撑质量保证所开发的各类教学资源及其使用统计信息

状态数据 —— 学校教学装备、教学业务运行过程信息以及设备使用日志记录信息

基础数据 —— 学校管理、教学、服务和教研等人员和工作，及其统计信息

图1　教学工作状态数据结构模型图

根据数据结构模型，不同层次数据的采集与生成方式、应用场景有所不同，需要遵循感知程度、科学规范、及时有效的原则，选择数据采集的方式方法（见表1）。

表1　教学工作状态数据的采集方式与应用场景

数据类型（层次）	数据采集方式	数据应用场景
基础层数据	人工采集、数据交换	宏观掌控学校发展现状与办学条件、科学制定教学政策（培养目标、教学标准、管理制度）、合理配置教学资源和完善教学质量保证体系等
状态层数据	人工记录、传感器感知（RFID、人脸识别）	教学设施设备的智能管理、教学环境的智能优化、教学业务的实时监控等
资源层数据	专门建设、动态生成	各种形式的教学与培训资源建设，如课堂教学、教师培训、网络探究学习、移动学习和协作学习等
行为层数据	日志记录、情景感知（人工智能）	精细化管理、个性化学习、发展性评价、学习路径推送和教学行为预测等

（一）基础信息数据

通过人工采集或自动采集的方式从学校教学管理系统、行政管理系统的数据 API 获取，主要包括学校基本信息、教职工、学生和教学设施设备、环境条件、专业、课程等基础信息数据。

（二）运行状态数据

通过人脸识别技术设备，识别与跟踪教学设施设备、环境以及教学管理、应用业务的运行状态。主要包括：教学设施设备的定位、使用和故障维修状况的识别；学生进出校门、学生宿舍、教学场所、图书馆等活动跟踪和生活消费记录；教职工及车辆进出校门、教学活动和教学进程的时间、移动轨迹等运行状态的日志记录，使数据采集、管理与应用由一时变日常、主观变客观。

（三）教学资源数据

支撑教学正常运行和持续提高教学质量所需的教学资源数据，包括教学管理制度文件、专业人才培养方案、专业教学标准、课程标准、教学课件、教案、微课、教学软件、教学视频、图片照片等教学资源。依托数字媒体在线教育资源平台、智慧云课堂混合教学平台和网络教学（Blackboard）平台，开展线上、线下、线上线下混合式教学，覆盖课前—课中—课后各环节，智能化采集师生个性化教学资源使用记录，跟踪学习轨迹，生成学校的教学资源使用统计数据，形成数字资源大数据。

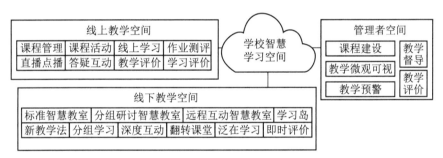

图 2　智慧学习空间架构

（四）教学行为数据

教师、学生和教学管理人员在进行教学实体活动时的行为数据，包括教师的教学行为、学生的学习行为和管理人员的服务行为等非结构化数据。利用人工智能、大数据技术对教学活动采集的数据进行行为视频和语音识别，形成教学行为数据。借助教学体征智能诊断平台和人才培养工作状态数据监测分析平台（见图 3），对教与学行为数据进行智能监测与分析评价，实现传统主观评定向客观数据分析转型。

四、成效

（一）建立学习数字画像，支撑个性化学习指导

教学体征数据应用于对学生学习行为进行数字画像，形成学生学习能力和学习持续性的发展轨迹，以及学生在指定时间段学习的参与度和学习成功概率的发展趋势。通过进一

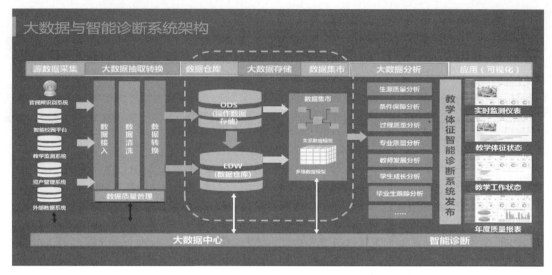

图3 大数据与智能诊断系统架构

步挖掘这些行为数据与学期教学质量的相关性，诊断学生不良学习状态和行为，给予早期预测预警，帮助教师更好地为学生学习投入和能力发展服务，为教师实施个性化指导提供支撑，将被动地发现问题转化成主动地精准诊断。

教学数据智能推送到智慧课堂云平台和个人学习空间。智慧课堂云平台可智能化地记录、管理、分析整个教学环境过程中产生的测验、错题、文件等教学活动数据，并将其可视化。学生能通过平台查看学习状态报告，快速、准确地了解自我的学习情况，从而在课后进行有针对性的复习，促进学生更好地进行自我诊断、自我管理和自我改进。

（二）面向教学精准诊断，服务教师差异化教学

教学体征数据应用于每位教师教学质量的精准诊断。采用语音识别技术对教师授课全程音频进行识别，形成授课状态大数据，再进行数据深度挖掘、转化和相关性分析，赋能教师教学目标达成度和工作投入度的精准诊断，挖掘教学行为与教学质量的相关性和教学价值，分析教师教学投入、教学质量的变化趋势，为教师开展差异化教学提供数据支撑。

（三）基于证据大数据，破解综合性评价困境

教学体征数据应用于学校教学质量评价。通过大数据监测分析平台，智能生成教学质量诊断分析报告，包括教师课堂教学行为分析、学生学习行为和教师课堂教学目标达成度分析、教学设备使用与运维分析。通过可视化技术呈现，为学校提升管理效益、教师改善教学方法提供早期预警和大数据支持，形成大数据驱动的教学质量综合评价机制。

五、思考

实施教育数字化战略行动，构建现代职业教育体系，促进职业教育高质量发展，需要加快推进职业学校教学工作诊断与改进制度建设和教育信息化治理体系建设，完善学校内部教学质量保证体系。

（一）面向全员更新理念，促进师生数字素养提升

围绕立德树人根本任务和教育高质量发展的主题，强化信息化在教育教学实践中的融

合应用，系统性推进学校教育数字化转型，面向全员培育诊改意识、数据意识和质量意识，促进师生数字思维、数字能力和数字素养的提升。

（二）面向教学智能诊断，构建智慧教育发展生态

面向全新经济形态和产业数字化转型升级，创新智能时代人才培养新模式，以教育数字化转型推进教育生态整体性变革、系统性重塑、全方位赋能，构建数据驱动的大规模因材施教的教学形态、泛在个性开放的学习方式和全数据可视化的评价机制，建立基于数字化、智能化的教学工作诊断与改进制度体系和运行机制。

（三）面向质量过程改进，赋能内部质量保证体系

基于人工智能、数字孪生技术，无感知伴随式采集教学活动全员、全过程、全方位的教学行为数据，建立教与学行为数据模型，借助大数据可视化工具对教学状态过程数据进行价值挖掘与智能分析，形成教学质量的多维度可视化图表、教师教学和学生学习质量报告，为教学工作诊断与改进提供精准数据支持。

（四）面向应用数据决策，创新教学质量评价方式

以综合职业能力为导向，关注人的全面发展和新型能力，建立人才培养大数据决策分析平台，以数据为核心要素，构建素养能力、学习过程、行为轨迹和成长发展的全要素数字画像，创新思政引领、能力导向、数据实证的人才培养质量评价体制机制。

打造"双线"教学监测模式，促进教学质量提升

上海市行政管理学校　王　腾　陈其龙

摘要： 近年来，学校教学出现了线上线下相融合的趋势，对学校教学质量提出了新要求。在此背景下，学校积极探索，进行教学督导工作新尝试。本案例主要介绍学校办学质量督导室（以下简称"督导室"）线上线下相融合的"双线"教学督导思路，从教学过程的监测、预测预警、问题反馈、目标达成和不足改进等环节出发，探索"双线"教学数据监测体系的建设，以此促进教师教学能力的提升，保障教育教学质量。

关键词： "双线"教学督导　教学质量

依据《上海市教育委员会关于印发〈上海市中等职业学校教学工作诊断与改进实施方案〉的通知》（沪教委职〔2016〕45号）的要求，为加强学校教学工作诊断与改进工作的实施，学校不断推进自定目标、自立标准、自主实施、自我诊改的8字形质量改进螺旋循环提升的教学质量保证制度与质量监测体系建设。2020年初，受疫情的影响，传统的课堂教学形式发生了极大变化，原有的教学督导工作模式已无法适应线上教学要求。

为保证教学督导不掉线、教学质量不打折，督导室针对新形势、新要求，研讨并确定了"双线"教学督导思路，在原有推门听课、第三方专家听评课的基础上，融合教育部、上海市教委有关线上教学的相关制度，以学习通教学平台为督导"堡垒"，做到"教学不停，督导不松"，积极探索线上教学督导工作新思路，构建线上教学数据监测体系。

一、教学新形态下亟待解决的问题

2020年，疫情之下为确保"停课不停学"的教学方针，线上教学得到了广泛应用，线上教学也逐渐融入线下教学，现已形成线上线下相融合的教学新形态。基于此，学校进行了广泛调研，收集和分析学校当下遇到的问题：一是专业课教学如何保证"理实一体化"教学模式不走样，缺乏实操、实训环节的网课如何选取、选取何种教学内容；二是教师的信息化能力如何在短期内全面提升，迅速适应线上教学过程；三是原有的教学督导方式如何满足线上教学管理，确保教学质量不打折扣。

二、"双线"教学督导模式的实践与探索

针对上述问题，学校积极研讨，采取教育教学整改的工作思路，提出了"双线"教学督导模式的工作方案，尝试应对教学新形态下的一些问题。

（一）确定目标，制定标准，启动"双线"教学督导模式
学校在保留原有校内督导的"推门听课"和引入第三方听评课督导的基础上，根据线

上教学的内容特点，确立了教育教学新目标为"推动全体师生共同构建适应新时代要求的教学模式，赋能教师提高在线教学技巧，促使学生积极适应线上教学过程"，并制定了"教学不停，督导不松"的教学督导方针，构建"双线"教学督导模式的方案，确定了打造质量品牌的目标。

学校督导室与教务部门、学生部门协同工作，在原有的督导文件基础上，新增拟定了《上海市行政管理学校线上线下督导工作实施方案》《线上教学专家听课评价要点》等文件和标准，为做好线上教学及监测提供了有力的制度保障。督导室还明确了线上教学监测的主要内容：课前检查教学准备情况；课中抽查教学秩序、课堂纪律，并进行听课；课后收集分析作业布置、学生反馈等信息，综合评价授课质量；等等。

（二）依托"双线"，开展教学监测实践

督导室依托数据监测平台，对教学活动进行全员、全过程的监测、分析与评价。在学习通后台形成师生教学活动数据，在QQ网课群中形成师生课堂实时互动数据，在问卷星平台形成学生评教数据。

落实线上教学备课情况督导，检查中专部教师的备课工作。督导室从9个教研室中随机抽取31门课程，逐一核对课程名称、教学内容、教学资料的来源和上传情况等，对于发现的问题认真记录、归纳、总结，第一时间将存在的问题反馈至中专教学教研科以及相关教研室。然后对照问题汇总表及时跟进、复查，确保问题得以解决。同时，定期登录学习平台管理后台，关注、查阅教学各项数据及指标。

及时跟踪在线教学过程，开启信息化督导新模式。首先，通过进入班级QQ群、学习通班级群等方式，将传统的线下"推门听课"督导形式移至线上"进班听课"。其次，与相关职能部门建立常态联系，分别与中专教学教研科、各教研室进行在线沟通，实现精准监督、指导和服务，避免在未完全了解情况的前提下的低效督导，使教学督导走上网络化、智能化、科学化的轨道。通过以上举措，做好督教、督学、督管。

同时，学校督导室也启用了第三方专家在线督导听评课的形式，校外专家通过班级QQ语音、微信群、腾讯会议等媒介进行听课。

（三）数据引领，分析问题，加强反馈，落实整改

在2020年疫情期间，"双线"教学督导工作完成了80余名教师的教学资源准备、授课情况等信息的审核，共涉及120门课程、35个班级。校外专家共听取中专部线上课程31节次、线下课程14节次，听取西藏部线下课程50节次。复课之后，学生返校上课期间，督导室全体成员积极参与复课的组织、服务工作，助推由线上授课到线下授课的过渡，线下听评课活动也同时启动。

从听评课反馈数据来看，教师对线上教学工作认真负责，绝大多数教师能够充分利用各种线上教学平台及多媒体教学资源进行教学、答疑、讨论，教学手段丰富，教学内容翔实，教学效果较为理想。

从听评课活动反馈情况来看，针对实际授课过程中有待提高和改进的地方，听课专家在课后点评中也详细指出并与授课教师进行探讨，提出合理建议；参加听评课活动的教师也积极发言，总结经验和不足，以期待更大的进步。

督导室按照月度和学期，定期梳理了前期督查中发现的问题，督促相关教研室继续自

查和改进。

三、"双线"教学督导模式取得的初步成效

（一）及时总结，形成学校"双线"教学督导模式

通过"双线"教学督导工作的落实，学校内部质量保证体系不断完善，整改理念和现代质量意识不断深化，学校的治理能力和人才培养质量得到了持续提升。学校在实践的基础上，总结出"双线"教学督导工作的运行模式。

（二）改革创新，内外结合，助力教师专业成长

在"双线"教学督导过程中，督导室积极参与各级各类在线教学研讨交流活动，做到"教学不停，督导不松"，对教学过程进行全面跟踪、全面纪录，针对新形势、新要求，积累了丰富的经验，先后发布了 9 期《督导简报》，供各部门、各教研室参考。同时，选取、推荐在线教学典型案例，推动全体师生共同适应新时代要求的教学模式，赋能教师提高在线教学技巧，促使学生积极适应线上教学过程，进而提高教学质量和学习效果。

四、启发与展望

根据构建学校教学质量保证与监测体系的要求，学校教学督导工作确保了线上教学目标和质量与线下课堂教学实质等效、教学秩序稳定、教学监测和管理到位的效果。在今后的工作中，督导室将持续发挥职能，做好"双线"教学督导工作，落实线上线下教学的检查、反馈和引导，推进学校教育教学顺利有效运行。同时，依托线上线下相融合的"双线"特色，尝试探索以翻转课堂为代表的混合式教学模式改革，争取打造一批优秀的"双线"教学案例，全面提高学校人才培养质量和教育教学水平。

转变观念，统筹推进，提升学校治理能力

——以诊改促进学校治理体系和治理能力现代化

上海市行政管理学校　仲肇森　陈其龙　张弼蕊

摘要：根据教育部和上海市职业教育教学诊改相关政策，依据《中等职业学校管理规程》，借鉴国际职业教育质量管理体系，秉承服务教育教学中心工作的理念，结合学校实际情况，通过制定学校章程，明确学校基本职能、办学定位、教育形式、校园文化、组织机构和管理体制、教育教学工作、社会服务和对外关系等一系列重大事项。同时，通过转变管理观念、完善管理架构、健全学校制度、制定部门职责和岗位职责等，逐步建立学校内部质量保障体系，促进学校治理体系和治理能力现代化。

关键词：诊断与改进　管理制度　治理能力

职业学校的章程以及管理制度是学校的办学规章，是学校依法治校、依法治教的基本保障。建设以章程为核心的制度体系，是中等职业学校教学诊断与改进工作的重要抓手，也是诊断与改进工作的重点任务之一。为贯彻落实《关于做好中等职业学校教学诊断与改进工作的通知》（教职成司函〔2016〕37号）和《上海市教育委员会关于印发〈上海市中等职业学校教学工作诊断与改进实施方案〉的通知》（沪教委职〔2016〕45号）精神，我校认真对照上海市中等职业学校教学工作诊断项目参考表对有关学校层面的诊断点提示及要求，查找学校在管理制度建设与运行状态项目中存在的问题，并在转变管理观念、完善管理架构、建立学校章程、健全学校制度、明确部门职责和岗位职责等方面不断改进，构建了学校自我提升的制度体系，形成了全员、全程、全方位的内部质量保证机制，规范了学校管理、健全了诊断与改进运行机制。

一、亟须解决的突出问题及诊改目标

近年来，教育部和上海市教委陆续发布了关于建立职业院校教学工作诊断与改进的一系列文件，其中建立诊改工作制度和运行机制是诊断与改进工作的重点任务之一。国际标准化组织于2010年发布了《国际职业教育与培训质量管理标准》，该标准借鉴了德国职业教育质量管理标准和体系的建设模式，条款简明，内涵丰富，代表了现代国际职业教育管理的发展方向。

（一）亟须解决的突出问题

在2017年全面推动诊改工作之前，学校虽陆续建立了一些管理制度，但制度较零散，未统一规划形成体系，且一些制度过于陈旧，不适应当前建立健全学校管理运行标准化体

系的目标要求，阻碍了学校向治理体系和治理能力现代化目标迈进的步伐。

（二）诊改目标

以法律法规及国家标准、行业标准为依据，以教学标准为主体，以管理标准为支撑，以工作标准为保障，结合国际职业教育质量管理标准，建立健全学校管理体系和运行机制，助力学校治理体系和治理能力现代化及人才培养质量再上新台阶。

二、制度体系建设的方法与举措

（一）以转变观念为先导，增强内部诊改动力

学校通过学习培训、交流研讨等方式引导党员干部和师生员工深切认识到教育教学质量是决定学校生存与发展的重中之重，建立健全一个科学客观的质量管理体系是提高学校办学水平和办学效益的关键所在。校领导确立依靠管理制度充分调动全体员工积极性的理念，使每一位员工增强主人翁意识，积极参与学校的管理，同时让全校师生员工认识到建立管理制度体系和内部质量保障体系的重要性。学校的管理涵盖方方面面的内容，需要建立管理制度体系来统筹和运行教学、德育、行政、后勤等部门，树立起通过管理制度化持续改进教学质量的理念，促进办学质量的不断提升。

（二）以优化组织为重点，夯实内部诊改基础

学校充分调研自身管理现状和优秀职业院校先进的制度管理模式，以推进学校治理体系和治理能力现代化为目标，建立学校发展战略决策咨询专家委员会，充分发挥学校专业建设专家指导委员会、家委会、校友会的作用，党、政、工、团各司其职、协同共进，明确考核标准，落实奖惩政策，优化管理队伍。同时促进各专业对接产业发展需求，整合公共基础教研室、专业教研室，逐步建立公共基础部和以专业群为主导的专业管理体系，完善教学管理机制和符合学校特色发展的管理架构。

（三）以建立章程为引领，赋能内部诊改创新

上海市行政管理学校章程经过"五上五下"的广泛征求意见形成了修订稿，经学校教代会审议和表决全票通过，上报上海市教育委员会备案并实施。同时，学校依据教育部、上海市教委和学校章程的相关规定，启动学校各管理部门规章制度的梳理工作，形成党政管理分册、中专部教学管理分册、西藏部教学管理分册、中专部学生管理分册、西藏部学生管理分册和后勤管理分册6个规章制度分册，构成了学校内部质量发展体系的重要组成部分，并根据巡察、审计整改等意见进一步补充和完善学校党务、宣传、档案、师资人才等工作制度40余项。学校持续优化、完善内部控制业务流程及相关配套制度，重点规范物资采购、合同审签、财务管理、预算执行等工作流程，加强对二级部门的财务预算编制、日常执行管理和绩效管理等工作的指导，启动内审工作和试点部门资产清查工作，发布了关于校内各级负责人经济责任制的规定等近20项财务制度，完成了财务工作集中领导、分级管理的制度框架搭建。

（四）以梳理职责为抓手，优化内部诊改机制

根据学校重构的管理部门组织架构，厘清中专教学教研科、珠峰教学教研科、中专学生发展科、珠峰学生发展科、办公室、办学质量督导室、团委、后勤保卫科等二级部门的管理职能。梳理职能部门近60个工作岗位的工作职责、行为准则、岗位要求等，配齐配

强了中层干部。在学校党总支的统一领导下，新选拔 3 名优秀教师充实到学校中层管理岗位，交流轮岗 1 名，填补了个别科室中层干部的空缺。职能部门职责和岗位职责制定完成，优化内部诊改工作机制，畅通了学校制度管理体系的脉络。

三、制度体系建设的成效与特色

（一）建设成效

在诊改理念的引导下，学校在转变管理理念、完善管理架构、建立学校章程、健全学校制度、明确部门职责和岗位职责等方面不断改进，逐步建立了一套以法律法规及国家标准、行业标准为依据，以教学标准为主体，以管理标准为支撑，以工作标准为保障，结合国际职业教育质量管理标准的学校管理体系和运行机制，加强了学校管理工作、创新了学校管理体制、提升了学校治理能力、彰显了学校管理特色。

（二）建设特色

1. 以章程制定为核心，完善组织架构，形成管理标准

学校以章程制定和管理制度汇编为基础，重构职能部门，厘清部门职能，调整岗位设置，制定岗位职责，理顺和完善教学、学生、后勤、安全、教研、人事、财务、资产等方面的管理制度和工作标准等，建立健全相应的工作规程，形成规范、科学的内部管理制度体系。

2. 以内控建设为重点，抓实内控规范，完善财务管理

学校不仅形成 6 本制度汇编，更是在内控制度建设方面下大力气，重点完成了关于校内各级负责人经济责任制的规定等近 20 项财务制度，完成了财务工作集中领导、分级管理的制度框架搭建，同时开展财务信息化建设工作，学校预算执行率逐年提升。

3. 以改革创新为动力，打造内涵特色，持续推进发展

学校诊改工作在学校、专业、教师等诸多方面全面推进，办学理念更加凝练、办学定位更加明确、办学特色更加彰显、质量要求更加深入人心。学校职业教育、民族教育人才培养质量得到持续提高，蝉联上海市文明校园荣誉称号，并荣获上海市家庭教育示范校、上海市绿色学校等荣誉称号。学校校园形态改造工程稳步推进，校园环境面貌得到了改善，师生员工的获得感和满意度得到提升。

4. 以规划编制为契机，全面总结经验，谋划发展蓝图

历经 500 多天和 20 多稿的完善修改，学校"十四五"事业改革发展规划和 4 个分项规划，在七届四次教代会上全票通过。规划在全面总结"十三五"建设成就与经验的基础上，深刻分析了未来五年学校发展面临的机遇与挑战，提出了"明确目标，办出特色；转型升级，优化专业；筑牢意识，打造一流；注重内涵，夯实基础；创新机制，激发活力"的发展指导思想，以十大主要任务和重点工程为抓手，通过不懈努力，努力实现全国一流的普通中职教育和民族教育的发展目标。学校"十四五"规划对治理体系和治理能力现代化提升同时提出了明确的工作要求。

四、反思和展望

学校后续要持续建立管理制度体系持续改进的长效机制，通过建立内审、监督和反馈

机制，纠正、预防实施过程中的问题，持续改进学校管理制度体系，不断完善管理内涵发展，提升学校软实力。同时，要抓好学校管理体系的运行，达到从单一管理到多元治理转变的目标，促进学校"十四五"期间高质量发展，进一步提升治理体系和治理能力现代化水平。

质量文化引领，8字螺旋改进

——诊改工作运行机制建立的实践探索

上海市西南工程学校　武文彪

摘要： 职业学校推进诊改工作常常会遇到阻力，致使诊改工作很难推进。究其原因，主要是对诊改工作理念的认识不到位，没有形成质量文化引领下的诊改工作运行机制。如何把握关键因素，理顺相关要素，有效地推进诊改工作是学校面临的难题。本案例在强化质量文化引领凝聚全员力量、构建8字螺旋自主改进运行机制方面做了积极探索，通过质量文化凝聚共识，有效推进诊改工作，持续提升学校办学质量。

关键词： 质量文化　诊断与改进　8字螺旋　自主改进机制

一、实施背景

2017年，学校在市教委的统一部署下，有序推进教学诊断与改进工作。学校围绕"提质增效、品质发展"的主基调，遵循"需求导向、自主保证、多元诊断、重在改进"的工作方针，切实履行人才培养工作质量保证的主体责任，主动适应经济社会发展需要，坚持产教融合、校企合作，改善办学条件、规范学校管理、加强师资建设、深化教学改革、完善制度体系、健全运行机制、提高育人实效，促进学校健康可持续发展。

二、提出问题

诊改工作的实施是学校顺应时代要求，聚焦育人质量，深化改革创新，推动学校持续提高人才培养质量的一项重要工作。但在实施过程中，常常出现理不清、推不动、难落实的困境。究其原因，主要是诊改工作理念不清晰、整改工作机制难落实。这些原因造成诊改工作与实际工作脱节，往往是为了推进诊改而诊改。

三、工作思路

学校实施诊改工作的最终目的是提升教学质量，因此学校通过制定全员质量文化宣传培训方案，强化质量文化宣传与培训，营造"计划—执行—检查—改进"的质量文化理念，提升全员的质量意识。在质量文化的引领下，打造学校发展的目标体系和标准体系，完善学校教学质量保证体系，构建基于PDCA质量循环理念的8字螺旋自主改进机制，结合实际情况稳步推进诊改工作，促进学校健康发展。

四、主要做法

推进诊改工作的关键是建立与日常工作相契合的常态化、规范化的自主改进运作机制。通过自主改进运作机制的建立，才能将学校各层面诊改主体组成相互制约、相互依从的有机整体。

（一）营造 PDCA 质量文化，树立全员现代质量观

实践证明，推进诊改工作必须理念先行。根据"戴明环"的质量理论，学校制定了PDCA 质量文化行动方案。第一，学校邀请质量专家开展质量管理专题讲座，全员普及提升教学质量的理论与方法，更新质量观念，提升全员质量意识。第二，举行"质量宣传标语"征集活动，获得优秀的标语学校予以表彰和奖励，调动全员关注质量的积极性。第三，学校在校园显著位置和校园网上建设质量宣传专栏，建设质量宣传主阵地，同时在校园显著位置、教室、实训室等地方张贴质量宣传标语，营造质量文化环境。第四，组织专人编制质量文化宣传手册，强化质量文化的学习和宣传，并定期组织质量文化有奖知识问答等活动。通过以上活动，学校逐步形成了"适性发展，出彩人生"校园质量文化品牌，将质量文化与学校日常工作结合起来，促使教职工更新理念，明确质量主体责任，树立与时俱进的现代质量观。

（二）强化质量文化引领，打造目标链与标准链

目标链是诊改工作推进的方向与目标，标准链是诊改工作实施的底线和原则，两者相辅相依，构成诊改工作推进的方向和依据。在 PDCA 质量文化的引领下，学校依据"十四五"发展规划进一步健全和细化各专项子规划，按照年度编排发展计划，从而形成学校发展分项目、分年度的建设目标，进而形成上下贯通、左右呼应的诊改工作目标链。在梳理学校、专业、课程、教师、学生五个层面的工作要求与规范标准的基础上，对应学校分年度的规划目标，依据教育行政部门的相关制度规范，结合学校实际情况制定诊改工作实施的标准链。

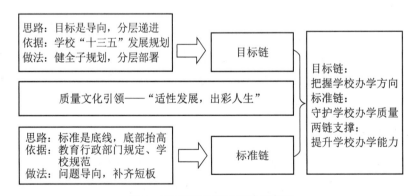

图 1　目标链和标准链打造示意图

（三）深化质量文化认同，明确质量责任主体

为避免在诊改工作推进过程中出现主体不清、责任不明、互相推诿的现象，保证各项工作能聚焦质量提升，在校长和书记的领导下，由党政办牵头，对学校各部门和岗位的职能进行了重新梳理。在各部门的分工协作下，梳理、编制出台了新版的学校管理制

度，将学校工作和职责层层落实到岗、到人，构建了各诊改主体之间相互制约、相互依从的诊改运作机制。同时，在校长的领导下，聘请校内外专家组建学校教学质量保证委员会，指导学校进一步完善反馈机制、预警机制等工作，全程指导学校诊改工作的运行。

（四）遵循质量文化理念，构建 8 字形质量改进螺旋

基于 PDCA 循环质量理论，依据目标链和标准链的规定，各诊改责任主体结合工作实际首先确立工作目标和工作标准，然后根据具体工作的周期性，按照 8 字形质量改进螺旋流程实施诊改工作。

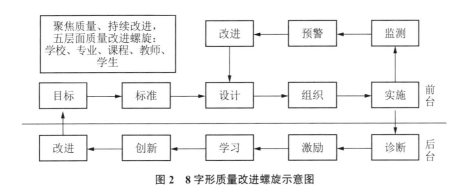

图 2　8 字形质量改进螺旋示意图

例如，某教师对班级某学科学生学习成绩的诊改流程如图 3 所示。

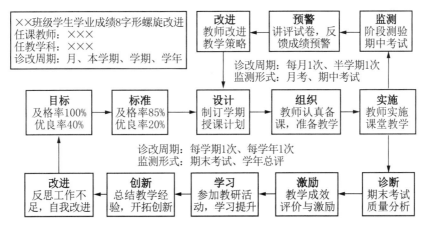

图 3　8 字形质量改进螺旋举例

根据学校工作重点，明确五个层面的诊改的主体责任，在诊改推进过程中抓住影响工作质量的主要风险点、监控点，不断优化工作制度与流程，完善质量预警机制，不定期进行监督与质量控制，确保诊改工作落到实处，持续提升教学质量。

（五）制定诊改激励机制，激发诊改内生动力

诊改工作是一项复杂的系统工程，需要持续性推进，不断地优化和完善。单纯靠质量文化宣传和培训是不够的，还需要在实施过程中设计有效的激励机制来保证诊改工作的顺利进行。为此，学校依据目标链和标准链构建了诊改工作绩效评价指标与考核方案。学校质量办依据诊改工作绩效评价指标进行诊改工作评估考核，考核结果与教职工岗位绩效挂

钩，有效地激发每个诊改主体追求质量与效益的内生动力，促使学校诊改工作从要我诊改向我要诊改转变，从而确保诊改工作有效开展。

五、取得的成效

（一）追求质量已成为校园文化的核心

通过校园质量文化的营造，师生员工统一了思想，更新了观念，认识到了保证质量的重要性，提升了人才培养的质量意识。学校通过诊改工作任务的落实，有效推进了各项工作，建立了学校的内部质量保证制度体系，并逐步形成长效机制，也增强了教师们的职业获得感。

（二）学校整体办学质量与效益得到提升

通过诊断与改进工作的推进，在质量文化的引领下，完善了目标体系与标准体系。在学校教学质量保证委员会的指导下，逐步形成了完善的教学质量保证体系，为学校的发展提供有效的保障。近两年，学校在专业建设、课程建设、学生获奖、教师队伍成长等方面取得大幅度提升，特别是教师指导学生参加全国大赛、上海"星光计划"、世赛选拔赛等各项赛事获奖数和等第连年提升，办学效益明显提升。

（三）诊改加快了学校数字化转型的进程

为了更好地推进诊改工作，满足8字形质量改进螺旋中数据实时采集、分析、决策的需要，学校积极推进校园数字化转型。运用诊改工作理念，构建了一个符合学校需要、满足教师需求、方便学生学习的网上教学系统。这一系统既可以解决教师、学生之间的信息交流与共享，促进师生之间的深度交流与学习，又搭建了一个线上学习空间，形成了互动式沟通机制，更为重要的是系统后台产生大量的数据为诊改工作实施提供了有效的数据支撑，同时也加快了学校数字化转型的进程。

六、展望

诊改工作的实施是一个连续诊断与持续改进的工作过程。发挥质量文化引领作用是做好诊改工作的前提和保证，应该贯穿诊改工作全流程。在质量文化的引领下，打造诊改工作的目标链和标准链，构建学校教学质量保证体系，这样才能更好地聚焦质量，建立8字形自我诊改机制，有效推动诊改工作的健康运行。

基于信息化的双循环课堂教学质量管理标准体系探索与实践

上海市现代流通学校　　胡中立

摘要： 为贯彻落实教育部和上海市教委对中职院校教学工作诊断与改进的要求，上海市现代流通学校聚焦课堂教学质量，以课堂教学质量管理标准体系建设为主要内容，形成教学管理规范标准，并建立教师内部自诊改和督导外部他诊改的内外双循环常态化课堂教学质量管理的运行和监管机制，以教务平台、学习通和职教云等采集的信息化数据为支撑，对标体系，及时监控、反馈、评价、提高课堂教学质量，有效落实课堂教学质量管理标准体系，从而全面提高学校的教学质量和社会服务能力。

关键词： 诊断与改进　课堂教学质量管理标准体系

上海市教委依据教育部对职业院校教学工作诊改的要求，结合上海教育综合改革成效和特点，印发了《上海市中等职业学校教学工作诊断与改进实施方案》。我校为贯彻落实该诊改实施方案，根据自身办学理念和办学定位，在学校、专业、教师三个层面建立起较完整的教学诊断与改进运行机制的基础上，聚焦课堂教学质量，打造教学质量管理标准体系，并以信息化数据为支撑，对标教学质量管理标准体系，打造双循环常态化课堂教学质量管理的运行和监管机制。经过不断的实践探索和修正改进，取得预期效果。

一、课堂教学质量管理中存在的问题

我校在校党委带领下，成立诊改小组，由校长担任诊改小组组长，各教研部主任担任小组成员，认真学习教育部和上海市教委有关诊断与改进工作的文件精神，严格执行教学工作诊断与改进要求，发现学校教学质量管理工作中存在的不足。

（一）教学管理规章制度不健全

由于前期的人事变动，我校的教学质量管理规章制度未能依据上海市教育改革和发展"十三五"规划要求和学校实际情况及时进行调研和修订，导致教学质量管理的规章制度不健全，未能实现高效的科学管理，经验管理占比较大。

（二）日常教学监管机制不完善

教学质量监管机制不完善，事中事后监管薄弱，在教学质量管理的实际运行过程中出现执行不力、把关不严、流于形式的现象，导致教学质量出现因人而异、良莠不齐的情况。

（三）数据信息处理和管理不充分

学校信息化平台老旧，缺乏有效支撑教学质量保障体系工作的信息化工具和手段，在进行诊断与改进工作指标设置和评价的过程中缺少数据基础，数据挖掘、分析和应用的水平薄弱，难以做到及时监控、反馈、评价和提高课堂教学质量。

（四）教职员工质量意识不强烈

我校教职员工对教学质量的制度文件学习不够透彻，教学质量理念未能与时俱进，尚未形成全员浓厚的课堂教学质量工作意识，使得教师对于课堂教学质量提升的主动性不足。

二、基于信息化的双循环课堂教学质量管理标准体系

在充分进行实地调研、现状分析和查找问题的基础上，学校诊改小组经过多次自我诊断和专家会诊，打造基于信息化数据的双循环课堂教学质量管理标准体系并逐项落实，在实践和探索过程中根据遇到的实际问题及时进行修正和改进。

（一）双循环课堂教学质量管理标准体系的构建

课堂教学诊断与改进是学校教学诊断与改进工作的有机组成部分，是实现学校教学工作诊改目标的重要内容之一。我校构建的双循环课堂教学质量管理标准体系，是问题导向思想方法在中职学校课堂教学诊改实践中的创新运用。

学校构建了双循环课堂教学质量管理标准体系，设立自上而下的目标体系和标准体系。在此基础上，针对课堂教学的课前、课中和课后三环节，对影响课堂教学质量因素中的教师、学生、课程等因素，实时采集信息化平台上教务管理系统、学习通和职教云中的教学空间和学习空间等形成的教学数据，集合教师自评、学生评价、督导评价、专家评价、同事互评等评价体系，形成教学全过程数据监控，对标课堂教学质量管理标准体系，聚焦影响教学质量的突出问题，将数据反映出来的教学问题及时反馈给教师进行自我教学诊改，并同步预警学校教学督导组，调整课堂教学中教师、学生、课程之间的关系，螺旋

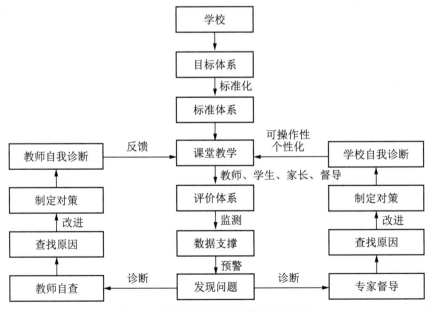

图1　双循环课堂教学质量管理标准体系

式提升课堂教学质量，形成教师内部自诊改和督导外部他诊改的内外双循环常态化课堂教学质量管理的运行和监管机制。

（二）双循环课堂教学质量管理标准体系的分析

1. 确立目标体系与标准体系，完善体系性规章制度

诊改小组立足学校实际，分析学校现有专业、师资、生源、教学条件等情况，聚焦课堂教学中的短板和瓶颈，系统性进行规划和设计。首先，自上而下确立目标体系和标准体系，层层衔接，用标准支撑目标，形成体系，包括上海市现代流通学校教学管理运行标准化体系、上海市现代流通学校教学质量监控与保障体系等。其次，完善教学管理的规章制度，一方面对已有的规章制度进行全面审查，查缺补漏，修订完善，对笼统的规定尽量明确化，对原则的表述尽量具体化，对需要制定实施细则的予以配套完善，使这些制度达到应有的质量；另一方面针对实践中暴露出来的制度空白，进行周密研究，及时建立制度规范。最后，加强规章制度之间的体系衔接，使原本散状的规章制度形成体系，体现制度的科学性和有效性，为教学质量诊改的有效运行提供相应的配套考核制度和保障制度。

2. 构建内外双循环监管，健全常态化运行机制

学校围绕目标体系和标准体系，注重执行落实，按照时间轴细化目标任务，通过学校信息化平台采集教学数据信息，并根据教学业务需求，对标课堂教学质量管理标准体系，建立数据模型，进行数据挖掘和数据分析，对教学过程进行动态化数据监测，将数据反映出来的教学问题及时反馈给教师进行自我教学诊改，并同步预警学校教学督导组。在日常教学督导随机推门听课的基础上，增加课堂听课频率，帮助教师和学校发现教学诊改工作中的堵点和难点，形成教师内部自诊改和督导外部他诊改的内外双循环常态化课堂教学质量管理的运行和监管机制，健全常态化课堂教学质量管理运行机制，从而全面分析问题产生的原因，寻找解决问题的有效路径和方法，修正实施建议方案，形成教师层面和学校层面的教学诊断与改进报告，确保制度的实效性。同时，通过奖惩机制，促进内部教学质量管理监督机制的良性运作，激发教师自我诊改的内生动力，推动课堂教学生态系统的良性发展，提升办学质量，提高学校服务社会、服务学生发展的能力。

3. 搭建教学信息化平台，强化数据整合监测水平

学校教学信息化数据平台建设包括中等职业学校人才培养工作状态数据系统、教务管理系统以及学习通和职教云等。它以教学数据信息实时采集和挖掘为起点，包括师生在线上、线下教和学的活动过程中产生的数据，通过学生、教师与教育资源和教育设备之间的交互，教学场景可以产生学生与教师的行为和状态信息、教育资源信息、教育设备运行信息等。信息化平台的建设以数据信息资源整合为重点，以信息化数据应用为核心，构建数据管理规范，对标教学质量管理体系，强化教学质量运行实时监测分析，推进教学数据共享和业务协同，加大学校顶层对一线教学的及时调控力度，促进教学诊改工作持续健康发展。

三、课堂教学质量管理取得的成效

学校基于信息化数据的双循环课堂教学质量管理标准体系的探索与实践，将教学诊改工作与学校日常工作相融合，取得一定成效。

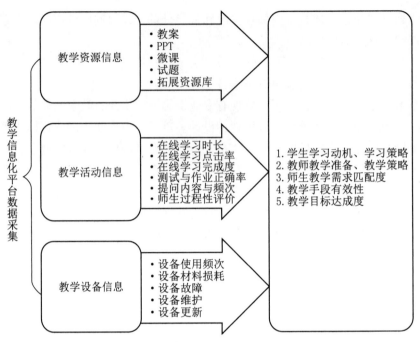

图 2　教学信息化平台数据采集

一是教学常规管理和教师教学业务管理制度方面。统筹规划、分步实施，制定完善了教学管理制度 66 个、工作流程 73 个、工作表单 108 个，为实施教学工作科学化管理提供保障。

二是教学运行和监管机制方面。突出重点，创新驱动，建立教师内部自诊改和督导外部他诊改的内外双循环常态化课堂教学质量管理的运行和监管机制，促进线上线下混合式教学手段的应用，提高教学手段的有效性和教学目标的达成度，提升传统课堂教学的质量，保障学校对课堂教学质量管理的规范化。

三是信息化教学和管理方面。整合数据、深化应用，整合教务管理系统、学习通和职教云等教学数据，对教学全过程进行实时数据监测分析，对标质量体系，为教师教学、专家督导和学校决策提供及时、准确、可靠的信息数据，提高学校教学质量管理工作的前瞻性和针对性。

四是教师发展方面。协同共享、注重实效，引导全体教师更新诊改理念，激发教师形成教学诊改的质量意识和标准意识，对教学诊改工作产生内生动力和认同感，形成自我诊改报告和年度质量报告，提升学校层面和专业层面发现课堂教学问题的敏锐度，以及正视问题和解决问题的自觉性，协助学校逐层建立教学质量改进上升螺旋，最终促进全体教师的自我发展和成长，达到提质培优的目的。

五是学生成长方面。聚焦需求，增值赋能，提升课堂教学的效率，促进学生核心素养的可持续发展，提高学生考证通过率和职业院校技能大赛获奖率，提升学生和企业的满意率，为学校人才培养质量奠定扎实基础。

让无奈的选择成为他们无悔的决定

——"六箭齐发"破冰在校生数不足困局

上海食品科技学校　　徐　冰

摘要： 为有效解决制约学校良性发展的关键痛点，即全日制学历教育在校生数不足的问题，学校通过"六箭齐发"举措，形成了优质"出口"带动"进口"的优势，实现了年度招生人数的稳定增长，超预期达成阶段诊改目标。

关键词： 六箭齐发　痛点　破解

一、在校生数不足成为制约学校良性发展的痛点

全日制学历教育在校生（简称"在校生"）数是教学诊改工作中重点关注的指标之一，学校在 2017 年制定第一周期诊改工作实施方案时，认真分析了学校这一指标的现状：2016 年 9 月的在校生规模为 972 人，未达教育部相关指标的最低要求。其主要原因是与上海其他兄弟学校相比，学校在软硬件和办学场地等方面还存在短板、师生比例失调、受金山教育大环境的影响，这些都成了制约和阻碍学校进一步发展的因素。为此，学校在综合研判面临的发展机遇与重大挑战以及招生形势后，确定了到 2020 年时在校生数达到 1200 人以上的总目标，并制定了从 2017 年起以学年为周期在校生数逐年以不少于 60 人递增的阶段目标，形成了学校在校生数发展的目标链。对照教育部《中等职业学校设置标准》中关于在校生数的基本要求和学校生源结构目标，确定了在校生数发展的标准链，并用四年左右的时间努力实现学校"变进校学生无奈的选择为他们无悔的决定"的愿望。

二、"六箭齐发"，打造值得学生和家长信赖的学校

长期以来，读中职校是许多中考落榜学生和家长的无奈选择，他们大多抱有"混文凭"或为"长身体"的心态，对职业学校投以另类眼光。在不少家长眼中，"不好好读书只能读职校"成为教育子女的惯用语，可谓是"无奈的选择"。为扭转职业教育是"断头教育"的困境，学校以提高人才培养质量为核心，促进内涵式高质量发展，对标找差距，针对薄弱环节进行重点诊改，通过"六箭齐发"的举措建立和完善内部质量保证体系，转变传统观念，树立职教新认识。

（一）启动基础能力建设，改善办学条件

学校积极争取市、区主管部门的支持力度，"十三五"期间申请批复近 2 亿元建设专项经费，用于"校安工程"和校园改扩建工程，租借一墙之隔的 8000 平方米的商校，并计划通过政府划拨方式将办学场地面积增加到 46000 多平方米，重新整体规划校区，优化

完善道路体系，创建优美校园环境。相继启动了 11000 平方米的智能科创实训大楼和一栋配置齐全的 6000 平方米的现代化学生公寓建设工程，大大改善了学校的教学和生活设施。

（二）优化专业结构布局，完善人才发展路径

学校根据产业结构调整和市场需求，2017 年停招会计专业，新增食品科学与工程专业中本贯通教育试点，并在跟踪检查评估中获优秀；2020 年开设物联网技术应用（农业物联网技术应用方向）、食品安全与检测技术新专业，探索新能源汽车和 3D 打印方向，推进专业向战略性新兴产业与先进制造业方向转型；引进英国 IMI 国际职业资格证书体系；开展"1+X"粮农食品安全评价等 4 个证书制度试点。

（三）推动职普融通体验，扩大生源地知名度

学校积极响应和创造条件推进职普融通，2016 年起连续举办校园开放日、（在线）职业体验日、世界青年职业技能体验日，给中小学生一个体验职业工种的机会，帮助他们打开人生另外一扇窗。其中 2020 年 6 月金山区（北片）初中八年级 1600 多名学生的社会实践职业体验，充分展示了学校现代化的实训室、丰富的实践操作课程，搭建了中学生走近职校、近距离感受职业魅力的平台，为他们埋下未来职业梦想之树的种子，对学生未来的职业选择起到很好的指导作用。

（四）深耕办学内涵建设，树立质量兴校口碑

围绕办学目标链，学校先后成功创建上海市高技能人才培养基地、上海市首届文明校园，"中职食品类专业职前职后一体化教育教学改革的设计与实践"获上海市教学成果二等奖。学校充分借助新媒体，搭建家校互动平台，通过招生咨询会、网上云咨询等方式拉近学生和家长与学校的距离。在学校党政工团的共同努力下，教职工凝聚力空前高涨，全校师生主动担当起招生宣传大使，将学校多元办学特色主动介绍给身边有需求的学生、家长。

（五）全力参与脱贫攻坚，拓展新生来源渠道

学校贯彻落实国家精准扶贫方针政策，助力脱贫攻坚。2017 年接收首批云南丽江、贵州遵义"建档立卡"贫困家庭学生以来，学校克服校园改扩建工程的多重压力，按照"入学即入企、毕业即就业"的要求，遴选上汽车享家、巴黎贝甜和博海餐饮等知名企业开展订单式培养，让来沪就读的这批特殊学生在最短的时间内掌握一门专业技能并顺利就业，帮助他们点燃成长的梦想，助推"就业一人，致富一家"。

（六）搭建多元发展平台，让学生为学校代言

学校以立德树人根本任务为指导，确立了"就业有优势、创业有本领、升学有希望、发展有基础"的多元化培养定位。根据"三校生"高考开辟技能升学通道新政，在强化夯实文化基础的同时，鼓励学生积极参加上海市"星光计划"和全国职业院校技能大赛、第45—46 届世赛上海市选拔赛等高水准技能大赛。通过开设金山农民画、无人机等特色拓展课程和京剧等社团活动，给每位学生人生出彩的机会，推进"五育"并举、融合发展，提升学生综合素质。

三、增值赋能，优质"出口"推动学校"进口"逆势增长

（一）学校面貌焕然一新，教学生活条件大为改观

学校"校安工程"和校园改扩建工程的竣工，有效解决了汽车运用与维修、机械加工

技术专业实训室长期租赁校外场地的问题，消除了师生往返校内外的安全隐患，赢得家长和学生好评。新落成投入使用的现代化学生公寓，配备的空调、独立卫生间更是改善了学生的住宿环境和活动空间，让家长放心子女在校的学习和生活。

（二）专业结构不断优化，人才培养质量不断提升

围绕办学目标链，学校调整优化专业设置结构，建有食品与安全检测、汽车与智能制造两大专业群，形成了1个中本贯通、2个中高职贯通、现代学徒制和IMI国际合作等人才培养模式。通过实施校企"双元"育人，学生"双证融通"和"1+X"试点班取证率100%。学生在高水准技能大赛中捷报频传，赵佳乐获2019年国赛汽车机电维修赛项三等奖，12位学生在第45届世赛上海市选拔赛中捧回1个二等奖、2个三等奖、5个优胜奖，且有1人晋级上海市集训队。

（三）内涵建设成绩斐然，展示推广宣传成效显著

学校取得的办学成绩和多元办学特色，通过电视台等主流媒体及时向社会传递，让越来越多的家长转变理念，从重面子到关注前途，不再视普通高中为升学的独木桥，也更加客观全面地认识职业教育作为类型教育的定位，结合子女的兴趣与特长，量体裁衣、对码穿鞋，选择适合的培养模式和专业，开启新的追梦路。

（四）精准扶贫树立口碑，助力"建档立卡"贫困生腾飞

目前，学校通过沪遵、沪滇职教联盟，累计为云贵地区培养学生200多名。来自云南腾冲的张在礼获得了前往韩国巴黎贝甜总部学习培训的机会，云南丽江的和翠云在第46届世赛上海市选拔赛"糖艺／西点制作"项目中脱颖而出，入围国家集训队备选选手。他们的成长故事被上观新闻等主流媒体报道，成为学校在滇西地区的最好宣传名片，也为学校在当地树立了良好的口碑效应。后续招生计划年年爆满，有的家庭先后把兄弟姐妹送到学校就读，体现了对学校最大的信任。

（五）升学就业双枝齐秀，让学生圆梦升学和体面就业

近三年，学校累计向企业和高等院校输送毕业生近1200名，就业率稳定在98%左右，为区域社会经济发展输送了大批优秀的技术技能型人才和高素质劳动者。学校的优质就业单位数量不断增加，学生在职场获得良好发展成为学校办学质量提升的最好印证。2020届的"三校生"高考，129位考生录取率达98.7%，其中有4位学生被本科院校录取。同时已有250多位学生通过转段进入高职院校，首届25位中本贯通班学生100%进入上海应用技术大学继续学业。

学校稳定的高升学率吸引了周边许多普通高中的学生转校就读，将学校的办学质量、品牌影响力辐射千家万户。学校改革发展的成绩和广大学子纷纷在此圆梦，高质量就业、高升学率成为招生工作最有说服力的证据，学校在教学诊改目标链的推动下，招生录取报到数呈现出逆势增长的态势。

2020年9月，学校在校班级数达到44个，在校生数1490人，达到了教育部关于"在校生规模不低于1200人"的规定要求，中本、中高职贯通学生比例由20%升至26%，实现了既定的诊改目标。

锚定"十四五"规划和2035远景目标，学校将以提高人才培养质量为根本，落实立德树人根本任务，为党育人、为国育才，统筹校情和发展，着眼长远，着眼整体，着力

建立常态化诊改机制，遵循"需求导向、自我保证、多元诊断、重在改进"的工作方针，激发学校可持续发展的强大内生动力，推动学校教学诊改工作各项任务落地见效，打造金山职业教育高地和工匠精神摇篮，培养更多高素质的技术技能人才、能工巧匠、大国工匠。

中等职业学校人才培养
工作状态数据采集实践探索
——以上海市贸易学校为例

上海市贸易学校　安真真　胡笑冰

摘要： 中等职业学校人才培养工作状态数据（以下简称"状态数据"）采集始于2016年，各中职学校普遍面临着采集数据量大、涉及部门多、数据精准度要求高等难题。上海市贸易学校从明确状态数据采集的分工、完成学校数据编码、编制状态数据采集手册、开展个性化培训等方面进行了状态数据采集的实践探索，总结了相关经验。

关键词： 中等职业学校　人才培养　数据采集

《教育部办公厅关于建立职业院校教学工作诊断与改进制度的通知》（教职成厅〔2015〕2号）、《教育部关于中等职业学校人才培养工作状态数据采集试行工作的通知》（教职成司函〔2016〕139号）等文件均提出职业院校要充分利用信息技术，建立校本人才培养工作状态数据管理系统，及时掌握和分析人才培养工作状况。上海市贸易学校作为全国诊改试点27所中职学校之一，在2016年底率先进行了状态数据的采集工作。

一、解决的主要问题

在状态数据采集的过程中，遇到了采集数据量大、涉及部门多、数据精准度要求高等问题，亟须探索一套能够科学、高效地进行状态数据采集和应用的工作方法。

（一）如何分配数据采集任务

状态数据采集工作数据量大，包括十大采集项目、65个采集数据表、4个自动汇总数据表、1个补充说明表、985个数据项、1个逻辑校验表。如何进行合理分工，保障状态数据采集工作顺利推进是学校面临的首要问题。

（二）如何科学理解数据项

要完成985个数据项的采集，必须要清楚数据项的具体含义，否则很容易出现采集数据不准确、没有采集到所需数据等问题。不仅会导致数据校验不通过、数据无法上传，还将严重影响学校后续基于状态数据开展自主诊改的有效性和科学性。

（三）如何发挥状态数据的作用

状态数据采集只是第一步，如何发挥这些数据的作用，为学校教学诊改工作提供参考依据，切实指导学校的教学诊改工作，是学校进行状态数据采集的重要目的。

二、状态数据采集实践

状态数据采集要做大量的准备工作，学校主要从明确状态数据采集的分工、完成数据编码等方面进行了实践探索。

（一）明确状态数据采集的任务分工

1. 状态数据采集的部门分工

在采集任务分工过程中，明确工作任务主抓、主办和协办的部门职责，层层落实，各司其职，减少因职责不明而造成推诿扯皮的现象。

主抓部门是学校诊改工作小组（质量办），负责状态数据采集整体工作的安排和推进。

主办部门是相关职能部门。学校诊改工作小组将状态数据采集平台上的数据项，也就是中等职业学校人才培养工作状态数据采集与管理平台数据结构表中的 985 个数据项，按照各职能部门的工作职责分配下发，由各职能部门负责采集、上传数据。

协办者是各教研部和全体教师。各教研部和全体教师把与自己相关的数据汇总至相关职能部门。

表 1   上海市贸易学校人才培养状态数据采集部门分工表（部分）

序号	部门名称	负责的数据
1	学校领导	2.1 基本状况（协办），2.2 参与教学、联系学生（协办）
2	校长办公室	1.1 名称，1.2 联系，3.1 占地面积、校舍建筑面积，8.1 学校规章制度，8.10 改革创新，9.1 社会（准）捐赠情况，9.2.2 学校获奖情况，9.3 学校表彰情况，9.4 项目评审情况
3	人事保卫科	1.6 学校机构，2.1 基本状况（主办），5.2 经费支出，6.1.1 校内专任教师基本情况，6.1.3 校内专任教师其他情况，6.2.1 校内兼课人员基本情况，6.2.3 校内兼课人员其他情况，6.3.1 校外兼职教师基本情况，6.4.1 校外兼课教师基本情况，7.1.3 专业带头人，7.1.4 专业负责人，8.2 教学管理人员基本情况，8.3 学生管理人员基本情况，8.4 招生就业指导人员基本情况，8.5 督导人员基本情况，8.6 教学研究人员基本情况

2. 状态数据采集的人员分工

在状态数据采集平台中共有 4 类操作人员，其职责和分工具体见表 2。

表 2   状态数据采集平台操作人员分工表

序号	人员类型	职　　责
1	系统管理员	负责信息初始化、创建用户、权限配置、数据上报等
2	采集员	负责状态数据采集、数据编辑维护和数据提交
3	部门领导	负责部门数据查看、部门数据检测和部门数据审核
4	学校领导	负责学校数据审核

学校共有 2 位系统管理员，分别负责系统下载安装及系统技术层面的问题和解决数据上传过程中的技术问题。

每个部门均设置数据采集员，负责本部门状态数据的采集、编辑、维护和提交。

（二）完成学校数据编码工作

在状态数据进行采集上传之前，必须完成数据编码工作，即给各个数据分配唯一的"身份证号"，再对教师信息、专业信息、课程信息、学生信息四张基础表格进行完善，然后才能开展数据的采集、检索和校对工作。在编码过程中，要保证编码的科学性和实用性，并且尽量不打乱学校已有的相关编码规则，凸显便利性。

1. 部门编码

采用学校简称"贸易"的首字母MY加两位自然数作为部门编码，例如党委办公室编码为MY02。部门编码即为各部门的登录名。

2. 教师编码

数据平台采集的教师人员身份比较复杂，包括校内专任教师、专业负责人、教学管理人员等多重交叉身份。因此，须明确每一位教职员工的身份，确定其所在专业或岗位，强调其专职工作及兼职工作。教师编码规则见表3。

表3　教师编码规则

序号	项　目　内　容	规　则
1	专业技术岗位	10＋工号
2	其他专业技术岗位	20＋工号
3	管理岗位	30＋工号
4	校外兼职教师	40＋工号
5	校外兼课教师	50＋工号

3. 专业编码

采用教育部公布的专业代码。

4. 课程编码

课程编码须考虑课程名称、考试类型、课程学分等相关因素，既要有利于状态数据采集，又要有利于今后数据的抓取，具体内容见表4。

表4　课程编码规则

序号	项目内容	规　　则
1	课程名称	2—6位：课程汉语拼音的第一个字母
2	考试类型代码	1位：考试课1、考查课0
3	课程学分代码	1位
4	预留代码	2位：00
5	跨学期课程	1位：跨学期用学期数／不跨学期用0
6	课程类型代码	A类：纯理论课/B类：理论＋实践课/C类：纯实践课
7	课程性质代码	BX：必修课/ZX：专业选修课/GX：公共选修课
8	课程属性代码	GJ：公共基础课/ZJ：专业技能课

例如，商务英语精读（3）的课程编码为：SWYYJD14003BBXZJ。

5. 学生编码和班级编码

学生编码参考学生事务中心信息平台的要求进行编码，班级编码采用的是招生年级＋顺序号。

（三）编制完善状态数据采集手册

作为诊改试点学校，在首次采集数据时，学校对数据的内涵和采集标准进行详细说明，并编制完善状态数据采集手册。该手册是在 2016 版中等职业学校人才培养工作状态数据采集与管理平台数据结构的基础上，将 176 个注释分解到相应的采集表下，并将相应的采集部门分解到对应的采集表中。

此外，基于大量的分析研究工作，学校增加了 78 条加注说明，也将其分解到相关的采集表下。这样既可保证数据准确，也可减轻采集人员的负担，减少返工。

（四）开展个性化的状态数据采集培训

为了顺利推进状态数据采集工作，学校针对不同的对象开展个性化的培训，主要有以下两类。

1. 全面培训，深入了解状态数据采集任务

召开教学诊断与改进状态数据采集工作布置培训会，向学校领导和部门领导介绍诊改工作概况、状态数据采集分工、体会与思考，帮助大家深入了解状态数据采集任务的意义和要求。其中，重点介绍数据结构表，对十大采集项目（基本情况、学校领导、基本办学条件、实践教学条件、教育经费、师资队伍、专业设置、学校管理、社会评价、学生信息）、65 个采集数据表、4 个自动汇总数据表、1 个补充说明表、985 个字段（数据项）、4943 个数据、1 个逻辑校验表、176 条注释进行逐一讲解。

2. 个性化辅导，将难题解决于萌芽状态

状态数据采集量大且复杂，虽然前期做了大量的准备工作，但是为了防止状态数据采集工作出现差错而反复修改，学校采用当面辅导、当面答疑等方式，与负责采集的所有职能部门进行一对一、面对面的个性化指导和沟通，尽量将大家的疑惑和困难解决在萌芽状态，以减轻采集员的工作强度。

此外，为了更好地辅导状态数据采集工作，学校安排诊改工作小组成员和 2 位系统管理员多次参加教育部诊改委举办的全国中等职业学校人才培养工作状态数据管理系统培训。

（五）需要关注的几个问题

1. 相关数据的一致性

在首次采集状态数据之前，学校已经相继填报了中等职业教育（职业培训）学校（机构）统计报表、中等职业学校办学能力评估表（督导评估）、教育质量年报数据表等。因此，填报诊改数据时，学校要求所有数据要和前续报表一致，如果出现差异或其他问题，要知道问题所在、解决方法及今后的改进方向。

2. 数据采集的细节事项

为提高数据采集的质量，须关注表 5 所列的细节事项。

表5　数据采集注意事项汇总表

序号	注　意　事　项
1	状态数据采集时间段：学年，例如 20160901—20170831
2	经费采集时间段：自然年度，例如 2016 年度
3	请认真阅读和理解 176 条注释和 78 条加注
4	日期填写格式：20160101，例如出生年月日 19801101
5	在平台填写每个数据表时，凡是有单一选项的，一定要单一选择，不要输入
6	采集人员在平台上采集信息时，不要复制粘贴
7	关注数据表之间相同数据的关联度
8	关注每个数据的计量单位
9	每个数据表中如果有的项目没有数据请填写 0，没有情况的填"无"

三、成果和成效

（一）高质量完成状态数据采集工作

学校通过研究实践，梳理、解决了状态数据采集过程中遇到的问题，扫除了许多障碍，高质量地完成了 2016 学年以来的状态数据采集工作，获得教育部诊改委专家的好评。

（二）数据分析助力学校补短板促发展

自 2016 年开始，学校每学年编制上海市贸易学校人才培养工作状态数据分析报告，对数据本身的科学性、合理性以及数据变化的趋势和是否达到国家或省级标准进行分析，在学校、专业、课程、教师和学生五个层面用数据说话，摆明现状，查找短板和需要诊改的问题。

例如，在 2016 学年状态数据中发现高级职称教师上课少、教科研成果少。为充分发挥高级职称教师的引领作用，学校修订专业技术人员聘任办法，对授课课时、科研成果等做出规定，对不达标的教师采取高职低聘或不予晋级。

（三）状态数据采集经验辐射全国

状态数据采集经验辐射各兄弟学校。学校先后在各级各类会议培训中交流 80 余次，其中在全国诊改委组织的全国培训中交流发言 10 余次，在江苏、海南、河北、云南等省教育厅以及地市级教育行政部门组织的培训中交流发言 30 余次，接受西藏、新疆、辽宁等省份兄弟学校来访和到访交流 40 余次。

基于 PDCA 循环的课程质量保障体系
构建与实践

——以上海市商业学校为例

上海市商业学校　　陈志红

摘要： 上海市商业学校结合教育部和上海市教委发布的中等职业学校教学工作诊断与改进的相关文件要求，聚焦课程建设，主动反思，基于 PDCA 循环构建课程质量保障体系，成效显著。本文从背景与问题、过程与成果、成效与体会三方面概括总结了可供借鉴的经验。

关键词： PDCA 循环　课程质量保障体系

一、背景与问题

2016 年 9 月，上海市教委印发关于《上海市中等职业学校教学工作诊断与改进实施方案》的通知，进一步提出"引导中等职业学校以提高人才培养质量为核心，强化质量意识，构建全员、全程、全方位的内部质量保证机制"的工作任务。为此，不断健全教学质量保障机制是学校落实教育部深化职业教育教学改革的必然要求。

课程质量保障体系构建与运行是中职校内部教育教学质量保障的基石。随着教育教学改革的不断深入，如何结合学校教学工作诊断与改进，引入 PDCA 管理流程，螺旋式优化适合学校进一步发展的课程质量保障机制，以助推学校课程改革，是学校提高人才培养质量要解决的主要问题之一。

二、过程与成果

（一）深入学习质量保障体系要义，引入 PDCA 循环管理思想

建立质量保障体系就是要通过一定的制度、规章、方法、程序和机构等把质量保障活动加以系统化、标准化及制度化。从学校教学质量诊改角度看，课程质量保障体系属于学校内部质量保障体系的主要组成部分。通过引入 PDCA 循环管理思想，健全优化课程质量保障体系是学校主动基于提高质量和自身发展需要的自觉行为，是课程改革的质量保证。

PDCA 循环也称戴明环，被公认为是保证工作质量的有效手段，于 1950 年提出并盛行。几十年来，PDCA 思想被广泛应用于各行各业，是企业管理活动中支持企业持续改进产品质量的重要管理方法。其核心思想是：按照计划（P）、执行（D）、监测（C）和处理

（A）四个阶段进行质量管理，并且循环不止地进行下去。

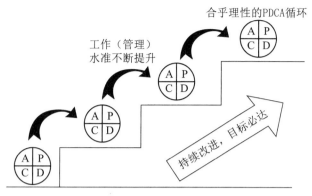

图1　PDCA循环图

（二）开展课程质量保障体系构建研究，认真实践总结运行模式

课程是学校人才培养的主要载体和基本单元。学校各专业的人才培养方案如何分解到每一门课程？每一门课程的教学目标，如何分解到每一次教学活动？如何实现教和学的过程性评价以保障课程质量，并可持续改进？

基于质量管理思想，坚持全过程、全方位、全员性的原则，构建覆盖课程活动各个领域和各个环节的中职课程质量保障体系，包括课程质量保障运行机制、课程开发、课程条件、课程实施和课程评价五项。

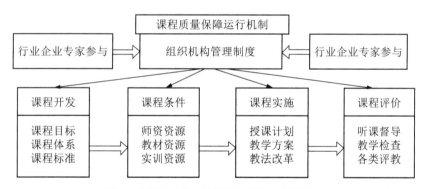

图2　上海市商业学校课程质量保障体系框架

1. 建立课程质量保障运行机制

成立由学校、教务、教学部组成，行业、企业专家共同参与的三级课程管理组织机构，从组织上保证课程质量体系的顺利运行。一级课程管理组织由校长、评估办、教务处组成，负责制定课程建设规划、课程建设标准、课程质量标准及课程实施的督导听课和教学评价。二级课程管理组织由教学部主任和专业（学科）负责人组成，负责课程设计及课程标准的制定、课程资源的建设、课程师资培养及课程实施的日常监控。三级课程管理组织由专业（学科）负责人和骨干教师组成，负责课程授课计划的制订、教法改革的研讨与实践、课程学业评价等。同时，完善课程质量管理办法，主要有专业建设委员会章程、教学质量标准、学校课程管理办法、实施性教学计划制订（修订）的原则意见、课程建设规

划、课程标准编写规范与管理办法、课程考核工作规范、教师教学质量评价实施办法、教学检查制度等。

2. 建立课程质量保障运行程序

基于PDCA循环管理思想，以学生发展为本，分四阶段循环往复开展课程质量保障工作，确保课程质量持续改进提高。第一阶段为课程质量策划阶段，通过专业设置动态调整机制开展市场调研，明确课程质量要达到的目标、标准及实现目标的具体措施与途径，制定课程规划。第二阶段为课程质量控制阶段，要明确质量体系中各部门及各成员的职责，特别是教师在课程实施中应完成的各项工作，严格执行规划计划，加强过程控制。第三阶段为课程质量诊断阶段，明确课程质量评价的各观察点、检测点和各类评价标准，及时开展事前、事中和事后的教学检查与教学评价。第四阶段为课程质量改进阶段，利用课程质量信息收集处理系统（即收集分析听课督导评价、学生评价、外聘专家评价等各类课程评价反馈信息），积极开展课程改进工作。

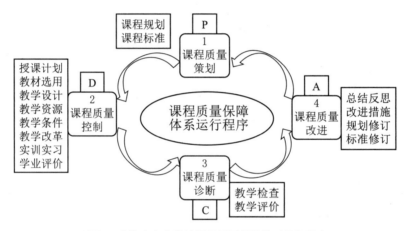

图3 上海市商业学校课程质量保障体系运行程序

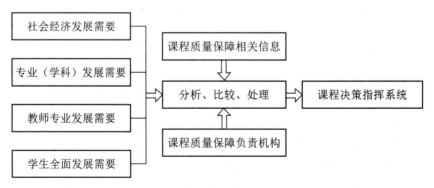

图4 上海市商业学校课程质量信息收集处理系统

3. 建立课程质量运行管理模式

以上海市教委公开发布的上海市中等职业学校相关专业教学标准为依据，结合学校自身情况，基于PDCA管理流程和诊改文件精神，参照8字形质量改进螺旋推进要求，研究制定"一年小循环，三年大循环"的上海市商业学校课程层面质量改进螺旋。

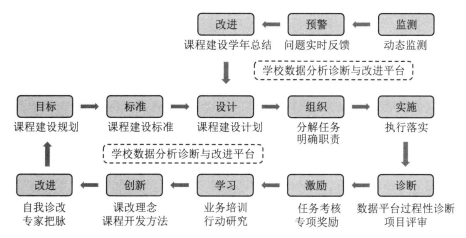

图5 上海市商业学校课程层面质量改进螺旋

同时，研究制定上海市商业学校课程质量保障运行管理模式。在运行中的主要做法是调研修订各专业实施性人才培养方案，包括确定专业课程体系，其中专业核心课程严格按上海市中等职业学校相关专业教学标准设置，执行市级课程标准，而校本课程的课程开发需要经过调研和学校专业建设委员会的确认。在课程开发（含课程目标、课程标准、课程内容、课程资源）、课程实施（含授课计划、课程教案、教学方法、课程考核、教学检查等）和课程评价（学生评价、督导评价、社会评价等）中严格开展课程质量管理。

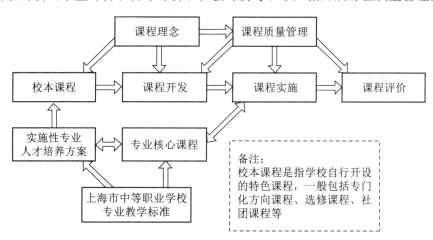

图6 上海市商业学校课程质量保障运行管理模式

三、成效与体会

通过研究与实践，学校进一步深化了课程改革，为提升专业质量和办学质量奠定了基础。

（一）课程质量管理更加规范严谨

1. 课程开发更加规范

严格执行课程质量管理运行机制，以学生发展为本，进一步优化修订专业人才培养方案，改变了原先以教师为本进行校本课程开发的情况。

2. 课程实施更加严谨

严格进行教学常规管理，抓好课程实施各环节，改变了原先以教师讲授为主导的课堂教学现状和以试卷为主的终结性课程考核现状。

3. 课程评价更加客观

以师生共同发展为目标，抓好多元评价，如成长记录、行为观察、学习日记、情景口试、笔试测验、论文报告等，改变了原来仅以笔试测验为主的评价现状。

（二）教师教学观发生了重大变化

聚焦学生职业生涯发展，夯实课程质量监控，自觉转变教学观念。既重视教的质量，也重视学的质量；既重视知识技能的传授，也重视学生综合素质的提高；既重视教学结果的质量，也重视教学过程的质量。变以教师为中心为以学生为主体，变重智育为重德智体美全面发展。突出课程评价的激励与控制功能，将形成性评价与总结性评价相结合，丰富评价与考试方法（如成长记录、行为观察、学习日记、情景口试、笔试测验、论文报告等），激发学生内在动力，以适应人才发展的多样化要求，主动为学生全面发展创造条件。

总之，学校结合实际，引入 PDCA 管理思想，建立健全课程质量保障体系，在实践中虽然取得了一定成绩，但创新深度有待进一步拓展。目前学校正处于打造"十四五"时期目标链和标准链的攻坚阶段，各项工作如何实现螺旋上升，这个案例经验将有助于推进学校教育教学质量的全面提高。

基于校本数据管理平台，构建诊改运行机制，螺旋式提升办学质量

上海商业会计学校　邵元君　苏昌蕾

摘要： 数据管理平台是教学诊断与改进工作的重要支撑。通过前期调研，把握已建设数据管理平台的学校在数据管理实践中存在的突出问题。学校结合区域特色和办学特色，以自我需求为导向，总体规划数据管理体系，构建校本数据管理平台，以自我保证为重点，服务不同主体的多元诊改诉求，推动教学诊改机制运行，螺旋式提升学校的办学质量。

关键词： 校本数据管理平台　诊改运行机制　办学质量

一、实施背景

2015 年教育部颁布《教育部办公厅关于建立职业院校教学工作诊断与改进制度的通知》，2016 年上海市教育委员会印发《上海市中等职业学校教学工作诊断与改进实施方案》。学校按照国家、市级诊改相关文件指导，积极探索基于校本数据管理平台，聚焦学校发展存在的关键问题，优化教学工作诊断与改进工作的思路与方法，规范数据管理平台的教学诊改工作流程，激发内生动力，探索基于数据管理平台的教学诊断、改进、提升的实践路径，以破解工作难点和堵点，提升学校办学质量。

二、问题分析

数据管理平台是教学诊断与改进工作的重要支撑，是推动教学诊断与改进运行的重要载体。学校在深入研究国家发布人才培养状态数据管理平台，调研市内外多所已经建立起校本数据管理平台的兄弟学校的基础上，发现在教学诊改的数据管理实践中主要存在三方面问题。

（一）数据管理缺乏系统设计，制约数据的管理效能

从全国中等职业学校人才培养工作状态数据管理系统看，该平台需要采集 10 个一级项目、65 个采集数据表、985 个数据项，有 176 条数据注释，数据采集量较大，涉及学校所有部门和所有教职员工及所有在校学生。在实际操作中不同的人有不同的理解，如果学校在组织填报时缺乏系统设计、任务分解、数据解释，就会导致数据采集职责不清晰，填报数据人员对数据的理解不一致，带来数据出错，制约了数据管理效能。

（二）数据采集缺乏流程管理，制约数据填报准确性

经调研发现，在实践操作中使用单机版数据采集填报过程中存在缺乏数据管理流程闭环设计。当组织填报数据时，各责任部门大多将任务交办给责任部门负责人填报，但数据

上交环节缺少数据审核、数据校验和数据关联校验，因此可能带来数据填报不准确。

（三）数据应用缺乏机制保障，制约数据的服务功能

经调研发现，现有的数据管理平台对采集状态数据缺少分析与应用。由于数据研究与分析过程缺少机制保障，导致大多数学校采集数据后被"束之高阁"，使采集的数据成为沉默数据，数据难以直接服务于学校管理，制约了数据管理应发挥的功效。

三、解决方案

学校根据调研情况，思考如何在全国中等职业学校人才培养总工作状态数据管理系统的基础上，构建符合区域特色、服务学校发展的校本数据管理平台。主要建设思路如下。

（一）以自我需求为导向，规划数据管理体系

学校以自我需求为导向，从学校自身数据用户的角度出发，全面规划数据管理体系，参照教育部人才培养状态数据结构，根据区域特色，结合学校办学特色，建立数据管理办公室，明确数据采集主体，设计上海商业会计学校人才培养状态数据采集手册以明确数据采集流程与方法，利用学校现有专业办公管理工具——企业微信平台，结合人才培养数据采集要求进行校本开发，开发基于移动智能终端（手机端）和 PC 端（个人电脑端）的教学诊改数据管理平台。

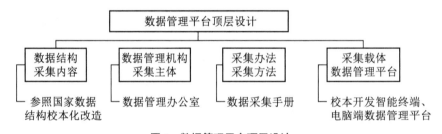

图1　数据管理平台顶层设计

（二）以自我保证为重点，服务不同主体诉求

1. 明确数据管理流程

学校将数据管理分为数据填报、数据审核、数据分析、数据预警四个环节，如图 2 所示。由数据管理办公室（质量管理办公室）牵头组织人事科、教务科、招生与就业办公室、学生科进行数据填报和审核等方面的培训，对数据填报工作进行分工，协调职能部门参与数据填报，各专业教学部负责人收到企业微信即时提醒进行数据填报分工，教师、学生收到企业微信提醒进行数据填报。数据填报后进入数据审核程序，各专业教学部对数据进行审核，各职能部门对数据进行审核。数据审核后进入数据分析程序，数据分析达成目标者进入新目标制定流程，目标未达标者进入数据预警环节，进行归因分析，调整改进目标。

以数据管理平台上的学校招生数据为例，数据管理办公室将该条数据任务分配给招生与就业办公室，招生与就业办公室负责人收到数据填报信息后选择员工并发出填报指令，员工收到企业微信端的信息后可选择在个人电脑端或移动端进行填报，填报完成后提交招生与就业办公室负责人进行校验审核，审核通过后交质量办审核。

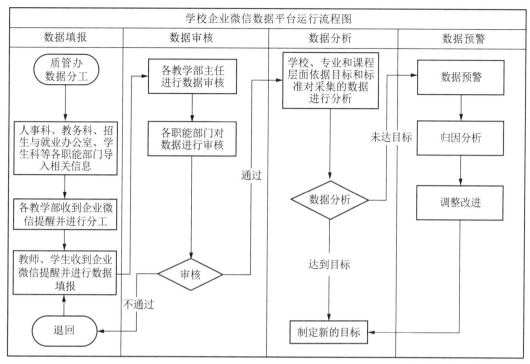

图2 学校数据管理平台运行流程

2. 服务多元主体诊断

依托企业微信数据管理平台，向各级用户提供不同层面、不同维度的服务。学校管理者可以观测到学校综合数据分析、状态数据采集情况、办学条件分析、专业建设分析、教师情况分析、学生情况分析等。专业教学部负责人可以观测到本专业教学部的所有专业总体情况、校企合作情况、师资队伍情况、课程及资源建设情况等。专业带头人可以观测本专业的总体情况，课程团队负责人可以观测到所负责的课程的总体情况。

仍以学校招生数据为例，根据数据管理平台呈现的近几年招生数据情况，为专业教学部、学校管理层提供决策服务。数据平台自动生成2016—2018年学校招生数的统计图，呈现学校连续两年招生递减的情况，该信息即刻反馈给招生与就业办公室负责人、专业教学部负责人、学校管理层以及相关职能部门。

（三）以重在改进为常态，提升学校治理水平

校本数据管理平台为学校各个层面的诊改提供数据支持，学校建立定期的数据分析研究和报告发布制度。学校发布学校层面的人才培养工作状态数据分析报告，各专业、各课程诊改报告报送质管办。通过数据管理平台，结合数据的深入加工和分析，为学校管理者、各专业教学部负责人、职能部门负责人的科学决策提供数据支持，为专业负责人撰写专业诊改报告、课程负责人撰写课程诊改报告提供数据支持，帮助各层面的负责人及时发现问题进行针对性诊改，整体提升学校治理水平。

仍以学校招生数据为例，针对学校连续两年招生数量下降的情况，学校按照8字形质量改进螺旋的程序，根据数据管理平台的招生数据快速响应并进行研判，深入分析学校连续两年招生递减的原因。一是财经商贸行业发展转型升级，传统财经商贸类专业低端人才

需求骤减，对财经商贸类技术技能人才的学历要求以高职和本科为主；二是学校传统财经商贸优势专业群亟待升级，以适应产业经济发展；三是信息技术专业群构建不完善，学校亟须利用优势资源转型升级现有专业；四是学校仍需思考如何通过教学改进以更好地适应社会、家长和学生的需要。

四、成果成效

校本数据管理平台的运行推动了学校教学诊改的进程，助力学校探索出具有校本特色的诊改运行机制，提升了学校的办学质量。

（一）探索出基于校本数据管理平台的诊改运行机制

学校构建基于校本数据管理平台的诊改运行机制，如图3所示，根据学校事业发展规划明确发展目标和标准，设计学校年度工作计划，组织分解任务，执行落实工作任务，依托企业微信数据管理平台，对工作任务完成情况进行监测，对工作过程中存在的问题及时纠偏改进，同时通过业务培训创新理念不断优化改进，进而调整目标。

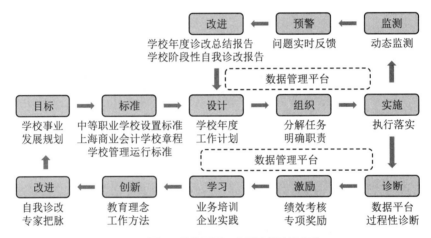

图3 学校层面8字形质量改进螺旋

（二）数据管理平台助力办学质量螺旋式提升

数据管理平台的建设提升了数据的管理效能，提高了数据填报的准确性，增强了数据服务功能，有效地支撑了学校教学诊断与改进工作。

仍以学校招生数据变动带来的学校专业布局调整为例，分析如何通过校本数据平台构建教学诊改机制，助力学校办学质量螺旋式上升。针对2016—2018年学校录取数降低的预警情况，学校在深刻分析其原因的基础上提出应对策略。学校从三个层面进行专业转型升级。

第一，伴随商贸行业快速变化，学校规划了传统财经商贸专业的布局路径，将传统会计专业转型为大数据与会计专业，将电子商务专业转向跨境电商、新零售、数字化营销方向，将金融专业和会计专业融合升级为财务管理。传统优势财经专业群、商贸专业群成功转型。

第二，发挥主管单位经信委的比较优势，进行专业群布局调整，开发符合时代、地区数字经济的专业，形成信息技术专业群，增强专业服务区域经济发展的适应性。学校新设新媒体技术应用专业，进一步丰富信息安全专业人才培养模式，开展该专业中高贯通、现代学徒制等多元人才培养模式试点，信息技术专业群渐成体系。

第三，增加中高、中本贯通试点，丰富人才培养模式。较之 2016 年，2017 年新增 2 个中高贯通试点；2018 年新增 3 个中高贯通试点、1 个中本贯通试点；2019 年新增 1 个中高贯通试点、1 个中本贯通试点；2021 年新增 1 个中高贯通试点、1 个中本贯通试点，如图 4 所示。贯通增量稳步提升，满足了学生、家长和企业的需求。

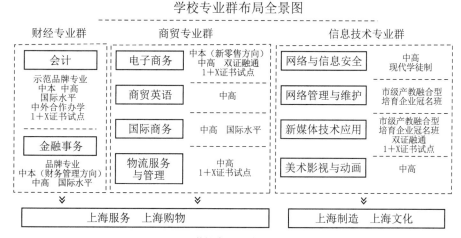

图 4　学校专业群布局全景图

通过以上诊改举措，学校进一步提升了办学质量，具体表现为：与 2018 年相比，2019 年录取人数增长了 25.54%，2020 年录取人数增长了 44.0%，2021 年录取人数增长了48.63%，学校的社会吸引力逐年上升。

构建多维保障体系，提升在线教学质量

上海市第二轻工业学校　滕　琴

摘要： 疫情防控期间，学校积极响应市教委关于"停课不停教、停课不停学"的号召，实施在线教学并开展教学工作诊断与改进。目标定位于"构建多维保障体系，提升在线教学质量"，围绕满足教学任务、符合学生特性、适合教师教学、教学质量保障、应急处置保障、职责职务界定、管理管控方式等方面进行设计与构建，并在实践中取得一定成效。

关键词： 在线教学　教学质量　保障体系　诊断改进

一、问题的提出

2020年，一场突如其来的新冠病毒感染打破了正常的教育教学秩序。为切实贯彻落实《上海市教育系统新冠肺炎疫情防控工作领导小组关于做好疫情防控期间本市中职学校2020年春季学期在线教学工作的指导意见》（沪教委职〔2020〕7号）相关文件精神，确保2020年春季学期新冠肺炎防控期间在线教学活动的正常开展，学校面向全体学生于3月2日起正式实施在线教学。2020年春季学期在线教学共选用10个教学平台，开设在线课程89门，其中直播录播课23门、答疑辅导课24门、跟踪反馈课42门，在线教学覆盖全体学生1320人。线上和线下的教学切换给学校提出了新的挑战和新的课题，亟须解决以下问题。

（一）教学资源和技术能力的储备问题

疫情期间主要依靠第三方教学平台，造成部分教学资源和实际教学任务匹配度不高，且对突发事件的处置需要借助第三方服务商。学校需要加大对教师信息化教学能力的培养，构建校本在线教学平台，并开发专业资源库、在线课程等教学资源。

（二）线上教学与线下教学的衔接问题

线上教学相比于传统的线下教学，因其创新性和时代性，有一定的本质特征，对于教师信息化教学能力和学生自主学习能力也提出更高要求，如何做好线上教学质量评估，并与线下教学无缝对接是面临的重点和难点。学校需要持续关注并推动线上＋线下混合式教学模式改革。

二、解决问题的方法

（一）贯彻诊改理念，进行综合诊断

学校成立在线教学工作专班，围绕疫情期间的在线教学工作进行专题研讨，确定相关教学方案、遴选教学平台、设计在线课程教学大纲模板，依据8字形质量改进螺旋，从后台机制和前台呈现双管齐下，打造目标链和标准链，构建多维度质量保障体系。

学校组织教务处、学生处、后勤保障处、教育研究室、各系部、各专业任课教师、班主任等开展研讨，制定合理的在线教学实施方案和教学质量监控办法。在完成在线教学基础性工作的同时，特别注重对在线教学方案的需求和特性的研究，通过调研问卷和过程性教学数据的采集构建质量体系。定期开展面向学生和教师的在线教学情况问卷调研，问卷题目涉及教学平台、教学内容、教学状态、教学方式、教学反馈、问题汇集、小组讨论、教学笔记八大方面，并依据过程中采集的数据分析进行合理有效的动态调整，有效保障在线教学工作有针对性、可靠、稳定地推进。

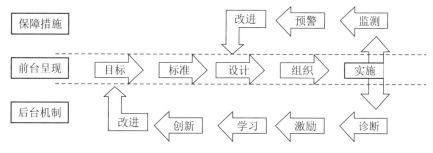

图1　8字形质量改进螺旋

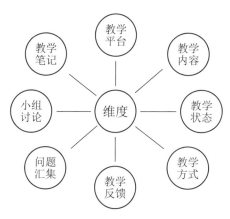

图2　八个维度的质量保障体系

（二）遴选教学平台，合理编排方案

学校在遴选在线教学平台时，首先考虑各专业教师日常使用并可结合技能和专业知识的网络资源平台，实现教学资源与教学任务的正向匹配；其次考虑可实现灵活有效的作业推送、在线答疑测试。优先考虑与教学任务匹配度最高、技术响应及储备最佳的服务商，按照"内容＋服务＋平台"的顺序执行。

在满足市教委对每周课时要求的前提下，采用"优先资源匹配＋劳逸结合式"的办法将文化课、通理课、专业课进行合理化编排。同时，每周教学课表根据学生学习问卷和教学数据进行动态调整。在线课程编排思路是从以学生为主体的角度出发，结合青少年学生的心理认知规律。在课时上将原本以40分钟为单元的线下课堂调整为30分钟，适当增加课程节次数以保证总课时数不变。在在线课程类型上进行合理设计，将使用中职易班平台的语数外等公共基础在线课程编排在上午，并设有在线答疑课和讨论课；将使用专业教学平台的专业课程及超星、智慧树等第三方平台的拓展课程编排在下午，使学生面对新的教学模式有适应的过程，由浅入深、循序渐进地进行有效的学习。同时也合理调配任课教师的课业压力，帮助他们有效平衡家庭与工作的关系。

（三）优化管理流程，加强质量监控

学校采取"多部门协同＋调研数据"的方式制定在线教学质量跟踪办法与保障措施，面向全校师生共设置八大类共计 67 个采集点，对教学质量进行实时监控。借助校内外多方经验并结合实际情况，采取"督导听课评价＋班主任／任课教师周志＋课堂教学笔记＋专班辅导＋第三方服务商支持"的多重办法设定数据采集点和分析决策支撑，重点在"过程跟踪＋决策支撑"两个模块实现在线教学过程中质量点的控制和重要决策依据有理有据的分析。在线督导组定期对在线教学实施效果进行跟踪反馈，对课程教学、实验实训项目、教师教学、学生综合能力进行检查和综合评价，并在教学工作例会上进行通报，适时完善评价标准，优化在线教学情况反馈处置流程，从听课、教学检查、评教评学和信息反馈等方面进一步协调解决学生在线学习问题和教师在线教学问题。

在线教学期间，学校每周四下午三四节统一安排在线教研活动，由各专业和学科教研组组长召集教师研讨在线教学实施情况，分析存在的问题并提出解决对策；每周五下午三四节统一安排在线班会课，由班主任主持，面向班级学生了解和总结一周在线教学情况；每天安排在线督导组随机抽查并开展随堂在线听课，提交在线课程听评课记录表，对于发现的问题及时上报至在线教学工作专班；每周末面向全校师生发放一次关于在线教学的调研问卷，了解师生本周的教学／学习情况、困难／问题、意见／建议、满意度调查等数据；每周一由各系部汇总提交上周任课教师的教学日志并形成教学周志，及时了解学生在线考勤情况和学习情况。学校每周召集在线教学工作例会，公布调研数据并进行诊断分析，依据上一周的在线教学平台运行情况、学生在线学习情况、授课教师在线教学情况等进行动态微调和编排，进一步加强任课教师和班主任的配合度，共同关注困难学生和学习进度落后的学生。

三、取得的实际成效

通过在线教学期间的各项事务和质量监控保障的实施，通过混合教学模式的探索，初步形成了在线教学的目标链和标准链的打造与对接。构建在线教学质量保障体系，建设教学平台和数据决策系统，提高学校信息化赋能手段，提升了教师信息化教学能力和学生信息化学习能力，确保了教学质量和教学效果。具体来说取得了以下三点成效。

（一）提升全体师生员工的诊改质量意识

在线教学的实施对学校师生员工来说是一种有效的能力和素养锻炼，强化了学校教职人员的诊改观念和协调能力，如领导能力、处置能力、协调能力、管控能力等。同时，面对疫情特殊时期在保障正常的教育教学秩序的前提下，推动学校进行更有效、合理、高效的教育方式的试验，为今后学校在教学模式、管理方式、制度规范等方面的深化改革提供了有效的经验，也提升了教师利用信息化手段进行在线教学的能力，提升了学生在课堂之外利用互联网手段自主学习、翻转学习、互动互助来提高学习效率和效能的能力。通过对全体教职工进行信息化教学以及教学工作诊断与改进的相关理论和实践培训，进一步渗透现代职业教育质量管理的理念，形成学校的质量精神，激发教职工内在的潜能，使其在行动上自觉追求完善和不断创新，并贯穿到在线教学的每一个环节当中，不断强化质量文化培育，将教学诊改的理念和内涵切实渗透到日常工作中。

（二）落实"双模式责任制"教学管理和监控

面对在线教学新模式，学校采用项目责任制与事件责任制的"双模式责任制"教学管理办法，将不同事件对应不同责任人。在线教学工作专班和学生工作专班定期沟通联系，联合班主任共同推动在线教学责任管控。帮助师生员工加强爱校荣校责任感的同时，增强教职人员的责任与能力锻炼，也为学校选人用人提供有效的数据支撑和决策依据。在线教学期间，学校对各部门和教师采用扁平化管理模式，将各部门之间的协调和职务职权按事件划分，除特殊事件上报外，常规事件由在线教学工作专班负责处置，推动部门之间、师生之间逐步形成默契与担当，对提升教学质量和推动教学改革起到重要作用。

（三）实现即时化教学事件处置和质量保障

线上教学与线下教学的不同之处在于对应急事件的处置响应要求和处置程序不同。学校在制定在线教学应急事件处置办法中优先划分事件类型，比如教学平台故障的处置响应要求是上课期间实时保障，每个平台均落实具体负责人。任课教师采取日志方式记录教学过程，教学系部采用周志方式总结教学情况，每周三下午召开教学工作例会进行教学质量分析和总结，每周二通报上一周旷课违纪学生情况，对教学事故要求当日认定并次日公示。通过对不同事件的处置响应界定，明确管理职责并理顺管理流程，通过调研预警反馈数据，及时做出工作任务和实施进度调整，确保了线下和线上教学的有效衔接，实现了"停课不停教、停课不停学"。根据调研结果反馈：学校在线教学期间学生满意度保持在96.62%，教师满意度保持在99.00%。

抓实规章废改立，保障诊改见成效

上海港湾学校　罗高美

摘要： 在实施《教学工作诊断与改进制度建设和运行方案》中，上海港湾学校对全校规章制度进行梳理，查找与现实要求存在的偏差，并进行相应的废改立修订，整体上进行不同层级的分解和明确修订部门的职责，通过抓实规章制度的废改立，保障了诊改见成效。

关键词： 诊改　规章　废改立

一、规章制度废改立的背景

俗话说，没有规矩不成方圆。任何单位、机构要稳定发展，一定要有良好的制度保障。规章制度建设是学校发展的基础和根本保障。上海港湾学校（以下行文中简称"学校"，具体文件里不再出现"上海港湾学校"字眼）以实施中等职业学校教学诊断与改进工作为契机，以完善现代职教体系为重点，以信息化平台为支撑，创新办学治理模式。

在多年的发展中，学校经历由交通运输部直属转变为成建制划归上海海事大学进行管理，同时专业、人员、机构等都有诸多变动。随着经济社会的发展进步，国家层面和上海市层面以及用人单位对学校也有新的要求，但学校在实际运行和管理的过程中，很多规章制度修订并不及时，造成现实要求（需求）已产生重大变化但文件规定仍落后于时代，存在表述不明确、实施困难甚至无法实施以及某些重要管理细节缺少必要的制度支撑等诸多偏差和不足，客观上影响了学校的教育教学和人才培养。为了学校更好地发展，针对这些偏差和不足，学校在推行诊改过程中，结合诊改先进理念的要求，全面梳理了以往所有的98份规章制度（文件），根据当下的工作实际并适度着眼长远发展，对全部规章制度（文件）进行了全面的废改立。

二、规章制度废改立的整体方案

（一）分解规章不同层级，保障诊改目标清晰

确立诊改目标是诊改工作的基础之一。学校在目标定位上，对照"十三五"规划，依据学校重点工作以及部门重点工作和学年度特性工作、个人履行岗位职责的原则进行分级，一级一级地将教学诊改传递到专业、课程、教师和学生层面，实现五个层面在工作目标上衔接成链。

实施中，学校将总规划目标落实到每学年的具体工作中。学校确立学年度十大重点工作，经过一个周期的十大重点工作的推行，学校治理成效明显，多次获主管部门表彰。每学年度末，部门对该学年度的三项重点工作和年度特性工作进行回顾总结，并制定下一学年度的工作；个人对履行岗位职责情况提交详细书面总结报告，并作为评先评优的

基础。

目标分层的确立，使得学校规划逐渐具备了科学性、系统性、可操作性，确保了办学和诊改目标能落地具体实施。

在明确质量主体上，学校从五个层面层层明确责任。学校在办学定位、发展规划、学年度任务上确立工作目标和标准，并为其他四个层面提供服务和保障。专业、课程根据学校建设目标和标准，教师结合自身发展需求，学生根据专业人才培养方案，自主确立目标和任务。经过努力，学校建设成效明显，取得一系列前所未有的成果和荣誉。

（二）履行规章废立职责，保障诊改任务明确

诊改的重要目标是办学质量实现 8 字形螺旋上升。学校面对任务、岗位、人员发生很大变化的实际情况，认为各项规章制度（文件）处于"预警"状态。因此，学校将各项职责文件作为全面文件废改立的重要组成部分。学校实施了办学主体职责、部门岗位职责和员工岗位职责的"三责"项目废改立。

学校作为上海职业教育重要的办学主体之一，必须毫不动摇地把坚持社会主义办学方向作为政治责任，坚持不懈地把立德树人作为根本任务，矢志不渝地把加强教师队伍建设作为关键工作，持之以恒地把全面从严治党作为刚性要求。学校全面修订了《意识形态工作责任制实施办法》《党委会会议议事规则》《关于实施"三重一大"制度的若干规定》《依法治校实施方案》等规章制度文件。

全校所有部门岗位职责废改立时，坚持"人财物"与"责权利"相统一的原则。个人岗位职责方面除了上级单位确认管理岗、专业技术岗等岗位职责外，同时兼顾所在部门需求。

"三责"项目文件废改立，明确了各个岗位的职责，人人做事有标准、有参照，较好地调动了广大教职工教书育人的积极性和主动性，有效规避了以往客观存在的行政管理和教学领域推诿扯皮、不负责任的现象，减少"内耗"，聚焦"主业"，学生培养质量稳步提升，逐渐受到越来越多用人单位的认可。

三、规章制度废改立的具体案例

（一）完善三类考核规章，保障诊改动力迸发

激发内生动力是教学诊改最为核心的理念之一。一所职业院校的内生动力就是全体教职员工一致聚焦教育和人才培养的主业，自始至终心心念念于毕业生综合素养的不断提高，让学生在实际工作中找到自身的价值，让用人单位放心、开心。内生动力不可能突然从天而降，其涵育生成一定离不开公平、公正、公开考核等管理制度的健全。学校在主管部门的指导下，结合自身实际，开展重点工作、亮点工作和总体综合的部门考核，教师绩效考核和职工个人考核，以及支部和党员考核等一系列文件的废改立。

现在是一个价值多元化的时代，不同的人有不同的个性和利益诉求。一个单位总是由不同的人组成。面对岗位性质不同、利益诉求不同，当然不能各行其是，学校需要做的是，通过制度的力量，最大限度地激发每个人的内生动力。根据学校管理和教育教学实际，学校召开党政联席会议和全体教职工会议，修订公布了全新的以绩效考核为核心的一系列文件，做到分配和管理有法可依、有据可查、公开透明。通过每学年部门重点工作汇

报,按照各项重点工作、亮点工作的权重进行考核,考核结果作为部门的奖励并与部门负责人的年度考核挂钩。

通过《专任教师考核奖励性绩效工资实施方案》等文件的修订,体现教师岗位工作量、科研工作量、专业建设工作量等。其中,体现教师岗位工作量的文件废改立有《关于规范教师学期授课计划编写和管理的若干规定》《专业培养方案制定及修订实施办法》等系列文件。

根据全体教职工投票通过的《专业技术岗位、管理岗位员工考核奖励性绩效工资实施方案》的修订稿,体现工作业绩、岗位考核等,教职工考核结果作为绩效分配、职称职务晋升和评先评优的重要依据。

与之对应的《党支部工作考核办法》《"先进党支部、优秀共产党员、优秀党务工作者"的评选办法》等文件修订后,对党支部和党员进行考核时更加精准清晰,可量化、可操作,更加贴合实际。

事实证明,在全新的规章文件指导下评选出来的各类先进与优秀也得到广大教职工的认可,实现了气顺心齐的目的,激发了各方面的活力,涵育了内生动力。

(二)夯实数据规章基础,保障诊改平台升级

数据平台建设是诊改工作的重要抓手。学校对数字化校园基础平台、教务教学平台和智慧教辅系列平台三大平台进行升级改造,为教学诊改搭建了初步的诊改数据基础。

在十多年数字化校园建设中,通过与上级单位积极共享资源等方式,学校的数字化校园基础平台基本满足需求。教务平台记录了全校全部课程教学情况以及学生的学习成绩,教学平台主要用来给各项教学活动提供基础,智慧教辅系列平台则以智慧黑板、智慧教室、录播教室、考勤系统、考核系统和共享上级单位的财务系统、固定资产登记系统、科研系统等为各项教学辅助提供数据支撑。同时为保证数据安全,学校修订了《网站管理办法》《安全工作责任制度》等规章文件并认真实施。

三大平台建设及其相关文件的废改立,为实现诊改数据实时采集、自动生成、监测预警、简化工作流程、提高办事效率,助推诊改有效运行提供了有力的保障,获得全校教师和学生的一致好评。

(三)深化规章"三保"改革,保障诊改效率提高

无论是基础教育,还是职业教育,毋庸置疑的是,学校必须以教学工作为中心。为了更好地搞好教育教学工作,必须深化党务保障、行政保障和教辅保障的"三保"改革,提高党政协同、上下级协同和各部门之间协同的效率。

学校建立的《党政联席会议议事规则》制度中,提出党政联席会议讨论和决定学院工作中的重要事项,同时结合相关的11项党务文件、9项组织人事文件、12项行政文件形成体系,有力地保障了教学诊改工作的党政协同效率。

围绕教学这个中心工作,修订通过《普通中专学生学籍管理实施细则》《教学督导组工作条例》《图书馆图书借阅规则》《项目管理实施细则(试行)》《安全管理工作条例》《教育管理课题暂行管理办法》《实践教学管理规定》等系列文件,以此来保障上下级和各部门之间协同的效率。

四、结语

与全国很多中职学校相比，上海港湾学校并不算大，但麻雀虽小，五脏俱全，长久以来积累了诸多规章制度文件。随着时间推移和时代背景转换，管理当然必须与时俱进。身处通江达海的国际大都市，学校始终在主管部门的亲切关怀下勇毅前行，取得诸多成绩，获得不少殊荣，毕业生走出校门获得不少用人单位的认可。原因当然有很多，但我们认为，其中比较核心的一条是我们始终坚持与时俱进，始终相信制度不仅可以管人，还可以有效激发人的内生动力。

协作共建，共推共享，用数据推进教学诊改

——中职学校校本数据分析诊断与改进应用中心的实践探索

上海市材料工程学校　张文有　成　丹

摘要： 中等职业学校教学工作诊断与改进是持续提升学校人才培养质量的重要举措，也是加快中等职业教育快速发展的有效途径。其中，优质的数据系统或数据平台是诊改工作顺利推进的基础。本案例基于上海市教委诊改工作协作组机制的顶层设计，与组内学校共建教学质量信息化监控评价指标体系，统一数据标准，积极探索中职学校校本数据分析诊断与改进应用中心的建设和应用功能。

关键词： 诊断与改进　数据中心　数据应用

《教育部办公厅关于建立职业院校教学工作诊断与改进制度的通知》（教职成厅〔2015〕2号）提出："职业院校要充分利用信息技术，建立校本人才培养工作状态数据管理系统，及时掌握和分析人才培养工作状况，依法依规发布社会关注的人才培养核心数据。"因此，建立校本数据平台，规范收集数据，优化数据治理，实现数据共享与应用，不仅是政府的政策导向需要，也是提升社会数据资源价值的必然选择，是新时代智慧教育发展的大势所趋。

一、现状与问题——建设校本数据平台面临的困境

（一）信息化建设水平参差不齐

2017年，上海市教委面向上海市中职学校开展了信息化建设工作调研。调研显示，在国家加大对中职学校信息化建设投入的宏观背景下，各校的信息化建设取得的成效也比较明显，但存在各校信息化建设水平参差不齐的情况。少数学校的成绩管理和排课系统完成了信息化建设，而日常的教学业务还处于传统的线下文档记录模式。同时，在信息化建设过程中，部分学校对于信息化建设的内涵理解不到位，出现了重硬件投入而忽视信息化应用的错误现象。有部分学校为了操作方便，信息化建设中乐于添置设施设备，而忽略了设施设备的具体使用成效，更忽视了质量管理过程中的教师信息化水平的提升。

（二）数据采集与管理逻辑混乱

调研显示，在建有门户网站、教务管理、学生管理、教学资源库等系统平台的各个学校中，各类业务管理平台建设中对数据字段定义不精确，数据采集中对教师填写要求不够规范，导致平台数据收集不够精准。同时，各类业务平台系统相对封闭，其内部数据不能跨系统直接调取。部分学校在需要填报上级行政部门的各类数据时，往往不能直接调取系

统数据库里的数据，而仍旧是通过不同的业务负责人以电子表格的形式来传递，未能真正实现数据管理的效用。

（三）缺乏对数据的分析和诊断

调研显示，中职学校在信息化平台建设后，使用这些平台时聚焦于教育教学运行过程，满足于对基础数据的采集，缺少对数据的整理分析，缺乏对数据背后隐藏的原因进行诊断，也未能起到诊断预警的作用。因此不能满足教学质量监控与评价工作的需要，难以对改进教育教学、提升教学质量起到反馈和支撑作用。

二、中职学校校本数据分析诊断与改进应用中心的实践探索

（一）基于协作机制，共建校本数据平台

上海市教育委员会为了更好地推进教学诊断与改进工作，进行了顶层设计，组建了中职学校建立协作组机制（见图1）。

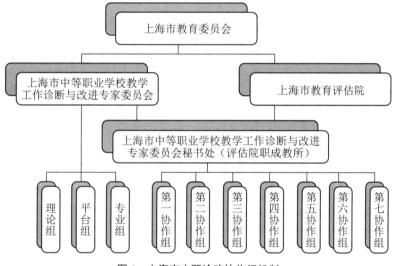

图1 上海市中职诊改协作组机制

在教学诊断与改进的校本数据平台建设工作中，为了尽可能地消除数据标准不一致带来的壁垒和障碍，发挥资源共建共享的优势，上海市材料工程学校作为第六协作组组长单位，协同9个协作组成员学校，制定了适应协作组各校需求的共建共享的校本数据平台方案，共同推动学校内部的质量管理建设。协作组利用对诊改数据中心的建设，规范各学校数据中心的管理制度、工作流程和标准、岗位职责和考核评价等工作制度，破除各校主体间的隔阂和壁垒，推动各学校信息化建设工作标准化，提升数据的共享性，实现数据分析的诊断。

（二）构建评价指标体系，制定诊改工作标准

为了适应不同学校的需求以及上海中职发展的方向，学校参照《上海市中等职业学校教学工作诊断项目参考表》的7个诊断项目及诊改要素，以"五横"层面为逻辑，对现行的《上海市教学诊断与改进方案》《上海市中等职业学校全面教学质量评价方案》《上海市中等职业学校专业建设发展评价方案》等做了梳理。学校先后邀请了全国诊改委专家、上

海市教育评估专家以及兄弟院校领导和教师共 48 人，采用专家访谈法，筛选出平台初期建设的 5 个层面 102 个指标。基于此，学校初步构建出一套面向协作组学校的教学质量信息化监控评价指标体系（见表 1）。

表 1 教学质量信息化监控评价指标体系

一级指标（W1）	二级指标	相对权重（W2）	最终权重（W1*W2）
培养目标（0.2673）	办学定位	0.2153	0.0791
	专业培养目标	0.3013	0.1107
	德育（素质教育）	0.1808	0.6640
	人才培养模式	0.1801	0.6620
	专业教学实施方案	0.1226	0.4500
培养过程（0.6112）	专业建设	0.2022	0.1236
	课程建设	0.1331	0.0814
	课堂教学实践	0.1139	0.0696
	教材选用	0.0712	0.0435
	师资配备	0.1959	0.1197
	实践实训教学	0.1093	0.0668
	教学内容和手段改革	0.1014	0.0620
	考核与试卷质量	0.0730	0.0446
培养质量（0.1226）	课程合格率	0.1007	0.0123
	竞赛获奖率	0.0931	0.0114
	双证书获取率	0.1939	0.0238
	毕业率	0.1803	0.0221
	升学率	0.1054	0.0129
	就业率	0.2053	0.0252
	用人单位评价	0.1213	0.0149

在确定部门职责和管控事项的基础上，进行工作流程设计，将诊改工作与日常工作融合，将监控责任落实到各个部门和环节，并借助信息化手段及时公开相关信息，形成学校、质量管理办公室、各专业和各职能部门的质量分析、自诊报告、信息发布制度，及时反馈实施、运行、管理中出现的问题，反馈质量诊断结果与改进建议，构建更加科学的学校内部质量保证体系。

（三）统一数据标准，破解技术瓶颈

校本数据分析诊断与改进应用中心的运行首先要实现数据采集，而统一且规范的数据标准则是实现该功能的基石。因此，协作组成员学校基于前期调研分析，规范数据标准及数据采集方法，推动了各成员学校数据中心的标准化建设，成为各学校数据中心与上级教育主管部门信息中心对接的桥梁。

2018 年底，在协作组大力推进数据标准开发的基础上，上海市教委信息中心正式颁布了《上海市教育数据标准》。学校作为协作组组长单位在统一规范的教育数据字段基础上，拟定了部门、专业、课程、教师等编码规则（见表2），为协作组其他成员学校提供了参考。

表2　统一数据标准的子集和命名规则

序号	数据子集	命名规则摘录
1	通用数据	（1）所有命名采用英文大小写、阿拉伯数字和特殊字符构成。（2）长度不超过30个字符。（3）实际名称反映学校教育管理特点，由拼音、拼音首字母、英文组合或缩写组成，不以数字和"_"开头。（4）命名中禁止使用SQL关键字。（5）自定义的编码规则采用相对统一原则。第1位的字母代表本标准体系中规定的标准简称（本标准简称Z），第2、3位的字母表示数据子集的简称，第4、5位的数字代表数据类，第6、7位的数字代表数据子类，最后3位的数字代表数据子类中数据元素的编号，确保数据编号的唯一性
2	学校概况	
3	学生管理	
4	招生管理	
5	教职工管理	
6	教学管理	
7	房地产与设施	
8	仪器设备与图书	
9	办公管理	
10	办学经费	

（四）开展数据采集，分析诊断预警

依据流程开展科学有效的诊断与改进决策是完善评价体系的一个有效途径。通过引进科学的数据分析方法，对协作组学校的数据进行汇总分析和个性化的统计分析，为协作组学校的教学诊断与改进工作提供决策依据。

同时，在诊改数据中心产生的动态数据，会通过云端或移动终端及时反馈到负责人，再推送到决策管理者。

三、中职学校校本数据分析诊断与改进应用中心取得的成效

（一）从零散到系统，提升了数据管理与应用水平

中职学校校本数据分析诊断与改进应用中心以教学质量信息化监控评价指标体系为导向，以指标点指标覆盖学校教育教学常态工作为依据，将零散的数据资源根据人才培养状态数据采集点进行系统化整合，采集数据涵盖了教务常规、学生工作、后勤采购、财务规范、人力资源等业务系统的工作过程和结果。同时，通过协作组机制打通数据壁垒，达到上海市教委数据中心资源与各个学校教学数据的共享，实现了数据应用的有效盘活，提高了数据管理和应用水平。

（二）从主观到客观，提高了学校发展决策的科学性

中职学校校本数据分析诊断与改进应用中心的使用，切实推进了数据采集的标准化和数据管理的规范化。在此基础上，各项数据的分析和反馈能够及时呈现学校教育教学的运行状态，可以为学校发展规划、办学决策、人才培养等政策设计提供客观可靠的数据支撑，以便依据客观数据来进行决策。

（三）从共建到共享，辐射诊改工作成果和经验

上海市材料工程学校作为第六协作组组长单位，通过"共商、共建、共推、共享"的模式，进行了中职学校校本数据分析诊断与改进应用中心的积极探索，形成了具有特色的实践案例。2019 年 12 月，学校受邀在全国诊改培训会议上做了案例经验介绍，通过先行先试，带动上海中职校信息化水平的整体提升，打造现代化中职学校管理水平的上海标准，形成可观测、可衡量、可复制的上海经验，并对诊断与改进建设过程中的创新成果进行提炼，辐射上海乃至全国兄弟院校。

突破困境，有的放矢，确立诊改实施思路

——以上海市材料工程学校为例

上海市材料工程学校　张文有　朱赛荣

摘要： 职业院校诊断与改进工作的推进，激发了学校由内而外自主探索的意愿与动力。尽管部分学校已起步探索，先试先行，但仍有多数学校处在疑惑观望中。上海市材料工程学校依托上海市第六协作小组进行探索实践，针对实施过程中的困惑提出相应思路，积累了一定的实践经验与理念，以期为各校诊改工作提供借鉴。

关键词： 中职教学　诊断与改进　思路

近年来中央和教育部陆续下发文件，进一步明确了职业教育改革规范发展、质量提升的方向。同样，上海市教委在文件中明确提出了建立科学合理的标准，推动职业院校办学规范化。

一、现状与问题——中职学校诊改工作实践困境

受教育评估思维的限制，部分学校面对质量发展和标准建设有畏难情结，期望借助外部检查来推动内部质量的提升，忽略了内部质量体系的建立。尽管学校本身也了解诊改工作的益处所在，但是有一种无从下手的感觉，在实施中普遍存在以下三个困境。

（一）理念尚未完全领会

许多教师习惯于日常的备课、上课和批改作业等教学节奏，领导和负责人对诊断改进的工作也处于观望状态，导致相关工作推进乏力。同时，因成果导向评价思维根深蒂固，日常诊改强调问题导向，一定程度上增加了个人的心理负担，一方面源于对自我考评的担心，另一方面是对问题如何进行改进的焦虑。

（二）管理制度缺乏支撑

诊改工作需要由内而外地持续推进，需要自上而下与自下而上的协同共推，需要系统的顶层设计与全员的积极参与。经常有人将诊改工作简单定义为一把手工程，虽强调了其重要性，但也恰恰凸显了制度建设中的不完善——人治思维大于制度治理思维。学校的管理制度、岗位职责和运行流程的欠缺，往往会导致诊改工作无法顺利实施。

（三）质量文化有待塑造

许多学校还停留在喊口号、补漏洞等质量考核阶段，没有实现全员参与质量提升建设，没有将学校工作中的每一个环节都纳入质量评价，教师和学生不能用合理、恰当的目标衡量和审视自己，自主实践意识尚有待提高，内生动力导向的持续改进的质量文化尚未形成。

二、先试先行——中职学校诊改工作校本实践

（一）立足实际，循序渐进，稳步推进

1. 面向全员，发动培训

基于以上现象，首先要转变观念。诊改工作是学校自我的剖析与改进，需要立足实际，制定目标规划，自我剖析问题，提出改进办法，以达成质量提升。为了统一认识，提高教职员工对诊改工作的理解，2017学年放寒假之前，学校组织了为期一周的全员专题培训，邀请职教专家来校授课。教师获益很大，对诊改有了明确的认识，对推动后续工作起到了很好的铺垫作用。

2. 瞄准目标，建立规划

目标要层层联动，以便清晰落实。目标链的打造要基于现有基础，逐一分解落实，形成有机联动的链条。在目标链打造上，学校根据"十三五"目标规划，修订完善了各项工作建设规划。由中层领导汇报部门工作计划、专业主任汇报专业规划、教研室主任汇报核心课程规划、教师汇报个人发展规划，这样"学校层面—专业层面—教师层面—课程层面"的目标基本成链，纵向形成了上下联动的目标链，横向对照标准形成左右呼应的标准链。

3. 紧贴日常，过程监控

在开展过程中要与日常工作紧密融合。诊改工作不是另起炉灶，不是新增一套，而是在原有的工作流程中加上质量控制和目标考核。也就是，在实施过程中，及时检查反馈，对目标完成情况加以考核。比如，学校计划引进师资，我们要对引进的师资进行综合考核，试用期内的教师要跟踪反馈。比如，计划开发新的课程，我们就要进行质量控制，看可行性和必要性，看与课程标准结合的紧密程度，看与职业岗位相关的新理念、新技术有没有融入课程内容之中。

（二）健全制度，编订标准，规范管理

诊改要对标，标准要规范。正如一个人的身体健康有标准数值，指标偏高或偏低都表明存在问题一样，学校的各项指标数值也有相对应的标准值。比如，"中职学校教师专业标准"是针对师资建设层面的标准，"上海市公共基础课课程标准"是针对语、数、外、信息基础的课程层面的标准等。

在五纵五横的建设中，学校管理标准化建设是支持服务系统。因此，建立健全完善的部门职责、岗位职责和相关职能部门工作标准，对学校的规范运行以及促进学校诊改工作的推行起着至关重要的作用。实施诊改要解决的一个重要问题，就是学校管理运行的规范化。

1. 完善管理体系，制定办学章程

根据市教委对中职校的评价标准，结合学校的实际情况，建立学校运行管理体系，制定学校办学章程。每个独立的管理体系中有完整的管理科目，以及对应的工作模块、内容及监控点和相关工作职能部门，在实践工作中做到有章可循、有据可依。学校成立质量管理办公室，统筹学校质量管理，完善质量控制机制，为学校质量文化建设提供政策支撑。

2. 规范部门职能，明晰岗位职责

将目标任务匹配到部门工作中，生成相匹配的部门和岗位职责，保证学校要求在部门

中有效落实。通过厘清岗位与流程的关系,为工作流程和标准的自动生成奠定基础。如编订岗位工作手册,其中包含执行标准化流程所需及岗位工作相关的全部要求。

3. 梳理制度文件,建立常态标准

梳理与体系相对应的管理制度和操作标准(包括业务阶段、操作要求等),形成学校技术规定,成为管理标准、工作标准的有力补充。将管理标准、工作标准、操作标准与业务高度融合,使标准化系统落地。如完善学校人力资源管理制度和方法,建立相匹配的学校人力资源管理标准,包括岗位分析、工作量分析、定岗标准、考核标准等,以此将教师的职业发展与学校的发展紧密结合起来,形成学校特有的文化和办学理念。

(三)营造氛围,渗透观念,塑造文化

1. 整体工作全面化推进

随着诊改工作的推进,学校已形成常规工作全员推进的局面。年初学校制定年度十大工作目标,职能部门根据学校目标,分解细化到当年工作任务之中。学校将部门落实目标情况与学校中层干部月度绩效挂钩,由质量办跟进监督落实。每个学期结束时,部门负责人填写学校目标部门落实达成自查情况表,对未能达成的目标予以自诊,撰写改进建议。

2. 教学工作常态化反馈

注重日常教学质量常态监控反馈的建设,针对教学环节的每一步,教务和督导紧密配合,做好常规的教学文件规范检查、教学巡查、听课评课、成绩考核,将质量文化理念渗透到每一个环节之中。

3. 教师发展过程化自诊

在诊改工作中,教师的角色不再仅是以往教育评估的被考评者,也成为目标、标准的制定者与执行者,在教学工作中获得自主权的同时也相应地内化诊改理念、增强自主诊断意识。学校教师自我制订学期授课计划、年度个人计划、三年发展规划,并在推进过程中撰写自诊报告,进行阶段反思与改进。

三、提质赋能——中职学校诊改工作推进成效

(一)从一时到常态,日常工作规范化、系统化

诊改的实施与日常工作的推进实现紧密融合,横向涵盖学校、专业、课程、教师、学生五个层面,纵向由"学校规划—十大工作任务—部门计划—教研室计划—个人工作计划"层层成链,进行常态化的诊断反馈,推进日常工作的规范化、系统化。

(二)从主观到客观,增强决策科学性和服务精准性

诊改平台数据的搜集与分析,为科学决策和精准服务提供客观数据支撑。以专业诊改为例,结合实际情况,首先是对现有专业进行"传"和"转",传承建筑与工程材料、建筑装饰、机电设备安装与维修三个上海市示范性品牌专业优势;突破传统建筑建材行业产业链的局限,主动融入上海"四大品牌"战略发展,对接更高品质居家、更安全环保的环境、智能与智慧完美结合的美好生活相关的行业产业等。其次是"调"和"立",调整重复设置率高、优势不明显、学生选择意愿低于20%、证书获取率低、专业标志性成果较少的数控专业,成功转向申报工业机器人技术专业。再次是"融"和"通",打造宜居、健康、环保的"慧生活"特色职业素养课程,数媒和电商专业注重与"互联网+"时代的智

慧数字互联互通。

（三）从机械认领到自主自发，激发教师内生动力

引导教师撰写自我发展规划，结合自身职业发展阶段，从师德修养、教育教学、教研科研、社会实践四个层面确立目标，做自我 SWOT 分析，确立进阶性成长通道，对标教师专业发展标准，明晰诊断方向，进而在实践中发挥优势、补齐短板、提升自我，从而使教师自我的获得感和参与感得到明显的提升。

在迈向质量时代、建设质量强国的新征程上，我们应该把质量文化建设放在更加突出的位置，为推进地方经济社会发展和培养高质量的技术技能人才提供有力支撑。在规范运行标准化建设、运行诊改 8 字形质量改进螺旋时，我们深切体会到了诊改工作的突破点在于：首先要转变理念，勇于自我剖析问题；其次是要重视制度建设，明确管理职责和要求，为工作推进提供制度支撑；最后，全体师生要形成正确的质量观，更好地培育更高质量的技术技能型人才。

完善数据采集，助力诊改运行

上海市工业技术学校　雷光虹

摘要： 为配合教育部开展中等职业学校教学工作诊断与改进工作，更好地推动中等职业学校常态化人才培养质量管控机制的建立，让数据为学校诊断与改进工作服务，我校将人才培养分析系统与现有业务系统进行了整合。通过现有系统进行人才培养数据采集与汇总，不但完善了业务系统数据，而且真实地展现了学校需要提升的问题点。通过完善我校特色的数据采集模式，真正地实现了常态化人才培养数据的汇总管理，为诊断与改进工作提供数据支撑。

关键词： 诊断改进　人才培养　数据采集

为全面贯彻党的教育方针，落实立德树人根本任务，中等职业学校要逐步建立和完善教学工作的内部质量保证制度体系。人才培养数据管理系统是学校有效落实教学工作诊改运行的支撑。人才培养数据是诊改分析的主要数据来源，其数据的收集及管理是诊断改进工作不可分割的一部分。为了将其转换成诊断改进的支撑依据，做好前期采集工作必不可少。

我校业务系统中已经涉及了部分人才培养数据，人才培养数据采集对于我校来说并不是一项全新的工作，而是在已有业务系统的基础上进行整合与完善，建立起常态化的学校人才培养数据管理系统。因此，在经费有限、已有系统众多的条件下，如何利用信息化改进原有数据采集模式成为当前工作的重难点。

一、原有数据采集模式的不足

在诊断改进初期，人才培养数据的采集主要以表格填报的方式进行。但是随着诊断改进工作的不断深入，我们发现，这些表格对于学校诊断改进工作帮助不大，而且会产生很多填报问题。为此，我们选择在已有业务系统中搭建数据仓库来进行数据整理工作。然而整合中还是发现了很多需要解决的问题。

（一）数据完整性问题

通过分析，已有业务系统中与人才培养数据能直接匹配的数据只有26%，大部分数据需要做进一步处理或者重新采集。此外，有一些关于教师、学生的基础数据，因为数据量很大，无法手动整合，需要填报者从不同的系统导出再整合，不仅容易产生差错，也会产生很大的工作量，给填报者带来困扰。

（二）数据时间序列问题

在搭建学校的数据分析系统的过程中，我们还发现数据在时间序列方面存在以下问题：其一，数据备份不足，两年当中进行数据采集的时间节点不清晰，数据来源于业务系统，是持续变化的；其二，数据重复性高，部分需要每年填报的数据，实际上在第二年并没有发生很大的变化，重复填报增加了很多工作量。

为了充分发挥已有业务系统的作用，提高数据采集的效率，将数据采集与学校常规管理工作结合起来，我们需要在人才培养数据采集工作中逐一解决以上问题。

二、现有数据采集模式的改进

（一）改进措施分析

在完成问题分析后，我们就着手行动起来。首先，对于数据填报问题，我们及时终止了已经预见到问题的表格采集方式，希望使用现在比较流行的数据中台系统来采集数据。

数据中台系统是什么？它与表格的区别在哪里？数据中台是包含数据汇聚整合、数据加工、数据服务可视化、数据价值变现四个部分功能的一个系统。其中数据汇聚整合就是将现有系统当中的数据进行整合，正好能为我们解决数据采集的问题。相对于表格填报来说，数据整合有着明显的优势。同时，这种数据整合的方式让数据管理更方便，且不用重复填报数据。这种方式不仅解决了人才培养数据采集的问题，今后还能实现数据分析，并为诊断改进提供数据层面的评估标准。

那我们是不是就能着手开始建设这个数据中台系统呢？通过调研，我们发现完成这样一个数据中台系统需要的资金投入大，建设周期长，数据来源要求高，需要原有系统开发公司的高度配合。评估下来，在当前阶段建立数据中台系统的性价比并不是特别高，我们需要一步步来，通过不断完善数据结构和管理体系，最终实现数据中台系统的建立。

（二）整合思路确认

鉴于数据中台系统暂时无法投入建设，但我们的人才培养数据还是需要采集，那么如何实施？为了有效采集人才培养数据，我们将人才培养数据进行了仔细分析，确认我校已有管理系统在建设时已经考虑后期应用问题，要求开发公司公开数据库。同时，为了安全考虑，统一采用中间库形式，隔离外部网络。由于数据库都在一起，那么数据整合就不是那么难了。我们可以要求各个系统的开发公司为我们提供所需的数据视图，再根据人才培养数据表进行整合，这个过程只需要有一位熟悉数据库的工程师，将数据加加减减拼接起来，就可以实现人才培养数据的成功汇总。之后，为了让数据填报可视化，我们在系统开发公司的积极配合下，利用现有的报表软件，将人才培养数据用表格的形式展示出来。

整个数据整合过程经济实惠，且数据来源精准，对诊断改进起着重要的支撑作用。当然，数据整合思路有了，后续的关键就是解决数据来源的问题。

（三）采集问题解决

1. 调整业务系统，完善采集入口

针对数据缺失问题，我们对我校现有业务系统数据进行了梳理，整理出已经满足填报要求的数据和尚未满足填报要求、需要补充的数据类别。其中，有26%的现有数据可以直接使用，包括招生、新生报到、学生、教师、专业、课程、学生流失、学生社团等；有24%的数据满足填报要求，只需要进一步处理，包括师生信息、专业变动、评教情况、学生巩固率等；另有50%的数据是已有业务系统中尚未收集的，需要新增。

可以确定的是，人才培养数据采集的事已经上升到信息系统开发层面了。为了让这部分缺失数据能真正成为学校日常业务数据，我们联系了系统开发公司。在他们的配合下，一方面整合了原本分散在各个系统中的数据，另一方面新开发了所需补充数据的采集入口，完善了业务系统数据不完整的问题。通过半年的开发及整合，人才培养数据采集的完整入口基本成形。

2. 确认采集节点，优化数据结构

针对数据的时间序列问题，我们对填报系统进行了功能上的优化。一方面新增数据复制功能，给填报人员提供方便，降低重复填报的工作量。另一方面新增数据转存功能，在填报截止的时间节点上，对所有采集到的数据进行自动转存，形成中间表，为后期人才培养数据上报和诊断分析提供一个相对稳定的数据来源。解决了数据采集的时间节点问题，填报人员可以随时维护自己的数据，不用担心错过时间节点。

三、成效与展望

现阶段，我们已经完成了原有业务系统针对诊断改进数据采集接口的增补工作，采集到的数据能为诊断改进工作提供数据支撑。同时，数据中台作为数据跨系统互通的桥梁，也在建设中。通过数据中台的建设，将采集到的数据再整合优化，反哺回各系统，统一数据规范，统一数据来源，优化数据结构，这也是诊断工作推动信息化建设的一大亮点。建立这样一套完整的数据采集体系并切实落地，也充分验证了人才培养数据采集思路的正确性，为今后诊断改进数据进行统一管理提供了可参考、可复制的模式。

接下来，通过建立 API 接口，可以将今后不断扩充的学生素养数据、线上教学过程数据、学生实训过程数据及各类环境监测数据有效整合，为诊断改进工作服务。

四、结论与思考

有了这样的数据基础及完善的中台接口，将为诊改提供完善的数据依据。且通过中台接口，我校的数据可以实时共享给教育部及上海市教委各大数据系统，以提供决策依据。

做信息化工作的同志都有一个共识——任何信息系统的建设永远在路上，只有起点，没有终点。数据采集也是如此。我们在数据采集工作上虽然取得了一定成果，但是采集方式如何进一步完善，采集到的数据要怎么用，如何更好地为诊断改进工作提供数据支撑，都是今后需要不断思考的问题。将学校常规教学及管理数据落实到数据中台系统当中，并做到一体化、常态化采集，将是我们接下来的工作重点。

构建诊改运行机制，推动学校高质量发展

上海市城市建设工程学校（上海市园林学校）　邓旭萍　夏　枫

摘要： 职业教育逐步从外延式发展转向内涵式发展，内部质量保证体系诊改工作成为学校提升教育质量、加快内涵发展的重要手段。积极探索诊改工作的组织、制度等运行机制，是确保整个诊改工作有序开展的首要任务。

关键词： 诊改　机制　质量

一、实施背景

习近平新时代中国特色社会主义思想为教育的未来走向指明了方向，从党的十八大报告的柔性"推动"到十九大的刚性"实现"，是从外延式发展向内涵式发展的质的转变。内部质量保证体系诊改工作是学校提升教育质量、加快内涵发展的重要手段。积极探索诊改工作的组织、制度等运行机制，是确保整个诊改工作有序开展的重要抓手。2016年9月，上海市教委根据教育部教学诊断与改进工作的要求，结合上海教育的发展，制定了《上海市中等职业学校教学工作诊断与改进实施方案》。2017年，我们学校在认真学习教育部和上海市教委有关教学诊断与改进工作文件的基础上，结合学校发展规划，编制了学校教学工作诊断与改进制度建设与运行方案，以质量内涵发展为主线，以教学诊断与改进工作为引领，探索自我诊断、自我改进、自我发展、自我承担质量保证主体责任的发展之路。

对照诊断与改进工作的目标要求与学校实际情况，学校人才培养质量工作存在的主要问题有：自主性、常态化和可持续的质量自主保证机制有待完善；缺乏支撑诊断与改进工作的数据互通与信息共享机制等。

二、实施过程

学校在充分分析现状、查找问题的基础上，确定了实施诊断与改进工作的总体思路，建立诊改工作的长效运行机制，探索诊改运行的保障措施，全面提升人才培养质量。

（一）工作思路

第一，诊断与改进工作是一项系统性的、需要有工作机制保障的常态化工作，需要学校各个部门通力协作和配合。

第二，实施诊断与改进工作，需要创新教学运行机制，实现具有较强预警功能的教学质量保证体系，并在具体实践过程中不断调整和优化。

第三，诊断与改进是一项涉及学校方方面面的工作，要做到科学诊断、精准诊断，需要信息化系统工具和手段方面的支撑。

（二）具体实施

1. 构建质量管理组织架构，健全诊改工作的管理机制

（1）完善三级保证组织

一级学校层面：以党委书记、校长为组长的诊改领导小组全面领导学校诊改工作，负责制定学校的质量保证政策与重大决定。诊改工作小组负责编制诊改制度建设与运行实施方案，组织安排、协调、督促诊改工作的落实，确保诊改工作顺利推进，保证诊改工作的实施质量。

二级科室层面：各科室负责人负责本部门的诊改工作。各教学部负责人负责编制和审核本部门的专业建设规划、专业人才培养方案、课程建设方案，确保专业建设的实施质量。

三级教研组层面：各教研组组长负责编制并审核本组的课程标准，撰写课程学期质量分析报告，保证课程实施质量。

（2）构建五纵架构

建立诊改五个纵向层面：决策指挥、质量生成、资源建设、支持服务、监督控制的质量管理系统（见图1）。各质量保证部门承担运行、监控、改进等任务，把握质量保证目标，掌握各类质量标准，开展各项质量评价，提出质量保证的改进举措，通过设计目标、实施执行、实时监控、诊断改进的循环，实现人才培养质量螺旋式上升。

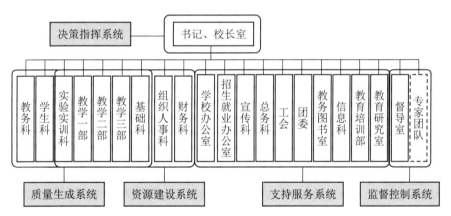

图 1 五纵架构

2. 推进制度体系建设，完善内部质量保证机制

对接内部质量保证体系诊断与改进制度建设要求，学校领导组织相关部门梳理已有的制度和文件，制定了学校新"三定"（定岗、定编、定职责）方案，调整了内设科室机构，确定内设中层科室20个。按照分析需求—夯实基础—细化工作—规范流程—对接补充的实施步骤，依据"废、改、立"的总原则要求，着力建章立制，全面梳理包括党务、行政、人事、教学、安全、后勤、学生、群团工作等管理制度，通过修订、增补、取消等方式，最终形成了205项管理制度汇编。这进一步完善了学校、专业、课程、师资、学生等层面的内部质量保证体系制度链，构建了以现代质量管理为核心的制度体系。

3. 创新教学反馈、调节、改进的8字形质量改进螺旋优化机制

运用8字形质量改进螺旋工作方法，对重点工作流程进行了再造，分层组织建立了多

主体质量螺旋。所有部门结合学校高质量发展、专业建设、课程建设、师资队伍建设、学生全面发展的目标和标准，协调合作，一致抓好市场调研、目标制定、标准建立、计划制订、组织实施、检查与诊断、持续改进、目标达成等8个关键工作环节，建立常态化开展自我检查—自我诊断—自我反馈—自我改进的机制，定期进行工作质量诊断，做实8字形质量改进螺旋各环节工作，发现问题，及时解决。创新相互依存、相互制约、循序渐进的教学运行优化机制，在提升质量的过程中不间断地进行反馈、调节、改进，再反馈、再调节、再改进，保证教学质量稳步上升，确保诊改工作运行有效。

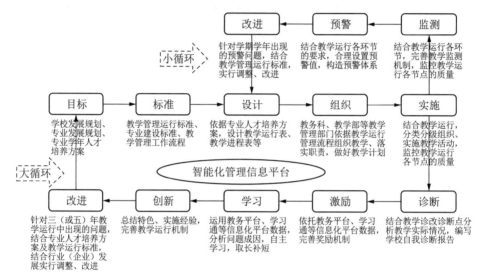

图 2　8字形质量改进螺旋

4. 开发诊改支撑平台，构建数据互通与共享机制

诊改工作的顺利开展需要利用现代信息技术，对人才培养全过程进行动态监控，及时掌握质量诊改中存在的问题，并分析和解决问题，以提高诊改工作质量。2018年上半年，学校根据上海市中职校诊改实施方案要求，紧扣各层面质量主体诊改数据需求，开发了校诊改支撑平台，整合了现有业务系统，逐步消除了信息孤岛，初步建成较为完善的数据化平台。

根据全国中等职业学校人才培养工作状态数据管理系统所提供的65张数据表，以此平台为工具，制定了学校基础数据标准等，及时组织实施了人才培养状态数据采集，通过信息化的方式实现与各个诊断点对应的电子档案袋功能，并以电子档案袋作为对各个诊断点进行诊断的依据。此举解决了学校各部门数据不一致、不全面、碎片化、分散化的问题，做到了校内数据的互通与共享，保证了诊断的科学性与精准性，为学校开展教学诊改工作提供了强有力的数据支撑。

三、工作成效

在上海市中等职业学校教学工作诊断与改进专家委员会、上海市教育评估院的支持下，学校通过诊改第一周期的实践与探索，促进了学校组织机构优化、管理水平提升，全员质量意识、规范意识基本形成，诊改机制运行有效。

（一）培植了学校内生发展力量

常态化和可持续的诊断与改进工作机制的建设与运行，确保了学校诊改工作扎实推进，培植了学校内生发展力量，为学校高质量发展注入了新活力。学校依据《职业教育提质培优行动计划（2020—2023年）》《上海职业教育高质量发展行动计划（2019—2022年）》等文件精神，有效对接区域产业结构，服务行业企业技术升级与创新发展，深入探索发展路径，在上级主管部门的统筹谋划和关心指导下，成功转型为一所专科层次的高等职业院校。

（二）催生了追求卓越的教师队伍

常态化和可持续的诊断与改进工作机制的建设与运行，强化了学校制度建设，健全了《〈绩效工资实施方案〉教师考核补充细则（试行版）》《教科研奖励办法》等师资培养激励机制，进一步激发了教师的发展潜力，有效促进了教师的自我发展，为学校高质量发展强化了保证力量。

近几年，教师团队获得过全国教学能力大赛二等奖、上海市教学能力大赛特等奖与一等奖、教师教学法改革交流评优活动一二等奖；教师个人获得过"全国技术能手"称号、市三八红旗手、上海市巾帼建功标兵、徐汇区"荣昶骏马奖"；多位教师在第46届世界技能大赛上海选拔赛中获得金牌指导教练、优秀指导教练称号。

（三）培育了能动天下的技能人才

常态化和可持续的诊断与改进工作机制的建设与运行，保证了人才培养质量的不断提升，促进了学生的成长成才。

近几年，学生在国内国际职业技能大赛中屡获佳绩。如获得第44届、第45届世界技能大赛花艺项目金牌和中国国际技能大赛花艺项目金牌，全国职业院校学生技能创新成果交流赛一、二、三等奖，上海市"星光计划"职业院校技能大赛艺术插花一、二等奖和美术一等奖，上海国际花展金奖和铂金奖等技能奖项。学校被人力资源和社会保障部授予"国家技能人才培育突出贡献单位"。

四、体会与思考

诊改工作是促进学校教学质量提升的重要途径，构建合理、有效的诊改运行机制是诊改工作的首要任务。五年的诊改实践与探索，促进了学校组织机构优化、管理水平提升，但我们清醒地认识到，学校的诊改工作还远未完善，还存在着许多需要改进之处。

学校面临着高质量发展的挑战，还需要扎实推进诊改工作，进一步完善人才培养机制，探索谋划新高职未来发展，努力提高教育教学质量，培养出具备更强能力、更高素质的高质量人才，将学校的发展之路走实走深，行稳致远。用高质量发展实现为党育人、为国育才，为全面建成社会主义现代化强国的目标奋勇前进！

强化工作载体，推进诊改落实

——编制学期教学工作文件，促进教学管理精细化

上海市城市建设工程学校（上海市园林学校） 程和美 李张华

摘要： "三分技术七分管理"，教学诊断与改进就是要求学校在管理层面上不断改进，提高学校总体教育教学水平。在教学管理上，不仅要持续改进和提升教学运行标准化，更要在各项具体的教学管理工作中努力践行，将诊改措施落到实处。我校根据实际情况，以学期教学工作文件为载体，精细教学管理，不断精益求精，提升教学管理成效。

关键词： 教学诊断与改进 工作载体 学期教学工作文件 教学管理精细化

一、实施背景

2016 年，我校按照教育部、上海市教委关于教学工作诊断与改进文件精神，编写了教学工作诊改实施方案。按照方案，我校有序推进教学诊断与改进工作。学校围绕教学诊改工作，梳理、完善了学校部门职责、岗位职责、管理制度，初步形成了教学管理运行的标准化体系，持续优化人才培养方案，制定了一系列师资管理标准，初步形成了学校、专业、课程以及教师层面的发展标准链，并形成了 8 字形质量改进螺旋上升机制。要实现教学工作 8 字螺旋上升效果，一定要做好组织和实施两个重要环节。

以此为据，教学管理部门必须明确教学管理具体实施方向，在教学管理组织和实施过程中要找到工作载体，形成良好机制，有效实施规范化和精细化的管理，整改工作才能取得看得见的成效。

二、发现诊改问题，寻找工作载体

教学管理工作牵涉部门众多，我校教学管理主体部门有教务科、督导室以及各个教学部，与其直接关联的还有其他部门，如学生科、招生与就业办、培训部、实验科、总务科等。各部门都有各自的制度、标准和运行规则，并在不断改进和更新。在具体教学管理过程中，常常会出现跨部门的工作信息沟通不畅、看法意见不一、工作计划冲突等现象，为了一个具体事务而开会、电话沟通与协调以至推诿扯皮便成为家常便饭，严重影响教学诊改工作的有效落实。

为有效推进教学运行诊改工作，必须解决教学运行中相关信息在部门之间分散化、碎片化、计划冲突和责任归属不明等问题。究其原因，主要是缺少一个能承载一个学期的教学工作总体安排、教学活动以及教学活动实施的文件载体，以主导学期的教学工作有效组织和实施。

由此，我校教务科提出了建立一个教学工作载体——学期教学工作文件，即在上一个学期末，编制下一个学期的教学工作文件。文件以学校的学期教学工作计划为中心，将各部门需要公开的信息和专项工作方案进行汇总，形成一个以时序为轴线，任务明确、职责清晰并且随时可查的工作文件。尝试以学期教学工作文件为抓手和切入点探索解决诊断中出现的问题，并以此为依据推进教学管理的诊改工作落到实处。

三、编制工作文件，推进诊改落实

（一）分管校长牵头，教务科整合，多部门联动，提高文件制定效率

2018年，教务科提出编制学期教学工作文件的设想，得到校领导班子支持，明确由教学分管校长牵头，教务科负责编制《2018—2019学年第二学期教学工作文件》，主要板块内容有：学期教学工作计划、教学安排、教学运行与教研活动安排、教学运行主要管理规定和重点工作实施方案。

2018年12月，通过教学工作会议，教学相关部门共同对教学工作文件中的主要板块内容进行讨论，并分工编写重点工作实施方案，形成了《2018级中高贯通学生甄别组织实施方案》《中本贯通教育培养监控考试实施方案》《2019年"匠心匠艺"课程建设活动方案》《2019年教学设计大赛方案》。

2019年1月，我校第一本《2018—2019学年第二学期教学工作文件》问世。

（二）明确教学工作文件的严肃性、指导性和权威性

教学工作文件是指导教学实施的规范性文件，文件中的每一个时间节点、每一项教学任务都是在教学工作会议上由相关部门提出，与会人员审议无误后确定的。教务科在编制完教学工作文件初稿后，呈报给教学分管副校长对文件表述内容进行最终审核，并请专业人士对文体格式及错别字进行校对。

教学工作文件印制后，新学期初，教务科长负责向教师及教学管理人员解读学期教学工作文件，明确教学计划安排、教学任务分配。校领导、中层干部、教研组长人手一本，常规教学工作和学期重点工作必须在教学工作文件的明确指导下开展。

（三）总结实际使用效果，逐步优化，形成相对稳定的内容和编制程序

到目前为止，我校已经编写了五个学期的教学工作文件，每个学期期末都对当期实施的教学工作文件中出现的各种问题做反思和总结，并在下个学期教学工作文件中做调整和完善。教务科对学期教学工作文件已经形成了较为成熟的内容选择和编制程序。

教学工作文件的主要内容包括以下方面：（1）教学工作计划：明确当期学校教学工作的整体思路、主要工作任务以及具体措施；（2）教学安排：包括当期的校历、教学周进程表、课程设置及教师安排表、班级教室安排表、作息时间表等；（3）教学运行与教研活动：包括学期教学活动实施进度一览表（横道图）、教学检查安排表、重修考试安排表、教研活动安排表、听课安排表、教学巡视安排表等；（4）学期重点教学工作方案：以2020—2021学年第二学期为例，文件中有《2020级中高职贯通专业学生一年甄别工作实施方案》《关于开展第二课堂工作方案》《"课程思政"建设方案》等。

编制程序如下。（1）确定学期教学工作文件的目录：在教学分管副校长的指导下，教务科牵头教育研究督导室及相关教学管理部门商讨教学工作文件的目录和主要内容。

（2）编制学期教学工作文件：教学分管副校长协同教务科长负责编制学校总的学期教学工作计划；教务科编制学期教学安排、教学运行活动安排；督导室编制学期教研活动安排、听课安排；学期专项工作牵头部门编制其工作实施方案。（3）学期教学文件汇总和审核：教务科整理和汇总学期教学工作文件，并提交给教学分管副校长审核。（4）教务科根据教学分管副校长的审核意见进行修改、定稿、制作和发放。

四、取得成效

（一）凝聚职能部门，建立诊改有效实施机制

学期教学工作文件编制的最主要环节，就是由分管副校长牵头，教学相关部门共同明确新学期教学工作的主要内容、时间节点和重点工作。这一环节就是大家思想碰撞、融合，最后统一思想、形成成果的过程，而成果的表现形式就是学期教学工作文件。这一成果的形成就意味着消灭了以前教学执行过程中的各自为政和推诿，意味着增强了教学部门的协同性和凝聚力，意味着提升了学校教学整体的执行效率和教学质量。

（二）成为运行宝典，为教学保驾护航

编制学期教学工作文件已成为我校教务科的一项常规工作。教学工作文件正式启用后，得到了学校各个部门的肯定，收到了许多有价值的反馈和建议。教师及教学管理人员也养成了"文件不离手"的工作习惯，能更好地了解学校教学管理条线、时间节奏和具体任务。使用者可以随时查阅现在是第几教学周、各个班级分别什么时候期末考试、某一门课程是哪位教师教授的、某一个班级在哪一个教室、各个班级的班级人数及其班主任是谁、教研活动的计划日期……可以说，"一本在手，信息无忧"。

（三）发挥名片作用，乐享诊改建设成果

通过五个学期的学期教学工作文件的编制和实施，可以说在教学运行诊改工作中成效显著，它是解决教学运行问题的一个有效手段，大大推进了教学管理的诊改工作落到实处。

在市内外兄弟学校校际交流活动中，我校的学期教学工作文件也引起了同行们极大的兴趣。凡是看到学期教学工作文件的领导或教师，总是会索要几本进行研究和借鉴。同行们对我们工作的肯定和好评提振了我们的信心，鼓舞了我们不断改进工作的士气。

五、反思提高

我校在制定学期教学工作文件之初即按照诊改的8字形质量螺旋思路开展工作，以学期为一个循环单位，每一次循环后都要能够找出新的问题，提出新的解决方案，踏上一个更高的新台阶。这也体现了诊改工作是一个没有止境的长期过程。

未来我校将进一步提升学期教学工作文件的信息化程度，实现教学信息的实时更新和通知；具体的任务和标准等文件可以由系统通过电子邮件或微信等信息手段推送（提醒）到当事人；每一个任务应按规则并在规定的时效内完成，否则发出警报等。

学期教学工作文件既是推进教学诊改落实的产物，也是推进教学常规管理精细化的助推器。我校将本着"将小事做细，将细事做精"的原则，将学期教学工作文件持续完善，力争做得更好、更精细。

行业引领，诊改驱动，构建学校内部质量保证体系

上海新闻出版职业技术学校　黄　彬　余　珏

摘要： 职业院校人才培养质量的提升，离不开产教融合、校企合作。上海新闻出版职业技术学校将诊改工作与校企合作工作结合，完善办学机制，引导主管部门、行业协会和企业积极参与学校质量提升工作，推动新闻出版职业教育体系形成，专业建设与社会服务融合，凸显行业办学特色。

关键词： 诊断与改进　校企合作　新闻出版

上海新闻出版职业技术学校是上海市中职教学诊改试点学校之一，也是上海市中职教学工作诊改第七协作组组长单位。学校依托市委宣传部行业办学优势，挖掘上海新闻出版职教集团高职院校和企业资源，形成政府、学校、企业、协会四方联动机制，引领推动诊改工作，建设并运行内部质量保证体系，推动了学校质量提升，凸显行业办学特色。

一、实践背景

学校是行业办学的职业院校，行业属性鲜明。建校 60 年来，学校培养了数万名上海文化产业所需的技术技能人才。当前，上海文化产业全面进入高质量发展阶段，产业升级需要更高质量、更高水平的技术技能人才，这就倒逼学校必须按照高标准办学，培养和输送适应产业发展需求的人才。建立教学工作诊断与改进制度，完善学校内部质量保证体系，能有效促进学校教学工作高质量发展，提升人才培养质量。在诊改工作中，如何与产业结合，带动行业企业积极参与学校诊改工作，是学校关注的重点。

二、主要做法

（一）引入专家顾问，做好顶层设计

学校成立由校长牵头的质量保证工作委员会，做好顶层设计，形成诊改和内部质量保证体系建设及运行方案。学校成立由校长牵头的领导小组，还成立了由行业专家、企业专家和院校专家组成的专家顾问小组，为诊改工作的推进与实施提供指导和服务。

（二）深入调研分析，完善目标体系

目标是诊改工作的起点。学校将总体目标逐层分解，全面修订"十三五"规划、二级专项规划、三级部门规划，规划分解到相关实施部门和工作年度，形成了学校上下贯通、左右呼应的目标体系。在目标链的构建中，学校充分利用行业办学优势和企业资源，积极开展行业、企业和相关院校调研，结合上海市新闻出版行业的趋势和学校自身办学定位，制定科学合理的与区域产业经济发展高度匹配的目标体系。

（三）结合行业标准，健全标准体系

标准是衡量目标的标尺，是进行诊断与改进的依据。学校以国家和上海市相关文件和文化产业标准体系为底线参考，调整管理规范和工作标准。为改变制度零散不系统的问题，学校通过排摸分析，建立了学校层面的制度49项、专业建设制度4项、课程建设制度5项。其中，补充了专业动态调整、专业质量诊断等管理与诊改制度和专业建设标准，完善不同性质的课程标准和课程建设标准，以教师职称等级、教师发展和教师属性三条主线，制定教师任职标准、岗位工作标准及考核标准。学校组织架构进行了调整，理顺部门职能与岗位职责，又抓住专业建设这一关键，组建行业专家引领的专业建设指导委员会，调整专业结构和课程体系，开发专业标准，确保学校专业培养目标和方向定位准确。

（四）应用8字形质量改进螺旋，完善质量保证体系

学校层面按照"一年小循环，五年大循环"，每年开展一次诊改情况的全面监测，将诊断情况反馈给相关部门，由各责任部门制定改进方案，落实改进任务，诊改工作纳入绩效考核，每年编制基于数据分析的自我诊改报告。每学年初，学校协同行业主管单位，组织专家研讨，总结分析上一学年学校诊改工作实施的问题，收集汇总教师、学生、行业企业和社会对学校办学质量的建议，结合数据采集分析结果，由专家顾问提出改进措施，并由工作组汇总，交领导小组决定实施改进措施。

专业层面各教研室负责人带头，根据专业动态调整实施方案，充分调研，制定专业建设规划、专业标准及专业教学计划。质量管理部门以国家、上海标准为底线，全面修订专业建设标准。各专业每年开展市场需求调研，综合劳动力市场分析、毕业跟踪调研、用人单位满意度调查、学生综合素质评价、学生学业水平分析等情况，修订人才培养方案。专业建设规划层层分解至各专业年度计划并组织实施，同时加强师资队伍、信息化校园建设、校外实习基地、实训室、教学资源库和校企合作等方面的建设。各专业依据"一年小循环，三年大循环"，开展自我诊改，编制自诊报告，结合考核结果，编制改进方案，明确整改措施、整改目标和整改期限等，落实改进任务。专业层面工作小组对改进事项进行跟踪督促。

其他层面在教学工作诊断与改进的运行中，也积极融入行业、企业元素，促进学校办学质量全面提升。

三、实施成效

（一）学校治理体系初步搭建，质量主体意识形成

学校以教学诊改为引领，搭建了目标链和标准链，制定了教学诊改制度和职责标准。全校教职员工各司其职，各项工作依据制度有序实施，初步实现学校由管理到治理的转变。在诊改工作推进中，学校完善了办学机制，引导学校主管部门、企业、协会积极参与学校质量建设相关工作，进一步推动了学校质量提升。

（二）新闻出版职业教育体系逐步构建，专业建设与社会服务深度融合

通过诊改，学校中高职贯通专业从3个至5个全覆盖，中高贯通在校生比例达到34.1%，招生比例接近40%，排名全市靠前。学校形成了扎根上海、依托行业、对接国家级产业园区、校企合作的产教融合机制，所有专业对接同一职教集团或同一院校进行贯通

培养。

学校专业建设与社会服务融合，把行业培训中心纳入学校整体规划和管理，不断挖掘印刷媒体技术示范品牌专业的潜力，做精做强印刷、期刊出版、出版编辑培训品牌。数字媒体技术应用、出版商务等专业锚定上海经济新增长点的人才需求开设数字出版、版权交易、知识产权等培训班，逐步提升学校在社会培训方面的社会影响力。近年来非学历培训服务到款额都在 230 万元以上，2019 年为 327 万元。学校教学资源和人力资源也反哺企业，开发印刷品质量检测行业标准。

（三）人才培养质量提升，品牌效应彰显

学校专业结构与培养目标升级，毕业生近三年就业率达 100%，上海招生数相比"十二五"期间，增加了 12 个百分点，在校生规模增长 26%，增幅全市排名靠前。学校的上海市高技能人才基地被选为国家高技能人才基地，承办中国印刷行业技能大赛（国家一类大赛），为更高等级的世界技能大赛培养选手。2018 年，6 名学生进入"全国印刷行业职业技能大赛"决赛，2 名荣获一等奖；学生在"2018 纸上创意艺术展"中共获得 13 个奖项；2019 年，省级及以上技能竞赛获奖数为 27 个；2020 年，学生顾俊杰斩获中华人民共和国第一届职业技能大赛印刷媒体技术项目金牌，第七届全国印刷行业职业技能大赛决赛中共有 10 名学生获奖。

四、经验启示

建立职业院校教学工作诊断与改进制度，目的是切实发挥学校的教育质量保证主体作用，持续提高技术技能人才培养质量。而职业院校人才培养质量的提升，离不开产教融合、校企合作。在诊改工作推进过程中，如何结合职业院校的办学特色，引导主管部门、行业协会、企业积极参与学校质量提升工作，对学校建立常态化的诊断改进制度具有重要的意义。上海新闻出版职业技术学校诊改工作的实践案例，为职业院校将诊改工作与校企合作工作结合，引导行业企业参与学校质量提升工作提供了可借鉴、可复制的经验。

专业 篇

目标引领，问题导向，自主诊断，持续改进
——计算机网络技术专业诊改案例

上海信息技术学校　钱　雷

摘要： 以品牌专业建设为契机，运用诊改的理念与方法对标国内同专业优势发展学校，结合学校计算机网络技术专业建设发展的现状，聚焦专业发展思路、校企合作深度和课堂实训有效性等热点问题，形成专业诊改方案，将教学诊改和专业建设工作落到实处，形成发现问题、分析问题、整改问题的有效闭环。

关键词： 诊断与改进　问题导向　专业建设　实训评价

一、基本情况

（一）专业概况

上海信息技术学校计算机网络技术专业始建于 2001 年，是上海市品牌专业和上海市计算机专业中心组组长单位。计算机网络技术专业原以网络管理维护方向为主，后新增网络信息安全方向。

（二）SWOT 分析

诊改初期，计算机网络技术专业对内外部竞争环境和竞争条件进行了 SWOT 分析，见表 1 所示。

表 1　计算机网络技术专业 SWOT 分析表

	优　势	劣　势
	1. 学校重点发展专业、资金支持力度大 2. 实验实训设备数量充足 3. 校企合作，开设联想专班、蓝盾订单班，为社会直接输送技能型人才 4. 教师具备企业工作经历人员比例、"双师型"比例高，教师具备社会服务能力	1. 学生的整体素质与岗位需求有差异 2. 专业教师年龄层次有断层，需补充青年教师 3. 新专业实训项目开发不足
机　会	优势—机会对策	劣势—机会对策
1. 网络安全、网络运维人员需求量大 2. 立项上海市品牌专业建设 3. 国家对于职业教育建设的重视与支持	1. 校企合作共建专业及课程资源，提升学生综合素养能力 2. 加强教师企业实践及专业师资培训	1. 深化校企合作，依托企业资源，开发教学实训平台及课程资源，满足新专业教学实训需求 2. 开发专业岗位实训评价系统，提升毕业生能力

（续表）

挑　　战	优势—挑战对策	劣势—挑战对策
1. 网络安全、大数据、人工智能的普及、计算机网络专业人员面临转型 2. 计算机网络专业职业资格证书取消	1. 深入调研分析，结合上海当地产业经济发展需求，开设新专业方向 2. 引入行业认证证书，提升毕业生的市场竞争力	1. 根据调研了解行业发展趋势，调整人才培养方案 2. 通过培训和教师企业实践，提升教师综合能力

（三）问题聚焦

在第一周期诊改之初，确立以创建上海市品牌专业为目标，对标国内同专业优势发展水平，发现专业在可持续发展、校企深度合作、实训课程效果评价上还存在不足，具体表现为以下几方面。

1. 专业方向较为单一，无法匹配市场需求

计算机网络技术专业是面向高速发展的 IT 行业，传统的、单一的网络管理维护专业发展方向已经无法满足市场需求。

2. 校企合作不够深入，产学一体有待加强

计算机网络技术专业是一门专业性、实践性很强的专业，作为职业院校的专业教学一定要紧跟 IT 技术变革。

3. 课堂实训效率不高，缺乏过程跟踪与科学评价

网络技术专业的专业课程有大量实训环节，学生实训效率不高；实训时，教师无法实时掌握每个学生的实训情况；在评价实训效果时，多采用结果评价，不能客观准确地评估学生的职业技能。

二、建立制度体系和运行机制

（一）打造目标链、标准链

为切实做好本专业的教学诊改工作，按照《上海信息技术学校专业群建设与发展三年规划（2018—2020 年）》和《上海信息技术学校信息技术专业群三年发展规划（2018—2020 年）》，制定了《上海信息技术学校计算机网络技术专业建设实施方案》，确立专业建设目标、设计诊改方案、组建专业建设团队，明确工作目标和职责任务，设置专业质量控制点，形成目标链和诊改制度体系。

计算机网络技术专业以"上海市中职品牌专业建设"为目标，按照上海市中职品牌专业建设标准，完善专业质量教学标准、专业教学标准、专业实训标准等一系列标准，建立专业质量保证体系，确保目标任务可执行、可检测。

（二）建立质量诊改螺旋

计算机网络技术专业聚焦专业建设与课堂教学，关注质量与生成过程，落实职责与主体责任，建立自主保证专业教学质量的运行机制。在此运行机制的基础上，专业发展目标清晰，依据 8 字形质量改进螺旋对专业建设进行监测与自我诊改，完成"一年小循环，三年大循环"的专业诊改（见图 1），建成了上海市中职品牌专业。

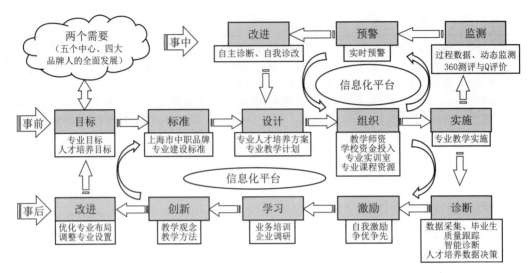

图1 计算机网络技术专业8字形质量改进螺旋

（三）专业改进有效运行

计算机网络技术专业按诊改目标，聚焦专业现状，按照8字形质量改进螺旋实施诊改，对专业人才培养目标与达成度进行自主保证、自我诊改，通过毕业生质量跟踪分析数据对培养目标、专业与课程结构进行优化调整。通过发现问题、界定问题、分析问题和整改问题，持续提高专业人才培养质量。

1. 对接需求，优化专业人才培养目标

计算机网络技术专业建设团队开展行业、企业调研，形成人才培养需求调研报告和人才培养方案，面向"上海建设五个中心、打响四大品牌"战略目标，调整专业布局，优化专业方向。2017年完成网络信息安全新专业方向调整。按照专业人才培养方案，优化课程结构和教学内容，转变教学模式和评价方式。

诊改前专业课程设置如图2所示。

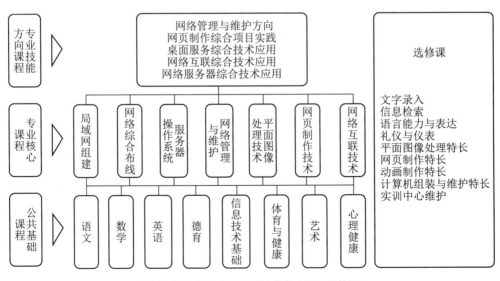

图2 诊改前计算机网络技术专业课程结构图

诊改后专业课程设置如图3所示。

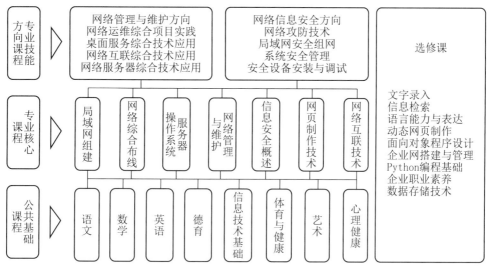

图3 诊改后计算机网络技术专业课程结构图

2. 校企合作，转变专业人才培养模式

（1）引入"联想"模式，实施一体化人才培养模式

计算机网络技术专业于2017年联合联想教育集团，开设校企合作一体化人才培养特色班——"联想专班"。"联想专班"引入企业核心课程、企业专职讲师、企业化的管理方式，把联想对员工职业素养的养成穿插到专业教学中来，以培养"阳光、自信、专业素质过硬的全方位IT人才"为目标，校企深度融合办学。

（2）产教融合，试点"1+X"证书制度

在"1+X"职业技能多元化的背景下，根据我校计算机网络技术专业的自身特点，甄选适合的职业技能等级证书，将其融入专业培养方案中，产教融合、校企合作，同时也深化复合型技术技能人才培养培训模式改革。

表2 计算机网络技术专业"1+X"证书获取情况

专业方向	考证班级	考证人数	证书1	证书2
网络管理维护	183H01	27人	网络系统建设与运维（华为技术）	云计算平台运维与开发（南京55所） 云计算开发与运维〔阿里巴巴（中国）有限公司〕
	183H03	22人	云计算中心运维服务〔联想（北京）有限公司〕	——
网络信息安全	183H02	22人	网络安全运维（中科磐云）	网络系统建设与运维（华为技术） 云计算平台运维与开发（南京55所）

3. 数据说话，创新专业实训评价模式

为克服专业实训课程过程监控的难点，自主研发服务于课堂实训状态监控的计算机网络技术专业岗位实训评价平台，促进专业实训教学状态由"黑箱"变成"白箱"，用数据说话，客观、实时、动态评价实训教学效果。

通过此实训评价系统，为学生提供真实完备的实训操作环境，学生可以自主选择实训模式，实现个性化实训，提升课堂实训教学效果。

除过程监控外，系统还可以根据学生能力画像推送对应的智能学习模块，达成了拾遗补阙、强化知识技能的目标。

4. 提升质量意识，促进专业可持续发展

对照学校教学工作诊断与改进制度建设和运行方案、学校内部教学质量保证体系的有关要求，遵循"一年小循环，三年大循环"的诊改周期，实施专业自主诊改制度。专业负责人每学年撰写专业自我诊改报告，聘请行业企业专家参与专业优化调整方案研讨，根据学校每学年第三方专业毕业生质量跟踪分析报告，优化调整专业教学计划和教学内容；每三年开展一次专业人才培养需求调研，制定人才培养方案，制定专业结构调整与优化方案，开展一次专业结构布局和优化调整。

三、专业诊改成效

（一）完成品牌专业建设

以品牌专业建设为目标，以教学诊改工作为引擎，基于对专业自身的不断诊断与改进，通过三年的诊改周期，2020 年计算机网络技术专业顺利通过了上海市品牌专业的验收，并在上海中职校中确立了领先地位。本专业牵头开发了上海市网络信息安全专业方向的教学标准、上海市网络信息安全专业方向实训教学环境建设指南，参与全国网络信息安全专业方向教学标准开发，组织修订了上海市教学标准中各课程标准。

作为优势专业，计算机网络技术专业在配套课程资源开发，教学资源平台、实验实训平台建设方面，具有较强的影响力，辐射上海市中职学校同类专业的教学。其中，计算机网络技术专业岗位实训评价平台在上海中职兄弟学校中被推广使用。

（二）助力课程资源开发

2017 年，在原有网络管理维护专业方向的基础上，计算机网络技术专业申请开设"网络信息安全"新专业方向。新增的专业方向亟待开发新的课程资源，专业组采用校企合作的方式，及时编写反映行业发展各类"四新"教材。课程建设成果见表 3。

表 3　计算机网络技术专业课程资源建设成果

序号	名　　称	性　　质	等级	合作企业
1	网络攻防技术	在线开放课程	市级	上海优信
2	计算机网络技术专业岗位实训评价平台	实训评价平台	校级	上海茂源
3	基于云的网络虚拟实验室教学资源平台	实验实训平台	校级	益数科技
4	成为网络白客、Linux 基础	微课	校级	禾真软件
5	《网络攻防技术》	国家规划教材	国家级	机械工业出版社
6	《Linux 实训教程》 《渗透测试实训指导教程》 《基于企业项目流程的实践教程》 《Windows 实训指导教程》 《组网技术与配置》 《网络组建与网络互联》 《网络操作系统配置与管理》	出版教材 7 本	校级	华东师范大学出版社、北京红亚科技

序号	名　　称	性　　质	等级	合作企业
7	网络技术 网络管理-Windows 网络管理-Linux 网络安全 信息安全 综合性实战项目	数字化课程资源6项	校级	上海茂源

（三）提升师生专业素养

通过三年诊改周期，专业教师对教学诊改工作已经有了认识，对标教师个人发展目标，努力加强职业素养、信息化素养的学习和提高，积极参加企业实践，自发参与、积极指导各级各类比赛，使得自我提升成为教师发展的常态化需求。

同时，专业发展带动了学生技能素养的发展，这使得一批优秀的专业学生在各级各类大赛中不断取得成绩。

四、总结与反思

（一）专业人才培养目标不断更新

进一步加强校企合作，根据网络技术的发展，修订岗位职业能力画像，细化评价方案，引入世界技能大赛等评价体系，进一步开发诊改性评价和过程性评价的实时记录，反馈学习过程。继续引入有较大帮助的综合性工程案例，细化教学实施过程与考核评价，完善专业资源库建设。

（二）师资队伍需要可持续发展

专业教师的课务量较重，除了课务外，均还承担班主任工作和其他学校工作。技术的快速发展，需要教师保持与企业合作，加强企业实践，参与更多的教学比赛。此外，随着对外交流和课程输出的进行，需要拓展教师的国际视野，提升专业教师的外语水平，在更广泛的层面上建设具有示范性的专业。

（三）德技兼修有待进一步加强

挖掘示范品牌专业对区域经济发展的服务作用、辐射作用，提升学生综合素养，加强思政与专业技能的深度融合，真正使该专业毕业生得到社会认可。

现代学徒制，创新技术技能人才培养模式

——汽车车身修复专业教学诊断与改进工作案例

上海市曹杨职业技术学校　张璐嘉　徐　敏

摘要：上海市曹杨职业技术学校汽车车身修复专业是上海市品牌专业，于 2019 年加入上海市第三批现代学徒制试点项目，积极探索校企联合培养、一体化育人教学新模式。围绕"招工与招生一体化、校企育人一体化"的思想，开展了专业教学诊断与改进工作，从目标与问题、方法与措施、改进与成效等方面对现代学徒制试点工作进行分析、论证和阐述。

关键词：现代学徒制　汽车车身修复专业　教学诊断与改进

一、实施背景

上海市曹杨职业技术学校汽车车身修复专业是上海市品牌专业，实训基地总面积达 1000 多平方米、含 100 多个工位，是首批世界技能大赛上海市选手培养集训基地。专业部已与上汽集团、永达集团、上海大众、上汽通用等几十家知名企业形成稳定的校企合作伙伴关系，成为学校优秀实习基地，毕业生深受用人单位的欢迎。

为全面贯彻国家进一步深化产教融合、校企合作，创新技术技能人才培养模式的要求，落实《教育部关于开展现代学徒制试点工作的意见》（教职成〔2014〕9 号）和教育部职业教育与成人教育司《关于开展现代学徒制试点工作的通知》（教职成司函〔2015〕2 号）的精神，"进一步推进校企'双主体'人才培养模式改革，提高技术技能型人才培养质量"，加快培养适应本市经济和社会发展需要的知识型、技能型和发展型高素质人才，学校汽车车身修复专业加入了上海市第三批现代学徒制试点项目，开展工学结合的人才培养模式改革，并在试点过程中不断尝试，及时进行试点具体实施过程的阶段性诊断与改进。

二、目标与问题

学校汽车车身修复专业紧随汽车服务市场行业的发展和区域经济发展的形势，在三年的现代学徒制试点建设实施过程中不断进行诊断与改进，构建具有现代学徒制特点的管理制度、课程体系、评价机制，建立校企联合招生、联合培养、互惠共赢的合作制度，努力达成"校企双制、工学交替、理实一体、凸显技能"的人才培养目标，充分发挥企业指导与评价的功能，逐步形成体现学校特色、具有创新特点的现代学徒制人才培养模式。

为达成目标，查找自身存在以下差距与问题。

（一）校企管理融通的制度文件需要完善修订

校企共建教学运行与质量监控体系，制定专门的学徒管理办法，保证学徒基本权益，同时还需要在教学管理、师资管理、第三方评价等方面进行制度完善。

（二）校企人才对接的企业参与程度不够深入

招生即招工、入校即入厂、校企联合培养。学校与企业需要共同研制招生与招工方案，改革录取办法，推进招生与招工一体化。

（三）校企共同育人的教学资源有待持续开发

签订校企合作协议，校企根据专业人才成长规律和岗位实际需要，共同研制人才培养方案、设计实施教学、组织考核评价、开发教学资源，持续深化和落实"三教"改革。

（四）校企师资共享的互聘门槛未设限制要求

形成校企合作"双导师"制，设立兼职教师岗位，应适当提高互聘师资门槛，加强校企间人员互聘、资源共享、双向挂职、联合研发和专业建设的力度。

三、方法与举措

（一）联合制定完善管理制度，健全双向育人机制

学校与永达集团共同建立健全学徒管理制度、教学管理制度、双导师教学管理制度、学分制管理办法、考核评价与督查制度、学徒考核评价标准、三方考核评价机制等，通过联合研讨与定期检查反馈等形式开展教学质量监控。

同时，参照学校及永达集团企业管理要求制定学徒管理制度，明确学生和学徒双重管理，主要包括教学管理文件和师资管理文件，参照学校教务管理手册和学生管理手册制定相关管理办法，并不断完善。

（二）联合制定完善三方协议，开展校企招生招工

学校与永达集团签订现代学徒制试点校企双方协议。校企联合制定招生招工方案，共同参与招生宣传、报名面试、体检录取等流程，签订企业、学校、学生（家长）三方协议，组建与企业对口的学徒班，形成招生招工一体化长效机制，实现学生具有学校学生和企业学徒的双重身份。

学生报到之日，企业安排人事负责人员到学校宣传公司概况、福利待遇、职业发展等，对有意向加入公司的学生，在三方充分沟通和平等协商的基础上，签订《上海市曹杨职业技术学校现代学徒制人才培养三方协议》。

（三）联合修订完善培养方案，共建专业教学资源

学校与永达集团共同制定汽车车身修复专业现代学徒制人才培养方案，确定人才培养目标，体现学校、企业"双主体"培养的特点，以"合作共赢、职责共担"为原则，创设岗课赛证融合、教学做为一体的实训环境。

学校与永达集团根据行业发展需求，引入企业课程3门、校企课程7门，共同开发《汽车涂装基础》《车身测量矫正》等8门校本教材及配套教学资源并陆续出版，同时不断优化课程标准，制定师傅标准、评价标准、质量监控标准等。

（四）联合建设校企师资队伍，实现资源互通共享

学校与永达集团共同建立汽车车身修复专业学徒培养"双导师"制，集合学校专业带

头人、骨干教师、优秀教师和企业技术主管、培训师等逐步形成互通、互融、互补的"双导师"队伍，对校内专任教师进行企业文化及岗位技能提升，对企业师傅进行专业建设及教学能力提升。

明确互聘职务、职称、职业技能等级等要求，双方导师同时负责在校教学、企业带教和实习管理。学校设立企业导师办公点，助力企业导师参与教育教学工作，提高企业导师的教育教学和管理水平。

四、改进与成效

（一）完善学徒制度，校企协同管理

校企共同承担学徒的教育教学管理，搭建质量管理与监控组织架构，进一步完善学徒制度、考核评价（见表1），确保双方全程参与人才培养各个环节。

表1　学徒制考核评价框架

学习地点	学校学习	企业学徒
课程分类	公共基础	
	人文素养、专业核心、专业技能、专业拓展	
评价内容	文化知识、通识技能	学习态度、过程表现
	职业素养、专业知识、职业技能	
评价方式	过程考核 理论考试 仿真考试 实训操作考试 企业技能考试	自我评价 小组评价 导师评价
评价方	学校＋企业（三方）	

（二）招生即招工，实习就业稳定

学校与永达集团共同商定招生与招工方案，开展"招生即招工、入校即入厂、校企联合培养"的现代学徒制试点，明确校企双向要求，使得实习与就业的匹配率均达到了100%。（见表2）

表2　实习就业匹配率及对接岗位

内容	学徒制前	学徒制后	对接岗位	备注
实习就业匹配率	实习匹配率85% 就业匹配率35% （毕业后大量流失）	实习匹配率100% 就业匹配率100%	1. 汽车钣金工 2. 汽车涂装工（做底岗位） 3. 汽车彩绘工 4. 汽车事故定损工 5. 汽车涂装工（喷漆岗位）	招生即招工

（三）校企协同育人，教学效果显著

教学校企交替，遵循职校学生的认知规律及岗位综合素养需求。学生能了解企业文化、掌握知识技能、把握技术标准，使教学实习变成企业生产实践，学习效率大幅提升，在学习成绩与技能考证合格率上有明显增长，在国赛、市赛上成绩斐然，尽显工匠精神，毕业后由企业聘用为正式员工。（见表3）

表3 学徒制教学效果前后对比

项　目	内　容	学徒制前	学徒制后
各门专业课程 通过率	汽车美容	78%	90%
	汽车涂装工艺	70%	95%
	汽车色彩与调色	65%	90%
	汽车钣金工艺	70%	90%
各类职业技能 考证合格率	汽车维修工（车身涂装修复工）四级	66%	85%
	汽车维修工（车身修理修复工）四级	65%	85%
	PPG校企合作院校学生考核	65%	95%
各类技能大赛 成绩情况	第九届"星光计划"中职院校汽车喷漆项目	一等奖1人次	一等奖3人次
	第46届世界技能大赛上海选拔赛	优胜奖1人次	一等奖3人次
	2019全国职业院校汽车运用与维修汽车涂装项目	二等奖1人次	一等奖1人次
	世界技能大赛全国选拔赛	第4名1人次	第3名1人次
企业实习	顶岗实习率	75%	100%
	专业对口率	80%	100%
毕业就业	就业率	85%	100%
	专业对口率	90%	100%

（四）形成"双导师"制，促产学研融合

校企师资互聘、资源共享，促进产学研的深度结合，形成校内外实训与顶岗实习交替、递进的"双线融合式"教学课程体系。（见图1）

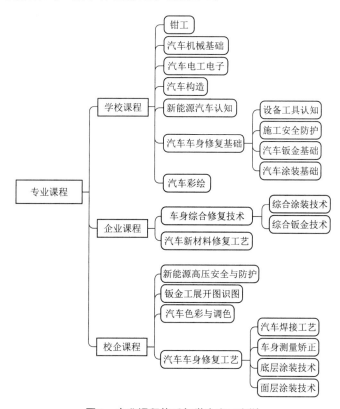

图1 专业课程体系与学生实习实训

五、体会与思考

现代学徒制是校企深度合作联合培养的一种人才培养模式，是行业、企业参与职业教育人才培养的全过程，能实现专业设置与产业需求、课程内容与职业标准、教学过程与生产过程的深度对接。经过对本轮现代学徒制试点的总结与思考，客观全面地反映了其产生的问题、措施与成效，便于教育行政部门、学校、企业、教师、学生、家长对学徒制教学质量的有效监控和保障。

后续阶段，学校将持续开展汽车车身修复专业现代学徒制试点工作，制定学徒制专业发展规划，继续探索现代学徒制人才培养模式，实施联合招生、协同育人。根据行业发展变化修订人才培养方案，建设专业课程资源库，添置专业设施设备，完善教学评价机制，继续开展校企互聘、师资共培，资源共建、信息共享，设施共用、人才共育，努力为提升现代学徒制专业人才培养质量与保障寻求更多的方式方法，为上海乃至全国培养出更多大国工匠。

聚焦内涵提升，实施专业诊改

——群益职校专业层面诊改实施案例

上海市群益职业技术学校　王　忠

摘要：2016 年，群益职校被定为全国教学工作诊断与改进试点学校。学校按照"需求导向、自我保证、多元诊断、重在改进"的 16 字工作方针，结合学校办学理念、办学定位和人才培养目标，以问题为导向，在专业层面查找不足，从厘清专业现状、确定诊改路径、梳理诊改成效和规划后期设想等方面开展诊改工作，提升学校专业内涵。

关键词：专业层面　诊改运行　诊改成效

一、实践背景

党的十八大以来，国家高度重视职业教育改革发展，将职业教育作为类型教育，提出了一系列新论断、新要求、新部署。根据《教育部办公厅关于建立职业院校教学工作诊断与改进制度的通知》（教职成厅〔2015〕2 号）、《关于做好中等职业学校教学诊断与改进工作的通知》（教职成司函〔2016〕37 号）、《关于全面推进职业院校教学工作诊断与改进制度建设的通知》（教职成司函〔2017〕56 号）等文件要求，2017 年学校即开展专业层面诊改工作。

"十三五"初，学校有园林绿化、数控技术应用、汽车运用与维修、服装设计与工艺、学前教育、汽车整车与配件营销、计算机应用等 7 个专业。其中学前教育和服装设计与工艺专业为上海市重点专业，服装设计与工艺专业拥有上海市开放实训中心，数控技术应用、服装设计与工艺和学前教育专业已开展中高或中本贯通培养模式。

随着上海"四个中心""五大品牌"建设及闵行区"南智北服"经济发展定位，通过对学校专业建设情况进行 SWOT 分析，我校专业普遍有校企融合不紧密、师资职称结构不合理（如高级职称比例低）、信息化程度低、专业布局与区域经济定位不匹配等问题。因此，通过"补短板、强弱项；强特色、提质量；推改革、激活力；树示范、作引领"，准确定位，科学规划，重点突破，整体提升，科学运用教学诊改理念，优化专业建设布局，提升专业建设水平，增强专业核心竞争力。

二、实践过程

（一）专业顶层规划

依据《上海市中长期教育改革和发展规划纲要（2010—2020 年）》的文件精神，在厘清专业现状和市场调研的基础上，对标相关文件、兄弟学校专业情况，制定各专业发展规划，通过师资队伍、校企合作、课程资源等方面的建设，优化专业布局，将服装设计与工艺、学前教育专业建设成为上海市品牌专业，汽修与园林绿化专业开设中高职贯通培养。

（二）专业诊改运行

1. 确定诊改思路

学校以"十三五"规划为依据，坚持"问题导向，量性与质性评价相结合，全员参与"的原则推进专业诊改工作，利用师生服务大厅，通过源头采集、多级审核、数据指标梳理分析，将诊改工作分解成招生就业数据分析、师资队伍建设、实训中心建设、课程与资源建设、社会服务等一系列具体、可测量的指标，形成专业自我改进、自我完善的内在机制。

2. 搭建诊改机构

为发挥学校专业诊改质量保证的主体作用，学校成立专业层面诊改运行领导工作小组（见图1），由学校分管教学的校级领导总体负责，以教导处为主导，以各专业部为主体，各部门、教研组长、教师都是专业诊改的参与者。

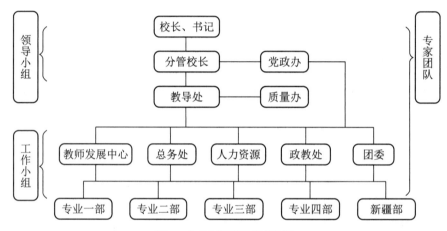

图1　专业层面诊改组织机构

3. 打造"两链"

（1）打造目标链

根据诊改工作要求，各专业对照学校发展规划，确定专业发展目标，完善专业建设规划，并对规划进行任务分解，确保目标落地；运用师生服务大厅和状态数据平台，监测、控制、反馈各层级任务的执行和落实情况，发挥人才培养状态数据的预警作用，不断校正目标。

（2）打造标准链

各专业依据专业建设规划，结合专业建设基础，经过广泛调研，形成专业人才调研报告，修订专业建设规划，同时参考国家、市、行业标准，经过梳理修订，完善专业文件编制标准、专业建设标准、专业质量诊改标准、课程建设方案、课程标准、教师专业发展标准、学生综合素质培养实施方案等。

4. 构建8字螺旋

依据学校诊改工作运行实施方案，形成"一年小循环，三年大循环"的专业诊改的

8字形质量改进螺旋（见图2），基于专业发展规划实施三年一轮的专业评估，基于专业诊断指标体系对学校平均值和本专业上学年所采数据进行比较分析，实施一学年一次的专业自我诊改。

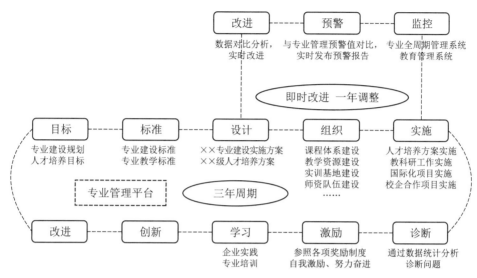

图2 专业层面诊改8字形质量改进螺旋

5. 搭建信息化平台

为更好地实施专业诊改，学校推进教学诊断与改进应用中心系统和学生服务大厅系统项目建设，采集、分析专业的各项指标数据，完善专业教学资源库，为各专业教学、科研、管理、社会服务提供全方位的信息化支撑。

6. 诊改运行路径

专业诊改主要是以问题为导向，通过对标专业建设标准和专业教学标准落实过程中的问题，实施诊断与改进。

（1）产教融合建设路径

通过诊断分析，发现存在各专业校企合作程度严重不均衡、新疆内职班学生实习实训和就业不充分等问题。

为此，学校不断深化与企业的合作，完善校企合作机制。一是推行校长书记联系企业制度，每学年校长书记联系企业不少于50家；二是完善工学交替的人才培养模式，推进现代学徒制试点工作；三是整合政府、企业、院校优势资源，建立校企合作实训基地，加强实训教学；四是校企合作成立专业指导委员会和行业专家工作室，全过程参与人才培养和专业建设。

（2）师资队伍建设路径

经过诊断分析，发现各专业普遍存在"双师型"教师数量偏少、高级职称比例低、教师企业实践偏少、教师教科研积极性不高等问题。

为此，学校加强师资队伍培养力度。一是规范培训管理工作，完善培训管理工作相关文件，分层开展各类培训，增强培训的有效性；二是依托闵行职教联盟以及校企合作单位，开展教师赴企业实践工作，提升教师的"双师"素养；三是搭建平台助力教师专业成长，引导教师参加教学法比赛、申报各级各类骨干和主持人等。

（3）课程资源建设路径

经过诊断分析，发现专业课程建设存在部分课程教学内容与实际脱节、缺少配套教材及资源等问题。

为此，学校加大课程资源建设力度。一是梳理课程现状和建设目标，完善人才培养方案、专业教学标准、课程标准等；二是加强各专业实施性教学文件的管理工作；三是校企合作共同开发课程和教学资源，将课堂教学和企业生产紧密结合，提高人才培养的针对性。

（4）专业发展布局路径

经过诊断分析，发现汽车整车与配件营销和计算机应用已不适应区域经济发展，园林绿化和汽修专业如何保持传统专业优势，对接上海"四大品牌"建设，成为学校专业发展亟待解决的问题。

为此，学校根据专业设置标准和专业动态调整机制，优化调整专业结构。一是围绕区域经济发展，结合学校的"十三五"发展规划，梳理学校专业现状，确定专业建设与发展思路；二是通过关转并停，重新调整专业设置；三是打造上海市品牌专业。

三、诊改成效

（一）专业建设动态调整与教学运行更加规范

诊改期间，学校根据人才培养工作状态数据的监控反馈，完善了专业人才培养方案修订机制，先后修订和完善了人才培养方案 7 个、专业教学标准 9 个、实训教学配置标准 6 个、顶岗实习标准 7 个、课程标准 62 个，其中有 1 个市级教学标准。在修订过程中吸收新标准、新技术、新工艺、新模式，解决了教学内容落后于市场的问题。

（二）"双师"队伍建设不断优化，教师专业能力得到提升

三年来，通过专业诊改的深入实施，师生普遍接受诊改理念，并将其逐步落实到实际工作中；"双师型"教师比例由 42.8% 提升到 58%，专任教师中，师生比由 6.6% 提升到 7.0%，具有本科以上学历的教师占比达 99.3%，师资结构不断优化；同时教师科研能力提升明显，2018 年共有 77 项教研成果在区级及以上立项、结题、发表或交流；在近两届上海市和国家级教学成果奖评选中，共获得上海市特等奖 1 个、二等奖 4 个，获国家级教学成果一等奖 1 个。

（三）专业人才培养质量不断提高，深受行业认可

2019 学年，学生文化课合格率为 96.8%，比上一年提升了 0.1 个百分点；学生专业技能合格率为 98.2%，比上一年提升了 0.1 个百分点；毕业生职业资格证书获取率达到 100%；应届毕业生就业率为 99.69%，就业对口率为 74.89%。学生在学习、实习实训、各类比赛、志愿服务和文体活动中表现出色，在各类竞赛、展示活动中荣获多个集体和个人奖项；毕业生深受用人单位欢迎，用人单位对毕业生满意度达 96.60%。

四、存在问题与后期设想

专业层面诊改虽取得了一定的成效，但每个专业的紧密型校企合作数量较少，师生服

务大厅平台功能不够完善，在诊改工作中未能充分发挥作用，因此今后重点从以下方面开展诊改。

（一）继续强化校企合作、产教融合

优化专业指导委员会职责，校企合作修订人才培养方案、开发课程教材和课程标准等，确保人才培养对接岗位需求；校企合作共建共享校内外实训基地，新增校企合作企业30家，打造3—5个"产、学、研"一体化实训基地；加强校园文化与企业文化融合，定期开展企业文化讲座、专题培训。

（二）不断完善平台功能，持续推进诊改工作

通过学校信息化建设项目，不断优化系统，完善师生服务大厅，运用教学诊改系统、学生服务大厅和画像系统，实现对专业教、学、研、人、财、物等数据的分类、聚类、关联、预测等分析，实现全生命周期管理，实现教育管理、服务、决策的科学高效。

问题导向，激发内生动力

——电子商务专业诊断与改进实践

上海市现代流通学校　连　娟

摘要： 专业教学诊断与改进是提高人才培养质量的关键，反映了学校的办学质量，同时也是专业进行自我提升、自我完善的重要手段。电子商务专业在专业诊断与改进过程中，以问题为导向，激发内生动力，提出改进措施，取得了一定的成效。

关键词： 电子商务　诊断与改进　8字形质量改进螺旋

为了推动学校建立和完善常态化人才培养质量自主保证机制，有效开展教育教学的诊断与改进工作，促进人才培养质量持续提高，根据《教育部办公厅关于建立职业院校教学工作诊断与改进制度的通知》（教职成厅〔2015〕2号）、《关于做好中等职业学校教学诊断与改进工作的通知》（教职成司函〔2016〕37号）、《上海市教育委员会关于印发〈上海市中等职业学校教学工作诊断与改进实施方案〉的通知》（沪教委职〔2016〕45号）的要求，依据教育部颁发的《中等职业学校教学工作诊断与改进指导方案（试行）》和《上海市中等职业学校教学工作诊断与改进实施方案》的精神，我校从2017—2020年参与了上海市中等职业学校的教学工作诊断与改进工作。

一、实践背景

学校电子商务专业成立于2003年，2005年被评为上海市重点专业，2015年被评为上海市精品特色专业，2016年获批上海市特色示范校重点建设项目。2017年，电子商务专业按学校教学工作诊断与改进制度建设与运行方案的要求，开展专业自我诊断与改进工作。

二、实践过程

（一）明确专业建设目标

电子商务专业依据学校教育事业发展规划和专业发展专项规划，编制电子商务专业发展子规划。规划中提出电子商务专业建设的目标是三年内建设为上海市品牌专业。

（二）构建电子商务专业诊改8字形质量改进螺旋运行机制

1. 铸实电子商务专业建设标准链

基于电子商务专业建设成为市级品牌专业这一目标，参照《上海市现代流通学校专业建设标准》中的教学文件、课程实施、师资队伍、保障条件、学生发展、专业声誉"五纵六横"专业建设标准，并结合《上海市中等职业学校电子商务专业教学标准》，编

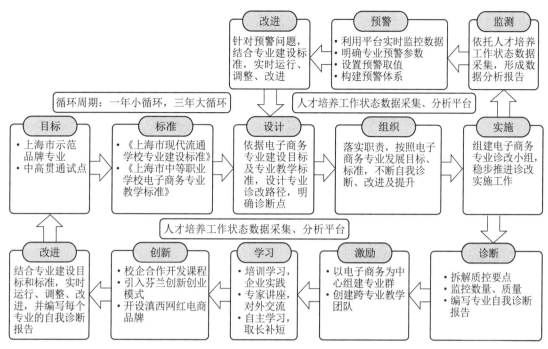

图1 电子商务专业诊改 8 字形质量改进螺旋运行机制

制了学校电子商务专业品牌专业建设标准，并制定相应的执行标准：专业在校生规模达到 120 人；课程体系融入 X 证书标准，构建中高职一体化的人才培养模式。师资队伍方面，培养 1 名专业学科带头人；专任专业教师规模达到 12 人，"双师型"教师比例达到100%。课程资源建设上，开发和编制出版教材 1 本，开发校本教材 2 本，开发 3 门课程资源，完成"网络营销"市级在线开放课程建设；继续保持校企合作规模，稳定人才培养质量。

2. 对标电子商务专业建设标准，设计专业诊改质控点，明确诊断点

为了设计诊断项目和主要质控点，电子商务专业首先根据《上海市现代流通学校专业建设标准》《上海市现代流通学校专业诊断与改进实施方案》制定电子商务专业质控点的目标和标准；其次通过专家论证，匹配质控点的目标值；最后根据专业定位、办学条件、办学特色、办学水平层次以及人才培养目标定位，制定电子商务专业的目标值、标准值和预警值。

3. 组建电子商务专业诊改小组，稳步推进诊改实施工作

在组织层面，由商贸教研部牵头，各教研组协同，组建电子商务专业诊改工作小组，按"一年小循环，三年大循环"的诊改周期，明确具体的诊改工作任务与分工，逐步推进电子商务专业诊改工作，使诊改工作融入电子商务专业的日常教学工作中。

4. 诊改监测预警

规范的制度是高质量诊改实施的保障，为此我们参照上海市现代流通学校教学管理运行标准化体系文件，进行专业数据指标采集，结合数据平台分析总结专业建设成效，并结合教学常规检查和教研活动，收集教师对专业建设的意见和建议，促进专业建设良性循环。

5. 诊断

在诊改周期内，电子商务专业参照专业诊改监测预警值，根据诊断项目、诊改进程表，编写专业诊改报告，对标查找专业存在的问题。诊改中发现电子商务专业存在以下两个问题：一是专业调研的维度不够广、不够深，对接区域经济发展不够充分；二是市级以上的课程建设空缺。

6. 激励、学习和创新

为了解决以上两个问题，电子商务专业设置了科学的激励、学习与创新制度。在专业激励方面，注重自我激励，以电子商务为中心组建专业群、创建跨专业教学团队等。在专业学习方面，提供专业教师外出调研、在职培训、交流研讨、专家指导等学习机会。在专业创新方面，与上海薪火相传电子商务有限公司校企合作开发"网店经营"课程，引入芬兰创新创业模块，开创国际交流试点。开设滇西网红电商品牌，服务地方经济发展，形成帮扶特色：扶技、扶志、扶智。

7. 改进措施

针对专业诊改中专业调研的问题，本专业采取一系列改进措施：优化和完善专业调研机制；深入开展校企合作，优化专业课程体系；与区域经济对接，重构"网店经营"等课程内容；将"1+X"网店运营推广初级证书标准和大赛技术要求与规范融入课程标准；开发线上线下课程资源，实施混合式教学。针对专业诊改中课程建设空缺的问题，本专业采取了以下改进措施：强化校级精品课程建设；开展市级网络课程、市级在线开放课程建设。

三、成果成效

（一）专业建设目标达成

三年来，电子商务专业遵循诊改8字形质量改进螺旋运行机制，2018年获批双证融通改革试点专业，2019年成功成为上海东海职业技术学院电子商务专业中高职贯通培养试点，2020年经过上海市评估院验收，正式获批上海市品牌专业。

（二）专业建设成效显著

三年来，电子商务专业遵循诊改8字形质量改进螺旋运行机制，专业建设取得了一系列成效。人才培养思路不断优化，人才培养模式逐步创新；服务区域经济，提升社会服务价值；课证融合，校企合作育人模式趋于成熟；以赛促学，以赛促改，赛教转化成果显著；师资队伍结构合理，教师教学能力进一步提升。

电子商务专任教师团队现有12人，本科以上学历占比100%，研究生以上学历5人，占比41.67%；高级职称3人，占比25%，中级职称9人，占比75%。12名专业教师全部获得了高级及以上职业资格证书，"双师型"教师比例达100%。12名教师全部通过行业"1+X"技能证书认证考试，分别持有行业技能中高级等级证书。2020年电子商务专业1名教师获得"上海市教学法评优"二等奖。2020年"网络营销"课程通过上海市在线精品课程验收，课程案例获评优秀课程案例。2020年获批教育部"1+X"（网店运营推广初级、中级证书）试点。2020年第九届"星光计划"大赛电子商务项目获二、三等奖，课件制作项目（教师组）获二、三等奖。本专业学生在校生人数达到285人，电子商务双证融通考证通过率达到 86.22%，2021 年参加"1+X"网络直播运营初级考证合格率为 94.11%，毕业生就业率达 100%，社会满意度达 100%。

四、体会思考

经过三年的诊改，电子商务专业取得了一定的成效。专业诊改的目标链和标准链基本成形，形成"一年小循环，三年大循环"的诊改循环周期；诊改实施过程规范，诊改手段、方法可操作性强。本专业继续以诊改为契机，以问题为导向，激发内生动力，寻求自我提升、自我完善的路径。一是培养"新零售"高技能人才，培养以商品、体验、供应链为核心，能将门店、社区、商圈与会员串联的全渠道商业生态圈的"新零售"高技能人才；二是打造电商物流一体化专业群，利用学校物流专业具有引领全国物流专业的示范影响力，共同培养具有线上线下深度融合，虚实互补和虚实结合的"互联网＋"智能化、自动化、智慧化电商物流人才。

从诊断入手，融四项证书，促教学改进

——以计算机网络技术专业为例

中华职业学校　方　斌

摘要： 在中华职业学校进行全面有效的教学工作诊断与改进过程中，计算机网络技术专业对于专业考证项目少和考证合格率低的问题，提出了融四项证书的举措，即企业课程合格证书、专项职业能力证书、1+X 证书和华为认证证书，有效地促进了专业教学工作改进，提高了学生的学习质量，前置了企业的岗前培训。

关键字： 中职学校　教学诊断与改进　专业证书　案例

一、实践背景

根据《教育部办公厅关于建立职业院校教学工作诊断与改进制度的通知》（教职成厅〔2015〕2 号）、《关于做好中等职业学校教学诊断与改进工作的通知》（教职成司函〔2016〕37 号）和《上海市教育委员会关于印发〈上海市中等职业学校教学工作诊断与改进实施方案〉的通知》（沪教委职〔2016〕45 号）的文件精神，中华职业学校按照市教委的统一部署，进行了全面有效的教学工作诊断与改进。计算机网络技术专业在学校的统一安排

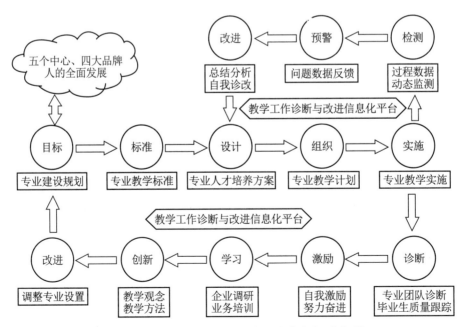

图 1　专业层面 8 字形质量改进螺旋自我诊改运行机制

下，认真地学习相关文件，积极进行专业教学工作诊断。依据学校专业层面 8 字形质量改进螺旋自我诊改运行机制（见图 1），专业组在根据专业建设发展三年规划中"提升培养质量与社会服务水平"里的"提升学生双证获取率"这个目标，对标上海市中等职业学校计算机网络技术专业教学标准时，发现专业在人才培养方案制定中并未列入互联网网络管理员项目和网络安全防护项目的职业资格证书，同时原有四级项目取证率也未达到 50%，离"提升学生双证获取率"这个目标较远，且 2018 年人力资源和社会保障部职业技能鉴定中心停止了全国计算机信息高新技术考试，使得整个专业陷入无职业资格证书可考的困境。对此，专业组通过企业调研和教师业务培训，学习最新的教学理念和方法，采取了融四项证书的举措来进行改进，即企业课程合格证书、专项职业能力证书、1+X 证书和华为认证证书。

二、实践过程

（一）对接最新技术，拓宽专业技术视野——获取企业课程合格证书

为了解决职业资格证书的暂时缺乏，同时帮助学生快速了解新技术、拓展专业技术视野，专业组通过校企合作，采用引进企业课程、颁发企业培训证书的办法来进行改进。企业课程是由企业和专业共同结合学生与企业的需求而定制的，由企业派遣优秀的技术人员给学生做最新的技术培训。在引入过程中为保证学生能更好地完成学习，校企共议采用了颁发企业课程培训合格证书的方式。该证书的获得由学生在学习过程中保持一定的出勤率、完成课中学习的作业和通过课程的最终考核组成。通过企业课程合格证书的颁发，证明学生对相关新知识、新技能的掌握程度，同时也是对企业课程实施效果的一种检测，专业组会将实施效果较好的企业课程纳入专业人才培养实施方案的限定选修课程中（见表 1）。

表 1　已开设企业课程一览表

第一学期	企业岗位认知课程（限定选修课程）
第二学期	企业文化素养课程（限定选修课程）
第三学期	企业岗位实践课程（限定选修课程）
不定期	商务数据分析课程
	新媒体运营课程
	HADOOP 搭建与运维实训课程
	网络安全运维课程

（二）对接专项技能，夯实基础工作能力——获取专项职业能力证书

为提升学生学习动力，使学生愿意多练习、勤操作，夯实学生基础工作能力，专业组在企业课程合格证书的基础上，积极对接类似职业资格证书的专项职业能力证书，并修订专业人才培养方案。专项职业能力考核是对劳动者单一专项职业能力进行评价考核，并对考核合格者颁发上海市人力资源和社会保障局专项职业能力证书的技能鉴定活动。它是市场需求大、操作技能简单易学、可就业创业的最小技能单元，是劳动者熟练掌握并应用某

项实用职业技能的证明。如"微官网运维与营销"课程对接了微官网设计与制作专项能力考证，2019级全体学生参加了微官网设计与制作专项能力考证，获证率达到96%。

（三）对接职业能力，提高专业工作技能——获取1+X证书

2019年，教育部等四部门联合发文在院校实施"学历证书＋若干职业技能等级证书"制度试点。1+X证书制度是"职教20条"的一项重要创新，使学生在获得学历证书的同时，取得多类职业技能等级证书。专业组从2020年开始申报了Web前端开发职业技能等级证书（初级）和网络安全运维职业技能等级证书（初级）两项证书，开设2—3门与1+X试书相融合的课程（见表2），并将专业教学要求与职业技能等级标准科学衔接与有机融合，相关课程的理论知识考试涵盖与职业技能等级证书对应的主要知识，操作技能考核覆盖职业技能等级证书对应的基本要求。通过试点，深化教师、教材、教法"三教"改革，组织教师参加及开展相关教研活动和师资培训活动，针对职业技能特点，探索理实一体的教学模式，采用情境教学、项目教学、案例教学等教学方法。2021年Web前端开发职业技能等级证书（初级）认证，学生获证率为77.78%。学生通过获取1+X证书巩固课堂所学并实践运用，提高了专业职业工作技能。

表2　1+X证书对接专业课程一览表

1+X证书	专业课程
Web前端开发职业技能等级证书（初级）	• 网页设计与制作 • 移动前端交互 • 移动前端制作与维护
网络安全运维职业技能等级证书（初级）	• 信息安全基础 • 网络系统建设与安全 • 渗透测试

（四）对接行业领域，体验企业级培训——获取华为认证证书

2017年，专业组对接行业领域引入华为认证工程师培训，让学生在获得企业级证书的同时体验企业培训的高强度和高效率。培训采用连续两周的密集型授课方式，授课特聘华为认证讲师。每次课程前会有开班仪式，分别由学校领导、学生代表、授课教师、企业代表发言，鼓励学生认真学习，积极考取华为认证证书。整个学习过程会配有专门的班主任负责事务性工作，专业教师进行跟班辅学。学习结束后会进行结班仪式，颁发优秀学员证书。对于考取华为认证证书的学生，学校颁发"精强技能"一等奖学金。

2017年共有8名学生获取华为认证证书，2018年共有13名学生获取华为认证证书，2019年共有16名学生获取华为认证证书，获证人数逐年稳步增长。通过华为认证课程获取华为认证证书已成为本专业的一大特色，受到了学生、家长和企业的一致好评。

三、成果成效

中华职业学校计算机网络技术专业从教学工作诊断入手，有效地融合了企业课程合格证书、专项职业能力证书、1+X证书和华为认证证书四项证书内容，并于每次考证项目结束后就进行专业组研讨，对教师的教学情况、学生的学习情况和获证率进行分析，从而每年对专业人才培养方案进行调整并落实到具体的教学实施中。

在此过程中，专业人才培养方案更趋合理和完善；教师在教学上理念更先进、目标更清晰、方法更多样；学生在学习上更努力、更有针对性；达到了"提升学生双证获取率"的目标，教学质量通过考证获取率得到了检验。同时，用人企业反馈毕业生基本不用进行专门培训，就能很快地进入岗位，缩短了入职时间；毕业生也反馈能更快融入工作岗位，迅速成为企业正式员工。在 2020 届专业人才培养质量调查中，用人企业代表对该专业的人才培养总体满意度达到 100%。

四、体会思考

依据学校制定的专业层面 8 字形质量改进螺旋自我诊改运行机制，专业组通过第一阶段的教学工作诊改有效提升了学生双证获取率。但随着时间的推移、技术的发展、各项考证制度的推进，专业组还需通过自我诊改在保证教学质量的前提下不断调整专业考证项目，才能长期有效地实现提升学生双证获取率的目标，从而进一步提升专业人才培养质量。

了于精　设于巧　诊于准　改于实
——上海市贸易学校专业教学诊断与改进实践

上海市贸易学校　孙　亮　安真真　胡笑冰

摘要： 教学诊断与改进是国家推进学校依法自主办学的重要举措，专业教学诊断与改进是教学诊断与改进的五个层面之一。我校专业教学诊断与改进从 2016 年开始，是全国最早实施的中职校之一。现从了于精、设于巧、诊于准、改于实的逻辑顺序，总结我校专业教学诊改的意义和任务、机制及建设、目标和标准、组织和实施、改进和提高，为中职学校提供实证参考。

关键词： 专业　教学诊改　专业建设　目标链　标准链

教学诊改是政府职能转变，管办评分离，推进学校依法自主办学的重要举措，能够建构内生发展机制，形成内生发展动力，其精髓是"55821"。专业教学诊改是诊改的基础层面之一。我校是全国 27 所中职教学诊断与改进工作试点校之一，是全国第一家通过教学诊改复核的中职校，多次在全国各种诊改会议上分享诊改经验。学校以提高教学管理水平和专业人才培养质量为目标，按照"需求导向、自我保证、多元诊断、重在改进"的工作方针，通过教学诊改促进了专业健康可持续发展。

一、了于精：专业教学诊改的意义和任务

（一）专业教学诊改的意义

我校专业教学诊改采用问题导向、遵循数据意识、关注人才培养全过程，与专业有关的师资、课程、实训资源等都作为诊断要素，确保了人才培养目标、课程目标、课堂教学目标全贯穿。

（二）专业教学诊改的任务

我校专业诊改形成了四项任务。第一，建立起专业诊改工作机制，打造目标链和标准链，形成周期合理的螺旋式自主教学诊改模式并规范运行。第二，充实专业人才培养数据，为专业自主诊改提供数据服务，形成人才培养质量报告。第三，实现专业教学诊改工作常态化，及时调整专业建设方向，改进专业建设方法。第四，形成全员参与的质量文化氛围，全面渗透质量文化于人才培养之中。

二、设于巧：专业教学诊改的机制及建设

诊改工作是常态化的持续改进，在机制完善后对专业建设长期有效。我校从组织、制度、流程与标准、信息化四个方面，按照诊改的理念顶层设计，加强专业诊改机制建设。

（一）对应责任主体，完善专业管理组织

我校的三层专业诊改组织分别是决策层——专业建设指导委员会，负责专业建设决策；管理层——教务处，负责专业建设业务指导和监督；实施层——各专业，负责专业建设实施。各层面各司其职，强化了专业在专业建设中的主体地位，有利于专业的健康发展，避免了专业发展不均衡的现象产生。

（二）依据专业体系，完善专业诊改制度

我校为了推进专业教学诊改工作，制定了上海市贸易学校专业教学诊断与改进实施办法，明确了专业诊改的指导思想、目标任务、对象项目、机制保障。同时，在课程建设、师资队伍、质量监控、校企合作和实习实训等方面制定了 14 个专业诊改制度，保障了专业诊改的有序进行。

（三）注重精细管理，编制专业流程标准

我校基于跨部门、跨岗位的思路，按照教学运行的规律重构了 35 个工作流程，新编了 7 个流程和标准。用标准来把控流程中的工作节点，以此避免工作职责不明确、审批依据不确定、管理标准不清晰。

（四）加强动态监测，推进信息化建设

我校是上海市教育信息化应用标杆培育校，以信息助力诊改。学校从专业规划、专业带头人、师资、资源和学生就业等 9 个方面编制了专业画像数据 85 项，并对关键性数据进行监测预警，及时发现问题，及时改进。

三、诊于准：专业教学诊改的目标与标准

我校专业层面的诊改按照 8 字形质量改进螺旋，从目标和标准出发，组织实施，学习创新，激励改进。诊改的主体是专业。在目标和标准的设立中，注重契合学校的发展实际，避免设立的同质化，且实现上下贯通、左右呼应。

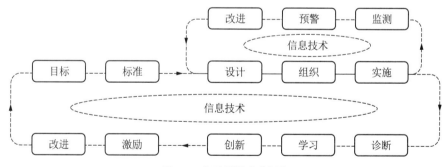

图 1　8 字形质量改进螺旋

（一）专业诊改的目标

教学诊改专家杨应崧教授认为目标确定了人才培养工作的基本方向，是标准制定的主要依据，是内生动力产生的源头，是自省文化传承的基因。

1. 专业建设目标设定的原则

学校根据 SMART 原则，尽量做到目标清晰、明确，可检测、可衡量，有达到的可能、关联性高和有时限要求。

2. 专业建设目标设定的步骤

学校目标设定分为四步。第一步，专业现状、市场需求和学校规划分析，以便找到专业发展的基础，形成与区域经济发展相适应的、与产业结构匹配度高的人才需求报告，明确学校专业发展的蓝图。第二步，全方面开展考察对标专业，分析出特色与优势。第三步，SWOT 分析，找到专业优劣势、机会和威胁。第四步，确定专业建设目标。

3. 专业建设目标成链的方法

为了形成目标链，学校通过任务分解形成执行链。学校各项规划任务，都分解到专业和科室，形成年度计划。图表式的任务分解，使得项目、目标、任务、年度计划清晰明了。

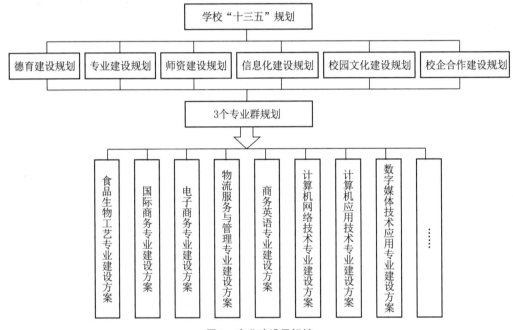

图 2 专业建设目标链

（二）专业诊改的标准

标准是目标的具体体现，也是目标达成与否的衡量标尺，是底线。

	专业建设标准	教学实施标准	资源配置标准	教师培养标准
校级层面 教务处制定	一般专业建设标准 重点专业建设标准 品牌专业建设标准 示范品牌专业建设标准 专业设置和动态调整标准 专业诊断标准 专业建设指导委员会章程	教学实施方案标准 课程标准 教学质量监控实施方案 技能竞赛管理实施办法 学分制管理认定办法 教师教学工作规范 顶岗实习与就业管理办法	精品课程建设方案标准 精品课程验收标准 校本教材建设管理办法 实训基地管理办法 开放实训中心管理制度 实训室使用管理制度 数字资源建设管理办法	教师师德规范 专业技术职务聘任办法 教学名师评选和管理办法 专业带头人管理办法 骨干教师管理办法 外聘教师管理办法 教师教科研成果奖励办法
专业层面 专业团队制定	××专业建设方案 ××专业××学期诊改计划 ××专业教学实施方案	××专业人才培养方案 ××课程标准 ××课程建设方案		

图 3 专业诊改校级标准链

1.专业标准的制定

我校专业标准制定按最近发展区确定阈值，把国家标准、市级标准校本化。专业标准的制定和落实主要在教务处和专业教学团队。教务处制定了专业建设、教学实施、资源配置、教师培养四类专业标准。专业教学团队遵照学校的标准形成个性化的标准，打造专业诊改标准链。

2.专业标准体系

不同的专业基础是不同的，目标也是不一样的。学校把校内12个专业分成示范品牌、品牌、重点、一般四个类别，给每个专业提出建设标准的参考。比如，在专业带头人方面，对学历、职称、职业资格、从事本专业教学年限、本行业或专业领域的影响力、科研等方面都提出了最低要求。各个专业在设定自己的专业建设目标时，以此为基础，提出自己在专业定位、课程建设、师资队伍、实训资源、教学实施、质量效应等方面的特色标准体系。

四、改于实：专业教学诊改的组织与实施

（一）诊断要素

诊断要素就是专业诊改中的"品控点"。学校在专业建设的实施过程中设置了专业定位、课程建设、师资队伍、实训资源、教学实施、质量效应6个方面25个诊断点。各专业根据这些诊断点开展多维度、多层级的诊断，找出自身的短板与不足，采取科学有效的措施进行改进。

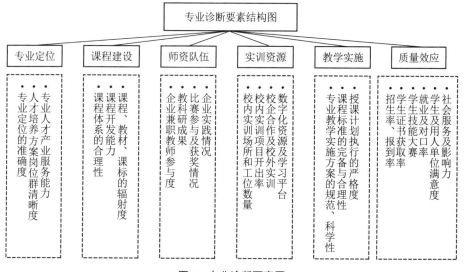

图4 专业诊断要素图

（二）实施路径

学校专业层面的诊改按照8字形质量改进螺旋，形成学期诊改、三年循环的螺旋式自主教学诊改周期并规范运行，发现问题及时改正。在人才培养过程中，根据学校发展定位和社会需求确定专业培养目标，逐步确定和满足，到学生学习达成度，再到专业培养目标，达成专业层面循环。如果学生学习达成度有偏差，通过改进教学内容、教学方法、教学手段，以达成课程目标，形成课程层面循环。

　　各专业建设团队根据专业的建设目标标准和内容措施，撰写方案，提出学期诊改计划，完成学期诊改总结，形成学年诊改报告。形成的专业自诊报告包括基本情况、建设目标、举措与内容、诊改成效、下一阶段计划等几个部分。

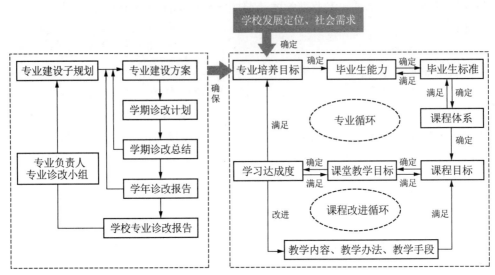

图5　专业诊改实施路径图

（三）改进和提高

1. 过程问题与改进措施

　　诊改的重点是问题导向。学校在专业自诊中每一个专业都发现了问题。例如，物联网技术专业发现社会服务能力不强。改进措施：开展多种类型的社会服务；改进成效：三年来全国有21所学校的教师来校进行专项培训，承办"星光计划"比赛5次、国赛拉练赛8次，职业体验229人次，社会服务总人次达3433人次，做大了专业服务市场。

2. 阶段指标达成度与改进

　　各专业结合自身在学校专业建设中的定位，以诊改项目为基础编制建设目标表，填写关键指标达成度表，包括建设目标及内容、关键指标或内容、指标达成情况、总体达成度、主要成果等，总结阶段性目标达成，形成改进措施。

3. 建设与诊改成效

　　在学校各专业自诊报告中，进一步确定了目标的达成情况，将仍存在的不足和发现的新问题纳入下一步的诊改中。如物联网技术专业通过诊改，发现可以抓住专业1+X试点的机会，通过创设产教融合培训基地，培养学生一专多能，以适应市场对复合型技术技能型人才的需求。

　　学校把专业教学诊改成效总结为三点。第一，专业诊改制度初步建立。学校专业已就组织、制度、流程、标准等方面形成专业诊改工作机制，并在信息化建设上下了功夫，以支撑常态化诊改运行。第二，数据意识深入人心。学校在完成了多次人才培养状态数据采集之后，各专业学会了用数据说话，习惯了用数据来分析问题。第三，质量氛围逐渐形成。在诊改过程中，各专业学会了问题导向，刀刃向内，查找自身问题。可见，专业教学诊改对提升专业内生动力、提高人才培养质量发挥着重要的作用。

聚焦质量提升，
紧抓问题诊改，提升专业内涵

——中职会计专业诊断与改进实践研究

上海电机学院附属科技学校（上海市临港科技学校） 林凤玉　徐士芳

摘要： 在市教委的部署和推进下，学校积极推进教学诊断与改进工作，坚持"需求导向、自我保证，多元诊断、重在改进"的工作方针，将教学诊改工作切实落实到教学的全过程中，人才培养质量不断提升。本案例以我校会计专业为例，分析、提炼在第一周期的诊断与改进过程中，会计专业通过深入的诊断与改进，紧抓目标引领、问题导向，精准落实诊改的措施，在几年来的螺旋式改进中取得的成效和思考。

关键词： 会计专业　诊断与改进　问题分析　诊改成效

一、专业诊改背景

根据《关于做好中等职业学校教学诊断与改进工作的通知》（教职成司函〔2016〕37号）、《上海市教育委员会关于印发〈上海市中等职业学校教学工作诊断与改进实施方案〉的通知》（沪教委职〔2016〕45号）的文件精神，在市教委的部署和推动下，学校积极推进专业教学自主诊断与改进工作，促进专业建设规范化、优质化发展。在第一周期内，学校遵循诊改理念，培育和厚植质量文化，加强基础能力建设。学校立足专业实际、激发教师自主积极性，突出学生发展实效，切实推动专业教学质量稳步提升。

二、专业诊改实践

依据上海市教委的教学诊断与改进工作要求，结合学校发展环境和人才培养目标，会计专业深入开展教学诊断与改进，运用8字形质量改进螺旋理念，进行专业层面的诊改工作。（见图1）

（一）确定专业目标与标准

会计专业组依据《上海电机学院附属科技学校（上海市临港科技学校）"十三五"改革和发展规划（2016—2020年）》《上海电机学院附属科技学校（上海市临港科技学校）专业建设"十三五"规划》《会计专业三年发展规划》，确定了会计专业的总体目标，即优化专业结构、开展中本贯通教育，经过几年建设力争成为校级品牌专业，增强社会影响力。

会计专业以上海市示范品牌专业、上海市品牌专业、上海市精品特色专业建设指标作为参考，结合本专业的实际情况，制定了会计专业的建设目标和标准。

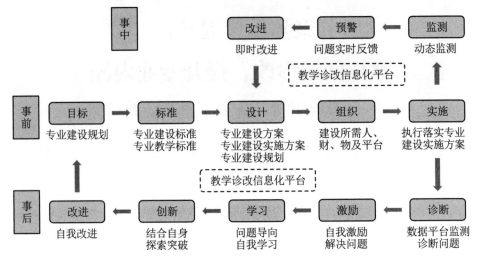

图 1　会计专业 8 字形质量改进螺旋运行机制

（二）开展专业自我诊改

会计专业组针对专业建设的目标与标准，查找出目前存在的问题。

1. 师资队伍结构有待进一步优化

教师队伍年龄结构不合理，教育科研工作缺乏积极性，企业实操经验欠缺。

2. 学生可持续发展能力须进一步提升

学生基础学科学习能力较薄弱，公办高职院校录取率较低。

3. 课程资源与产业发展有待进一步对接

课程滞后于产业发展需求，新知识、新技能未有效融入课堂教学中。

（三）坚持问题导向，压实诊改举措

1. 推进师资建设，打造结构合理的师资队伍

（1）专项培训，打造结构合理的师资队伍。加大人才引进力度，鼓励教师参加业财一体信息化和智能财税等项目的师资、考评员培训等各级各类专项培训，组织新教师参加市级新进教师培训、学校"青蓝工程"师资培训。

（2）企业实践，提高综合素质。根据《上海职业教育高质量发展行动计划（2019—2022年）》《2021年度上海市中等职业学校教师市级企业实践工作实施方案》的要求，深度推进校企合作，继续轮派教师到企业实践，熟悉、了解企业的新知识、新技能、新工艺和新方法，提升专业教师的综合素养。

（3）以赛促教，提升教育教学能力。组织教师参加学校青教赛、市级和区级教学法评优比赛，教研组群策群力并聘请专家进行指导，进一步提升教师的教育教学能力。

2. 知识技能全面提升，提高人才培养质量

（1）以赛促学，积极参加职业院校技能大赛。指导学生参加各类职业技能竞赛，不断提升学生的职业技能和实践能力，不断提高人才培养质量。

（2）跟岗实习，提升学生专业实践能力。与临港新片区的知名企业达成跟岗实习协

议，让学生走进企业了解企业实际工作任务，了解产业发展趋势和工作流程，提升职业体验感和实践能力。

（3）毕业跟踪，注重对高校及毕业生的调研。通过调研掌握我校毕业生的知识结构、能力、素养等各方面能否与高职院校有效衔接，进而对我校建设会计专业提出对策和建议，优化人才培养方案，提高学生培养质量。

3. 以产业需求为导向，优化课程体系建设

（1）产业调研，调整课程体系。委托第三方机构每年进行产业调研，并根据调研信息，在市级、区级、校级专家的指导下不断调整课程体系，不断缩小课程体系与产业发展的差距。

（2）通过申请学校经费支持，联系信息技术公司，协助本专业教学资源的建设，加强微课制作等信息技术的培训与学习。

（3）校企合作，企业任务进课堂。进一步深化校企合作、产教融合，与临港新片区知名企业达成校企合作协议，开展定期的调研活动，并邀请企业专家担任相关核心课程的企业导师，推动校企深度合作，优化课程体系。

4. 推进1+X，加强书证融通、育训结合

（1）积极参与开展1+X证书制度工作，不断探索书证融通、育训结合，稳步推进1+X试点工作，分别申请1+X业财一体信息化（初级）试点和1+X智能财税试点，建设财务系统模拟实训室，组织专业教师参加师资培训。

（2）校企合作，建设智能财税虚拟仿真实验室，进行"智能财税职业认知"和"智能财税单项训练"课程建设，探索1+X智能财税证书的书证融通培养模式，夯实1+X证书的课程基础。

三、聚焦培养质量，收获诊改成效

经过第一周期的诊改工作，会计专业于2019年实现了中本贯通培养。教师、学生在各方面取得一系列成果。

（一）师资队伍建设迈上新台阶

1. 队伍结构优化

学校陆续引进3位新教师，学科带头人徐老师被评为正高级讲师，队伍呈现年轻化。

2. 教学教法比赛屡获嘉奖

专业组教师获得2019年上海市"星光计划"第八届职业院校技能大赛教学能力大赛教学设计一等奖、2019年浦东新区教学法改革交流活动三等奖以及2020年上海市第八届中职校教学法评优优胜奖。

3. 教育科研展现成果

教师在国家级刊物发表教研论文1篇、校级刊物发表论文4篇，开展市级课题研究1项。

4. 企业实践案例充实课堂教学

教师暑期参与企业实践，撰写的案例获得了上海市中职教师市级企业实践优秀教学案例三等奖。

5. 多位教师获得职业技能等级师资能力证书

专业组教师参与 1+X 培训，7 位教师获得 1+X 业财一体信息化（初级）、4 位教师获得 1+X 智能财税（初级）职业技能等级证书。

（二）人才培养质量稳步提升

1. 学生的会计专业知识提升成效显著

2020 年 6 月学生参加上海市"基础会计"普测，合格率 100%，远高于全市合格率（88%—93%）。

2. 学生的会计专业技能比赛成绩有了新突破

会计专业的学生积极报名参加上海市中职校第八届"星光计划"企业模拟沙盘和会计技能比赛，实现了会计专业技能比赛奖牌"零"的突破，荣获会计技能个人专项三等奖。

3. 学生的文化基础课成绩名列前茅

中本贯通财务管理 1992 班多次在全市六校语数英联考中名列前茅，班集体呈现积极向上的态势，在学习、文体以及朗诵等各种比赛中获荣誉无数，被评为 2020—2021 学年上海市中等学校先进班级。

（三）课程体系不断优化

1. 服务临港产业发展，增设新课程

为更好地服务临港新片区产业发展，在科学调研的基础上，先后开设工科基本训练（车钳加工）、管理信息系统等课程。

2. 对接企业岗位需求，实现典型工作任务融入课堂教学

与多家企业达成校企合作协议，邀请多名企业专家开设一系列讲座，将典型工作任务带进课堂。

（四）书证融通稳步推进

会计专业学生参加 1+X 考试，通过率较高。

表 1　学生参加 1+X 考试情况表

时间	证书名称	参加人数	通过人数	通过率
2020 年 12 月	1+X 业财一体信息化（初级）	54	50	92.6%
2021 年 12 月	1+X 智能财税（初级）	30	30	100%

四、思考

通过第一周期的教学诊断与改进，会计专业的建设取得了一些成效，但仍然发现不少问题，比如诊改过程中对 8 字形质量改进螺旋的理解存在偏差，对诊改目标的确立是否合理难以把握等。会计专业组会在不断循环的"建设—诊断—改进"工作模式中，发现问题、剖析问题、解决问题，不断提升人才培养质量并推动办学高质量发展。

优化专业布局，提升专业内涵

——教学诊改助力装备制造专业群高质量发展

上海电机学院附属科技学校（上海市临港科技学校）　于海洋　蔡卫军

摘要： 中等职业学校开展教学诊断与改进，是巩固提高中等职业教育发展水平的重大举措，具有重大意义。《教育部办公厅关于建立职业院校教学工作诊断与改进制度的通知》从战略高度阐述了开展教学诊断与改进工作的意义、内容。作为职业学校管理核心内涵的专业建设，在新的经济产业发展形势下，应通过自我诊断与改进，不断提高专业实力，提升专业内涵，夯实学生发展基础，增强服务区域产业能力。

关键词： 中职学校　教学诊断与改进　优化专业布局　提升专业内涵

根据《教育部办公厅关于建立职业院校教学工作诊断与改进制度的通知》（教职成厅〔2015〕2号）、《关于做好中等职业学校教学诊断与改进工作的通知》（教职成司函〔2016〕37号）、《上海市教育委员会关于印发〈上海市中等职业学校教学工作诊断与改进实施方案〉的通知》（沪教委职〔2016〕45号）等文件精神开展教学诊断与改进工作。

一、实践背景

截至2017年年底学校装备制造专业群现状：设有机电技术应用和数控技术应用两个中职专业，数控技术和机电一体化技术两个中高职贯通专业，在校生561人，专业教师33人。从总体情况看，专业群存在专业较单一、专业内涵提升慢、专业辐射性不强、"双师型"教师比例不高、教师企业实践经验不多、课程资源不足、实训设备配置不及时、专业与产业对接度不高等问题，制约着专业的发展。

二、实践目标

为了更好地服务区域产业发展，经过调研和梳理，根据《上海电机学院附属科技学校（上海市临港科技学校）"十三五"改革和发展规划（2016—2020）》，2017年适时修订《装备制造专业群三年行动计划（2018—2020）》，制定专业群高质量发展目标体系（见图1）。

第一，创建品牌专业。重点培育机电技术应用专业和数控技术应用专业，争取建成校品牌专业；重点建设机电一体化技术专业和数控技术专业，争取达到全市领先水平。

第二，孵化新专业。充分发挥装备制造专业群的优势，孵化1—2个符合专业定位和产业发展的新专业。

第三，"十四五"远景目标。经过三年左右时间的培育和建设，争取"十四五"期间，建设专业结构更加合理、专业定位更加清晰的专业群。

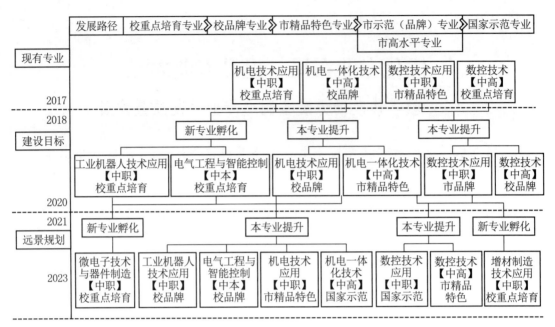

图1 装备制造专业群建设目标

三、实践过程

通过目标引领，查找问题，从以下几个方面进行探索实践。

（一）制度建设——两链打造，建设目标体系

1. 专业高质量发展标准

依据《上海电机学院附属科技学校（上海市临港科技学校）"十三五"改革和发展规划（2016—2020）》和《装备制造专业群三年行动计划（2018—2020）》制定了专业建设标准，根据专业特点准确定位，建设市品牌专业、市精品特色专业、校品牌专业、校重点培育专业等标准以及新专业创建标准。

2. 专业建设标准

参照国家和上海市的专业标准，修订专业建设方案，完善专业教学标准，制定师资建设、实训建设、课程建设、教材建设、产教融合等相关标准。

表1 装备制造专业群建设标准体系

专业高质量发展标准	专业教学标准	专业内涵标准
• 市品牌专业建设标准	• 机电技术应用专业教学标准	• 师资建设标准
• 市精品特色专业建设标准	• 数控技术应用专业教学标准	• 课程建设标准
• 校级品牌专业建设标准	• 工业机器人技术应用专业教学标准	• 产教融合标准
• 重点培育专业建设标准	• 中高职贯通教育数控技术专业教学标准	• 教材建设标准
• 新专业创建标准	• 中高职贯通教育机电一体化技术教学标准	• 实训建设标准
	• 中本贯通电气工程与智能控制专业教学标准	

（二）师资建设——师资为要，岗课赛证融通

根据学校《师资队伍建设"十四五"规划（2021—2025年）》《装备制造专业群三年

行动计划（2018—2020）》以及教师个人发展计划，有计划、有针对性地开展下企业实践、组织技能等级证书和专项能力培训，打造具有较强岗课赛证融合能力的"双师型"教师队伍，组织教师提前介入拟孵化专业的相关培训。图 2 所示为师资建设 8 字形质量改进螺旋示意图。

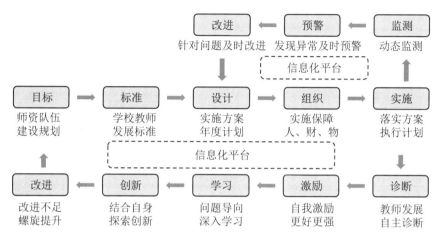

图 2　师资建设 8 字形质量改进螺旋示意图

（三）课程建设——优化调整，紧跟产业发展

紧跟产业发展，优化人才培养方案。如机电技术应用专业优化了机械装配技术、机电设备系统安装与调试、机械测量等课程，同时增开了工业机器人技术方向选修课，为工业机器人技术应用专业的孵化奠定基础。

（四）产教融合建设——育训结合，服务区域产业

积极开展多种形式的校企合作研究，借鉴德国双元教育体系，与上汽集团开展深度产教融合，探索产教融合新模式。

（五）教材建设——德技兼修，融合思政元素

开发校本课程教材，充实课程资源。开发建设理实一体化、项目驱动、赛课融通、专业思政课程等教材。

（六）实训建设——提升环境，教做学一体化

紧跟专业发展，更新实训设备，丰富实训内容，提升实训环境。坚持以赛促学、以赛促教，根据课程需要，增建机械装配技术、机电一体化实训室，更新电气控制与 PLC 实训室设备，配套建设教学资源，优化课程内容，改善教学模式，提升课程内涵。根据《装备制造专业群三年行动计划（2018—2020）》，分阶段建设工业机器人实训中心。

（七）新专业建设——精准孵化，培育创建新专业

根据专业发展规划，对拟孵化专业先期通过社团形式开始建设，规划建设实训室、开发课程资源，培养专业教师。

四、成果成效

（一）布局优化，产业对接密切

通过第一周期诊断与改进，装备制造专业群各专业均得到了优化和提升。机电技术

应用专业和数控技术专业于2018年建成校品牌专业；2018年顺利实现电气工程与智能控制中本贯通培养；机电一体化技术专业获批上海市中高职贯通教育高水平专业建设项目（2019—2021）；数控技术应用于2019年建成市品牌专业；2020年成功孵化工业机器人技术应用新专业（见图3）。从中长期发展角度，已介入微电子技术与器件制造、增材制造技术应用新专业的开发建设。

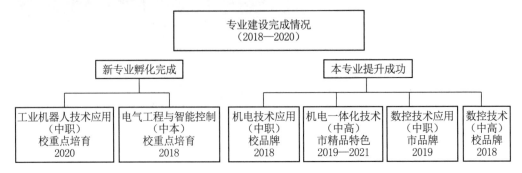

图3 装备制造专业群建设完成情况

（二）理实并举，教学科研双赢

专业教师分批深入企业实践，学习新技术、新材料、新工艺、新方法，感受企业文化，了解企业需求，积极撰写教学案例。在企业实践案例评选中，获评一等奖6人、二等奖10人、三等奖15人。4位教师分别参与机电技术应用、工业机器人技术应用两个专业上海市级课程标准开发。数控专业教师团队获得全国职业院校教学能力大赛一等奖、上海市教学能力大赛特等奖；3位教师获上海市教学能力大赛二等奖；多位教师在市、区级各类比赛中获奖。10位教师参加维修电工技能培训，12人次参加工业机器人操作与运维师资和考评员培训，并顺利取证。专业教师多次受邀承担振兴杯、全国职业院校技能大赛和市级各类技能竞赛工作。

数控车削技术训练活页式教材开发获上海市中等职业学校"匠心匠艺"优质课堂建设行动研究项目立项。区级课题"上海市中职校匠心匠艺优质课堂教学设计与实施的研究"顺利立项。

（三）教改先行，教学资源丰富

先后开发建设了9本特色教材，增建了工业机器人技术实训中心、机械装配技术实训室、机电一体化技术实训室、机械测量实训室、MPS实训室，更新了电气控制及PLC实训室。

表2 装备制造专业群教材建设情况

序号	名　　称	建设周期	要　　求	完成情况
1	《机械制图》	2018.1—2018.12	理实一体化教材	已完成
2	《机械基础》	2018.1—2018.12	活页式教材	已完成
3	《数控车/铣技术》	2018.1—2018.12	活页式教材	已完成
4	《PLC控制技术》	2019.1—2019.12	理实一体化教材	已完成
5	《钳工实训》	2019.1—2019.12	项目驱动教材	已完成

序号	名　　称	建设周期	要　　求	完成情况
6	《电工基础》	2019.1—2019.12	项目驱动教材	已完成
7	《世赛 CAD 案例》	2020.1—2020.12	赛课融通	已完成
8	《智慧中国》	2020.1—2020.12	专业思政课程	已完成
9	《制造中国》	2020.1—2020.12	专业思政课程	已完成

（四）产教融合，区域服务增强

与上汽集团乘用车公司签署产教融合协议，深入开展学校企业双主体、学生学徒双身份、教室车间双课堂、教师工程师双导师、企业灵活实训的产教融合模式，真正做到产教融合、校企合作、工学交替、知行合一。

（五）德技并修，培养质量提升

师生共同申请的 3 个专利已经被国家知识产权局受理。在中华人民共和国第一届职业技能大赛中数控技术专业学生获得 CAD 机械设计赛项第七名，入选世赛国家队集训队。近几届"星光计划"中，机械装配技术、工业控制、数控车工、数控铣工、数控综合加工技术、工业机器人系统集成、增材制造技术、CAD 机械设计、零部件测绘与 CAD 成图技术等赛项均获奖。

五、体会思考

通过教学诊断与改进，专业群定位更加精准，专业发展思路更加清晰，教师个人发展更加明确；一切为了学生、一切围绕产业、一切服务专业的意识更加增强。下一阶段，我们将继续深入学习，提高对教学诊断与改进的认知，将教学诊断与改进工作真正落到实处。

教学诊断与改进工作中的问题是错综复杂的，形式与方法也是多种多样的，需要不断研究和探索。中职学校教学诊断与改进工作永远在路上。

教学组织建设的初步诊断与实践改进

——以数字影像技术专业为例

上海市群星职业技术学校　高　嬿

摘要： 根据国家和市教委强化专业教学诊断与改进工作的要求，针对我校数字艺术专业群存在的问题，以数字影像技术专业为例，通过聚焦课堂教学中存在的问题进行诊断分析。以目标为导向，借鉴分布式模式概念，强调学习资源的去中心化和以学习者为中心，提出基于分布式理念下的教与学模式，即通过实训项目群的分布式构建、教学的分布式组织、评价的分布式监测等举措满足学习者个性化实训需求与行业人才需求，使其能够独立于时间、空间、年级参与或主导自身学习，推进教学诊改工作。

关键词： 教学诊改　分布式理念　教与学模式

一、实践背景

（一）现状与趋势

数字影像技术专业服务于数字内容制作产业，该产业是融文化与科技于一体的新兴产业集群，产业横向兼容平面、影视、音频三类产品，纵向渗透产品的策划与运营全生产领域。随着技术工具升级，融岗位成为企业岗位设置的发展趋势，即岗位内容横向扩宽至多种产品类型，纵向融合策划、运营等邻域生产任务。因此，企业对从业人员职业能力的要求呈现高质量、复合型趋势。

在专业发展方面，专业与多家小微企业进行全方位的校企合作，合作微电影项目多次获得各级各类奖项，在沪形成群星微电影现象。

在人才培养模式创新方面，专业依托校企合作，通过开设学校企业工作室、企业学校实践基地等形式进行校企融合人才培养。

在课程体系建设方面，经过企业参与课程建设指导，在专业设置、教学内容、教材建设、实习实训等方面已经形成了一定的基础和经验。

在教学资源建设方面，依托原有精品课程建设经验，加上引进的数字媒体、视觉表达等青年专业教师，为教学资源库建设提供多方位保障。

在师资队伍建设方面，专业教师有企业实践经验，外聘教师资源丰富。

在教学质量指标方面，教学评价体系较完整，每学期有相应的听课评课活动、期中期末质量分析等。

（二）问题及诊断

第一，原有教学内容（项目）类型单一、内容片面、层次不明，与工作岗位需求不对接，与高质量人才培养规律不适应。

一是专业没有国家级、市级专业建设标准，没有标准可借鉴；二是可参考借鉴的课程体系少，课程标准和教学计划都需要建设；三是没有中职校国家规划教材，教材以软件类工具书为主；四是实训项目内容局限并使毕业生就业适应周期长。

第二，原有教学组织形式固定、单一，不能满足学生个人需求，导致教学效率低下、教学成效不高。

一是对校企合作培养技能型专业人才探索不够、专业资源整合不足；二是对职业岗位需求能力预判不足；三是教学科研课题相对较少，在校企合作培养技能型专业人才方面探索不够；四是现有的人才培养模式仍以同时间、同地点、同项目实训为主，无法满足岗位实际和学生个性化发展需求。

第三，原有项目评价主观、终结，缺失教学性功能，不利于实训项目的持续改进与学生的自驱式成长。

一方面缺乏过程性、指导性、针对性的问题诊断，学生对自身不足与改进方向不清楚，导致毕业生无自驱成长能力；另一方面也缺失对项目体系的反馈，无法持续推进实训项目的改进，需要多维度、系统性的评价体系支撑。

二、实践过程

（一）改进目标

根据学校"十三五"规划，形成具有专业张力、适应媒体业发展的数字艺术专业群的规划，明确数字影像技术专业作为专业群重点建设的目标，对标重点专业建设的标准，从目标和标准出发，组织实施，学习创新，创新改进。诊改的主体是专业。

（二）总体思路

基于"分布式"理念的实训项目教学模式经过3年探索研究和4年实践改革，逐步推动专业诊改。

第一步，开发岗课融通、分类进阶的实训项目集群。面向平面、影音、音频等多领域开发了从导入项目（专业实践的课程项目）、训练项目（校企合作的岗位项目）到实战项目（辐射社会的公益项目）的实训项目集群。

第二步，构建跨级混班、多元协同的分布式教学组织。在学生层面构建了跨年级、混班制的项目学习小组，在教师层面构建了跨年级、跨课程、跨校企的多元备课团队，实现以学生为主体的去中心化教与学。

第三步，形成节点监测、持续迭代的分布式评价机制。通过机制改革提高评价的过程

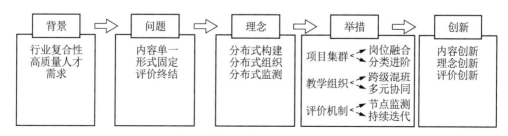

图1　分布式理念下的诊改思路图

性和改进功能，对实训项目进行闭环管理，实现对学生学习和项目改进的"双助推"。

不断完善专业管理制度、教学常规管理制度、实践教学管理制度、校企合作管理制度等。

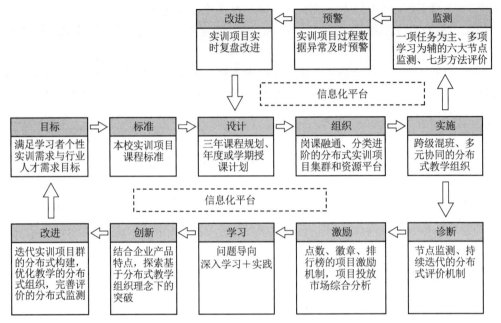

图2　8字形质量改进螺旋示意图

（三）具体方案

1. 开发岗课融通、分类进阶的实训项目集群

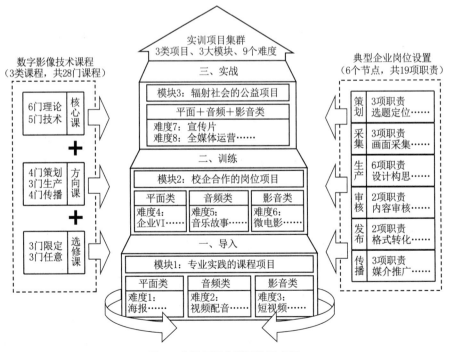

图3　实训项目集群开发示意图

第一，在项目类型上，融通岗位需求与课程，设计三大项目类型：专业实践的课程项目、校企合作的岗位项目和辐射社会的公益项目。

第二，在项目内容上，面向平面、影音和音频领域形成三大模块内容，细分为 19 个单元学习点，做到工作岗位全覆盖。

第三，在项目层次上，设计从导入、训练到实战的进阶式体系，学生根据能力水平和兴趣选择。

2. 构建跨级混班、多元协同的分布式教学组织

第一，在学生层面，构建跨年级、混班制的项目学习小组。组内践行"小先生制"，实现去中心化教与学。

第二，在教师层面，构建跨年级、跨校企、跨课程的协同备课团队。依托实训场地、学习资料和典型企业的支持，实现多类型师资资源的关联与优化。

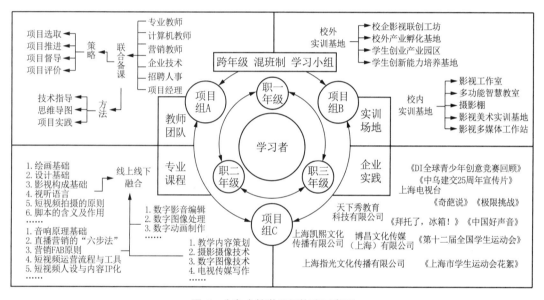

图 4 分布式教学组织构建示意图

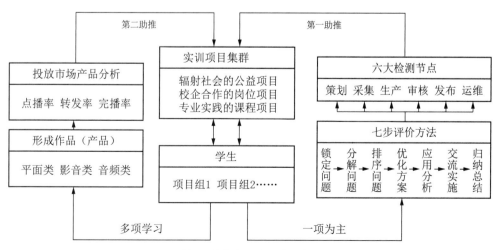

图 5 分布式评价设计示意图

3. 设计节点监测、持续迭代的分布式评价机制

第一，注重过程性评价。基于项目流程梳理六个监测节点，以协作组的形式采用七步评价法进行自评和互评，实现更精准的持续改进。

第二，注重产品评价。最终作品（产品）投放媒体平台，以市场认可度检验学习成果，推进学生能力提升和项目改进。

三、成果成效

（一）形成可借鉴、可复制的分布式实训项目教学模式

开发了岗课融通、分类进阶的实训项目集群。构建了跨级混班、多元协同的分布式教学组织：在学生层面构建了跨年级、混班制的项目学习小组，在教师层面构建了跨年级、跨课程、跨校企的多元备课团队。形成了节点监测、持续迭代的分布式评价机制。

（二）建立稳定的教学活动框架和程序，从宏观上把握优质课堂建设

专业组教师前后执教 8 个班级共 242 位数字影像技术专业的职二、职三年级学生，参与教学比赛获得全国信息化大赛一等奖、青年教师基本功大赛一等奖、上海市教学法评优一等奖等成绩。

（三）立足课堂，服务学生和教师团队持续发展

1. 全体学生受益，就业质量稳步提升

本专业学生近三年平均对口就业率为 97%，近四年稳定就业率保持在 100%（见表1），毕业生进入上海电视台（纪实频道和外包栏目）、完美世界、腾讯、哔哩哔哩等大型企业，其中 15% 成长为中高级人才和技术骨干。此外，学生还参与了《极限挑战》《奇葩说》《拜托了，冰箱》等 13 档国内外大型综艺项目的制作。

表 1　2017—2021 年度数字影像技术专业毕业生就业数据统计

毕业年份	毕业生数	就业率	对口就业率	稳定就业率
2017 年	25 人	92%	70%（7 人）	86%
2018 年	25 人	96%	83%（10 人）	100%
2019 年	90 人	100%	91%（36 人）	100%
2020 年	90 人	100%	100%（44 人）	100%
2021 年	90 人	100%	100%（43 人）	100%

学生在全国文明风采大赛等各级比赛中获奖 74 人次，其中国际级奖项 5 个、国家级奖项 24 个、市级奖项 45 个，本专业学生获奖率达到 98.7%，1 人次学生获"最美中职生"称号。建军 90 周年主题微电影《我是一名消防兵》获组委会特别奖、最佳人气奖，作为上海中学生微电影节唯一全片展映的作品。学生连续三年参加全国中小学生微电影周，群星职校数字影像社团成为全国唯一展示交流的中职影视团队。

2. 全体教师受益，"双师"素质卓越发展

教师以分布式项目教学设计参与全国信息化教学大赛、班主任能力比赛等国家、省、市级比赛获奖 14 个，其中国家级一等奖 1 人次、二等奖 1 人次、三等奖 2 人次，市级特

等奖 2 人次、一等奖 5 人次、二等奖 2 人次、三等奖 1 人次；获得国家级荣誉称号（全国职业院校数字媒体相关专业规范建设编写专家）1 人次、市级荣誉称号 6 人次。

2017 年课题"基于分布式协作模式下的数字影像技术专业课堂研究与方案设计"和 2021 年课题"分布式项目教学的内涵及其实践模式的研究——以数字影像技术专业为例"分别获市级立项。

四、体会思考

（一）继续加强顶层设计

申请数字影像技术专业中本、中高职贯通，打好专业基础，延展专业高层级发展；申请专业现代学徒制试点，形成工作室—实训基地的校企循环模式；同时，继续做好、做实专业三年制校本化人才培养方案，形成融中本、中高职、现代学徒、中职三年制多位一体的专业顶层设计。

（二）持续打通底层逻辑

2021 年和 2022 年立项并建设三门市级在线开放课程——视听语言（剪辑节奏）、视听语言（叙事与修辞）、影视构成基础（版式设计），为实施独立于时间、空间、年级参与或主导的学习，提供资源平台和学习组织。预计未来三年将继续申请建设视听语言、影像构成基础系列在线开放课程项目。

从"快速准确"到"标准规范"

——职业素养的培育途径探索与实践

上海市医药学校　范松华　金　慧

摘要： 上海市医药学校全面推进中职学校教学诊断与改进工作，针对药品食品检验专业学生的"标准规范"等职业素养的培育不够的问题，结合医药产业发展和技术进步的新要求，系统规划职业素养培养和诊改途径。通过"职业能力标准、课程标准、课堂教学、企业实习、技能考核等方面融入'标准规范'素养要求"等培养举措，在"快速准确"的基础上，强化"标准规范"等职业素养的培育，达成职业素养诊改工作目标，实践探索了职业素养培育的新途径。

关键词： 药品检验　标准规范　职业素养

一、实践背景

自 2017 年起，按照市教委的统一部署，上海市医药学校全面推进中职学校教学诊断与改进工作，构建了"需求导向、自我保证、多元诊断、重在改进"的工作机制，不断提升专业人才培养质量。

上海市医药学校药品食品检验专业在多元诊断过程中发现：在药品检验过程中，学生一味追求"快速准确"完成药品检验工作，存在检验操作规范性不够问题。进一步分析发现：学生检验操作不规范问题也就是我们专业教学过程中对学生的"标准规范"等职业素养培育不够的问题。其具体表现在：（1）人才培养缺乏对"标准规范"等职业素养教育的系统性教学设计；（2）课程教学缺乏"标准规范"等职业素养培育的有效融合；（3）在岗学习缺乏对"标准规范"等职业素养的有序衔接。

针对上述问题，按照教学诊断与改进的工作要求，多元诊断，重在改进，上海市医药学校系统规划了学生职业素养的培育途径。

二、实践过程

学生的职业素养培育是个长期过程。为了确保达成学生职业素养培育的诊改目标，学校根据教学诊断与改进工作要求，细化学校的考核制度，鼓励教师开设公开课、参加教学比赛并组织学生参加化学实验技术技能大赛。教师通过专业培训和企业实践不断提升自己的专业能力，在教学项目设计、考核方案评价等方面进行创新，不断改进，直至达成本专业的诊改目标。

针对学生的"标准规范"意识不强的问题，结合药品质量标准和技术发展的规范要求，药品食品检验专业系统规划了职业素养提升方案。通过"职业能力标准、课程标准、课堂教学、企业实习、技能考核等方面融入'标准规范'素养要求"等培养举措，在"快速准确"的基础上，强化"标准规范"等职业素养的培育，达成职业素养诊改工作目标，不断提升人才培养质量。

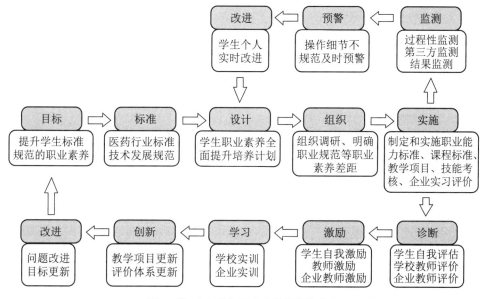

图1 "标准规范"职业素养培养的诊改图

（一）将"标准规范"职业素养要求融入职业能力标准和课程标准

经行业企业调研，药品食品检验专业将"标准规范"职业素养纳入职业能力标准中（见表1）。每条涉及操作的职业能力均加注了"按规程"，这就要求药品检验操作人员必须按照"规程"进行操作，规程涵盖了标准和规范的要求。药品检验规程是企业根据药品管理法规和《中华人民共和国药典》等要求对药品检验的方法、检验步骤和规范操作的明确的要求。

表1 职业能力标准（节选）模块4-2紫外-可见分光光度计操作

职业能力 4-2-1	能读懂紫外-可见分光光度计的操作规程
职业能力 4-2-2	能按规程准备供试品，用于鉴别、检查或含量测定
职业能力 4-2-3	能按操作规程使用紫外-可见分光光度计测定供试品
职业能力 4-2-4	能按规程及时规范记录、报告检测过程中的偏差和异常情况
职业能力 4-2-5	能按规程处理数据，判断其是否符合规定
职业能力 4-2-6	能及时规范书写检验报告
职业能力 4-2-7	能按规程清洁并维护仪器，及时规范填写仪器使用记录

职业能力标准是制定相关课程标准的基础，本专业先后修订完善了化学分析技术、仪器分析技术、实验室管理、药品质量检验、微生物检验五门专业课程标准，将"标准规范"的职业素养的培育全面融入课程标准中（见表2）。

表2 "化学分析技术"课程标准（节选）

学习任务	技能与学习水平	知识与学习水平
走进化学分析实验室	1. 分析天平的使用 ● 能调试分析天平 ● 能用直接称量法和减重称量法称取供试品 ● 能按规程对分析天平进行日常的维护和保养	1. 分析天平的调试方法 ● 说出分析天平的分类 ● 记住分析天平的结构 2. 分析天平的使用 ● 应用直接称量法称取供试品 ● 应用减重称量法称取供试品 ● 描述分析天平日常维护和保养的基本要点
	2. 常用滴定分析仪器的校准、清洗和使用 ● 能按规程清洗常用滴定分析仪器 ● 能按规程使用常用滴定分析仪器 ● 能按规程校准移液管、容量瓶和滴定管	3. 滴定分析常用仪器 ● 记住移液管的清洁、使用、校准的方法 ● 记住容量瓶的清洁、使用、校准的方法 ● 记住滴定管的清洁、使用、校准的方法
	……	……

（二）将"标准规范"职业素养要求融入课堂教学项目设计

学校根据《中华人民共和国药典》的要求制定了相关仪器的标准操作规程（SOP），并将相关内容融入学生的实训讲义，强化了学生操作检验仪器的规范性。比如，在维生素 B_1 片含量测定过程中，就涉及供试品的制备、溶液稀释、紫外-可见分光光度计的使用、数据处理以及清洁整理等各个环节。为此在项目实施过程中，将紫外-可见分光光度计的操作规范融入实训讲义中，如比色皿的使用、液体装样、实验结束工作等，学生按照规程进行维生素 B_1 片吸光度的检测，实现学做一体，更有利于学生养成良好的职业素养（见表3）。

表3 "维生素 B_1 片含量测定"项目学习页（仪器操作部分）

	项 目 要 求	是否完成
仪器操作	● 仪器开机自检结束后进入主界面 ● 进入光度值模式（按"1"） ● 设定波长（按"GOTO WL"），输入＿＿＿nm，按动"enter"键 ● 比色皿用蒸馏水清洗3遍后，装至高度2/3—4/5，并擦拭干净［手拿比色皿＿＿＿面（光面、毛面），S面朝＿＿＿边（左、右）放入仪器内］ ● 放入仪器内进行调零（按"Auto Zero"键），仪器显示＿＿＿	严格按照左边步骤进行操作
	● 取出比色皿，用供试品清洗3遍后，装入供试品（高度 2/3—4/5） ● 比色皿用纸巾擦拭干净 ● 将比色皿放入仪器内，按动"样品测定"（按"F1"后会显示表格），按动"start"键，显示读数＿＿＿	$A_{样1}=$ $A_{样2}=$ 教师审核 □符合要求 □不符要求
	取出比色皿，装入供试品溶液2，按"start"键，读数＿＿＿	
	按动"Return"键（如果提示是否保存，选择不保存），仪器返回主界面（若是最后一组同学，还需关闭电源开关）	教师审核
	用蒸馏水清洗比色皿，放回比色皿盒内	教师审核
	填写仪器使用记录本	教师审核
	仪器操作过程中的注意事项（至少2条）：	

（三）将"标准规范"职业素养融入职业技能考核

在以往的专业课程评价中，教师非常重视检验结果的准确性和精密度。在教学工作诊断与改进过程中，学校不断完善课程考核和评价方案，在要求学生检验快速和准确的同时，更加强化规范性，要求学生对照标准按照规程进行检验。

例如，在氢氧化钠滴定液（0.1 mol/L）标定项目教学中，要求学生使用滴定管进行标定。在滴定过程中，要求学生严格按照规程进行操作，同时还对学生的操作规范提出了具体要求，如实验服及手套穿戴正确、操作中随时注意工位清洁、实验结束仪器摆放整齐、整理废弃物等。在对学生开展课程考核时，对学生的操作和职业素养进行评价和考核（见表 4）。通过上述做法，学生重视起药品检验的工作流程、重视检验结果，更重视检验过程的规范性，从而培养了职业素养。

表 4 氢氧化钠滴定液（0.1 mol/L）标定的考核评价表

配分	评分细则描述	得分
24	滴定液标定： 1. 按要求在锥形瓶内加入 2 滴指示剂，加入量不正确扣 1 分 2. 用滴定管内液体进行滴定，控制好滴定速度，边滴边振摇锥形瓶，至瓶内溶液显粉红色，即为终点 　① 滴定手势不正确扣 1 分 　② 滴定速度控制不适当扣 1 分 　③ 终点颜色控制不当扣 1 分 　④ 滴定至终点时发现瓶内仍有未溶解样品扣 1 分 3. 读数并记录消耗滴定液的体积 　① 读数不正确扣 1 分 　② 未记录或记录错误扣 1 分 4. 滴定管内继续装液，重新调至零刻度，并按照第一份样品的操作要求测定第二份样品 　① 滴定管未重新调零扣 2 分 　② 滴定至终点，消耗氢氧化钠体积大于 50 ml，每次扣 10 分 5. 第二份样品测定时，同样的错误可累加扣分（最多扣 5 分）	
4	实验结束工作： 1. 按要求清洁玻璃仪器，未清洁扣 2 分 2. 所有仪器试剂归位，未归位扣 1 分 3. 正确处理废弃物，整理好台面，未完成扣 1 分	

（四）将"标准规范"职业素养要求融入学生企业实习

在岗学习和顶岗实习是学生在企业进行实践锻炼和工作实习的阶段。该阶段是学生职业素养全面养成的初始阶段，对培养良好的职业素养及独立工作能力等起着至关重要的作用。它不仅考验学生专业知识和技能水平的高低，使所学知识与医药生产实际相结合，也使其自身的综合职业能力得到提高。在在岗学习和顶岗实习阶段，我们要求企业的带教老师结合工作项目对学生的职业素养进行培养和考核，帮助学生全面提升职业素养。表 5 是学生在企业进行真实药品的项目检测时，带教老师对学生的实验过程进行评价，一方面评价学生的操作，另一方面也考核学生的职业素养。通过药品检验实践项目，学生的职业素养得到全面提升。

表5　药品检验专业学生企业实习工作评价表

项　　目	操作过程	分值	操作评分	职业素养评分	备注
开机	开启电源开关，预热（规定时间）	2			
溶液配制	称量	6			
	移液、定容	6			
样品放置	用待测液润洗比色皿	5			
	注液高度为吸收池的2/3—4/5，吸收池内无气泡，擦干比色皿表面溶液	5			
	比色皿放置位置正确、方向固定	5			
软件操作	选择正确的测定程序（吸光度测定、图谱扫描）	6			
	正确进行参数设置	5			
样品测试	空白回零、基线校正	5			
	谱图扫描	5			
	吸光度测定	5			
	电子数据存储	5			
关机	按操作规范退出软件、关机	2			
清洁	比色皿清洁	4			
	实验台面整洁	4			
记录填写	填写仪器使用记录及检验记录	10			
计算及结果	公式应用正确，计算结果准确	10			
	测试结果准确度	10			
总计		100			

结论：□ 通过　　　　　□ 未通过

评定人：＿＿＿＿＿　　　　　　　　　　　　　　　评定日期：＿＿＿＿＿

三、成果成效

（一）提升了学生对药品标准和法规的实践应用能力

"标准规范"体现了药品检验岗位的新要求。只有具备标准规范的职业素养，才能在检验过程中保持着不断学习的能力，用新的行业规范和标准来进行产品检验，也才能与时俱进，将新的分析手段和仪器使用方法融入药品质量检验过程中，有效确保产品质量符合规定。强化标准规范意识的培养，提升了学生对药品标准及药品规范的认识，养成遵循标准、执行标准的习惯，提升对药品标准和药品法规的实践应用能力。

（二）提升了学生分析问题和解决问题的能力

强化学生"标准规范"意识培养以后，学生逐步养成了依据标准、遵循规程的好习惯，进行数据处理，判断检验结果是否符合规定。在此过程中，学生在正确操作的同时，也要及时发现操作过程中的异常，进一步分析判断检验结果的合理性，并提出解决问题的办法，形成了发现问题、分析问题和解决问题的正确思维习惯。标准规范意识的养成，全面提升了学生分析问题和解决问题的能力。

（三）全面提升专业内涵与品质

从"快速准确"到"标准规范"，是药品检验技术、技能、标准的全面提升。这就要求从业人员必须具有扎实的专业知识和技能。药品检验过程始终围绕着标准规范操作，这既是药品管理法规和《中华人民共和国药典》等标准法规的要求，也是药品检验岗位操作的要求。这就需要我们在药品检验专业人才培养过程中注重知识、技能和专业素养的培养。

四、体会思考

中职学校教学诊断与改进工作，坚持"需求导向、自我保证、多元诊断、重在改进"的工作原则，体现了全面质量管理的理念，有力促进了专业教学质量的全面提升，我们要持之以恒做下去。

职业素养培育是专业人才培养的难点。从职业能力标准着手，细化职业能力的素质培养举措，将职业素养要求融入课程标准、课堂教学、企业实习、技能考核等教学过程，是职业素养培育的有效途径，值得其他专业借鉴和推广。

"以赛促教" 育人才 "赛教融合" 促发展

——智能设备运行与维护专业建设诊改探索与实践

上海市环境学校 张延伟 曹美琴 路昌俊 葛渊数

摘要： 普通教育有高考，职业教育有技能大赛，技能大赛已成为促进学生成长成才的重要平台。针对教学诊断与改进工作中智能设备运行与维护专业存在的专业建设成效不高的问题，通过采取引入大赛标准、完善竞赛机制、改革评价标准等措施，在诊改中不断推进专业建设，促进专业的可持续发展。

关键词： 技能大赛 以赛促教 赛教融合 诊断改进

上海市环境学校（以下简称"学校"）智能设备运行与维护专业在上海市中等职业学校第一周期教学诊断与改进工作中，针对该专业在各类技能大赛中参与度不高的问题，积极诊改，不断探索"以赛促教、赛教融合"的专业建设改革的新路子，将技能竞赛融入专业建设全过程中，重点解决专业怎么建的问题，不断提高学生的培养质量，促进专业的可持续发展。

一、工作目标

（一）准确理解诊改含义，转变人才培养模式

专业层面的教学诊断与改进是整个诊改工作中的重要一环，学校机电专业部对以往专业中长期存在的技能竞赛参与度低的问题进行诊改分析，逐步将技能大赛的理念植入教育教学的全过程，进一步促进学校专业教学模式和人才培养模式的转变和创新。

（二）科学设计竞赛机制，营造良好学习氛围

通过分析，发现缺乏技能竞赛的各项运行保障机制。通过诊改，逐步建立和完善了技能大赛的激励机制、运行机制和保障机制，重点做好校级技能竞赛的设计与落实，促进大赛在学校逐步实现制度化、规范化、长效化。层层发动，逐级竞赛，以赛促教、以赛促学，在校内逐渐形成比帮赶超、人人争先的良好学习环境，营造良好学习氛围。

（三）完善教学评价体系，推动专业教学改革

在诊改之前，专业教学评价体系零散，缺乏统一性。通过诊改，专业教学中参照技能大赛的评价标准，进一步完善教学评价体系。将学生职业道德、职业素养等基本要求融入考核标准，体现对学生知识、能力和素质的综合评价要求。既注重过程考核，也注重结果考核，逐步建立以技能考核为核心的专业课教学质量评价体系。

（四）合理配置教学资源，兼顾大赛和常规教学

在诊改前，教学资源混乱，实训场地冲突的情况时有发生。通过诊改，合理统筹和配置学校的教学资源，加强学校硬件基础和软件环境的同步建设，加快师资队伍和实训基地的建设，避免专业的常规教学和技能大赛两者间的相互影响，妥善解决由此而造成的资源冲突，促进双赢局面的产生。

二、主要做法

（一）引入大赛标准，完善课程资源

1. 转化技能大赛理论题库，强化学生专业知识学习

在技能大赛的比赛项目中大多会有专业理论知识的考核要求，这些理论知识往往最贴近企业要求，是筑牢学生理论基础知识的有效途径。根据"机械零部件测绘与CAD成图技术"赛项的理论题目，与企业合作开发机械CAD教学实训评价资源。同时根据"机电一体化设备组装与调试"赛项的理论题库进行题目筛选、提炼，在开展理实一体化课程的同时，对这部分理论知识重点讲解并强化练习。

2. 整合技能大赛考核项目，夯实学生专业技能训练

学校机电专业部根据近两年全国职业院校技能大赛液压与气动系统装调与维护项目、机电一体化设备组装与调试等赛项的国赛试题库，由大赛指导教师和专业骨干教师共同将题库整合、优化，在液压与气动系统装调、机电设备安装与调试、机械系统拆装等课程中重新设计实训项目，将技能比赛同专业教学有机结合起来，持续推进赛教融合。

3. 引入技能大赛技术规范，注重学生专业素养培养

学校机电专业部将世界技能大赛机电一体化项目的专业技术规范引入自动化产线的安装调试课堂教学中。专业教师在对世界技能大赛机电一体化项目竞赛试题技术规范要求进行深入分析的基础上，将教学项目的实施要求、技术规范和评价标准对标世界技能大赛的评判标准，把评分细则移植到课堂评价中，促进了竞赛评价与教学评价的融合，实现了技能大赛与课程常规教学的有效衔接。

（二）完善竞赛机制，构建分层体系

学校机电专业部紧密结合学生的日常学习情况进行技能大赛的参赛选手选拔，实现赛学相促，构建了课赛—校赛—市赛—国赛（世赛）四个层面的技能大赛体系，扩大选拔范围，让每个学生都有机会参与。

1. 构建"人人参与"的课程竞赛体系

学校机电专业部从专业技能课程的教学入手，融入竞赛的理念，改革课程教学模式，改进课程考试方式，设计课程竞赛方案，部分课程以赛代考。在竞赛的形式上，根据不同的课程分别采取班级分组竞赛、个人竞赛以及两者相结合的办法。

2. 构建"好中选优"的校、市级竞赛体系

学校每年举办校园技能节，一方面弘扬竞赛文化，检验专业课教学质量；另一方面也为来年的上海市"星光计划"技能大赛选拔种子选手。在竞赛的形式与评价的主体上，校级竞赛与课程教学中进行的竞赛几乎相同，但是在竞赛的目标上则重点考查学生对专业知识和技能的综合运用能力、工作岗位应具有的职业素养，以及分析问题、解决问题的实际

能力，更加强调应用性和综合性。

3. 构建"优中选强"的国赛（世赛）竞赛体系

学校对于校级技能竞赛中涌现出的各项目优秀选手，首先是按照市级竞赛组建各项目的集训队，并作为参加当年国赛选手的后备力量，观摩、配合、协助国赛选手的训练，熟悉大赛要求，感受大赛氛围，直至6月底国赛结束；其次是利用假期和课余时间，组织集训队成员进行针对性较强的知识和技能训练。对于在淘汰赛中落选的选手，依然会给予他们不断的鼓励，让他们在各专业项目教学中配合教师共同做好对其他同学的技术指导和训练工作，充分发挥他们的专业特长，带动其他同学共同进步。

（三）改革评价标准，优化评价体系

学校教学模式建设是将"以赛代考、赛考结合"有机融合，改革传统教学的评价指标体系和方式。将考场变为竞赛场，学生用比、学、赶、超的方式在竞赛舞台上展示他们的学习效果。通过以赛代考的形式，教师的教学观念、教学手段、教学方法、教学水平都得到了很大的提升；学生的职业素养、创新精神、环保意识、吃苦耐劳等核心品质得到了显著的提高。

三、主要成效

通过对专业层面的诊改，学校智能设备运行与维护专业的发展态势趋于良好，该专业不再是学校招生的老大难专业，反倒是朝气蓬勃。

（一）各类技能大赛成绩斐然

由于该专业在"以赛促教、赛教融合"专业课程建设上做出的努力，学生多次在市赛、国赛和世赛选拔赛中获奖。

表1 学生各类技能大赛获奖情况

奖项时间	奖 项 名 称	获奖等级
2018	全国职业院校技能大赛中职组液压与气动系统装调与维护比赛二等奖	国家
2018	全国职业院校技能大赛中职组液压与气动系统装调与维护比赛三等奖	国家
2019	全国职业院校技能大赛中职组液压与气动系统装调与维护比赛二等奖	国家
2019	全国职业院校技能大赛中职组液压与气动系统装调与维护比赛三等奖	国家
2019	上海市"星光计划"第八届职业院校技能大赛机电一体化设备组装与调试项目三等奖	省市
2019	上海市"星光计划"第八届职业院校技能大赛液压与气动系统装调与维护项目三等奖	省市
2019	上海市"星光计划"第八届职业院校技能大赛零部件测绘与CAD成图技术项目三等奖	省市
2019	第46届世界技能大赛上海市选拔赛机电一体化项目二等奖	省市
2019	第46届世界技能大赛上海市选拔赛机电一体化项目三等奖	省市

（二）课程教学质量显著提高

学校通过"以赛促教、赛教融合"专业课程建设，进一步对课程的教学目标、教学内容、教学结构、教学手段和方法、教学评价等方面进行了优化和完善，课程的教学质量得以显著提高，专业发展前景一片大好。

（三）专业建设水平大幅提升

学校先后在 2017 年和 2020 年成功试点机电一体化技术中高贯通培养和机械设计制造及自动化专业（智能制造方向）中本贯通培养，实现了中高、中本贯通一体化育人，构建了职教人才培养"立交桥"。2020 年学校成为第 46 届世界技能大赛机电一体化项目上海选手培养基地。

跨境电商课程体系建设与人才培养初探

上海第二工业大学附属浦东振华外经职业技术学校　罗　芸

摘要： 在国家产业发展的大背景下，近年来跨境电商获得巨大发展，并于 2019 年成为中职学校新增专业之一。行业的快速发展使得跨境电商人才短缺。本文主要从跨境电商人才培养现状出发，通过对专业课程体系建设的诊断和改进，促进中职学校跨境电商人才培养方面的改进和创新。

关键词： 跨境电商　课程体系　人才培养　诊断改进

一、实施背景

随着跨境电商市场的迅猛发展，跨境电商人才缺口巨大。事实上，近年来每年有大量外贸、电商等专业的应届毕业生流入人才市场，但此类专业毕业生和跨境电商专业毕业生存在较大区别，不能适应新兴的跨境电子商务的岗位工作需求，一旦走上工作岗位，不但缺乏工作实战能力，甚至缺乏跨境电商基本的专业知识。企业找人难，成为较大的问题。

对于中职学校而言，面对全新专业，应理清思路，根据人才培养目标，通过教学诊断和改进，不断完善课程体系，从而提升跨境电商人才培养质量。

我校自 2005 年首次开设电子商务课程，通过整合国际商务、电子商务、计算机等专业的资源和力量，十几年来积累了丰富的电子商务课程和专业建设经验。2017 年在国际商务专业中首次开设跨境电商专业方向，通过校企合作探索专业发展之路，根据《教育部 2015 年工作要点》，逐步开展跨境电商专业教学工作诊断与改进，完善课程体系建设。

在目前跨境电商尚未出台市级课程标准的情况下，学校教研团队通过企业调研，制定了跨境电商专业建设标准、人才培养方案、专业教学标准、课程标准以及顶岗实习标准。

二、实施目标

在国家大力支持跨境电商发展和职业教育改革的大背景下，基于目前行业人才需求现状，跨境电商的人才培养应以学校为主，发挥学校的教育质量保证主体作用，社会、企业积极参与，共同培养。学校在校企合作、课程体系建设、教师团队建设和师生评价体系建设等方面主动与企业开展合作，紧跟跨境电商产业发展现状和趋势，采用 8 字形质量改进螺旋，通过每学年完善修订专业建设方案、课程标准、人才培养方案和顶岗实习标准，每学期修订课程设置计划和校本教材内容，从而不断完善课程体系建设，提升人才培养与岗位需求的契合度。

三、实施过程

（一）破除实践时空局限，发挥校企合作优势

目前，由于亚马逊、全球速卖通等主流跨境电商平台对于在平台注册开店的资质要求较高，涉及开店资质、国际物流、境内外资金结算等很多中职校无法解决的问题，大多数中职学校的跨境电商实训课采用的是模拟软件的方式。但模拟软件实训效果与真实平台相距甚远，最终导致学校不了解企业需求，对企业岗位分工不明确，原有的课程体系已不适应当前企业对人才培养的需要。

我校与深圳睿禾科技有限公司签约合作，建设了一个企业冠名的"振华-REMAX"跨境电商工作室，常年聘请企业专家和员工固定时间在线上指导或到学校实地开展跨境电商相关日常运营维护工作。

根据教研团队设计和制定的实践制度，学生除了按传统方式完成共同的专业课程学习获得学分外，还可以根据个人兴趣和跨境电商岗位设置进行轮岗工作，在工作室自主选择自己喜爱并擅长的跨境电商岗位分工中的某一岗位，深入学习实践相关技能。

（二）立足专业岗位要求，创新课程体系设置

对于中职校来说，跨境电商是个全新的专业，已出版的相关理论和实训教材虽多，但符合中职学生特点和要求的教材相对较少，且局限于具体的跨境电商平台，对于其他跨境平台的应用性和可操作性不强。课程体系面临和教材相同的问题。

为此，教研团队大胆对传统的课程体系进行诊改，依据跨境电商专业建设标准、人才培养方案和顶岗实习标准，以一学年为一个诊改周期，不断完善跨境电商专业课程建设，将跨境电商专业课程设置按照企业岗位分工来划分。专业教师充分参与企业实践和工作室的实践指导，熟悉和掌握整个跨境电商企业岗位工作流程和工作任务，根据中职学生的认知特点和本校实际编写了校本教材。

校本教材将跨境电商企业常规九大类工作岗位，即产品开发、美工、采购、销售及客服、运营、推广、物流、仓库管理、会计按照工作性质归并为四大类岗位群，基于工作室所使用的亚马逊（美国站）平台的具体工作任务和内容，编写了四本活页式和工作手册式校本教材《跨境电商产品开发》《跨境电商物流》《跨境电商客户服务》《跨境电商运营管理》，作为"十二五"国家规划教材的重要补充。

四、问题与改进

随着跨境电商行业的发展和国际贸易局势变化，在国家发展战略背景下，各类跨境电商崛起，企业对人才的需求不断发生新的变化。

（一）持续开发校本教材

全球速卖通平台和其他跨境平台的崛起，使得企业对人才需求呈现多元化。课程团队每学期修订一次原有校本教材中关于亚马逊平台的岗位工作任务。同时根据全球速卖通平台的发展情况，着手开发新的系列校本教材，以满足企业对各种跨境电商平台的人才需求。

（二）修订完善评价体系

基于固定的课程固定的学分下的学分制，已不能完全适应日新月异的跨境电商专业发展需求。每学年修订跨境电商专业课程学分办法，将学生根据个人兴趣和跨境电商岗位设置进行的轮岗工作和深入学习转化为相应学时和学分等，从而鼓励学生多元发展，成为一专多能的跨境电商人才。

（三）定期开展数据调研

在二年级完成专业基础课和主要专业课程学习的基础上，每学期末开展学生工作室岗位兴趣调查，结合教学团队情况，统筹兼顾，合理安排课程、配备师资。每学年结束开展企业招聘数据调研，根据调研结果有针对性地优化课程设置。

（四）着力加强校企交流

针对跨境电商行业发展和校企合作工作室运营情况，每学期聘请企业专家线下或线上指导4—5次，解决工作室实践过程中遇到的问题，交流跨境电商行业最新发展信息。

（五）不断优化课程设置

根据各类最新调研数据，课程团队每学年末修订一次人才培养方案和课程标准，优化调整学年专业课程设置。

五、成效与体会

随着新兴对外贸易模式的发展，以及国内产业升级和跨境电商产业链的完善，跨境物流、通关、支付等跨境电商配套运营体系日趋完善。面对行业分工的日趋完善和细化，中职学校人才培养也应更有针对性，紧跟时代和行业发展。中职学校的课程设置应着眼于可持续发展要求，按照专业设置与产业需求对接、课程内容与职业标准对接、教学过程与生产过程对接的要求，打通中高职、中本贯通教育，规范和完善中职阶段课程和教学体系，为学生接受高等职业教育打好基础。

无缝对接培养，做实强"基"育人

上海市大众工业学校　曹婉新

摘要： 学校中本贯通专业在文化基础课程和相关专业课程的建设上积极进行探索和实践，通过教考分离、严把转段关等措施，力争实现一贯制培养中一体化设计、一体化教学、一体化管理的理念，确保贯通培养学生的教育教学质量。校级层面每年至少召开两次专项工作协调会；专业层面做到随时、随机的专题研讨活动，共同研讨专业实施方案的修订，做到边实践、边调整、边完善。

关键词： 一体化教学　教学质量保证　人才培养体系　教师团队

一、背景与目标

根据学校"十三五"发展规划和专业建设规划，我校电气设备运行与控制专业的专业发展目标是努力成为上海市中等职业学校品牌专业，特别是自动化专业中本贯通班成为标杆，引领示范。

专业组以诊改的思路，依据上海市电气设备运行与控制专业教学标准和上海市中等职业学校品牌专业评估标准，聚焦专业人才培养方案，围绕专业人才培养目标，不断调研，梳理专业发展现状，依据市场需求和人的全面发展，制定贯通专业建设目标和专业规划。结合实际开展诊断与改进，在发现问题后，设立改进目标，确定三年诊改周期，制定明确具体、可行的改进措施，落实推进，取得成效后再进行梳理分析，按照8字形质量改进螺旋开展下一阶段的专业诊改。

专业组通过数据分析发现电气专业发展平稳有序，各监测指标基本能够达标，但是在专业诊改过程中意识到对中本贯通班的管理要在原有的管理机制上做较大变革，教学质量要得到最大的保障。而亟须解决的问题主要包括以下三个方面。

（一）贯通班人才培养方案要不断优化

普通中职班与贯通班培养目标完全不同，这就决定了贯通班的人才培养方案要根据实际情况重新制定和优化，其中包括课程结构、课程设置、教学安排等的修改与制定。

（二）贯通班师资配备须优化

贯通班的培养目标决定了在贯通班的师资配备上要优于普通中职班，学校有必要在为实现中本有效贯通的过程中，打造一支优秀教师团队，为中本贯通顺利、高效地实施保驾护航。

（三）对贯通班办学质量的监控及评价制度须完备

学校原有的监控、评价制度只适用于普通中职班，对于贯通班的监控及评价须在原有制度的基础上进行全面修订。

二、思路与做法

专业组在中本贯通专业文化基础课程和相关专业课程建设上积极进行探索和实践，通过教考分离、严把转段关等措施，力争实现一贯制培养中的一体化设计、一体化教学、一体化管理的理念，确保贯通培养学生的教育教学质量。中本贯通班的文化课任课教师每学期参加两次以上联合教研活动，围绕专业建设目标，与高校及专家对贯通课程内容进行探讨，对专业人才培养方案做进一步优化，对课程标准进行修订。校级层面每年至少召开两次专项工作协调会；专业层面做到随时、随机进行专题研讨活动，共同研讨专业实施方案的修订，做到边实践、边调整、边完善。具体做法如下。

（一）人才培养方案落地

中本贯通自动化专业按照人才培养方案实施教学计划、开设课程，学校采用信息化教学管理，对于个别教学计划在实施过程中的调整，均有变更申请批准手续，在实施过程中不断改进和修订。

（二）课程开设和课程教学

以 2019 学年为例，中本贯通班级第一学期周课时 32 节，另有早自修、午自修、晚自修；第二学期周课时 36 节，另有早自修、午自修、晚自修。早午自修期间安排任课教师进教室，进行阅读、题目讲解、错题订正分析等，充分给予学生答疑和提问的时间；晚自修针对住宿生，同样安排任课教师值班。中本贯通专业各学科按照课程标准进行授课和考核。语文、数学、英语三门课程于第五学期参加上海市统一学业水平考试，专业课程根据课标要求或高校推荐使用教材。学校严格落实教学常规工作的管理，督导员深入教室、实训室听评课。从开设课程所在教研组的常规检查和学校日常抽查来看，任课教师能根据课程标准和所任教学科教材及所在班级实际情况，认真制订授课计划，教学进度执行情况良好；教案内容详细规范，教师作业批改认真、及时；日常教学巡视检查中课堂秩序良好，督导随堂听课反馈教师教学情况良好。

（三）考试考核

学校特别重视对学生课程掌握情况的考核，每一次期末考试均采取多校联考的模式，凡是和电机学院中本贯通的中职校，通过相互出卷、第三方出卷或者由上海电机学院出卷或组卷的方式，对语文、数学、英语及物理进行联考，并且采取多校教师一同阅卷的方式，评定分数。此外，在平时的授课过程中采取周考和月考的制度，实行日日点评、周周小考、月月大考的常规考核制度。学校自从和电机学院开展中本贯通培养试点以来，在贯通中职校的期末联考中，每一个学科的考试成绩均名列前茅。

（四）实习实训

学校机电实训中心是上海市四星级开放实训中心，为中本贯通班学生提供了良好的实训条件。学生实习实训时间充足，工位有保障，师资配备精良。集中实训主要设置了电工认识实训、钳工实训、计算机绘图实训。计算机初级、电工中级取证率高达 100%。

（五）教学质量保证体系

专业组通过学习各种顶层设计文件与政策，积极探索适应地方经济发展需要的高素质技能型人才培养模式，推进完善中本贯通的职业教育人才培养机制，努力构建与市场需求和劳动就业紧密结合、校企合作、工学结合、结构合理、形式多样、灵活开放、自主发展的贯通教育体系。通过建立标准化的顶层设计，建立健全稳定有序和监督有效的沟通协调制度，成立领导小组和工作小组。健全教学保障制度，落实中本贯通教学一体化实施。中职和本科院校一起制定包括基本制度、专业建设、课程建设、教学运行管理、学生管理质量监控等一整套院校建设管理规章制度，实现项目管理的规范化。

三、成果与经验

（一）完善的教学管理、监控及评价制度

建立了"电机学院—校长—教学副校长—教务处—智能工程系—班主任—任课教师—班级"的教学管理网络。电机学院与学校及其他贯通中职校共同制定颁布《贯通教学督导工作管理办法》，充分发挥教学督导在贯通教学工作中的有效监控作用。根据此办法，制定切合我校的督导制度，规定了教学督导的工作职责、聘任管理、权利与工作纪律，强化了贯通班教学质量管理，完善教学质量监控体系，促进贯通班教学质量不断提高。

（二）科学的人才培养体系

专业课坚持一体化构建课程体系，根据行业发展、产业结构调整与技术发展需要，及时调整专业方向和课程内容，不断优化培养方案，注重学生综合能力培养，做到通识模块做"实"、核心模块做"精"、拓展模块做"宽"，努力提高贯通专业学生可持续发展能力。学校教师积极开展贯通育人实践研究，参加中本贯通教学大比武。贯通专业学生在自主学习、自主管理等方面表现较好，在社团和竞赛中成绩优异。

（三）高水平的教师团队

专业组在师资配备上讲究老中青结合，高职称、高学历、"双师型"和高技能教师为首选。在师资培训与交流方面，成立了语数外等学科的联合教研组，每个学期至少举行两次联合教研活动。在活动中，电机学院派遣相关教师全程指导人才培养方案的实施，这一举措对提升学校教师教学能力、改进教学方法、提高教育科研水平起到了良好的推动作用。此外，各校教师在活动中就贯通教学中的得与失，积极交流，互通有无，也对改善日常教学有很大的助益。

四、效果与反思

在贯通培养的七年之中，已有五届学生成功转段进入电机学院学习。由于专业组对贯通班办学质量的高度重视，以及较为成熟、有效的教学管理制度的实施，贯通班的管理取得的阶段性成效可圈可点：在多校联考中位居前列，学生转段考试成绩优异，学生在各类考证中合格率为100%，在各种课外活动和比赛、评比中均取得优异成绩。这些成果的取得说明已基本形成能够有效实施中本贯通的教学管理体制，但在师资队伍及教材建设等方面仍需进一步完善。

（一）师资队伍建设需要进一步加强和重视

我校教师长期执教普通中职班，自身教学的宽度和厚度在某种程度上难以适应更高要求的贯通班的教学。另外，教师队伍年龄结构不合理，老教师已近退休，新教师还未成

长，有些青黄不接。因此，需加强贯通班任课教师的培训和引进，全方位提高教师的教学能力，改善教师团队的年龄结构。

（二）教材的一体化设计和使用还须努力

就贯通班中职阶段使用的专业课程教材而言，基本与高校的教材脱节，完全适合中本贯通的专业课完整教材尚未成型，编制适合中本贯通培养模式的一体化教材还有很长的一段路要走。

通过专业组对人才培养方案和课程教学等问题的诊改，进一步增进了专业发展对照上海市品牌专业规划目标进行建设的意识；通过"五年一规划，三年大循环，一年小循环"周期性诊改实践，打破原有中职、本科各自独立的课程框架，既不墨守传统的学科体系，也不违背学生的心理认知特点及成长发展规律，科学规划整合教育内容，同时去除交叉重叠的部分，强化课程结构的合理性、连续性、层次性、递进性，确定好合理的教学体系实施路线，建立了切实可行的教学评价指标体系。

由"室内"迈向"市外"，
音乐职业教育领域的探索与诊改
——以室内乐学科教学发展为例

上海音乐学院附属中等音乐专科学校　吴彦辰

摘要： 室内乐是指在比较小的场所演奏的音乐，是由几件乐器演奏的小型器乐曲。上海音乐学院附属中等音乐专科学校（以下简称"上音附中"）室内乐科始建于 2010 年，是全国第一所建立该学科的学校。通过探索与诊改，上音附中室内乐学科取得丰硕成果，正由"室内"迈向"市外"。

关键词： 室内乐　艺术实践　团队合作　多元化教学

一、学科及探索简介

（一）学科缘起

室内乐在西方是重要的音乐表演形式，具有悠久历史，但作为学科进入专业音乐学院教学体系还只是近 20 年的事。室内乐学科的教学模式天然迥异于传统单个乐器教学，可谓是"牵一发而动全身"的整体性教学，不仅对学生个体的音乐综合素养要求很高，对教学部门整合资源的能力也提出要求。它不仅要求有演奏与理论专业的支持，还需要有多元的实践舞台，是音乐理论与演奏实践相结合的综合学科。

上音附中 2010 年起就开始了对中等音乐教育领域室内乐教学的探索和研究，组合形式十几种，学科每年有超 90 个室内乐小组。采用学分制学习，贯穿整个附中阶段。

（二）探索过程

1. 如何分组

最初由学生自主寻找搭档进行组合，教师在教学过程中会根据学生的演奏能力、学习态度及特殊情况等因素再进行调整。

2. 教学形式

室内乐教学主要围绕五大类核心形式展开：钢琴与弦乐、弦乐室内乐、管乐室内乐、双钢琴、民乐室内乐。

3. 课程机制

课程覆盖小学六年级至高中二年级所有表演专业学生。每位学生每学年至少修满 30 学分，总共修 4 年。每年须参加至少一次演奏会，并在学年末参加统一考试。除此之外，鼓励学生积极参与各种形式的艺术实践，起到"寓学于练，练中进步"的舞台实践作用。

4. 如何教学

室内乐是针对小团体的专业教学，学生之间专业和个性各有差异，所以教师不仅要有对整个团体的共同教学，还要伴随对每位学生的单独教学；要有恰如其分的语言表达，既能对所有学生都起到教育作用，同时又保护他们对音乐和对合作的热爱之心；要有有效的约束手段，既能让他们课下相互督促、高效排练，又要注意维护他们之间的友好关系。

5. 教材选择

最初学习室内乐课程的教材选用的是巴洛克时期作品；之后教材的选用循序渐进，如稍复杂些的古典主义作品以及难度不太大的浪漫主义作品；最后，可以突破时期和风格的限定，根据每个组合的风格和资质，选择任意适合的演奏作品。

6. 国际现状

当今，国际上几乎所有一流的音乐学院都开设有室内乐课程，有的学校还专门设置了室内乐表演专业方向。例如，俄罗斯的大学就设立了室内乐表演方向研究生（博士）学位。俄罗斯的音乐学院附中的室内乐课程面向所有专业学生，并制定了专门的教学大纲。

二、教学诊改引入新思想

（一）"两链"打造

自 2016 年教育部启动中职校教学诊断与改进工作以来，上音附中教学工作诊断与改进以《国务院关于加快发展现代职业教育的决定》为指南，按照"需求导向、自我保证、多元诊断、重在改进"的工作方针，积极推进职业教育高质量发展。围绕上海文化艺术事业发展的功能定位以及与国际接轨的音乐艺术表演人才的社会需求，以现代化音乐艺术教育需求为目的，改善办学条件；以现代学校制度建设为基点，完善制度体系，健全运行机制，促进学校规范、高质、高效运行，促进学校主动、持续、高水平地发展。

在教学诊改工作中，目标链和标准链的打造是其中最重要的环节，通过"两链"的打造，强化学校各层级间的质量管理，实现全员、全过程、全方位的质量保证体系的全覆盖。

上音附中的"两链"依据对标学校的"十三五""十四五"规划来打造。以"十四五"规划为例，确定"为全面建成世界顶尖音乐专业学校打下坚实基础"为总目标。以学生发展为中心，秉持音乐精英教育理念，进一步创新人才培养模式。保持和发挥引领和辐射全国青少年音乐专业教育的地位和作用。学校在此基础上，为各层面建设分目标规划，形成"一总三分"的"十四五"发展战略规划体系。

表 1　上音附中"十四五"发展战略规划

"十四五"总目标		
为全面建成世界顶尖音乐专业学校打下坚实基础		
学校党政建设分目标	专业发展分目标	教师规划分目标
加强党对学校工作领导 强化立德树人根本任务 高质量完成中职优质培育校项目	探索对外交流合作新模式 对接国家、上海战略 推进文化传承创新与社会服务	创建高水平教师教学创新团队 推进学科建设和课程改革 构建高水平教学质量综合保障体系

上音附中在"十四五"发展战略规划的引领下，在学校教学诊断与改进领导小组的组织下，在监督小组的督导下，调整部门分工，通过管理标准化建设，明确了部门和岗位职责，明晰工作流程，并进行年度分解，形成各个层面的目标体系。五个层面的目标上下协同、左右关联构成完整的目标链。

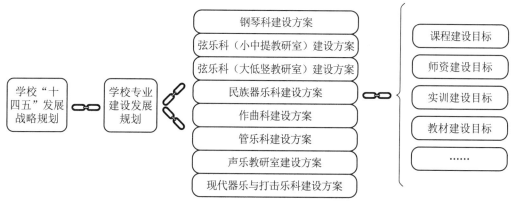

图1　各层面的目标体系

室内乐学科也根据自身特色制定了科室的"十三五""十四五"规划。以"十四五"规划为例，室内乐学科根据学科特点结合学校层面以提高人才培养质量为根本，依据"办一流的音乐教育，建设一流的师资队伍，创造一流的教育环境，培养一流的音乐人才"的办学目标，制定了科室的目标链。

表2　室内乐学科目标链

室内乐学科目标链打造		
推动室内乐学科成为中等职业学校音乐专业的专门化方向必修课程	培养学生具备乐团演奏员的职业能力	为学生的未来发展（成长为"具备全面完整的合奏素质人才"）打下坚实的基础

室内乐学科诊改包括专业、课程、学生等多个层面。对于室内乐学科发展过程中遇到的问题，学校抓住教学诊改的契机，按照8字形质量改进螺旋建立教学工作诊改制度，建立"自定目标、自立标准、自主实施、自我整改"的螺旋式循环提升的教学质量保证的制度体系和运行机制，来尝试解决室内乐学科现阶段所出现的问题。

室内乐学科组内教师通过和上海交响乐团的专业演奏员进行多次讨论之后，制定了教学流程标准链，针对教学流程中的各个环节制定了有迹可循、有规可依的标准。

（二）存在问题

上音附中在中等音乐教育领域开展室内乐教学的探索和研究过程中，主要存在以下问题。

1. 学校层面

时间问题：在室内乐教学过程中，由于参与人数众多，各年级学生时间安排不同，因此一个组合全员到齐上课，通常需要学生和教师牺牲额外的时间，才能完成课时。

室内乐演奏会时间和学生专业课时间冲突，导致演出先后次序的安排偶尔也会在后台

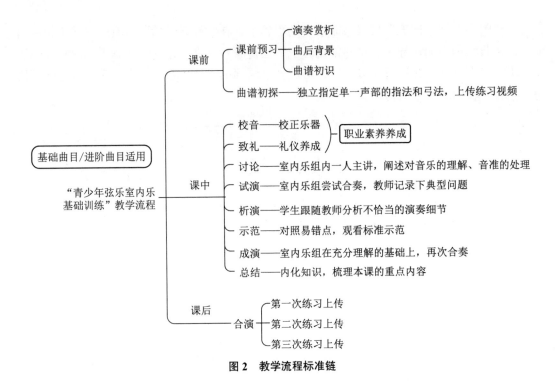

图 2　教学流程标准链

引起不必要的矛盾。

空间问题：教学场地仅能满足室内乐教学的基本需要，教室硬件相对于演奏的音色变化，以及音响效果需要更接近于舞台演出的听感，都存在着不小的差距，仍有改善空间。

除日常教学外，学生练习场地也有不足，需要进行更合理有效的安排。

2. 专业层面

室内乐分组采取学生自由组合，在实际教学过程中，面临诸多挑战。能力强的学生，对于一般的教学任务游刃有余；而对于另外一些能力相对薄弱的学生，同样的教学任务则成为一种负担。

3. 课程层面

室内乐学科根据已有基础，参考音乐学科的全国标准，通过教学与艺术实践，将课程归纳为三类表演体系——西洋管弦室内乐、钢琴室内乐、中国民族室内乐。现阶段对于教学资源的开发相对比较保守，能否在组合形式上再衍生出新的变化，还要通过日后对演出需求的不断调研去挖掘新的可能性。

（三）诊改运行

经过对室内乐学科日常教学中的问题展开教学研讨，结合自我诊改各层面的分析，在学校多部门的配合下，针对各层面问题启动诊改机制。

在学校层面，学校决定通过优化室内乐管理机制，加大整合优质资源，拓展室内乐的分层教学，形成了学科间同促进、共融合的新格局，打造了学制双轨、选择双向、艺德双育的高质量音乐人才培养新体系。

在专业层面，融入中等职业学校音乐专业国家教学标准、德国青少年音乐比赛评审要求、维也纳音乐与表演艺术大学室内乐课程标准的相关要求。打造更为科学、自然、和谐的途径和方法，搭建融教、学、练、演、导、论于一体的活动体系，使学生学有其所、练有平台、育有载体。增加中华文化、民族作品及优秀传统的思想方法教育，以加强对我国民族音乐的审美认知和培育中华文化自信。

在课程层面，形成规定性与灵活性学制相结合的创新人才培养体系。通过学分制给学生选课、选师、选时的权利，学生可根据个人知识拓展志趣、职业发展规划等制订个性化的学习计划，强调自由选、随时学。基于专业学制的规定性与权威性，保障推进多元发展的灵活性问题，创建教学双轨制，增加学年课程与选择性课程的综合培养体系。

三、成果展示及总结

上音附中的室内乐学科建设已有 10 余年，在从自身探索到自我诊改的过程之中，已经有 120 余人次在国内外重大比赛中获奖，其中包括第一届勋菲尔德国际弦乐比赛室内乐组第一名、日本 2019 "东京–萨尔兹堡"国际室内乐比赛少年组第一名等。教师个人国际获奖 2 人 7 次，包括德国唱片评论奖最佳艺术家等；国内获奖 3 人 12 次。

同时，学科建设也在实践过程中收获硕果，"弦乐室内乐在线开放课程"等 8 项课题获得上海市级课题及上海音乐学院院级课题立项；发表论文包括《谈室内乐的基础训练》等 17 篇；出版教材《青少年弦乐室内乐曲集》等 7 部；发行唱片 6 张；举办专场音乐会近百场；培养了现今活跃于国际舞台的室内乐国际大赛双料冠军"新魄力弦乐四重奏"，以及国内顶尖室内乐组合"棱镜三重奏"等。

室内乐科室还创新架构，联合全国同类学校举办巴洛克国际室内乐艺术周，现今发展为室内乐国际艺术节。完善以大师引导、以艺术实践为主线的育人平台，创新对提高学生专业综合素质起重要作用。

中等音乐教育是培养未来音乐人才的重要环节，上音附中的室内乐学科对未来有着积极的向往，目标是成为中国音乐院校附中室内乐教学的引领者，成为示范性室内乐教学标杆。相信在全校师生的共同努力下，一定能早日实现这一愿景。

统筹实训条件和教学资源建设，
夯实专业教学发展基础

上海市宝山职业技术学校　　顾秋芳　　周献忠

摘要： 从专业层面进行诊断与改进，将实训条件提升和教学资源建设作为诊改工作目标之一。通过问题分析，查找根源，建立"问题导向、自我剖析"的工作思路，确定专业教学资源诊改工作信息采集点，修订专业发展规划目标链，以品牌专业建设为引领，推进实训中心建设和教学资源建设，不断夯实专业办学基础。通过制度建设，完善资源建设的保障机制。

关键词： 教学资源　SWOT 分析法　诊断与改进

一、实践背景

根据《教育部办公厅关于建立职业院校教学工作诊断与改进制度的通知》（教职成厅〔2015〕2 号）、《上海市中等职业学校教学工作诊断与改进实施方案》（沪教委职〔2016〕45 号），2016 年学校制定了《教学工作诊断与改进工作方案》，确定在学校、专业两个层面进行诊改。学校修订完善了"十三五"发展规划、专业布局结构调整建设规划，以"办学方向正确、办学条件达标、教学管理规范、提升办学质量"为目标，推进教学诊改工作。

专业层面确定了课程体系、实训条件、教学资源、校企合作和教学科研五个工作项目。结合"教学资源建设状态"诊断项目，学校以夯实专业办学基础为目标，借助实训中心改造契机，将专业实训中心建设和教学资源建设作为诊改工作的一个重要诊改点。

二、实践过程

（一）打造实训条件和教学资源建设目标链与标准链

围绕学校"十三五"发展规划，编制专业发展规划，修订专业建设实施方案，明确数控技术应用、物流服务与管理专业品牌专业建设目标，汽车运用与维修、机电技术应用、计算机应用专业学校重点专业建设目标，以及学前教育和高星级饭店运营与管理专业学校一般专业建设目标。参考上海市品牌专业建设和上海市中等职业学校专业教学标准，构建"品牌专业、校内重点专业和校内一般专业"的建设标准。在实训条件和教学资源方面，形成"完善品牌专业、扩建重点专业、升级一般专业"的软硬件建设任务。

（二）分析专业现状，查找问题根源

依据"校内实践教学基地数量、建筑面积、生均教学仪器设备值，专业教学资源库等级、类型、数量"等诊断点，学校确定了"实训环境、实训设备设施数量、实训工位数、主流设备设施与专业教学匹配度、专业教学平台数量、教学资源类型与数量、教学资源与课程匹配度、校本教材数量与适用性"等采集指标，对各专业开展了实训条件和教学资源的现状分析。

1. 存在的主要问题

从实训条件来看，各实训中心（实训室）基本在"十一五"期间建设完成，"十二五"期间未有重大改建，除学前教育和高星级饭店运营与管理专业外，其他专业实训环境不够优越，设备设施与专业教学匹配度在下降。从教学资源来看，除物流服务与管理专业外，各专业教学资源严重不足，主要体现在专业教学资源库未建立，教学资源多为课件，教学视频、动画、微课等较少，教学资源种类与数量明显不足。从校本教材来看，由于专业定位的调整，部分校本教材已经不能适应实际专业教学需要，各专业缺乏专业实训教材，校本化教材数量明显不足。对比各专业之间的差距，发展的不均衡性比较明显。

2. 问题产生的根源

从学校层面来看，一是投入建设资金少、教学资源建设未落到实处，二是未建立资源建设的管理制度。从专业层面来看，未能做好教学资源建设规划或是规划与实际情况不相符。从教师层面来看，缺少参与资源建设的动力或是资源制作能力不足。

（三）针对现实问题，采取诊改措施

1. 统一实施机构

学校实训中心建设工作由实训办负责，教学资源建设工作由教务处负责。由于实训办与教务处属于两个管理部门，造成建设经费不能统一调配、建设计划不能协调实施的问题。为此学校通过诊断改进，将专业实训条件建设和专业教学资源建设合并于专业办学条件工作模块中，并将建设工作统一归实训办负责实施。学校专业科室是专业发展规划的制定部门，又是专业建设和课程改革的实施部门。通过实训办统一监管，再由专业科具体实施，由此提高建设运行效能。

2. 确定建设单位

学校以专业科室为建设单位，相关专业校企合作单位、专业建设指导委员会和特聘兼职教师共同参与，成立由行业专家、企业能工巧匠和学校专任教师组成的资源建设小组，共同开展教学资源和校本教材建设。

3. 修订建设方案

各专业重新开展市场调研，运用 SWOT 分析法，进一步开展专业发展规划修订工作，完成物流、数控、汽修、机电和计算机专业实训中心建设方案。结合专业发展规划，确定实训条件建设与教学资源建设同步推进的建设方案，形成"依据专业定位发展与实际课程教学需要建设一批与专业课程相关的教学软件，依托实训室智能管理系统建设以校内局域网为架构的专业教学资源库，通过品牌专业建设和内涵建设推动校本教材开发"的诊改思路，制定了"教学经费是否落实，实训建设是否按期执行，专业教学平台与软件、教学媒体素材、校本教材是否增加，教师是否积极参与资源建设"等动态监测预警内容。

4. 统筹教学经费

加强教学经费管理，建立预算、决算制度，确保专项经费专款专用和按期落实。针对

专业发展不均衡的问题，学校统筹规划，结合专业建设规划，合理分配日常经费，保障有限经费的优化配置和提高经费使用效益。

5. 建立奖励制度

针对教师参与资源建设动力不足的问题，学校进一步完善《上海市宝山职业技术学校教师奖励条例》，将资源建设、校本教材开发纳入教育科研成果奖励栏目，同时将教师参与资源建设纳入绩效考核，以提高教师参与的积极性。

三、成果成效

（一）实训条件明显改善

2017 年 7 月学校全面启动实训中心基础建设工作。至 2019 年 6 月完成 3000 m² 汽车实训中心和 5000 m² 机电实训中心大楼基础建设，至 2020 年 6 月完成数控、物流、汽修和机电等专业实训室功能定位调整工作。投入 300 万元完成物流实训中心提升建设，新增虚拟现实体验、跨境贸易电商、模拟快运分拨、电商创新模式等 4 个实训室。投入近 800 万元用于数控实训中心二期改建工作，新增 20 台机床设备、3 台激光打标机和 1 套三坐标测量机，新建 1 个 3D 打印实训室、1 个制图实训室和 1 个专用机房。投入 340 万元用于机电实训中心建设，新购 8 套工业机器人仿真教学实训设备。投入 280 万元用于汽车实训中心建设，新购一批发动机与底盘实训设备、实训平台。投入 140 万元用于改建计算机应用专业 2 个基础机房为云机房和计算机平面设计专业 1 个专用机房提升。

截至 2020 年底，学校实训中心总面积约 12000 m²，各类实训室共 48 个，实训环境与功能有效提升。总实训工位数量从 2016 年的 1327 个上升到 2020 年的 1785 个，教学仪器设备总值从 2016 年的 3670 余万元上升为 2020 年的 5890 余万元，生均教学仪器设备值从 2.07 万元上升为 4.0 万元。

（二）教学资源增量显著

自 2016 年起，物流专业购置模拟快运分拨、电商物流、跨境电商等 8 套教学软件，完成跨境电商物流、国际货代综合实训等 4 门课程资源包建设和 1 个精品课程 2.0 平台建设。数控专业购置数控车削加工、数控铣削加工、机械识图等 3 套教学软件，完成金属切削原理与刀具、普车操作、加工中心操作等 6 门课程数字化资源建设。此外，汽修专业完成汽车维护、发动机电控系统检修、汽车电气设备检修等 8 门专业课程资源包建设，机电技术应用专业录制完成电工实训课程 40 个教学视频，学前教育专业完成生活保育立体课堂资源建设。

通过教学软件及 PPT、微课、视频、动画等的建设，教学资源累计增加了 350GB，丰富了课程资源，满足了专业教学的需要。

（三）校本教材量质同升

完成《陆运货代业务操作》《PLC 控制技术与应用》两本云教材建设，相继完成《海运货代业务操作》《数控车加工》《公交新能源汽车结构与原理》《移动与网页 UI 电商设计》等 20 本校本教材开发，其中《电商配送实务》和《电商仓储实务》两本教材在上海市中等职业学校第五届校本教材展示交流评比活动中被评为"优秀校本教材"。

四、体会思考

结合"教学资源建设状态"诊断要素，推进实训条件和教学资源建设，提高了工作效能，为学校深入推进教学诊改提供了工作思路与方法。当然在实践中还存在未能针对每一专业目标，梳理出具体任务，导致目标任务还不够细化，目标达成还是比较笼统，对如何评估诊改目标的问题需要进一步学习与探索。

聚焦问题，诊改优化，创新助力专业发展

——以电子商务专业为例

上海市材料工程学校　梅　林　朱赛荣

摘要： 问题导向、自主自发、由内而外的持续驱动是诊断与改进工作的核心。结合学校专业诊断与改进工作，剖析电子商务专业现状及存在的问题，对接行业发展趋势，对标学校建设规划，明确电子商务专业定位，创新开展专业建设，助力专业转型发展。

关键词： 聚焦问题　诊改优化　电子商务

2017年起，上海市材料工程学校启动诊断与改进工作，根据学校专业诊改工作的整体设计思路——以专业内涵建设为核心，通过构建专业建设目标链与标准链，优化专业结构、建设品牌专业，不断提升专业育人质量，电子商务专业对标《上海市材料工程学校专业建设标准》，提出以专业诊改工作为契机，建设成为学校重点建设专业这一目标。结合电子商务专业提出的建设目标，专业启动了对标找差距、补短板工作。

图1　上海市材料工程学校专业建设目标链

表1　上海市材料工程学校专业建设标准链

一级指标	分值	诊断监测点	分值
1. 创新人才培养模式 推进校企深度合作	24	1-1 专业定位	8
		1-2 培养方案	8
		1-3 校企合作	8
2. 深化课程教学改革 形成丰硕课改成果	26	2-1 课程建设	8
		2-2 课程实施	10
		2-3 实训保障	8

（续表）

一级指标	分值	诊断监测点	分值
3. 打造"双师型"师资队伍 形成一流教学团队	26	3-1 专业带头人	10
		3-2 队伍数量与结构	8
		3-3 队伍能力与素质	8
4. 提高专业服务水平 拥有优质社会声誉	24	4-1 学习成效	8
		4-2 社会服务	8
		4-3 专业声誉	8

一、聚焦问题——电子商务专业诊改的现状起点

（一）专业定位——方向不明，摇摆不定

对标《上海市材料工程学校专业建设标准》分析，电子商务专业定位一直不明确，经历过会计—企业管理—市场营销—物流货代—网店运营等方向调整，不适应上海服务业发展需求。专业调研少，人才培养目标不明确，显示出散而多的情况。专业方向不清，进而导致课程建设、校企合作等方面零散化。

（二）专业师资——师资不匹配，缺少带头人

对标《上海市材料工程学校专业建设标准》分析，电子商务专业暂无专业带头人，"双师型"教师占比 50%，没有高级职称教师，教育科研成果数量不足，且教师擅长教学课程集中在客户服务、市场营销、贸易实务等专业基础课程上，核心课程师资力量不足。

（三）校企合作——对象单一，合作浅层

对标《上海市材料工程学校专业建设标准》分析，电子商务专业校企合作对象主要为服务型中小企业，主要合作方式为企业专家讲座、学生认知参观等。校企合作对象单一，合作形式停留在表层，没有进行过深入的产教融合研究。

对照学校专业建设标准诊断监测点，学校电子商务专业存在定位不明确、师资力量薄弱、教学资源不足、校企合作浅层等问题。电子商务专业诊断分值为 63 分，达到校内一般专业水平，对照专业建设标准解决现有问题成为后续专业改进所需攻克的突破点与重难点。

二、运行实施——基于诊改工作的电子商务专业建设路径探索

（一）建立专业诊改运行机制

电子商务专业诊改工作，要落实主体责任，建立自主运行的诊改机制。电子商务专业诊改工作落实专业部主体责任，以建设学校重点专业为目标，对照学校专业建设标准编制专业三年建设方案，设计实施相应专业教学实施方案，利用学校数据平台进行数据实时采集监测，协同课程、教师层面制定与实施各自对应的目标。在每学期末，进行专业质量、团队诊改报告分析，每年进行专业年度诊断，不断调整改进实施过程，为专业质量提升到更高目标提供依据。

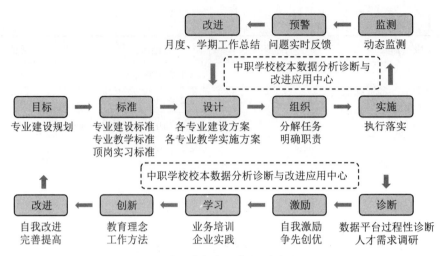

图 2　电子商务专业诊改运行机制

（二）对照标准，明确专业建设目标

对照《上海市材料工程学校专业建设标准》，电子商务专业经过对行业发展趋势、岗位需求以及其他职业院校类似专业发展定位的调研，通过对自身 SWOT 分析，提出了围绕上海"四大品牌"建设，聚焦上海文化、上海购物，以服务社会为主线，以产教融合为载体，以创新创业为举措的"数字文创"专业发展目标。

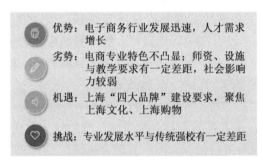

图 3　电子商务专业 SWOT 分析

（三）组织实施，创新开展专业建设

对标学校专业建设标准监测指标，电子商务专业制定了三年建设方案，在创新人才培养模式、教学资源建设、打造一流教学团队、校企合作等方面进行了全方位的内涵建设。

表 2　电子商务专业三年建设方案

项目名称	建设内容	任务分配		
		2018 年	2019 年	2020 年
人才培养模式	1. 专业指导委员会指导专业定位、优化人才培养方案以及课程设置 2. 专业教学质量的诊断与改进 3. 申报化妆品营销中高贯通试点项目	1. 申报化妆品营销中高贯通试点项目 2. 专指委指导电子商务人才培养方案优化，调整课程开设 3. 专业教学质量的诊断与改进	1. 优化化妆品营销专业课程 2. 专指委指导电子商务人才培养方案优化，调整课程开设 3. 专业教学质量的诊断与改进	1. 专指委指导人才培养方案优化 2. "数字云创"群调研报告 3. 专业教学质量的诊断与改进

（续表）

项目名称	建设内容	任务分配		
		2018 年	2019 年	2020 年
师资队伍	1. 引进人才 2. 教师培训、学历提升 3. 参与各类比赛 4. 教育科研课题项目 5. 职称晋升	1. 完成教师学历提升 1 名 2. 继续开展"十三五"师资培训	1. 引进专业教师 2 名 2. 继续开展"十三五"师资培训 3. 完成市级教师下企业挂职锻炼 4. 参加学校教学法评优活动 5. 继续培养专业带头人	1. 参加上海市教学法大赛 2. 备战上海市"星光计划"比赛 3. 申报上海职教协会课题 1 项
教学资源	1. 教学资源建设 2. 实训室建设 3. 课程平台资源库建设 4. 校级精品课程建设	1. 完成 4 门专业核心课程的课程标准制定 2. 建设校级精品课程 1 门 3. 完成 2 门课程教学资源建设	1. 完成 13 门化妆品营销专业课程的课程标准制定 2. 共建"电子商务客户服务"课程的教学资源	1. 完成化妆品营销专业已开课程全部课标 2. 建设跨境电商课程资源平台 3. 完成专业课程线上线下教学资源包
校企合作	1. 建设校内实训室 2. 开发校外实训基地 3. 校企协同工作，开发课程教学资源 4. 创新工作室	共建 1 个电子商务实训室、1 个企业经营管理沙盘实训室	1. 申报化妆品营销展室及电子商务多功能实训室 2. 建立电子商务工作室	1. 建设化妆品营销展室及电子商务多功能实训室 2. 开发新校外实训基地 1 个

第一，在创新人才培养模式方面，专业明确依托化妆品营销中高职贯通培养试点项目，专业定位于数字营销方向，优化人才培养方案，增加新媒体营销、直播运营等专业核心课程，聚焦网络直播运营项目，与中国广告协会签订网络直播运营人才培养基地协议，致力于培养数字营销相关岗位人才。

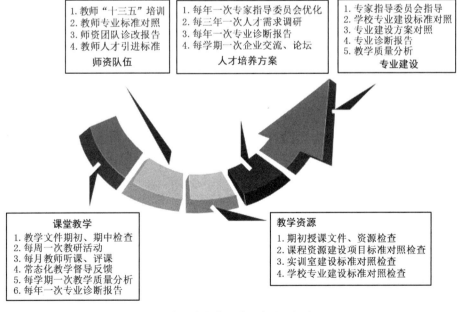

图 4　电子商务专业建设诊改运行对照

第二，在教学资源建设方面，积极开发校级网络营销、直播电商精品课程，与企业合作开发网络直播运营系列微课，完善专业数字化教学资源库，形成理实一体、教做学合一的专业课程教学模式。专业积极建设直播实训室、营销实训室、化妆品营销学习中心等实验实训设施。

第三，在打造一流教学团队方面，抽调数字媒体专业教师充实电商教学团队，探索实施教师专业能力再充电项目，鼓励教师参加教学能力大赛、"双创"大赛、"星光计划"比赛等，组织教师积极申报课题研究、市级精品课程、公开出版教材等项目，在比赛与项目中不断磨炼教师的专业教学水平与教科研能力。

第四，在提高专业影响力方面，通过探索育训结合、产教融合、对口支援等工作路径，深化校企协同育人，提高专业服务水平，提升专业社会声誉。

在电商专业诊改运行实施过程中，以三年一个大周期，每学期一个小周期，利用数字化平台不断进行反馈，发现偏差即给予及时调整，确保专业建设严格对标学校重点建设专业标准链。

三、提质优化——电子商务专业诊改的变革成效

电子商务专业对照学校专业建设标准，经过三年建设发展，现已取得了一定的成效，专业建设分数为 73 分，达到了学校重点专业建设标准。

表 3　电子商务专业建设诊改项目表

一级指标	诊断监测点	分值	备　　注
1. 创新人才培养模式，推进校企深度合作	1-1 专业定位	6	专业定位数字营销，符合上海经济发展需求
	1-2 培养方案	7	网络直播运营人才培养
	1-3 校企合作	7	中国广告协会、百雀羚等
2. 深化课程教学改革，形成丰硕课改成果	2-1 课程建设	5	电子商务、网络营销等校级精品课
	2-2 课程实施	7	严格执行教学文件，实践课程比例为 53%，督导反馈好
	2-3 实训保障	5	建设实训室 5 间，校外实训基地 2 个
3. 打造"双师型"师资队伍，形成一流教学团队	3-1 专业带头人	7	专业带头人 1 人
	3-2 队伍数量与结构	7	师资数量充足，结构合理，企业教师 2 名
	3-3 队伍能力与素质	6	"双师型"教师占比达 75%，高级讲师 1 名，教学能力大赛二等奖，青教赛二等奖
4. 提高专业服务水平，拥有优质社会声誉	4-1 学习成效	6	学生双证获取率达 97%，参加比赛累计获奖 5 次
	4-2 社会服务	6	云南宁洱乡村振兴项目，徐汇区人社局直播体验项目
	4-3 专业声誉	4	中国广告协会网络直播产教融合职教集团执行主席单位

（一）转型定位，重塑专业竞争力

电子商务专业在专业建设目标明确后，与中国广告协会开展深度产教融合工作，双方

签订了网络直播运营产教融合人才培养基地协议，专业得到了中国广告协会支持，取得了直播电商相关岗位培训资质，为专业开展校企合作、人才培养、师资培训、网络直播营销社会培训等工作打下坚实的基础。同时，专业依托中国广告协会平台，与百雀羚、联合利华、雅诗兰黛等知名企业签署校企合作协议，共同培养化妆品电商直播人才。

（二）优化资源，夯实专业基础

在实训设施建设方面，电子商务专业基于数字营销人才培养要求，先后建设了直播电商实训室、新媒体采编工作室、化妆品营销虚拟现实学习中心、模拟沙盘实训室等实验实训设施，并融合学校校园电视台，提供直播实践、网络营销、商品信息采编、商品数字化处理等实训功能。

在教学团队建设方面，教学团队融合数字媒体专业教师，打造跨专业师资队伍。同时，专业积极开展教学能力与专业能力提升工作，诊断与改进工作进行期间，教学团队获上海市教学能力大赛二等奖，1人获评高级讲师职称，1人获青教赛二等奖，3人获网络直播运营1+X证书项目全国首批考评员资质，培养专业带头人、骨干教师各1名。在带领学生比赛方面，参加了"星光计划"、网络直播创新创业实战技能大赛、全国跨境电子商务实战技能大赛、上海市"双创"比赛等一系列大赛，获得多项奖项。

在课程资源建设方面，完成市场营销中高贯通专业课程标准的制定，完成了电子商务、网络营销等校级精品课程建设，正在建设网络直播运营系列微课程。

（三）服务乡村振兴，拓展社会影响力

应云南省宁洱哈尼族彝族自治县人民政府邀请，电子商务专业就助力乡村振兴、促进地区经济发展、深化交流合作、携手培育电商直播人才等事项与宁洱县人民政府签订了乡村振兴项目合作框架协议。电子商务专业以合作培养电商人才为抓手，线上线下相结合，通过线上教学、培训，线下委派专业教师支教等方式，努力为宁洱补齐营销短板，为实施乡村振兴战略贡献力量。

四、反思与改进

电子商务专业通过三年的诊断与改进工作，专业建设取得了一定的成效，达到了预期的建设目标，但在专业诊改过程中也存在一些不足之处。比较突出的问题是预警的实时性不强，如在课程建设过程中发现教学内容偏旧的问题，客观上是因为电子商务行业发展迅速，实际上还是教学与行业需求联系不紧密。后期，电商专业将进一步深化产教融合，加大教师下企业实践、企业专家进校讲授的力度。

聚焦问题，诊改优化，创新助力专业发展。电子商务专业将继续秉承诊断与改进工作的核心精神，不断地自我诊断、修正路线。下一步，专业将向品牌专业建设目标奋进。

以诊改为抓手，促进护理专业内涵式发展

上海健康医学院附属卫生学校［上海健康护理职业学院（筹）］ 陈碧英 徐晶心

摘要： 专业教学诊断与改进是提升专业建设质量、促进专业健康持续发展的重要手段。学校护理系基于专业实际情况，对接社会经济发展和行业需求，明晰人才培养目标定位，确立专业发展目标，构建专业建设标准体系，以问题为导向，实践 8 字形质量改进螺旋，推动持续改进，创新人才培养模式，推进教学改革，加强师资培养、改善教学条件等，实现了专业诊改与专业内涵式发展的深度融合，提升了专业教育教学质量。

关键词： 护理专业 教学诊断与改进 8 字形质量改进螺旋 质量提升

一、实践背景

2015 年，上海健康医学院附属卫生学校由原上海交通大学医学院附属卫生学校和上海市卫生学校合并组建。作为一所新建的中等卫生职业学校，在办学定位、组织架构、制度体系、运行机制、师资队伍和资源建设等方面面临诸多挑战。自 2017 年起，学校认真贯彻落实《关于全面推进职业院校教学工作诊断与改进制度建设的通知》（教职成司函〔2017〕56 号）等教学工作诊断与改进系列文件精神，在《上海市中等职业学校教学工作诊断与改进实施方案》的指导下，制定了学校教学诊改实施方案。护理系牢固树立质量意识，聚焦专业层面教学诊改，对照专业建设目标和标准，诊断现状，查找不足，实施改进。

二、实施过程

（一）明确目标链，完善标准链

护理系从学校发展战略出发，依据学校"十三五"发展规划，制定专业建设规划，明确发展目标，努力建成具有丰富资源和重要影响的上海市中等职业学校示范性品牌专业。坚持走内涵式发展道路，以市级示范性品牌专业建设指标体系为标准，聚焦护理专业人才培养模式、课程体系改革、课堂教学实践、师资队伍建设、校企合作创新、社会服务效能等人才培养工作要素，细化量化年度建设指标标准。

（二）构建质量改进螺旋，建立诊改机制

以市级示范性品牌专业目标为引领，遵循 8 字形质量改进螺旋，建立以年为周期的诊改工作机制。形成"目标—标准—设计—组织—实施—诊断—激励—学习—创新—改进"专业诊改三年大循环基本程序；在实施诊改工作的过程中，通过监测和数据分析，及时发现问题发布预警，教学团队采取切实措施改进行动方案，即"实施—监测—预警—改进—设计—组织—实施"的专业诊改一年小循环，形成了查找不足并不断完善提高的工作思路。

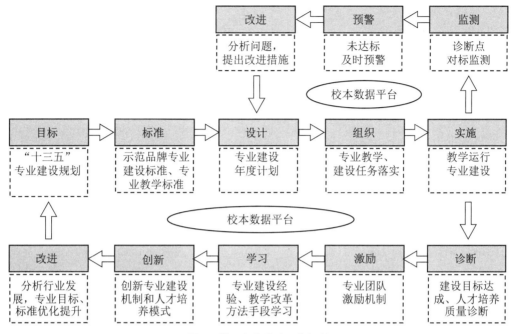

图 1 护理专业诊改工作机制

（三）开展诊断分析，查找问题不足

对照市级示范品牌专业建设标准，从 8 个维度状态、27 个诊断点，对专业建设过程和人才培养质量进行诊断分析，主要存在以下问题。

1. 人才培养模式难以符合行业发展要求

护理专业传统的人才培养模式和目标已不能很好地顺应社会经济发展和护理事业发展的新需求和新要求，亟待改革人才培养模式，提高人才培养质量。

2. 课程资源与实践教学条件难以满足教学需求

课程资源不够丰富，缺乏在线课程，数字化课程资源、校本教材偏少，缺乏校企联合开发教材。教学实践基地数量仍显不足，缺乏医学人文实践基地。

3. 教师队伍结构与能力难以适应职业教育发展需要

专任专业教师数量缺乏，青年教师比例偏低，"双师型"教师比例偏低，教学改革成果偏少，亟须优化师资队伍结构，提升教师教学能力与素质。

（四）找准诊改任务，实施改进措施

针对上述问题，护理系积极制定改进方案，聚合团队力量，以扎实可行的工作措施，推动改进工作落实有效。

1. 修订人才培养方案，探索护理专业方向化培养

对 50 余家各层次医疗机构和护理职业院校进行护理人才需求调研，校企共同修订人才培养方案，以大健康为护理人才培养背景，明确培养目标，确定"人文与技能并重，专业能力与职业素养并举"的人才培养模式，探索护理专业健康与社会照护、口腔护理方向化培养，构建宽基础、多方向的课程体系，并在课程体系中增设护理人文修养、多元文化护理等课程和人文实践，培养学生人文素养和护理理念。

2. 加强课程信息化建设，推动课程教学改革

组织教师参加市级、区级、校级信息技术应用能力提升课程系列培训，利用现代信息技术手段改变课堂教学方式，实现课程教学过程数据的源头采集和实时呈现，及时发现问题并予以有效的反馈。推进线上线下混合式教学改革，积极搭建网络平台课程和微课制作，申报市级在线开放课程建设。

3. 优化实践教学条件，加强院校合作

调整实训中心布局，优化实训功能，对接方向化特色培养需求，建设人文护理理念与专业培养特色并存的居家养老护理实训专区。成立专家工作室，聘请院校行业专家定期轮值驻校，充分发挥行业专家在专业建设和教学运行上的指导作用。拓展优质校外实践教学基地和医学人文实践基地。

4. "引学培练"四轮驱动，加强"双师"培养

聘请行业专家、临床骨干教师加入教学团队，补充教师数量，建立"院—校"双专业带头人制。多形式、多途径开展教师教学能力培养与提升活动，海外访学 2 人次、参加各级各类教学能力培训和标杆校考察学习 94 人次、参加职业技能等级证书考评员培训 5 人。聘请第三方教学督导诊断课堂教学质量，及时反馈指导，跟踪改进成效。实施青年教师教学能力提升工程，以赛促教，提升教师专业能力与教学水平。

三、诊改成效

通过三年专业诊改，专业内涵建设成效较为显著，专业影响力进一步凸显，护理专业被认定为上海市中等职业学校示范品牌专业，并获市级竞争性项目中本贯通护理专业高水平专业建设、口腔护理上海市示范性虚拟仿真实训室建设、中高职贯通护理专业现代学徒制试点立项。

（一）专业发展与人才定位得以明晰

人才培养顶层设计日趋完善，明确了护理专业面向的职业岗位所需要的知识、能力、素质，明晰了专业发展和人才的定位，开发了上海市中高职贯通护理专业教学标准，方向化人才培养方案的课程体系更加合理支持人才培养目标，切实满足各层次多元化护理服务需求，真正做到人才培养和行业需求联动。

（二）课程资源与教学条件持续完善

新增市级在线开放课程基本护理技术、药物应用护理 2 门，校级网络平台课程 10 门，护理学基础、护理人文修养 2 门，数字化课程资源微课 20 个，推进教学改革，为学生打造了泛在、移动、个性化学习模式，提高了学生学习的主动性和学习效果；编写出版《正常人体学基础》等专业基础课程教材 4 本，校本教材 4 本。

新建老年照护、口腔护理等 4 个校内实训室，新增工位数 124 个，实训面积增加 282.8 m²，添置实训教学设备 192 件，优化了实训中心人文环境。新增 4 家签约挂牌实践教学基地、2 家医护人文基地，进一步保证了实践教学条件，提升了学生的人文素养。

（三）教师专业能力与教学水平全面提升

形成了院校结合、结构合理、专兼结合的"双师型"一流教学团队，"双师"素质、信息技术应用能力、教学能力和水平得到提升。在市级教师教学竞赛中获奖 4 人次，指导

学生在上海市和国家级职业技能竞赛中获奖10项；获上海市园丁奖1人、徐汇区园丁奖1人；获校级"魅力课堂奖"16人次，"我心目中的好老师"10人次；获批上海市职教协会课题1项，校级课题5项。

（四）质量意识与内生动力不断增强

通过第一周期的专业诊改，教师质量意识得到了全面提升，建立了常态化自主保证人才培养质量的诊改机制，形成了良好的专业诊改氛围。教学团队自我激励明显，学习主动性增强，工作效能得到提升。

四、体会思考

持续改进是专业诊改的最终落脚点，其成效直接关系到护理人才培养质量的提高和医疗卫生服务事业的快速发展。今后，护理专业将继续厚植教学诊改的理念，加强常态化过程数据的采集分析，补齐短板，注重创新，形成专业诊改完善的内在机制，拓展有效的工作方法，真正实现"全员、全过程、全方位"的诊改局面，促进专业健康可持续发展，保证人才培养质量螺旋式上升。

抓住诊改重点，完善质量标准，提升培养质量

——专业层面教学工作诊断与改进的探索和实践

上海新闻出版职业技术学校　钟　勇　韩　静

摘要： 专业层面的教学诊断与改进工作是诊断改进的重要组成部分，能有效促进学校教学工作高质量发展。学校以专业目标链和标准链打造为起点，构建专业教学人才培养方案完善机制（螺旋式）并有效运行，及时查找不足，及时分析改进，形成专业人才培养方案完善机制，不断提高人才培养质量。

关键词： 职业学校　专业教学诊改　专业人才培养方案　人才培养质量

专业层面的教学诊断与改进工作是推动整个学校高质量发展的重要一环。上海新闻出版职业技术学校在第一个教学诊改工作周期中，努力探索"以目标为引领，以问题为导向，不断完善人才培养方案，实现学生培养质量螺旋上升"的专业诊改之路。

一、实践背景

学校从 2017 年开始启动教学诊改工作，专业层面诊改是教学诊改工作中的重要一环，各专业团队在学校质量文化的科学引导下，不断提升质量主体意识，主动发挥质量主体作用，积极开展专业诊改实践，取得了诊改成效。学校先后建成平面媒体印制技术、计算机平面设计 2 个市级精品特色专业。通过诊改实践，这两个专业又分别建设成为上海市示范性品牌专业和品牌专业。同时，学校专业实现了中职专业与高职专业全贯通。学校承担开发了 2 个教育部专业教学标准，以及市级相关专业教学标准的开发。经过第一个教学诊改工作周期，学校通过目标引领、问题导向，形成专业人才培养方案完善机制，提升专业内涵质量，专业人才培养质量得到稳步提升。

二、主要做法

（一）纵向打造目标链与标准链

按照"需求导向、自我保证、多元诊断、重在改进"的诊改工作方针，各专业进行目标链打造。各专业团队根据新闻出版产业报告和诊改工作要求，对照学校"十三五"发展规划、专业建设专项子规划，在充分调研分析的基础上，确定各专业发展目标，修订完成了 5 个专业建设规划（2018—2020 年）和任务分解表，并编制了专业建设年度目标任务报表，将工作计划分解到人，确保目标分解落地。专业负责人定期梳理规划落实情况，及时跟踪目标完成情况，确保目标有序达成。

根据教育部、上海市制定的专业教学标准，学校制定了专业人才培养方案编制与修订

标准，并结合专业建设规划，通过对产业、企业的充分调研，明确培养适应产业转型升级的知识型、复合型技术技能人才的专业质量标准，校企合作共同完成了10个专业（5个中职专业、5个中高职贯通专业）人才培养方案及相应的课程标准。

（二）横向抓好诊改机制（螺旋式）有效运行

专业诊改以目标为引领、以问题为导向，形成专业人才培养方案完善机制。随着新闻出版行业的快速发展，传统的专业教学已经无法满足行业企业对技能人才的需求。产业快速发展带来了专业课程更新调整的问题，快速调整的有效机制是采用校企共同开发新课程资源，满足人才培养新规格的需求。在专业诊改实施过程中，学校坚持问题导向。例如，根据产业报告分析，近年来技术含量高的数字出版产业达到8000多亿产值，对技能人才需求提出了更高的要求，中职人才不能满足新产业岗位需求。针对问题，学校进一步抓紧专业体系建设，又增设中高职贯通培养专业2个，实现了中高职贯通专业全覆盖，提升了技能人才的规格层次，增加了学生人数。

表1　学校专业群建设及中高职贯通全覆盖

专业群	中职专业	中高职贯通专业
媒体与传播	平面媒体印刷技术 出版与发行 数字媒体技术应用	印刷媒体技术 出版商务 数字出版
平面创意设计	计算机平面设计 美术设计与制作	数字图文信息技术 包装策划与设计

同时，针对新情况，各专业根据最新专业调研报告，及时调整专业教学内容与教学模式。学校运用行业办学优势，及时在教学内容中加入新技能、新元素，成功把世赛技能标准引入相关课程标准，促进双证融通平面媒体印制技术专业发挥更好作用。当前，新闻出

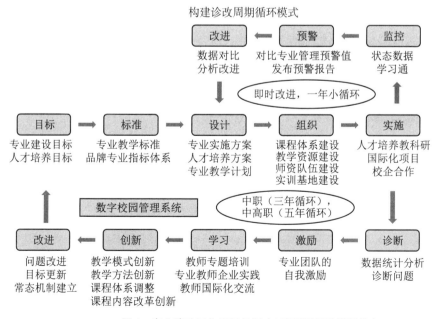

图1　专业诊改工作运行机制（8字形质量改进螺旋）

版行业正向数字化、绿色化转型，新闻出版企业正从单一生产型向服务型、贸易型转变，从传统印刷向绿色印刷转变，从定量印刷向按需印刷、智慧印刷转变，为学校发展提供了新机遇，也提出了新的要求。学校每年对每个专业都会进行人才培养方案调整，将产业发展需求融入专业建设，将行业先进技术对职业岗位的关键要求融入专业教学标准和教学大纲，确保技术技能培养的先进性、有效性。

三、实施成效

（一）形成中高职专业体系，提升专业内涵质量

专业层面的教学诊断与改进工作是推动整个学校高质量发展的重要一环，专业教学标准规范化建设，进而能保证人才培养质量符合行业用人需求。学校建立专业人才培养方案完善机制，根据市场需求变化以及各专业自身发展需要，不断完善人才培养方案。学校每年根据专业发展实际需要，编制完成有质量的齐全的专业教学实施方案与课程标准。学校面向构建行业人才培养体系、行业转型升级的新要求，系统设计中高职贯通专业人才培养体系，以优势专业为引领循序渐进、以课程衔接为核心改革创新、以学生发展为目标提高成效，成为上海唯一一所对接同一所高职院校，实现所有专业贯通的中职学校。

（二）形成专业动态调整机制，完善专业体系建设

通过诊改，学校建立了专业动态调整运行机制，根据市场需求变化以及各专业自身发展需要，不断完善各专业体系建设。中高职贯通专业由 3 个发展为 5 个全覆盖，平面媒体

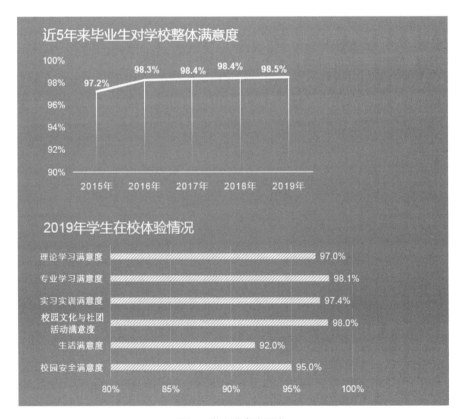

图 2　学生满意度调查

印制技术、计算机平面设计专业分别建成上海市示范性专业与品牌专业，平面媒体印制技术专业被授予全国新闻出版行业院校示范专业荣誉称号，数字出版专业建成上海市高水平专业，示范品牌专业带动其他专业改革发展。

（三）提高专业人才培养质量，师生满意度大大提升

2017年，数字出版中高职贯通专业在上海市中高职教育贯通培养试点专业跟踪评估中获得"优秀"；2018年，数字图文信息技术中高职贯通专业又获得"优秀"。

平面媒体印制技术专业被评为"全国新闻出版系统职业学校示范专业"，并获建设"上海市中等职业学校示范性品牌专业"立项；计算机平面设计专业获建设"上海市中等职业学校品牌专业"立项；社会影响力以及服务能力增强，专业质量的提升大大提高了专业人才培养质量。学生对专业的满意度不断提升，专业满意度达到98.1%。优秀学生、获奖学生不断涌现，专业教师的专业实践能力得到提升，从各类比赛获得的荣誉中得到职业幸福感。

四、经验启示

在专业层面实施诊改的过程中，质量主体意识是基础，目标链和标准链的打造是起点，诊改机制运行是关键，数据平台是支撑。上海新闻出版职业技术学校在推进专业层面诊改工作的过程中，抓住专业教学质量标准在教学过程中的重要性与权威性的特点，以目标为引领，以问题为导向，通过不断完善人才培养方案，实现专业发展质量螺旋上升，促进专业教学质量的提高，成为学校专业诊改的特色亮点。

课 程 篇

基于"思政引领、三全育人"的课程诊改探索与实践
——以"心理健康与职业生涯"课程为例

上海信息技术学校　廖　敏　董忠云

摘要： "心理健康与职业生涯"课程诊改以习近平新时代中国特色社会主义思想为指导，以《中等职业学校思想政治课程标准（2020 年版）》为指南，坚持"思政引领、三全育人"原则，以培育学生思政学科核心素养为目标，引导学生培育正确价值观念、必备品格和关键能力，探索课程诊改的有效方法和途径，促进教学模式从模板到个性、经验到数据、被动到主动、开环到闭环、教学到育人的系统转变。

关键词： 思政引领　模式变革　铸魂育人

一、指导思想

"心理健康与职业生涯"是以习近平新时代中国特色社会主义思想为指导的中等职业学校思政必修课。为全面贯彻落实《中等职业学校思想政治课程标准（2020 年版）》和学校教学工作诊断与改进的指导思想和目标任务，课程诊改坚持"思政引领、三全育人"原则，以培育学生"政治认同、职业精神、法治意识、健全人格和公共参与"等思政学科核心素养为目标，建立课程诊改制度和运行机制。

二、背景

学校是全国职业院校教学工作诊断与改进试点学校，在"心理健康与职业生涯"课程诊改的探索实践中，始终坚持"思政引领、三全育人"，遵循"需求导向、自我保证、多元诊断、重在改进"的工作方针，以信息技术应用为引擎，以过程数据实证为驱动，落实课程教学质量保证的主体责任，探索课程诊改的制度和运行机制。基于 SWOT 分析课程教学存在以下问题。

（一）课程诊改制度不够健全

学校和专业层面已形成教学诊改的目标链、标准链，但本课程诊改的制度不够健全。课程教学目标、教学标准、教学内容、组织形式和评价方式有待系统重构和整体推进，课程教学资源开发与应用、教师数字化能力培养的激励机制需要完善。

（二）课程运行机制不够完善

学校已经建立内部质量保证制度体系和运行机制，但本课程 8 字形质量改进螺旋的常

态化运行机制尚未健全；课程教学过程监测和预警还停留在经验、主观的判断分析层面；课程层面基于大数据的教学体征智能诊断平台已经建成，但数据应用于课程诊断、支撑改进的常态化运行机制不够完善。

（三）教师教学适应性不够强

课程教学团队由哲学、法学和思想政治教育等学科背景的教师组成，其生涯规划的指导和心理健康咨询能力较为薄弱，信息化素养、数字化思维意识有待提升，质量文化和终身教育理念有待强化。面向新时代新型能力人才培养的需要，其对教学模式、学习方式和评价机制的适应性也不够强。

（四）课程目标达成度不够高

教学团队的诊改理念和质量意识基本形成，但对诊改理念与要义的理解仍需要加强，对 8 字形质量改进螺旋的认知和主体责任的落实有明显偏差，课程诊改尚未形成系统设计与整体推进的态势，导致教学有效性和目标达成度不够高。

三、做法

（一）压实诊改主体责任

按照新时代思政课程人才培养目标的要求，确立思政课程教学团队为课程诊改的主体，共由 7 人组成，其中高级讲师 2 人、讲师 5 人，研究生学历教师占比 71.4%，"双师型"教师占比 85.7%，中共党员占比 100%。团队以上海市中等职业教育廖敏职业生涯规划名师培育工作室和上海市普陀区职教联盟思政教育名师基地为引领，全面落实课程诊改主体责任。

（二）构建目标链、标准链

按照教育部新版《中等职业学校思想政治课程标准（2020 年版）》和《上海信息技术学校课程建设与发展规划》的要求，制订授课计划、确立课程标准，重构基于"互联网＋教育"的混合式教学工作流程、教学工作自我诊改规范以及教师发展、创新实践的制度体系，形成课程诊改的目标链、标准链。

对标教育部颁布的《中等职业学校教师专业标准》和学校教师准入标准、新教师带教制度，以及"双师型"教师、骨干教师、学科带头人聘用标准等制度，制定思政教学团队工作方案，完善课程"三全育人"的制度体系。

（三）建立诊改运行机制

教学团队是课程诊改的主体责任者，担负着课程建设和课程教学以及课程自我诊改的主要责任。课程诊改对标人才培养目标标准和学科核心素养，依据《上海信息技术学校内部质量保证制度体系和运行机制》，遵循 8 字形质量改进螺旋，以"2 节课为小循环，1 学期为大循环"的周期开展课程自主诊改（见图 1）。

1. 课程诊改事前

（1）确立育人目标和学科核心素养：以习近平新时代中国特色社会主义思想为指导，全面贯彻落实党的教育方针和立德树人根本任务，引导学生树立正确的价值观念，培养必备品格和关键能力，为职业生涯发展奠定基础。

（2）对标课程标准：按照《上海信息技术学校课程建设与发展规划》和教育部《中等

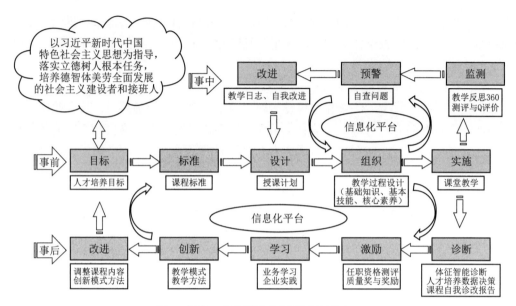

图1　课程8字形质量改进螺旋运行框架

职业学校思想政治课程标准（2020年版）》的要求，确立心理健康与职业生涯课程育人标准、教学运行规范和课程教学质量评价标准。

（3）编制授课计划：按照人才培养目标、新版课程标准和教学工作规范有关制度要求，在智慧校园平台编制课程授课计划，明确课程基本信息（课程名称、课标、教材、总课时及相关说明）和授课进程（周次、课次、授课内容、课时等）。

（4）设计教学方案：按照授课计划和教学方案设计规范要求，设计教学过程方案（教案），确定课程基本信息、教学目标（基础知识、基本技能、核心素养）、教学重点和难点、教学过程、教学方法和教学手段等，电子稿上传智慧校园平台。

2. 课程诊改事中

课堂教学实施：授课中，任课教师按照8字形质量改进螺旋要求，依据教学工作制度规范和教案的过程设计，采用适合的教学方法、教学手段实施课堂教学，使用"课堂教学质量Q评价平台"实施教学过程质量自我诊断分析。

3. 课程诊改事后

每2节课后，教师在智慧校园平台线上填写教学日志，根据监测预警数据和学生课堂学习状态数据开展自我反思、自我改进，落实教学质量生成过程中的主体责任。每学期教学任务完成后，教师围绕人才培养目标和课程核心素养，对标课程教学目标和课程标准，结合学校"教学体征智能监测平台"，基于"教学质量Q评价平台"由质量监测小组、教师同行组、学生和家长组等多元参与的测评数据，自主查找教学工作的堵点、难点问题，分析解决问题的路径和方法，撰写学期课程教学质量自我诊改报告。

4. 诊改运行机制

课程诊改形成了具有8字形质量改进螺旋特征的质量自主保证、自我诊改的制度和运行机制。

（1）小循环：每2课时形成课堂教学包括教学设计、组织实施、监测预警、课后反思的课前、课中、课后闭环运行的自我诊改、自主保证的制度体系。

（2）大循环：学期末，围绕人才培养目标和课程核心素养，对标课程教学目标和课程标准，开展课程教学自主诊改、持续改进。

四、成效

（一）教师自我诊改意识全面树立

教学团队的诊改理念、主体意识、质量意识普遍提高，在指导学生根据社会需要和自身特点进行职业生涯规划的教学创新实践中，教师专业化发展和指导有效性成效显著。4位教师获职业指导师证书、3位教师获创业指导师证书、1位教师获评青少年职业发展辅导师、1位教师获评青少年职业发展辅导师（高级）。

（二）教师数字能力素养持续提升

在诊改实践中，教学团队不断更新教育教学观念，探索"互联网+"人才培养新模式，创新教学场景、变革学习方法、优化评价方式，课程诊改促进自身数字化能力素养的全面提升。

1. 课程数字资源

依据课程育人目标和教学标准，制作大量数字化教学课件、试题库、视频资源和学生成才典型案例，录制系列微课50讲、上海市"职业生涯规划"空中课堂7讲，曾获2017年全国微课程大赛一等奖。

2. 教研能力素养

教学团队发表论文、出版专著、发表案例、撰写专题文章和参与课题研究多项，获全国文明风采职业生涯设计大赛全国一等奖2项，上海市一等奖10余项，教师知识素养和育人能力显著提高。

（三）课程教学的有效性明显增强

1. 学生生涯规划意识

学生生涯规划意识明显增强，从一开始不会写、不愿写到现在人手一份，职业生涯规划撰写和比赛的参与率大幅度提升，学生对课程教学内容、教学模式、教学组织和教学效果的满意度一直保持在较高水平。

2. 学生生涯规划能力

依据诊改理念，有效指导学生灵活运用思维导图、SWOT分析等手段和8字形质量改进螺旋运行模式，开展生涯发展自主诊断、持续改进，学生职业生涯规划的能力普遍提高，发展目标更加明确、发展路径更加清晰、发展措施更加有力、发展成效更加显著。

3. 学生生涯规划质量

课程诊改促进学生生涯规划质量和生涯发展成效显著提升。学生参加全国文明风采大赛、"互联网+创新创业"大赛、"挑战杯"创新创业大赛等活动，荣获多项金奖、特等奖、一等奖，获奖总数逐年提升。课程诊改促进学生核心素养和教师数字能力素养全面提升，相关案例多次在市级平台进行分享与交流，课程诊改成果得到辐射推广。

以诊改为抓手，推进中职思政课程建设

——上海石化工业学校思政课程建设案例

上海石化工业学校　　蒋方平

摘要： 中等职业学校思政课程是各专业学生必修的公共基础课程，是对学生进行德育工作的主渠道，是落实立德树人根本任务的关键课程。一年来，学校以教学诊改为抓手，广泛开展思政课程教学诊改探索实践，通过完善思政课建设制度保障、加强思政课教师队伍建设、丰富思政课程内涵等举措，着力深化思政课程建设，促进人才培养质量提升。

关键词： 思政课程　教学诊改　课程建设

教学诊改工作是促进中职学校加强内涵建设、提升技能型人才培养质量、增强职业教育吸引力的重要举措。为深入贯彻落实全国教育大会精神，增强思政课教学的有效性和针对性，切实提高思政课教学质量，学校依据《中等职业学校思想政治课程标准（2020年版）》《关于深化新时代学校思想政治理论课改革创新的若干意见》等相关文件精神，以教学诊改为契机，紧紧围绕"需求导向、自我保证、多元诊断、重在改进"的目标，通过完善思政课建设制度保障、加强思政课教师队伍建设、丰富思政课程内涵等举措大力推进思政课程建设工作。

一、思政课教学诊改工作背景

"办好思想政治理论课，最根本的是要全面贯彻党的教育方针，解决好培养什么人、怎样培养人、为谁培养人这个根本问题。"在学校思想政治理论课教师座谈会上，习近平总书记从党和国家事业发展的全局出发，深刻阐述了办好思政理论课的重大意义，为新时代思政课的改革创新指明了方向；同时，教育部印发了《中等职业学校思想政治、语文、历史课程标准（2020年版）》，对中职学校思政教育工作提出了新的目标和要求。在此背景下，学校以诊断改进为思路，以问题为导向，定目标、定标准，着力解决思政课教学中存在的问题，推进思政课程建设。

二、思政课教育教学存在的问题

首先，思政课教师队伍在思政课教学改革中扮演着重要角色，根据习近平总书记在学校思想政治理论课教师座谈会上的重要讲话精神，对标"六个要"的标准及"八个相统一"的要求，思政课教师在理论功底、教育科研水平、信息技术能力等方面有待进一步提高；其次，从学生主体来看，由于思政课教学形式单一，主要以讲授为主，纯理论灌输难以使学生产生心理共鸣，学生学习的主动性、能动性欠缺；再次，思政课仅体现课堂育人的功能，未能体现对学生的实践及应用能力的培养等方面的重要作用，在实践中的拓展性和引领性不足。

三、推进中职思政课程建设的举措

学校督导室联合多部门制定《思政课程教学诊断与改进工作实施方案》，通过完善思政教师队伍建设规划、思政课程建设规划及学校大德育规划等体系，形成内部质量保证体系的目标链。同时，结合新课标要求，从课程内容、教学形式、课程考核与评价等不同维度制定课程建设标准、课程标准和课程诊断标准；以提升教师的执教能力、教研能力和实践能力为要素，制定教师发展及评价标准；以学生的德育素养、职业素质、综合素质的养成为目标，制定德育工作标准。

（一）加强组织机构建设，完善思政课建设制度保障

为切实推进德育工作高质量发展，充分发挥学校教育质量保证主体作用，学校强化党建引领，成立德育课程教学诊改工作组织机构，全面推动、指导和组织德育课程建设工作。学校党委将思政课建设作为重要任务，定期召开由党委书记、教学校长以及思政教师等全员参与的德育课程建设联席会议，落实相关文件精神；同时，学校进一步完善《思政课教师队伍建设实施办法》《师德建设长效机制实施办法》等，在思政课教师队伍建设制度体系和标准方面形成完善的制度保障。

（二）坚持多管齐下，建强思政课教师队伍

学校以《思政课教师队伍建设实施办法》为依据，按照"政治要强、情怀要深、思维要新、视野要广、自律要严、人格要正"六项要求，不断加强思政课教师队伍建设。一是加强政治建设。通过开展党史、新中国史、改革开放史、社会主义发展史学习教育，思政课教师不断增强"四个意识"、坚定"四个自信"、做到"两个维护"，模范践行教师师德规范，强化理论功底。二是抓好业务建设。学校组织开展"海鸥杯"教法竞赛、"集体备课"教学研讨活动等，不断提升思政课教师教学水平和育人能力，实现"以赛促教、以赛促学、以赛促改、以赛促升"。三是积极落实大思政格局。学校以思想政治建设为主线，探索建立思政课教师服务专业教师开展课程思政的机制，推进思政课程和课程思政同向同行，全面深化思政课教学改革与创新，积极落实大思政格局。

（三）创新方式方法，丰富思政课程内涵

1. 深耕主课堂，提高思政课教学实效

思政课程建设团队针对课前、课中、课后三个环节设置思政课程诊断要素，利用科大讯飞"智慧课堂"实时采集学生课堂互动、作业完成、学习效果等数据并进行分析，发现问题及时诊断预警，优化和完善教学实施过程，提高课堂教学质量和教学效果，构建有利于学生成长的引导性环境。开展思政课"争当新闻小主播"特色活动，鼓励学生探讨社会热点问题，通过主动学习，发现思想政治理论给予解释和解决社会现实问题的巨大能量，发挥学习的积极性和主动性，从而更加坚定学习马克思主义理论的信念，内化马克思主义世界观、人生观和价值观教育。在教学过程中，教师积极探索形式多样的教育教学方法，打造创新教学团队，利用富有实效性并紧贴实际生活的音视频资料、案例等，实现任务导

向教学法、情境教学法、实践教学法等多种方法立体综合实践与应用，激发学生的学习兴趣，提升课堂教学质量，使思政课堂变得"有趣、有理、有用、有实效"。

2. 延伸第二课堂，发挥思政课引领作用

思政课教学团队积极发挥课程引领及拓展作用，将学校的品牌社团——时政社团——作为思政课的第二课堂，积极开展实践型教学环节，把思政小课堂同社会大课堂结合起来，帮助中职生锻炼综合思维能力，拓宽学习视野。此外，在思政课教师的引导下，学校的演讲社团、辩论社团等也积极以议题的方式推动思政课的延伸学习，指导学生开展中职生参与社会实践活动、身边的志愿者等相关调研活动，鼓励学生明辨是非、追求真理，帮助他们实现勇于、乐于担当民族复兴大任的理论自信和行动自觉，增强思政课实践育人效果的持久力和鲜活度。

3. 融合实践活动，推进思政课协同育人

学生发展标准重点考虑学生的德育素养、学业成绩、职业素质，思政课教师与学生处等多部门形成联合工作机制，协同合作积极开展"学党史、知党情、跟党走"主题团日活动和"少年工匠心向党 青春奋进新时代"主题演讲等活动，引导学生坚持和运用马克思主义的基本原理，点燃学生对于真善美的向往，增强学生的价值判断能力、价值选择能力、价值塑造能力，指引学生树立远大理想，坚定崇高信仰。

四、诊改成果和成效

通过完善思政课建设制度保障、加强思政课教师队伍建设、创新思政课程内涵等举措，学校思政课的教学质量得到稳步提升。在学生对教师的评价中，学生对思政课教师的满意率由诊改前的 83.7% 提高至诊改后的 98.2%，思政课好评率大幅度提高。思政课教师专业化得到了进一步提升，思政教师撰写的论文如《愉悦教学法在中职思政课教学中的运用》《"翻转课堂"模式在中职德育课的应用研究》等发表于各类期刊，并顺利完成"基于道德认知水平发展理论的中职德育实践研究——以上海石化工业学校为例"区级课题，还在上海市青少年法治教育优秀教案征集、学校教学法竞赛等比赛中频频获奖。思政课引领辐射作用日益凸显，思政课教师指导学生成立"校史志愿宣讲团"，累计接待校内外参观近千人次；时政社团在第十六届、第十七届上海市中学生时政大赛屡获佳绩。

随风潜入夜，润物细无声。学校坚持以立德树人为中心，将诊改作为思政课程改革持续发展的重要抓手，把思政教育有机地融入课堂内外，融入学生专业学习和专业实践中，融入生活的方方面面，实现全程育人、全方位育人，切实提高了中职思政课程教学实效，让思政课成为学生喜爱的"网红课"，为学生创造了乐于接受、丰富多彩的思政大课堂。

教学诊改视角下的中职校足球课改进策略研究

上海工商信息学校　陈　娟

摘要： 在国家大力推动校园足球的背景下，基于教学诊改视角，从研究学校的办学特色和发展规划出发，我校不断探索体育课足球课程的改革，对原有足球课程教学模式进行诊断与改进。通过引进专业俱乐部、推进课程建设、落实各类保障、承办体育赛事，打造足球特色的校园品牌。这些举措推动我校足球工作成果丰硕，引领和促进学生体质健康水平和人才培养质量不断提升。

关键词： 教学诊改　中职校　足球课　策略研究

一、指导思想

党的十八大以来，以习近平同志为核心的党中央把振兴足球作为发展体育运动、建设体育强国的重要任务摆上了议事日程。政府高度重视足球等体育事业和体育产业工作，国务院多次专题研究部署，我国足球事业改革发展迎来了前所未有的大好机遇。我校以提升学生身心健康水平为出发点，基于学生体质健康监测，把教学诊改作为抓手，有针对性地制定改进对策。注重学科融合与实践体验，构建一个以学生成长需求为核心的课程实施体系，在学校和俱乐部两个主体的共同管理下，实施一体化教学，创设资源共享、人才共育、课程共建的足球育人模式。

二、实施背景

中等职业学校体育与健康课程以落实立德树人为根本任务，坚持健康第一的教育理念，提高学生的体育运动能力，培养运动爱好和专长，使学生养成终身体育锻炼的习惯，形成健康的行为和生活方式，成为德智体美劳全面发展的高素质劳动者和技术技能人才。

我校从中职生多元发展需求出发，对学校原有课程体系进行重构，将课程设计和实施列为重要突破内容，构建"满足学生多元需求，促进学生多元发展"的课程结构和课程体系。多元课程结构由公共基础课程、专业核心课程、个性发展课程三大部分组成。专业核心课程构建了完善的专业建设质量保障体系，不断优化专业结构、打造品牌、提升社会影响力。而以体育课程为代表的基础课程，在课程建设、师资队伍建设等各项标准和诊断指标上还缺乏科学的设计和规划，目标链和标准链还不够明晰和完善。在教学诊改的背景下，管理团队不断思考体育课程的建设，探索中职校体育如何在学校和俱乐部双主体的共同管理下，实施一体化教学，创设资源共享、人才共育、课程共建的足球育人模式，做实校园足球发展体系，打通学生向职业体育发展的道路。

三、具体做法

（一）落实各项诊改制度

我校严格按照体育与健康课程标准要求，把校园足球运动纳入学校发展规划、学校年度工作计划、专业建设规划、课程建设规划、教研规划，坚持"需求导向、自我保证、多元诊断、重在改进"的工作方针，同时制定各类诊改管理条例，为我校足球课程的进一步发展提供必要的制度保障。体育教研组教师不断思考，积极探索足球课程的发展，着力发现体育课程背后的科学、精神与文化价值，让足球课程带来更多、更深刻的教育意义，形成课程诊改的目标链、标准链。

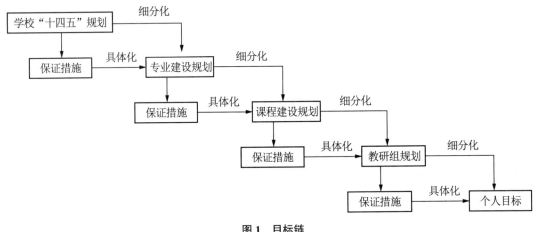

图1　目标链

按照2020年《全国青少年校园足球八大体系建设行动计划》、2020年版《中等职业学校体育与健康课程标准》等文件的要求，学校制定了体育课程优化与动态调整实施办法，以及课程建设、师资队伍建设、体育设施设备配置等各项标准和诊断指标。同时针对三级课程的不同教学目标和教学内容，建立了分层评价指标体系。

（二）强化教师诊改意识

我校现有体育教师12名（专项足球教师3人），外聘专业足球教练员3人，其中持有足球教练证的有3人：1人为C级、2人为D级。持有足球裁判证的有4人：1人为1级、1人为2级、2人为3级。在编教师成为教学诊改的主体，外聘教练参与其中。

结合体育教师发展中的问题，体育组教师结合学校发展规划，制定了《"十四五"个人发展规划》，明确个人五年发展的目标，激发教师的内生动力，强化教师质量保证的主体意识和主体责任。

（三）推进足球课程建设

足球课由于体力、喜好的差别，教师不能很好地开展足球技能的训练，常常出现男生满场跑、女生坐旁边的情况。针对足球课的问题，结合学生体质健康监测的要求，根据不同锻炼水平学生的体质现状，我校将足球课程分为Ⅰ、Ⅱ、Ⅲ三级，形成以知识习得—信念确立—行为尝试—技能提升为脉络的"课课练"的课程模式，促进体育教学与学生体质健康监测的融合，形成促进学生身心全面发展的长效机制。

足球课程的Ⅰ、Ⅱ、Ⅲ级课程，分别体现"玩足球""练足球""赛足球"的课程目标。Ⅰ级课程为基础课程，依据《中等职业学校体育与健康课程标准》设计学生在校期间的体育课程模块，新生第一学期将足球设定为体育必修专项课程，实现对学生身体素质和意志品质上的教育目标，为普及提高足球水平奠定基础；Ⅱ级课程为拓展课程，每周2节，让具有一定足球基础并热爱足球的学生参与其中；Ⅲ级课程为探究课程，依据足球专业特点组建足球班，寻找学生在本专业学习与足球专业训练之间的平衡点，实现学生在毕业时能够有多元选择。

（四）探索共同育人机制

为提升体育教师的足球技能，我校定期组织足球教师参与足球教练培训和裁判员培训，前往足球俱乐部参观访问学习，了解俱乐部对足球队员培养训练的全过程，体验俱乐部的文化和管理模式。足球俱乐部则安排教练在学校兼职个性化课程，为学校体育课程带来活力。通过学习和培训，提升了体育教师对足球课程的诊改意识，他们以课程中的问题为导向，不断思考和发现问题，探索解决策略。

企业足球俱乐部进驻学校，与学校共同承担24小时全程培养，通过学校和俱乐部之间在教育、管理、师资、技术等多方面的深度合作，实现资源共享，即俱乐部与学校使用同一场地的软硬件资源；课程共建，即俱乐部与学校的课程相互合作共同创建；人才共育，即俱乐部与学校培育人才的目标是一致的，球员即学生，学生即球员。学校教师与俱乐部教练共同实施校企融合的教学及训练活动。

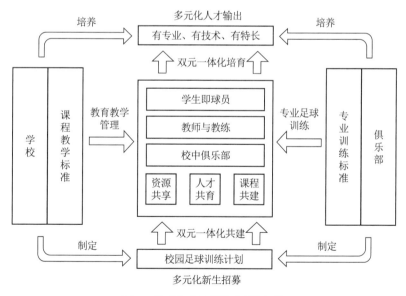

图2　足球人才培养模式理论架构

四、成果和成效

通过对足球课程的教学诊断与改进，我校足球课程的发展取得了一定的成果和成效。

（一）积极推动学校足球工作

我校足球队获得2015年上海市阳光体育大联赛中职组冠军、2016年上海市学生运动会中职组冠军、2017 年上海市阳光体育大联赛中职组冠军、2018 年上海市运动会足球亚军、2019 年上海市校园足球中职组超级组冠军、2020 年上海市校园足球中职组超级组冠军。同时多位学生获得国家一级运动员、二级运动员证书；江文涛入选中国沙滩足球国家队；多名球员进入上海申花足球俱乐部、重庆力帆足球俱乐部、上海申鑫足球俱乐部等职业俱乐部发展。

（二）努力营造校园足球氛围

我校组织了"寻找体育运动中的美"摄影比赛、"我最喜欢的足球队 / 球星"征文比赛等活动。学生在展示自己艺术才艺的同时，也加深了对足球的了解。健美操队员更是化身"足球宝贝"，出现在我校的各类足球比赛和活动的现场，成为一道亮丽的风景线。

（三）切实培养学生足球精神

秉承着"全员参与、全员运动、全员健康"的理念，我校积极创设各类平台，如每学年举办"青藤杯"三人制、五人制足球比赛，力争使我校学生内练素质、外树形象，培养顽强意志、团队精神和协作意识，展现中职生良好的运动风采。引导学生树立良好的体育意识，点燃了足球特长生与普通中职生的学习激情，课堂生态明显改善，学生身体素质达标率明显上升。

对学校而言，教学是基础，竞赛是关键，体制是保障，育人是根本。在教学诊改的背景下，我校体育课程以足球课程、校本课程为载体，充分挖掘利用体育独特的育体、育心、育人的功能，把体育作为学校的一种文化涵养的教育，利用体育运动陶冶个人情操，让师生感受到运动健身的喜悦。这种精神拓宽着教育内涵，激励着学校形成富有文化底蕴的校园特色，实现学校足球品牌内涵发展。

曼舞新时代　共筑新篇章

——剧目《黄河》的课程思政

上海戏剧学院附属舞蹈学校　李琴生

摘要： 我校开展教学诊改工作以来，按照《上海戏剧学院附属舞蹈学校教学工作诊断与改进制度建设和运行方案》的规划，顺利建成了学校、专业、课程层面的诊改运行机制，各门课程逐步实现常态化自主诊改。学校剧目课程在诊改过程中，聚焦立德树人，坚持守正创新，纳入最新创排的大型舞蹈诗《黄河》，增加了课程思政主题教育内容，推动课程创新和主题教育继续往纵深发展。

关键词： 红色基因　文化传承　增强自信

一、课程简介

《黄河》是上海戏剧学院附属舞蹈学校和上海戏剧学院舞蹈学院联合编创的国庆献礼剧，2019 年 10 月 1 日首演后，经多次修改创作，力求在保留作品精髓的同时，充分践行课程教学、剧目创作、舞台实践的"三位一体"人才培养模式，展示出中职生的特色风貌和舞蹈学校的教学成果。《黄河》将国标舞、芭蕾舞和中国舞三个舞种融合，开创了舞蹈剧目创作的先河。作品以光未然、冼星海的《黄河大合唱》为核心，结合钢琴协奏曲《黄河》进行舞蹈化选编，以抗日战争为背景，以黄河为中华民族精神的象征，庄严地讴歌了中华民族坚贞不屈、顽强抗争的英雄气概。

在课程诊改机制运行与监控中，学校挖掘了课程标准落实到教学实践中出现的问题。

二、诊改路径

（一）确立课程目标

根据学校专业发展规划以及各专业（方向）人才培养和课程建设方案，在原有职业岗位所需的知识与技能要求的基础上，融入"课程思政"改革理念，构建三位一体育人"同心圆"，在课程目标中加入新时代思政元素，确立、完善了课程建设目标以及《黄河》剧目课程教学目标。

（二）建立课程标准

课程团队基于学校舞蹈专业人才培养方案，从芭蕾舞、中国舞、现代舞、国标舞专业方向，制定了课程标准。

思政建设方面，在整体规划、教师育人能力、教学方法、示范引领、保障机制等方面认真落实《新时代学校思想政治理论课改革创新实施方案》及其他指导文件，力争通过改革创新，使思想政治教育像阳光和空气一样，产生润物无声的育人效果。

（三）形成课程诊改运行机制

遵循诊改工作"需求导向、自我保证、多元诊断、重在改进"16字方针，构建课程诊改的8字形质量改进螺旋。诊改周期内，课程团队通过数据分析进行诊断，肯定成绩，指出存在的问题，提出改进措施，并形成课程自诊报告。

依据教学周期小循环、六年大循环，根据专业人才培养方案的调整进行适时调整。一学年一循环，使课程依据岗位要求的知识技能的发展变化，综合课程教学质量和学生学习反馈进行动态改进；六年全方位诊断改进。

三、以问题为导向、数据为依据实施课程诊改

课程诊改机制运行与监控中，我们主要通过挖掘课程标准的落实到剧目教学实践的一系列过程中的问题，以问题为导向实施诊断与改进。

（一）发现问题

结合国家政策，课程团队从舞台调研、过程性考核、学生综合素质评价、剧场反馈等方面的数据进行分析，发现本门课程主要存在以下问题。

1. 课程思政教学体系不够完善

随着上海"课程思政"改革深入推进，原有的课程教学体系需要完善体制机制，教学内容需要融入新时代课程思政主题。

2. 人物塑造、情感表达不够准确

剧目要求学生在掌握舞蹈动作和情感表达之余能深刻体会在国难当头、民族危亡的时刻，作为黄河儿女如何保卫黄河保卫家乡，如何以黄河人的主人翁心态传承抗争奋发的黄河精神。然而在实训教学过程中，学生难以找到精神支点，人物塑造、情感表达不够精准。

3. 课程教学形式较单一

教学形式、手段单一，学生学习欠缺主动性和积极性。

（二）问题改进

1. 续写"黄河"精神，完善课程体系

以修订培养方案为抓手，发挥舞蹈学校特色，融入课程思政教学，全面修订课程标准，多措并举推进课程思政教学体系不断优化。设立"一课一思政"课程思政专项，立足学科视域、理论和方法，通过经典音乐再现，延续和传承"黄河"精神，并以肢体语言进一步强化这一精神力量，塑造具有典型意义的"黄河儿女"形象。此外，在疫情期间推动形成课程思政助力战"疫"的良性互动，实现知识传授、能力达成与价值引导的有机统一。

2. 传承红色基因，提升教学内涵

《黄河》首演后，学校教学工作委员会通过对学生的学习要求和学习能力的科学分析、教学研究，决定选取剧中具有代表性的片段《保卫黄河》作为学生的课程思政实训剧目。

在实训教学过程中，学生除了要掌握剧目主要动作、节奏特点、情感表达以及个性到群体配合的舞蹈形式转变之外，更重要的是通过教师描述剧目所处时代、人物背景、情节

情绪，用故事激趣导入，讲解《黄河》故事的时代背景及人物情感构架，启发学生对黄河情的内心表达，充分展现人人都是黄河人的奋斗奉献精神，增强学生学习表达探究的主动性，更好地确定剧目动作及人物塑造的方法和途径，从而找到精神支点。

3. 融入"四史"教育，增强文化自信

学校组织了一系列的主题教育，让"四史"教育深度融合到剧目《保卫黄河》当中，助推课堂教学从知识性教学向立体化育人升级。

（1）开展"同心向党，奋斗有我"系列活动。邀请上海警备区长宁第四离休所所长讲授党史，宣传党的优良传统，感召学生以史为镜、以史明志，在鉴往知来中砥砺前行；慰问上海警备区长宁第四离休所离退休老干部，认真学习老干部的宝贵精神，传承红色基因，争做时代新人，不负革命前辈们的殷切期望，激励学生顽强拼搏、不懈奋斗。

（2）组织学生开展主题教育。围绕喜迎建党 100 周年开展了党史知识竞答活动，通过党史学习教育，有效提升了学生的综合素质；"缅怀革命先烈，传承红色精神"的爱国主义教育活动让学生铭记为国捐躯的烈士，发奋学习；"致敬百年，时代童行"的"六一"主题活动，让学生切身体会红军长征路上的艰辛；"喜迎建党 100 周年"奉贤柘林西点军训学校学生素质拓展等一系列主题活动，让学生懂团结、会沟通、知改进、耐承受。

一系列主题教育激发了学生的学习兴趣，学生的思想觉悟有了显著的提升，对红色题材的剧目作品有了全新的认识。

四、诊改成效

（一）课程诊改机制初步确立

课程遵循"教学周期小循环、六学年大循环"的诊改周期，实现小周期预警反馈调研调整、中周期改进优化、大周期逐步提升的课程调整机制。

课程标准及其课程教学体系通过诊改得以进一步完善，打通了思政课程与专业课相隔离的壁垒，两者融合提高教学成效。

（二）剧目演出圆满成功

为国庆 70 周年以及建党 100 周年献礼，大型原创舞蹈诗《黄河》的排练演出取得圆满成功。2019—2021 三年共完成《黄河》演出场次 21 场，获得社会一致好评。

（三）师生思想水平、文化素养提升

《黄河》再现了中华民族的奋斗史，表现了中国共产党人为中国人民谋幸福、为中华民族谋复兴的初心和使命。剧目教学过程中，广大师生沟通心灵、启智润心、激扬斗志，为传承黄河精神和民族精神，在新时代下继续勇立潮头指明了方向，努力成为社会主义核心价值观的坚定信仰者、积极传播者、模范践行者。

五、未来规划

（一）落实"上好每一堂课"的要求

课堂是教学质量提升的主要阵地，聚焦"上好每一堂课"就是要结合学生的个体实际情况，实行因材施教，切实打造出以学定教、以教导学、全员参与、积极主动、效果优良的高效课堂。

（二）建设课程配套教材

推动剧目课程教材建设，全面推进习近平新时代中国特色社会主义思想进课堂、进教材、进头脑。

（三）信息技术与教学深度融合

信息技术与教学深度融合既是对教师教学能力的要求，也是对教材、教法改革的要求，因此下一步需继续提升教师的信息素养，深化信息化教学平台建设和应用。

对标企业职业素养，引入企业工作流程

——"数码摄影"课程教学诊改

上海市材料工程学校　王秀英　安　艺　姜绍帅

摘要： 本文针对数媒专业中职学生的特点，以"数码摄影"课程的教学为例，坚持问题导向，采用"两链"打造、8字形质量改进螺旋的诊改方式，对标企业职业素养，引入企业工作流程，从教学目标、教学内容、教学方法与手段、教学评价等多个维度进行教学诊改，对中职数码摄影课堂教学诊断与改进工作进行探索。

关键词： 摄影　职业素养　工作流程　教学标准

一、诊改背景

中等职业学校开展教学诊断与改进，是巩固提高中等职业教育发展水平的重大举措，具有重大历史意义。教育部2015年6月印发《关于建立职业院校教学工作诊断与改进制度的通知》后，2016年4月又颁发《关于做好中等职业学校教学诊断与改进工作的通知》，为职业学校可持续发展指明了方向。2021年根据本校"十四五"教学诊断与改进工作路线图中数媒专业在线开放课程建设规划，"数码摄影"作为一门数媒专业核心课程诊改工作势在必行。

二、诊断依据与诊断问题

（一）诊改依据

在《上海市中等职业学校数字媒体技术应用专业教学标准》和本校数媒专业人才培养方案中明确指出，职业能力是课程内容分析的基本依据，课程内容选取应有利于职业能力的建构。本专业主要面向数码科技、影视广告、传媒等企事业单位，培养具有良好的思想道德和社会责任感、具备良好的职业素养的媒体人。在本校2021年专业人才需求市场调研报告中指出，职业能力包括职业知识、职业技能和职业素养三项内容。"数码摄影"课程教学对照上述标准与要求，存在职业素养强调不够充分，学生对企业工作流程不够熟悉等问题，与标准还有较大差距，亟待诊改。

（二）诊改主体

诊改主体为本校数媒专业教师团队，包括3名专任、1名企业兼职教师，学历高，获奖多，专兼结合，力量雄厚。专任教师中博士1名、硕士1名；公开发表论文20余篇，研究教育科研课题近10项，撰写校本教材6本，荣获上海市三八红旗手称号以及上海市教学成果二等奖、上海市教学法评优三等奖、全国文明风采大赛优秀指导教师等多项教育教学奖项。同时引进企业专业摄影师共同执教。

（三）诊断问题

1. 教学设计与职业素养相关度有待提高

"数码摄影"课程的教学目标是使学生了解摄影的基本原理，掌握市场上各类数码相机的基本使用技能，掌握摄影的基本艺术规律，最终使学生能胜任常规的人像摄影、风景摄影、产品摄影的岗位要求。现有教学设计偏重知识掌握、技能提高，基本没有职业素养的相关内容，不能达到专业教学标准中职业素养的要求。

2. 教学设计与企业实践脱节

在教学实践特别是项目开发过程中发现，现有的"数码摄影"课程教学与企业摄影实践脱节。造成这种不足的原因是摄影实训教学方法较为传统，没有引入企业真实工作案例和摄影工作流程。

三、诊改做法

（一）落实诊改主体责任

按照新时代数码摄影人才培养目标的要求，确立"数码摄影"课程教学诊改主体为数媒教师团队，以上海市中等职业学校教学能力大赛为引领，以教师下企业实践为依托，全面落实课程诊改责任，每位教师都是课程诊改责任主体。

（二）"两链"打造，调整标准与目标

诊改团队依据上海市颁布的专业教学标准，分析课程性质与任务，调整课程教学目标、重构教学内容；依据职业学校专业（类）顶岗实习标准、职业院校专业实训教学条件建设标准等一系列标准制度，优化教学资源、教学设施、实训条件；对标摄影企业，1:1还原摄影工作室真实场景，立足企业职业能力要求，在课堂拍摄主题选取、拍摄策划等教学环节培养媒体人的核心职业素养；在反复磨炼布光、构图、拍摄、后期制作等摄影技术的同时培养学生用电安全、器材爱护等职业规范和精益求精的工匠精神。结合课堂教学，制定相应的课堂教学评价标准，将职业素养培养与课程标准有机结合起来，形成标准链。在课程层面，依据学校培养目标和企业职业素养要求，确保课程目标与人才培养目标和岗位能力的衔接，构建课程目标链。聚焦数媒专业学生发展核心要素，将培养目标、课程目标、课堂教学三维目标和职业素养有机结合起来，形成课程目标链。

（三）8字形质量改进螺旋，聚焦教学内容设计

1. 结果性诊断阶段

"数码摄影"课程教学诊改周期是4节课一个小周期，一学期为一个大周期。在结果性诊断阶段（见图1），诊改主体根据上海市专业教学标准、本校专业人才培养方案、摄影类企业职业素养岗位技能要求，完成课程规划。根据专业教学标准、数码摄影课程标准，制订学期授课计划，按照授课计划组织实施课堂教学。严格选用国家规划教材，教学内容选取紧紧围绕摄影技术相关工作任务所需的职业能力培养。以任务驱动教学法为指导，以就业导向为课程设计理念，引入企业真实案例，将教材内容原框架解构重构为符合任务驱动教学的六个项目，将企业云摄影工作流程序化到项目教学中，形成教学"云模式"——课堂拍摄、云平台作品展示、机房后期修图、作品发布，让学生了解企业真实工

作模式。云端即时传输也提高了课堂学、做、评三大环节的效率，注重教学情境的营造，注重学生的参与感，对标企业，真实还原摄影棚工作环境。在教学实施中，根据企业拍摄团队的分工，为学生设计摄影师、灯光师、修图师等角色分工，模拟真实工作状态，拍摄出"顾客"满意的照片，让职业素养的形成有抓手。在"云平台"进行课程数据留存，开展自我诊断，形成激励体制。鼓励诊改团队积极参加企业实践，深入了解职业素养和企业工作流程，通过参加教学能力大赛、教学方法研讨等途径，创新教学方法，改进教学模式，以诊断结果为主要依据，对标标准链和目标链，撰写课程学期自我诊断报告，提出改进计划，持续改进教学设计。

2. 过程性诊断阶段

在结果性诊断的"计划—组织—实施"阶段加入过程性诊断（见图1）工作流程，在教学过程中实施诊改。利用网络信息技术平台进行实时监测，通过教学日志、教务系统考勤数据、教学质量管理平台满意度调查、希沃、泛雅等信息化教学平台获取一手数据。每次课后对数据进行分析，及时发布预警，以便教师可根据预警信号，及时发现并解决课堂组织实施过程中的问题，调整教学内容设计，以便提升职业素养和熟悉企业摄影工作流程，从而实现教学质量的自动调节。

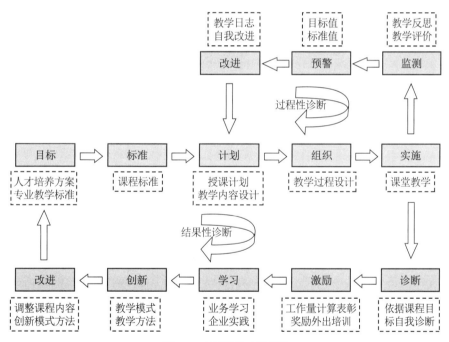

图1　8字形质量改进螺旋

（四）优化教学评价

以往"数码摄影"课程教学目标与职业素养相关度不够高，因此诊改团队在教学评价环节突出职业素养评价，学生借助职业素养评价卡、综合评价图两种评价方式的反馈，以评促改，提升职业素养。职业素养评价卡帮助学生树立实训安全意识，遵守职业规范，培养媒体人素养；综合评价图帮助学生对照职业素养、技能和审美三个方面，对自己的综合能力进行画像，更清晰地找到自己能力的短板，在后续的项目中巩固提高。

四、诊改成效

（一）职业素养显著提升

通过多维度评价培养学生职业素养。在每个项目的实施中，学生能够对照职业素养卡强化自己的实训安全意识、职业规范、媒体人核心素养；通过综合评价图找到自己的短板，查漏补缺，职业素养明显提升。

（二）校企无缝隙对接，学生近距离上岗

学生熟悉摄影工作室真实工作环境、企业摄影工作流程，能够完成真实摄影任务，实现校企无缝隙对接，学生近距离上岗。学生能在学校的各项活动中，如职业体验日活动、运动会、各类会议等，用学到的摄影知识、技能、职业素养，担当摄影记者，完成实际的工作任务。

（三）在近年的摄影比赛中成绩斐然

学生审美能力和职业素养提高，积累了大量优秀摄影作品，近年来在市级摄影比赛中屡获佳绩。

"宝玉石鉴定"课程诊断与改进实践

上海市材料工程学校　张　丽

摘要： 结合课程诊改背景，以"宝玉石鉴定"课程为例，按照8字形质量改进螺旋开展课程诊改实践。诊断课程在教学内容、教学模式、教学评价、教学资源等方面存在的问题，并依托在线开放课程平台，构建跨时空、全方位线上线下混合式教学模式，构建以过程性评价为主的多维评价模式，构建多层级、系统化课程资源库，取得一定诊改成效，为相关课程的诊改提供可参考的方法和路径。

关键词： 教学质量　课程　诊断与改进　宝玉石鉴定

一、课程诊改背景

根据《关于做好中等职业学校教学诊断与改进工作的通知》等文件精神，学校围绕教学诊断与改进开展了一系列工作，包括建立教学诊断与改进制度，制定教学诊断与改进实施方案等。在学校教学诊断与改进工作的引领下，"宝玉石鉴定"课程按照课程质量保障要求，立足人才培养目标，以在线开放课程建设为契机，遵循8字形质量改进螺旋，开展全过程、全方位、多维度的课程诊断与改进实践，以期促进课程教学质量的可持续提升。

二、课程质量问题诊断

"宝玉石鉴定"课程是首饰设计与制作专业的核心课程，教学团队紧紧围绕课程教学质量提升，依据课程质量改进螺旋，组织实施诊改（见图1）。诊改过程中，制定了专业建设规划目标、课程建设规划目标、"宝玉石鉴定"课程目标的目标链；打造了课程建设标准、课程标准、教学团队标准、课程质量标准的标准链；制订计划、组织实施、诊断分析、改进创新，推动课程质量螺旋上升。

课程教学诊断主要从课程标准、教学内容、教学设计、教学资源、教学评价、课程思政等几方面入手查找不足，发现存在以下问题。

（一）教学内容更新滞后

随着珠宝产业链的延伸和新技术、新产业的出现，催生了珠宝岗位人才需求由单一型向复合型转变。市场对具有扎实基础知识、熟练操作技能和良好职业素养的"精加工、能设计、会鉴定"的复合型珠宝技能人才需求不断扩大。原有的教学内容未能充分融入新的职业能力要求。

（二）教学模式陈旧单一

课程教学模式以传统的课堂讲授为主，学生主体性发挥明显不足。其中：理论教学教

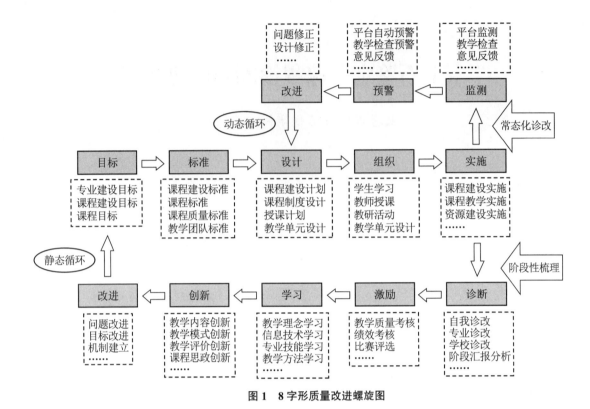

图 1 8 字形质量改进螺旋图

师主要利用 PPT 进行知识讲解，忽视了以学生为本的引导互动式教学；实践环节以教师示范演示为主，缺少对学生在珠宝检测过程中的实时跟踪和有针对性的指导。

（三）教学评价维度片面

课程评价存在着多方面的不足。首先，未能将 1+X 职业技能等级证书的评价要求有效融入；其次，以期末总结性评价为主，弱化了学生在识别宝石特征、使用检测仪器和鉴定常见宝玉石等学习环节的过程性评价；再次，评价主体单一，以教师评价为主，缺少学生自评、平台评价等多元评价；最后，评价内容不完整，主要针对珠宝检测报告是否准确进行评价，缺少对学生在检测过程中的规范操作能力、沟通协作能力、语言表达能力等职业素养的评价。

（四）教学资源零散无序

"宝玉石鉴定"课程已有部分教学资源，如宝石基本性质介绍的 PPT、习题库和少量仪器使用的微课和动画等。这些教学资源多以文字资源为主，数量不足且排列无序，教师和学生查找较为困难，内容单调枯燥，限制了学生的自主学习。

（五）职业精神植入缺失

根据企业的岗位工作要求，学生不仅需要掌握宝玉石鉴定的一般流程，具备准确鉴定常见宝玉石的基本技能，更应恪守文明规范操作的职业习惯，培育严谨细致、静心专注、实事求是、精益求精的职业精神。课程教学中缺少职业精神的系统融入。如何流畅植入职业精神而不显僵硬和突兀，是在课程教学诊改实践中需要思考的问题。

三、课程质量改进措施

（一）规范课程标准，丰富教学内容

通过企业岗位调研、行业企业专家研讨和市教委专家修改指导，对原有课程标准进行了补充和修订。重构了教学内容，课程内容的选取紧紧围绕宝玉石检测工作领域中的工作任务所应具备的职业能力要求，融入 1+X 珠宝玉石鉴定职业技能等级证书（初级）的相关规范。以宝玉石检测的典型工作任务为主线，形成识别宝石特征、使用鉴定仪器、鉴定天然珠宝玉石、鉴定人工宝石四大学习任务。

（二）突破时空界限，重塑教学流程

"宝玉石鉴定"课程的教学组织实施遵循职业能力发展的规律，以任务为引领，依托在线开放课程平台，构建线上、线下混合式立体化教学模式。学生利用手机、电脑等移动终端就可随时随地开展学习，打破了时空界限。通过线上预习观摩、互动讨论、分享评价和线下实践强化、纠错指导、复习评测等线上、线下高度融合的模式，有效提高学生教学活动的参与度，加强了师生互动和生生互动，体现了教学过程的可视化和立体化，同时更有利于学生的个性化学习。

（三）借助课程平台，优化教学评价

根据课程目标并结合 1+X 职业技能证书的考核要求，借助智能化技术支持，推进教学评价模式改革。改变传统的单一评价模式，构建以过程性评价为主、总结性评价为辅的，对接知识、技能、素养评价目标的全过程、多维度教学评价模式（见图 2）。

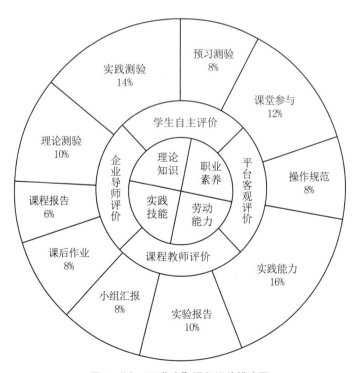

图 2 "宝玉石鉴定"课程评价模式图

评价模式包含四个维度：理论知识、实践技能、职业素养和劳动能力，四个评价主体：平台客观评价、学生自主评价、课程教师评价和企业导师评价，十个评价项目：预习测验、课堂参与、操作规范、实践能力、实验报告、小组汇报、课后作业、课程报告、理论测验和实践测验。

该模式可以为教师提供可参考的量化数据，有利于教师及时了解教学效果，也可以为学生学习发展提供诊断定位、学情追踪、科学反馈，帮助学生实现全面发展。

（四）对接教学环节，丰富课程资源

在课程诊改过程中，依托在线开放课程建设，不断丰富课程资源，形成课程资源—任务资源—项目资源—知识点资源四级教学资源库。资源建设种类包括微课资源、视频资源、多媒体课件、动画资源、文本资源、教学片段、习题题库、优秀作业和考核试卷等。

将建设完成的课程资源与具体的学习任务进行对应分类，以确保每一个课程资源精准对接教学任务的具体实施环节。教师在教学过程中，可根据教学内容灵活选择适合的教学资源进行组合，提高资源使用的有效性。同时为不同层次学生提供丰富的学习资源，解决了因教学资源混乱堆砌而造成学生查找困难的问题。此外，课程资源在教学实践中持续更新，形成持久化良性建设。

（五）厚植思政元素，技能素养并行

结合上海区域经济特色，深挖"宝玉石鉴定"课程中的思政元素并进行分类，使思政教育随着教学内容的推进层层深入。教学过程中始终将职业规范放在首位，强调培养学生的安全意识、规范意识和职业意识，同时将珠宝检测岗位应具备的实事求是、严谨细致、精益求精的职业精神有效植入教学环节。

通过案例分享、榜样引领、实践体验、现场观摩、连线大师等多种途径实践课程思政，使宣传入耳、讲座入脑、项目入行、辅导入心，实现理论知识传授、操作技能提升、职业规范养成、职业理想铸就和工匠精神传承的有机结合。

四、课程诊改成效

围绕目标链和标准链，对"宝玉石鉴定"课程实施诊改后，经过不断实践监测—预警—改进的动态循环，课程取得了阶段性成效。

（一）学生学习积极性提高，学习成效显著

1. 技能水平提升

通过课程诊改，学生学习效率提高，学习成效显著。学生利用在线开放课程平台完成线上、线下混合式学习后，参加教育部1+X珠宝玉石鉴定职业技能等级证书（初级）考试通过率达到100%，参加相关项目的职业技能竞赛也取得良好成绩。

2. 职业素养提升

通过教学过程中思政元素的植入，让学生更深刻地了解职业规范，树立职业理想，传承职业精神。学生在规范操作、静心专注、数据填报等方面都有明显进步，用他们自身的职业成长演绎匠心、匠艺，于润物无声中立德树人。

（二）教师综合能力提升，实现自我成长

1. 教育教学能力提升

教学团队在课程诊改实践过程中始终以目标链和标准链为依据，通过教学研讨、听课分享、专家指导、企业实践等多种形式交流学习，更新教学理念、创新教学模式、优化教学手段。这个过程极大地提升了团队教师的教学能力，多位教师先后在上海市教学能力大赛中获奖。

2. 专业技能水平提升

团队教师在课程诊改过程中不断加强自身业务学习，稳步提升专业技能。其中，1人晋升为高级技师，1人晋升为技师，1人多次担任全国职业院校技能大赛、上海市"星光计划"职业院校技能大赛等各级各类竞赛的裁判和技术专家。

3. 现代信息技术应用水平提升

团队教师有效开发课程教学资源，熟练应用在线开放课程平台，不断提升现代信息技术应用水平。课程诊改过程中，共完成微课制作10余个，录制教学短视频50余个，建设数字化资源200余个，同时完成了课程资源的分类与整合。

（三）服务行业企业，提供技术支持

课程诊改实施以来，不断加强产教融合，积极服务行业企业，先后与上海宝玉石行业协会、上海黄金饰品行业协会紧密合作。聘请企业专家为特聘教师，为学生授课、开设讲座、实践指导，并参与对学生技能的评价。此外，在校内建立职业技能考站，与企业共同完成翡翠鉴定、软玉鉴定项目的培训和鉴定工作，做到学校与企业资源共建共享，优势互补，不断完善"宝玉石鉴定"课程建设。

思政学科带头人工作室赋能思政教育实践探究

上海市奉贤中等专业学校　　唐春凤

摘要：引导和支持职业学校全面开展教学诊断与改进工作，是中职校持续提高技术技能人才培养质量的重要举措。本案例遵循"需求导向、自我保证，多元诊断、重在改进"的工作方针，从学校思政教育的需求出发，践行思政学科带头人工作室的职责，多方面探究立德树人的新路径和新举措，帮助中职学生树立正确的世界观、人生观和价值观，切实发挥思政学科带头人工作室的作用。

关键词：思政　工作室　思政教育　实践

一、实施背景

学校以《国家职业教育改革实施方案》和《职业教育提质培优行动计划（2020—2023年）》为指南，切实贯彻习近平总书记关于"各门课都要守好一段渠、种好责任田，使各类课程与思想政治理论课同向同行，形成协同效应"的重要讲话精神，将提高学生职业技能和培养职业精神高度融合，认真落实立德树人根本任务。学校对照《上海市中等职业学校教学工作诊断与改进实施方案》，以教学诊断与改进为抓手，将诊断项目、诊断要素、诊断点融入工作规划，在育人目标与现状之间发现问题、分析问题、解决问题，形成常态化、周期性的自主诊改机制。同时，遵循思想政治工作规律、教书育人规律、学生成长规律，以校为本，聚焦课堂、优化实践活动方案，深入挖掘课程所蕴含的育人元素，切实提升公共基础课程、专业课程和德育综合实践活动等的育人功能，做好思政育人诊断与改进工作。

二、存在问题

学校以构建"三全育人"的思政工作格局为目标导向，诊断思政教育实践过程中的短板所在，查找不足与完善提高育人能力。

（一）需要进一步提升全体教师的育人意识，确保全员育人工作落地

受固定思维影响，部分教师存在"思政教育是思政教师和班主任的职责"的观念。这一现象需要引起学校高度重视，学校层面务必要积极宣传全员育人理念，激发更多的思政课教师之外的教师参与进来，更主动地践行好教书育人的职责。

（二）需要进一步挖掘课程中的思政元素，确保课程育人符合教育规律

从学校举办的首届课程思政案例评比来看，其质量还停留在非常表面化和浅层次的程度，有形式主义的现象存在。因为课程的多样性就会有育人视角的多样性，所以说课程思政不仅仅是在课程中加入了爱国主义、社会主义核心价值观、劳动教育等概念，就会使这

些概念自动渗入学生的思政教育，这不符合双向互动、内化外化、协调控制的思想政治教育的规律。

（三）需要进一步丰富学生实践的学习平台，确保增强活动育人的实效性

因忙于教学或者常规工作，为寻求平衡，学生的活动更多在校园开展，走出去学习实践的机会比较少。另外，从校园活动内容来看，每月一个大活动、两周一个小活动的量没有达到。实际上，按照杜威说的教育即生活、生长和经验改造，丰富多彩的活动学习对学生的成长具有不可估量的教育意义。

三、整改措施

（一）重视顶层设计，构建育人质量螺旋提升体系

为建立和运行育人质量保证体系，学校党政以专业人才培养方案为抓手，实行部门协同，构建中职特色的育人质量协作体系。校长室牵头，组织工作联席会；校务办负责宣传"三全育人"理念；人事部门落实激励考核，做好经费预算；教学中心牵头成立思政学科带头人工作室（以下简称"工作室"），具体落实育人课程及德育综合实践活动的开展。工作室对标诊改要求，细化质量标准，以课程教学、育人能力、实践学习等方面为载体，做到每月完成专题育人简报一份、总结反思一份，提交学校教学诊改办公室进行监测，实现"设计—运行—监测"的育人质量保障机制，保证闭环系统。同时，工作室结合课程思政、德育实践活动等实施的质量情况，再制定具体、可执行、可监测的措施，形成自我改进、自我完善的内部循环机制，呈现8字形质量改进螺旋循环提升，建立持续改进的内部质量保证体系。

（二）厘清需求导向，实施8字形质量改进螺旋路径

根据实际，为推进学校课程思政育人的实践功能，工作室以8字形质量改进螺旋管理为要求，在政治学习大会上，工作室主持人开设"课程思政建设的教学策略"的专题讲座，向教职工讲授各门课程和教学方式中蕴含的思想政治教育资源与功能。结合专业，积极开展学校课程思政教学案例评选活动，实现知识传授和价值引领的有机统一，共有52门课程形成校级课程思政案例。做到"课前——育人质量实施培训，课中——课程教案质量控制，课后——课程教案质量改进"三个环节实施课堂教学诊改，并对课程思政的诊改工作进行激励与惩戒，激发教师专业发展内驱力。

（三）创新实践活动，提升"三全育人"目标诊断实效

为推进"三全育人"工作深入发展，全面助力学校教学诊断增值赋能。工作室组织策划实地参观类、传统节日教育类、打卡学习类等系列活动，培育时代"贤少年"的爱国情怀、民族精神和使命担当。通过《习近平新时代中国特色社会主义思想概论》读本的实践学习、"我们一起学党史"打卡等系列活动，引导学生坚定用习近平新时代中国特色社会主义思想照亮奔向远方的新征程。通过在"奉贤非物质文化遗产"展示馆学习，引导学生养成保护和利用好非物质文化遗产的意识，增强学生的民族自信心和凝聚力。在新农村，同学们走进"和美宅基"，感受"绿水青山就是金山银山"的新农村发展之路。在传统节假日，教师向学生宣传普及端午节习俗及相关诗歌等方面的知识，学习非遗竹编，让学生领略中华民族的智慧，坚定成为传统文化的继承者和传播者。

四、实践成效

工作室坚持以教学诊改工作为契机，构建持续改进的育人保证体系，并进行常态化运行，引领学校育人高质量发展。

（一）着眼于课程思政深研究，推动思政教育新跨越

教学诊断与改进实施以来，工作室协同各方智慧，探究课程思政内涵，引导发挥各类课程的育人功能。"课程思政教学案例征集与评比"项目获得 2022 年上海市教育委员会本级财政项目 10 万元的建设费，用于后期项目的推进和辐射。同时，工作室积极申报市教委的课程思政示范项目，建设有上海市奉贤中等专业学校课程思政教学研究示范中心。

（二）立足党史学习教育大根本，实现活动育人新突破

结合教学诊断与改进的人才培养目标，工作室以党史学习教育为抓手，点面结合，通力合作，强化分类指导，帮助学生深刻领会百年来我们党的光辉历程和宝贵经验，鼓励学生积极参与社会实践，用知识与技能服务基层社会。2021 年，学校荣获上海市中职校"我们一起来学党史"优秀组织奖，多名学生荣获"党史学习打卡小达人"称号。

（三）共享高品质的教育资源，形成精准扶贫大合力

对标市委市政府对口支援遵义的战略要求，工作室教师多次到凤冈、务川、桑植等兄弟院校开展教育扶贫专项工作，签订师徒带教合作培养方案。2019 年，工作室成员前往贵州凤冈县职业学校，分享"探究内动力，做实正心教育"和"落实全国思政课教师座谈会精神，彰显中职德育课堂活力"专题讲座。2020 年，又赴务川中等职业学校，开展课程思政建设的工作路径及策略探索，探究如何将脱贫理念融入专业教学的课程思政之中。疫情期间做好思政网络课程，完成"疫情防控彰显中国特色社会主义制度优势"等专题思政教育，实现教学资源共享。

五、体会思考

教学诊断工作督促学校意识到在"三全育人"背景下的工作短板。思政教育的关键在于"思"。我们要高举习近平新时代中国特色社会主义思想伟大旗帜，坚持社会主义办学方向，回答好"培养什么人、怎么培养人、为谁培养人"的根本问题。我们在思路上要形成"三全育人"的意识，落实全校"一盘棋"的大思政课程（包括综合实践活动）建设体系，确保教师、教材、教案、教室、教风五个核心要素嵌入育人各个环节。我们在思维上要实现职业技能和职业精神培养的高度融合，让中职学生在掌握专业技能和文化知识的同时，树立爱党、爱国、爱人民、爱社会主义的坚定信念，这是新时代职业教育永恒的课题。

8 字形质量改进螺旋在
"Web 前端开发入门"课程建设中的应用

上海南湖职业学校 何 烨

摘要: Web 前端开发是中职网站建设与管理专业的核心课程,本案例主要探讨基于 8 字形质量改进螺旋的"Web 前端开发入门"课程的诊断与改进,内容涉及课程标准、教学内容、教学模式、评价方式、教学资源等方面优化的探索与实践。

关键词: 8 字形质量改进螺旋 Web 前端开发入门课程建设 线上线下混合式教学

一、问题分析

在互联网+、新兴技术不断发展的背景下,Web 前端开发人才紧缺,从招聘网站需求量可以看出,市场供给严重失衡。目前,中职学校计算机专业网站方向、网络方向和计算机应用方向虽都开设 Web 前端开发相关课程,但普遍存在以下问题。

(一)教学内容滞后

Web 前端开发技术迭代更新速度快,一线教师普遍缺乏企业实战经验,对当下行业内所采用的开发技术并不熟悉,教学内容基本还是以教材为主,这就导致学生所学与市场所需脱节,无法满足企业需求。

(二)教学模式守旧

在教学过程中教师还是习惯于讲授、演示的方式,学生处于被动的接受状态,对于新知往往只知其然不知其所以然,学习的主动性和积极性被抑制,教学效果欠佳。

(三)评价方式片面

过于关注学生对技能点和知识点掌握的结果导向评价,强调学习效果,弱化过程评价、态度评价和能力评价,不利于学生综合素养的塑造,也违背了使学生全面发展的初衷。

(四)教学资源单一

教学资源主要还是以文档内容为主,对于知识技能点的讲解较为抽象,不直观生动,不利于学生理解。

二、诊改运行

根据 8 字形质量改进螺旋,2020 年课程团队开展了课程质量诊断工作,在工作过程中分析数据,诊断问题,及时改进,从而实现推动课程教学质量螺旋上升的目标。

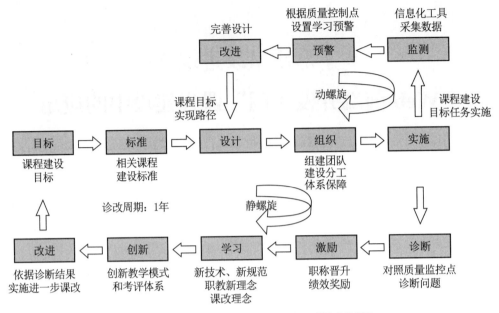

图1 "Web前端开发入门"课程8字形质量改进螺旋

（一）目标

"Web前端开发入门"课程围绕着市级在线开放课程建设的主目标，构建了课程培养目标、课程团队建设目标、课程资源建设目标、信息化建设目标。

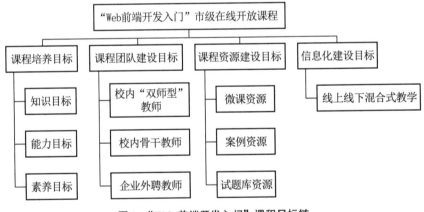

图2 "Web前端开发入门"课程目标链

（二）标准

依据专业人才培养方案，参照国、省（市）、校三级在线开放课程的标准，进一步完善"Web前端开发入门"的课程标准、课程团队标准、课程资源建设标准、信息化建设标准。

（三）设计

依据目标和标准对课程进行自上而下的顶层设计，形成五个课程诊改目标达成路径：（1）细化落实课程标准；（2）优化调整教学内容；（3）改革创新教学模式；（4）丰富完善评价方式；（5）整合开发优质资源。

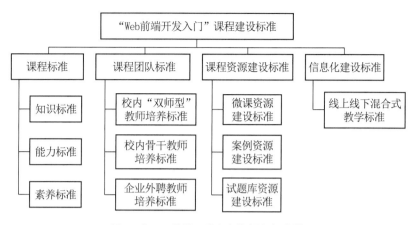

图 3　"Web 前端开发入门"课程标准链

（四）组织

由课程负责人领头，带领教研组团队共同完成课程建设和教学实践，同时聘请行业专家和课程专家全程参与指导监督，形成校内外互联互通的合作模式。

（五）实施

1. "岗课赛证"四位一体，重构课程内容

在诊改周期内，课程建设团队以职业能力和岗位需求为核心，以 Web 前端开发世界技能大赛技术文档和 1+X Web 前端开发证书职业标准为依据，重新制定了课程标准，优化了课程内容。重构后的内容涵盖了网页内容的创建、网页的基本美化、网页的基础布局、css3 变形和动画的应用、css3 新增布局方式的应用和 Bootstrap 框架的应用六大部分。

课程内容的组织颠覆了传统的以知识结构体系串联，而是以 Web 前端开发典型工作项目为主线，将知识点打散到每个任务中，让学生在完成工作任务的过程中逐渐加深对专业知识、技能的理解和应用，培养学生的综合职业能力，满足学生职业生涯发展的需要。

2. 采用多维度、多元化的评价方式，实现以评促教、以评促学

课程团队参照 1+X Web 前端开发等级考证和世界技能大赛网站设计与开发项目的评价标准重新设计优化了课程的课次任务评价指标，根据课次任务所涉及的知识技能点，设置相应的评分项目，做到全覆盖、不遗漏。课次评价方案中除了对学生知识技能进行评价之外，还引入了职业素养的评分项目，考查学生代码命名是否规范、结构是否清晰、能否添加合适的注释、代码是否符合 w3c 标准，使学生从一开始就养成代码编写规范的习惯，从而推动他们全面可持续地发展。

3. 线上线下混合式教学，提升教学效果

在日常教学中，依托市级在线开放课程平台，团队教师采用了线上＋线下的混合式教学模式。

课前教师将学习资料和配套测试题发布供学生预习。学生通过线上预习对新知有了基本的了解，也为线下的课堂学习做好了铺垫。同时，教师可根据平台统计的学生数据收集共性问题，及时调整教学方案，使得课堂教学更有针对性。

在线下课堂教学中，教师针对学生预习环节出现的共性问题进行深入讲解，并以项目

任务为载体，组织学生对在线所学到的基础知识进行巩固与灵活应用。在教学实施过程中，教师不再是课堂的主体，而是扮演着组织者、引导者的角色。教师通过创建情境，巧妙设疑，适当点拨，充分调动学生的主观能动性，鼓励学生利用课程资源包完成知识点的自主学习，通过小组讨论、同伴互助的形式尝试解决任务中的难点，通过展示和交流点评，取长补短，在潜移默化中提升学生的探究学习、团队协作、交流表达的能力。

课后，学生根据教师发布的作业和拓展资料对知识进行进一步思考、巩固、拓展与提升。同时，学生可以线上分享学习体会和学习经验。此外，教师可以通过在线平台有针对性地进行学习引导和监管，对学习有困难的学生进行个别辅导。

4. 课程团队分工协作

依据建设标准，分层分级完成微课、案例、试题库数字化资源建设，并按功能和应用场景又将资源细化为描述性资源、解释性资源、辅助性资源、学习过程支持资源、教学过程支持资源五大类。

（六）诊断

经过 2020 年的诊改，还存在以下问题有待解决。

1. 课程资源分布不均，利用率低

部分知识点对应的课程资源形式单一，数量不足，加大了学生自主学习和复习巩固的难度，无法满足学生多样化的学习需求；一些教学视频内容冗长，重点不突出，利用率低。

2. 缺乏有效监督激励机制，部分学生学习动力不足

线上线下混合教学模式对学生的主观能动性提出了更高的要求。中职学生的自主学习兴趣、能力存在差异，有一部分学生还是习惯于教师讲授演示的方式，遇到难题懒于思考、不愿尝试、坐享其成，学习效果不尽如人意。

（七）创新与改进

首先，围绕知识点增补微课、动画、图片、视频等短小精悍的颗粒化课程资源，扩充案例素材、文献资料、课件素材、题库试卷，以此满足学生学习的多样化需求；其次，针对课前、课中、课后三个环节，设置课程诊断要素和质量监控点，引入课堂教学质量在线跟踪系统，实时采集学生出勤、作业完成、课堂测试、互动响应、学习效果等数据并进行分析，发现问题及时预警。

三、诊改成效

（一）教学资源整合联动

通过课程诊改，课程团队查漏补缺，优化、整合现有课程资源。目前，教学资源丰富，内含一整套标准化的顶层课程文件，18 个课次文件、10 个教学视频、7 个教辅材料、411 个媒体资源，含 161 道题量的题库、7 套考核测试卷。

（二）课程资源促进学生碎片化学习

相较于传统的学习方式，在线平台打破了时空的限制，学生可随时随地通过在线平台获取丰富的课程资源从而进行碎片化学习，并根据个人情况，对重点、难点进行巩固强化，学生学习的积极性得到提升。

（三）在线平台加强了师生沟通，实现了精准教学

通过在线测试、网上辅导、互动讨论、网上作业提交和批改、网上社区讨论等，促进师生之间、生生之间进行资源共享、问题交流和协作。

平台全程跟踪和记录学生的学习过程、学习内容、学习效果、学习反馈，掌握每个学生的学习行为，运用大数据分析诊断生成的图形化和可视化的分析结果，教师能清晰地了解学生的薄弱环节，从而对症下药，实现教学效率最大化。

中职现代学徒制教学模式下
"汽车发动机机械及检修"课程教学诊改探索

上海市南湖职业学校　龚瑛英

摘要："汽车发动机机械及检修"课程依托现代学徒制班工学交替的教学模式，根据人才培养目标、课程标准，诊断教学过程中的问题是：教师授课方式单一；教师对学生的评价方式不全面；安全意识和规范操作意识的培养方法不完善。通过制订诊改计划、改进教学方法、增加学生学习途径、丰富评价方式，提升了教师授课能力，丰富了教师授课方法；增加了评价方式；提高了学生的安全意识和规范操作意识。

关键词：教学诊改　教学方法　评价方式　安全意识　规范操作意识

一、背景

依据《上海市中等职业学校教学工作诊断与改进实施方案》，上海市南湖职业学校建立常态化和周期性的自我完善、自主保证、自主优化的人才培养质量机制，持续提升人才培养质量。学校汽车运用与维修专业现代学徒制班是与上汽通用汽车有限公司在多年校企合作的基础上建立的，采用工学交替的教学模式，由学校和企业将学生联合培养成合格的汽车维修工。"汽车发动机机械及检修"课是校企课程，周课时为4课时。学生有16周在校学习理论与实操，由学校4位教师组成的团队授课；其余2周在企业跟岗实习，由企业师傅带教。

二、诊断问题

根据人才培养方案，本门课程的培养目标是：学生能识别发动机控制系统各部件的名称并记住拆装方法和步骤；能熟练拆装和检测发动机控制系统的各部件；能养成安全意识和规范操作意识。

教师通过走访了解到企业的需求是：（1）加强学生的主动安全意识、规范操作意识；（2）提高学生对维修流程的熟练度；（3）具备基本的故障诊断能力。本案例对照课程标准中的课程目标，结合企业需求，探索课程教学整改的问题和解决方法。通过分析，本课程教学目前存在以下问题。

（一）教师教学方法单一

由于本课程有一定的学习难度，教师通过讲授法和演示法来教学，由教师先讲解发动机机械系统各部件的拆装方法和步骤，再示范拆装过程和诊断过程，学生全程跟着教师实训，缺少探索和思考的过程。

（二）教师对学生的评价方式不全面

本课程评价学生的主要方式是看学生有没有完成实训任务，轻过程，重结果。缺乏对学生完成实训操作过程的全面性评价。

（三）安全意识和规范操作意识的培养方法不完善

由于教师操作经验丰富，在演示过程中很少出现安全问题和不规范操作，而在学生操作过程中仅通过教师口头提醒难以加深学生安全、规范操作的印象。

三、做法

（一）制订诊改计划

教师以一个学期为诊改周期，制订诊改计划（见表1），以课程目标为指引，制定阶段目标，根据学徒制工学交替的教学模式和课程标准编写授课计划和教案，参考诊改记录，改进教学方法。

表 1　教学诊改计划

教学周	学习地点	阶段目标	诊改记录
1—8	学校	1. 能识别发动机各部件的名称和位置； 2. 能记住发动机各部件的拆装方法和步骤并完成拆装； 3. 具备安全意识和规范操作意识	教师课中记录学生学习情况，课后诊断教学质量，改进教学方法
9	企业	能在师傅指导下拆装发动机	教师下企业记录学生实习情况，寻找教学与实际维修间的差距
10—17	学校	1. 能完成发动机各部件的检查与检测； 2. 能完成发动机机械故障诊断与维修； 3. 具备较强的安全意识和职业责任感	教师课中记录学生学习情况，课后诊断教学质量，改进教学方法
18	企业	能在师傅指导下检修发动机	教师下企业记录学生实习情况，总结诊改效果

（二）建立诊改运行机制

本课程团队教师担负着教学设计、企业走访、教学实施以及教学质量自我诊改的责任。对标人才培养目标和课程标准，遵循8字形质量改进螺旋的运行规则，以4节课为小循环、1学期为大循环开展课程教学自主诊改（见图1）。

1. 课程诊改事前

第一，编写授课计划：按照人才培养目标、课程标准以及现代学徒制教学模式的特点，编写授课计划，明确每周教学内容，上传至信息化平台。

第二，设计教案：按照授课计划和学生学情设计教案，确定教学目标、重难点、教学过程和教学方法，上传至信息化平台。

第三，确立教学评价标准：以每位学生能单独完成单个项目的实训操作为目标，确定教学评价标准，上传至信息化平台。

2. 课程诊改事中

（1）巧用现代学徒制教学模式，改进教学方法

第1—8教学周，教师在教学过程中加强理论教学与实践教学之间的联系，将推理教学方法、练习法、讨论法等灵活运用其中。全班共有27名学生，每组4—5人，分组学

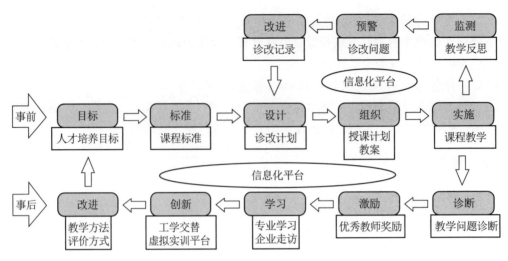

图1 8字形质量改进螺旋

习。在拆卸发动机前，参考发动机维修手册上的安全注意事项，教师引导学生旋转发动机台架，观察各部件位置，查找有滑落危险的部件，逐步提高学生的安全意识。拆装时，教师引导学生检查发动机上的各种记号、数字、字母和箭头等代表的方向和顺序，每组必须按正确的顺序、方向摆放整齐。教师检查确认后安装，规范完成发动机各部件的拆装。组内学生以安全员、维修工、记录员等身份轮换岗位，维修工操作，记录员记录数据，安全员观察并纠正维修工操作中的安全隐患和不规范操作行为。

第10—17教学周，由于学生已经有过实习经验，教师在教学过程中发挥校企课程优势，将情景教学法、案例教学法等运用其中。以学生探索为主，教师指导为辅，参考企业实际案例，学生查看维修手册、准备工具、检查发动机、确认发动机故障点。学生组内自主讨论并整理实训过程中的安全注意事项和规范操作要求，进一步提高安全意识和规范操作意识。

（2）利用虚拟实训平台，保证学生学习途径多元化

本课程具有较高的实际操作要求，因此，使用虚拟实训平台中的课程，每位学生能反复训练拆装步骤，虚拟实训平台与实物拆装交替训练，丰富了学生学习多元化知识与教育实践的途径。

（3）结合职业技能比赛考核标准，丰富评价方式

改变以往不全面的评价方式，对学生进行分模块、多元化的综合技能评价，并充分结合汽车技术赛项中发动机的相关考试要求，加强对学生的发动机拆装、故障诊断等能力的综合评价，力求全面、客观地反映学生的综合学习发展情况及综合素质。具体评价形式见表2和表3。

一是学生组内评价。评价主要包括发动机机械系统拆装和检修的安全性、规范性、方法和步骤等。通过组内互评的方式，提高学生实操过程中的安全意识、规范意识，锻炼学生的思考能力。

二是教师评价。主要包括汽车发动机机械系统拆装及检修的过程和结果评价。通过教师评价，提高学生拆装、诊断故障的能力。

表 2　学生组内互评表

序号	内　容	评价（是／否）
1	个人安全防护	
2	发动机部件的防护	
3	选择正确的工具	
4	规范摆放零部件	
5	规范摆放工具	
6	操作过程规范	
7	参考维修手册	
8	整理、清洁场地	

表 3　教师评价表

序号	内　容	评价（每项满分 10 分）
1	安全防护	
2	工具选择正确	
3	拆装步骤正确	
4	清洁方法正确	
5	润滑部位正确	
6	检查故障点方法正确	
7	安装扭矩选择正确	
8	诊断故障点结果正确	
9	操作流程规范	
10	工作场地 7S 管理	

3. 课程诊改事后

每 4 节课后，教师根据学生组内评价表和教师评价表开展自我反思、自我完善、自主优化，落实教学诊改过程中的任务，运用好每一堂课来改进教学质量。每个学期的教学任务完成后，对照人才培养目标和课程标准，查找教学过程中的问题，分析解决问题的方法，总结教学质量诊改成效，进一步诊改。

四、成效

（一）教师教学能力提升

教师要在自我反思、自我完善的过程中超越自我、创造自我。通过教学诊改，教师针对教学中存在的问题，主动出击，积极解决，从而提高了教学能力。

（二）教师教学方法多样化

教师在教学诊改过程中，优化教学方法，灵活使用各种教学方法和教学手段，利用虚拟实训平台，使教学方法更加多样化，教学内容更生动。这样，在提高教学质量的同时还可以提高学生学习的积极性。

（三）教师评价方法更全面

通过教师层面和学生层面，并且从多个角度去评价学生，能更全面地衡量达成培养目标的程度。

（四）学生的安全意识和规范操作意识提高

经过教师的引导式教学、多角度评价、规范化训练，学生能具备较高的安全意识和规范操作意识。

"沙盘模拟企业经营"课程诊断与改进的实践与探索

上海市商业学校　胡海梅

摘要：本文以"沙盘模拟企业经营"课程为例，将8字形质量改进螺旋理念应用到课程建设工作中，从而为中等职业院校课程诊改工作的落地提供参考。

关键词：8字形质量改进螺旋理念　沙盘模拟企业经营　课程诊改

一、实践背景

为贯彻落实《关于全面推进职业院校教学工作诊断与改进制度建设的通知》（教职成司函〔2017〕56号）、《上海市教育委员会关于印发〈上海市中等职业学校教学工作诊断与改进实施方案〉的通知》（沪教委职〔2016〕45号）、《关于印发〈中等职业学校教学工作诊断与改进试点学校复核工作指引（试行）〉的通知》）（职教诊改〔2019〕22号）等文件精神，上海市商业学校开启了第一周期（2017年5月至2020年8月）的教学工作诊断与改进制度建设和运行。本文以"沙盘模拟企业经营"课程为例，重点探讨如何运用8字形质量改进螺旋理念开展课程建设工作，从而为8字形质量改进螺旋理念的应用提供实践思路，也为课程诊改工作的落地提供参考。

二、实践过程

2019年3月，根据年度诊断与改进工作计划，学校下发了《上海市商业学校教学工

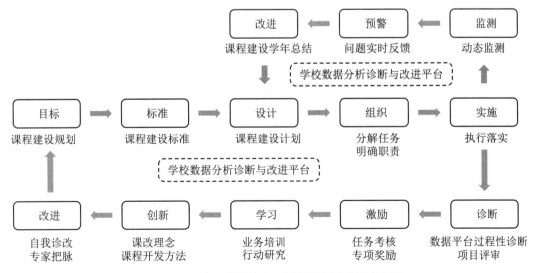

图1　课程诊改8字形质量改进螺旋示意图

作诊断与改进制度建设与运行方案》，构建了"学校发展规划—专业发展规划—课程建设规划"目标链，结合对"沙盘模拟企业经营"课程资源建设和课程教学改革的探索，拟定了课程诊改思路和流程，建立了"沙盘模拟企业经营"课程诊改 8 字形质量改进螺旋，包括课程资源建设和课程教学诊改两部分（见图 1）。根据"实施—组织—设计—标准—目标"进行激励、学习和创新，形成诊改报告，做好课程资源建设诊改"静螺旋"；构建了"岗位技能标准—人才培养标准—课程教学标准"标准链，根据"诊断—激励—学习—创新—改进"实时监测、调控，做好课程教学诊改"动螺旋"。"动螺旋"贯穿于"静螺旋"之中，两个螺旋既独立又相辅相成，环环相扣，形成一个有机整体。通过反复运行，构建相互依存的螺旋诊改机制。

（一）打造目标链及标准链

以 2019 年学校第一轮诊改背景下的课程建设为例，课程团队依据学校"十三五"发展规划，结合会计专业建设发展规划目标，对前期的课程建设情况进行全面剖析、深入研究、反复论证，最终确定"沙盘模拟企业经营"课程 2019 年度总体建设目标为"建设为市级在线课程"。然后将总目标分解细化为多个小目标，结合学校及专业层面的建设标准，参考本年度课程建设目标，制定相应的课程标准。同时，将标准细化成年度任务分解表的形式，主要从课程内容优化、课程资源建设、信息化建设、课程团队建设、教学质量提升等方面建设课程。由此，建立了完整的课程建设目标链及标准链。

（二）计划落实

有了目标及标准，课程建设就可以进入计划环节，设计目标及标准的达成。具体来说，在现状调查、分析、确定要因的基础上，将课程建设年度目标及标准细化，设计成质控点的形式，并上传至学校质量管理与数据检测平台。2019 年度，在平台中本课程的建设质控点共有 10 个（见表 1），每一个质控点包括数据内涵、诊断标准及目标值。

表 1　2019 年"沙盘模拟企业经营"课程建设 10 个质控点设置

序号	质控点	数据内涵	诊断标准	目标值
1	课程规划报告	提供课程建设思路及具体安排	有 / 无	有
2	课程团队研讨	课程团队成员研讨课标记录（图片和文字形式）（1 次 /2 个月）	A：8；B：6；C：4	C
3	教学考核评价体系	考核形式多样化，采用过程性考核方式	是 / 否	是
4	教材选用规范性	开课部门及教务处审查结论（教材审批表）优先选用近 3 年出版的教材	有 / 无	有
5	教材改革与创新	自编符合学生学习情况的活页式、工作手册式教材	是 / 否	是
6	在线开放课程	校级及以上	是 / 否	是
7	教学视频数量	每学分包含视频的数量和视频的种类	A：10；B：8；C：6	A
8	试题库题量	在线课程平台上包含的试题数量	A：500；B：300；C：200	300
9	课程团队	是否建有课程团队	是 / 否	是
10	教学案例	教学案例的数量	A：4；B：3；C：2	A

（三）组织实施

组织实施环节需有组织管理。课程负责人制定了课程实施进度表（见图2），课程团队组织实施课程日常教学、课程团队建设、课程资源建设和教学模式改革。建立由专业带头人、课程专业教师、企业兼职教师组建的课程自我诊断工作小组，负责课程自我诊断与改进任务的实施。学校依托市级竞争项目建设专项资金，给予课程在资金方面的支持。

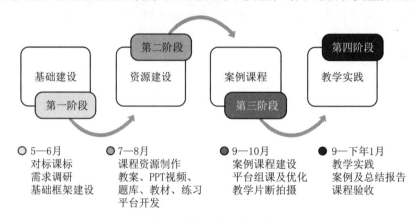

图2 课程实施进度安排

（四）课程建设"动螺旋"的实施

"动螺旋"不涉及目标、标准，其与"静螺旋"同样都有"计划—组织—实施"环节。在本课程建设中，实际上就是把静螺旋"计划—组织—实施"环节按照任务量进一步分解，形成一个个小的"计划—组织—实施"任务，然后给每一个小任务加上"监测、预警、改进"环节，就形成一个个小的"动螺旋"。"计划—组织—实施"环节在前文已经叙述，此处不再赘述，本课程"动螺旋"的实施重点关注"监测—预警—改进"环节。"动螺旋"环节最主要的特征是"动态"，要做到实时监测数据、及时发出预警和即时改进。

三、成果成效

（一）丰富了课程教学资源

通过建设市级在线开放课程，课程团队对"沙盘模拟企业经营"课程的内容进行调整和创新设计，以物理沙盘和电子沙盘协同经营进行教学设计。结合本校教师团队多年的教学和竞赛经验，编写配套教学过程的活页式校本教材，集理论知识、实践操作、竞赛指导于一体，内容涵盖沙盘认知、专业知识图谱、沙盘运营表、竞赛锦囊等，既满足日常教学又能作为竞赛辅导手册。沙盘运营中涉及的理论知识横跨多个专业，为了让晦涩的专业知识浅显易懂，学校将授课中涉及的相关知识进行梳理，制作了36个微视频，涵盖企业认知、规则解析、岗位知识三部分，便于学生课前预习和课后复习。本课程教学需要使用的软件包括物理沙盘和创业者5.0电子沙盘，为了结合物理沙盘和电子沙盘的优势，学校开发了ERP沙盘实训系统，既方便教师课堂教学，又能满足竞赛训练的ERP沙盘实训系统。该实训系统既保留了物理沙盘的形象，又融合了电子沙盘的便捷性，可以实时记录学生的学习轨迹，形成教学大数据，既是教师综合评价学生的依据，也可作为进一步优化教材内容和教学方式的数据支撑。

（二）提升了课程团队的教学能力

课程建设的主体是团队教师，在8字形质量改进螺旋理念的指导下，课程团队的建设能力不断增强。尤其是一个个分解任务的"动螺旋"的实施，团队教师经历了一次次"计划—组织—实施—监测—预警—改进"完整环节的锻炼，培养了课程建设的科学思维，课程建设能力得到不断提升。团队成员中多名教师参加上海市教师教学能力大赛获得一、二等奖。

（三）激发了学生学习兴趣，竞赛成绩硕果累累

自从学校开设了沙盘课程后，学生在上海市第七届"星光计划"技能大赛中获得沙盘项目一等奖第一名的好成绩，同年代表上海市参加了2017年全国职业院校技能大赛，荣获二等奖。这次比赛成绩大大激励了商校学子学习沙盘的积极性。除了会计专业，国际商务和电子商务专业的学生也来报名参加社团和选修课，在财经商贸专业学生中逐步形成了争学沙盘的良好风气。在上海市第八届"星光计划"技能大赛中又获得二等奖的好成绩，在2019年又代表上海队参加了全国沙盘大赛。

四、体会思考

通过一轮课程诊改，丰富了教学资源，提升了课程团队素质，修订了课程标准。针对调研中发现的问题，进行一系列的课程教学改革，也取得了显著成效。但是"沙盘模拟企业经营"课程教学中仍存在一些问题，还需要继续改革完善。在后续的教学过程中，我们将按照学校规划开展新一轮的课程诊改，认真钻研"沙盘模拟企业经营"课程教学，注重教学模式、教学方法与考核方式的改革。通过构建体验式教学体系，运用仿真教学，使学生在模拟运营过程中感悟企业文化和经营思想，提升团队协作的意识和能力，最终提高课程教学质量。

螺旋提升　过程导向　量化评价

——基于诊改理念的线上线下混合式教学课程优化实施案例

上海市逸夫职业技术学校　许彦杰　孔怿雯

摘要： 按照"螺旋提升、过程导向、量化评价"的教学诊断与改进工作要求，学校基于专业特色进行教学方式的转变和不断探索，并以上海市逸夫职业技术学校中本"建筑速写"及中高"编排设计"两门专业核心课程为例，通过线上线下混合式教学进行描述分析，为中职学校课堂教学诊断与改进活动提供参考案例。

关键词： 诊改理念　线上线下　混合式教学　教学评价

一、实施背景

自 2016 年起，根据《教育部办公厅关于建立职业院校教学工作诊断与改进制度的通知》《关于做好中等职业学校教学诊断与改进工作的通知》《上海市教育委员会关于印发〈上海市中等职业学校教学工作诊断与改进实施方案〉的通知》的整体要求，学校在上海市教育评估院的指导下开展了第一阶段的教学诊断与改进工作，在学校、专业、教师、课程、学生五个层面逐步推进，按 8 字形质量改进螺旋提升理念诊断和优化。2020 年随着疫情发展和国家教委"停课不停学"的号召，学校也借此推动基于专业特点的课程教学方式的转变和不断探索，促进了线上课程和线下课堂的质量提升，探索混合式教学与课堂教学教法、学法的变革，重点关注了课堂教学中过程性、结果性教学评价的运用。

二、主要做法

（一）构建教学质量螺旋提升机制

为了确保学校专业能级提升，课程教学质量有序提高，学生学习培养成效有所体现，在诊断改进工作推动初期，学校就按 8 字形质量改进螺旋的质量诊改理念，制定了整体规划、强化专业课程特色、教研与师训跟进的总体工作路径。每个学年依据人才培养目标调整专业建设标准；基于专业课程标准调整课程实施；开展教学评价，推动专业发展，课程质量有序提高。

在第一周期诊改期间，学校层面共开展了 50 次以上的课程教学质量诊改相关推进工作会议，100 次以上教师全员参与的教研和师资研修活动，从学期小循环到学年大循环，不断总结经验，确保年度诊改目标实现并有序提升课程教学质量。

中本"建筑速写"、中高"编排设计"等一批专业核心课程一直具备较好的课堂教学成效，在诊改的推动下和疫情所带来的线上线下混合教学模式的促动下，学校开展了从单

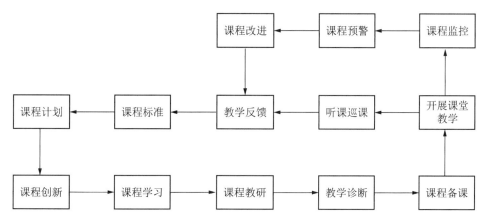

图1 8字形质量改进螺旋图

一课堂教学到线上线下混合融合的教学探索。通过第一周期的改进，目前两门课程已成为专业发展线上线下课程人才培养的典型，并已实现从校级课程转向市级在线开放课程的能级提升。

（二）基于过程导向，探索量化依据

学校的发展离不开专业，教师和学生的发展更离不开课堂教学。为了让全体教师更全面地了解本校教学诊改工作目标，明确8字形质量改进螺旋实施路径和理念，学校多次开展了校本研学活动，明确课程标准，厘清问题和方法。课堂教学研究能力是教师的必备能力之一，是教学质量的保障。"理论学习—课例观摩—教学实践"的循环螺旋式校本研学活动提升了教师的教学研究能力。教师在观摩中学习、研讨中碰撞、引领中进步，循环往复，螺旋上升。

在设计课程的课堂教学中，设计绘画类作品由于部分创作过程不在课堂，教师课堂中所关注的大多是局部成果和学生完成作品修改的过程。并且由于绘画作品的特殊性，过程性的评价往往缺少量化的依据。在"编排设计""建筑速写"等课程线上线下混合式教学的设计中，我们设计了每项任务的过程性学习节点，运用教学平台网络建课，将过程任务节点、环节以任务点的方式嵌入学生网上学习的过程，并对每个节点设定了一定的分值。将原本课堂中关注作品呈现效果的评价分值，转换为过程技能的掌握、知识点的理解、创作运用的态度三个纬度。于是在评价中就不仅体现了课程所要求的知识、技能、态度，同时成为很好的学生学习过程测评的依据。

例如，在"点、线、面在编排设计中的构成"这一课时中，在课堂导入部分，教师通过教学平台发布了主题讨论，引导学生通过观察一些经典的平面作品，归纳出构成元素，以此开展本堂课的教学。学生纷纷在讨论区留言，教师也可以通过"词云"提取学生讨论的关键词，对学生的答案一目了然，提高了教学效率。

又如，"点、线、面在编排设计中的构成"整堂课中，教师进行屏幕共享，便于学生能实时跟随教师的节奏。在检测学生对"点在编排中的构成"知识点的掌握情况时，教师通过腾讯会议语音的方式对学生进行提问："这张海报是否存在不足之处？如果是你，会如何修改？"学生及时回复，各抒己见，每位学生也能够在聊天框中看到其他同学的回复，交流的效率不亚于传统课堂教学。

这样一来，学生参与到线上学习当中，提升了他们学习的积极性，同时也对学生的实时表现起到了有效的监督作用，一举两得。

（三）运用在线平台，开展多维评价

设计作品评价的结果性评价往往比较单一主观，不同教师会有多种不同的评分结果，因此，在课堂教学作品评价时，教师也会采用学生互相评分来增加多元性。但是，在课堂教学的作品呈现中不仅教师评价本身就会有主观因素，同学间还会碍于相互之间的情面、友情等各种因素使互评的有效性打上折扣。

在"编排设计"课程中，教师采用了学习通、微信、腾讯会议多平台组合的形式，线上教学不受地域限制，打开了教学空间。现在网络资源非常丰富，学生学习知识的途径变得广泛，教师和课本不再是唯一的信息源，多种媒体的运用不仅能扩大知识信息的来源，还可以充分调动学生的多种感官，为学生提供一个良好的学习情境。尤其是对于一些能够严格自律的学生来说，线上自主学习效果很好。

线上课程平台中有作业的互评功能，每次互评可以设定作品分派数量和模式，并设定隐藏评分人的姓名和作者的姓名。"建筑速写"课程引入学生对于最终作品的互评，有效地提供作品的结果性评价的多元性，避免教师的"一言堂"。当学生了解到自己的作业会被同学"围观"评价，作品完成的认真度也有不小的提高。引入学生结果性互评，采用随机、隐藏的模式，学生之间评价的顾虑也减少了，评价的公平和合理就显现出来了。同时，后台数据统计功能能及时将分值反馈到教师端和学生端，时效性也非常强。

三、经验成效

（一）关注过程，形成模式

通过教学诊改工作的持续推动，教师都逐渐认识到课程过程性评价的重要性，能很好地激励学生。在实际的操作过程中，过程性评价往往成了一个个过程作业的评价总和，也会因为各种原因遗漏一些"过程"。在之前"建筑速写"课堂教学中，教师引入过程评价模块，针对学生学习的过程性环节，如课堂互动、章节测验、作业、参与讨论等，进行分值比例的调整，只要采用不同的比例就可以得到不同的过程性成绩。同时，这个过程性成绩是实时的，学生也可以随时查看，教师还可以依据教学情况的变化进行微调。经过几次测试和分数评判，教师依据课堂教学的经验，归纳为注重课堂互动、课程考核、自主性学习三个不同的权重数值评价模式，用以反馈学生的过程性学习情况。通过教师集体教研分析，大家普遍反映在实际的运用中对提高学生学习积极性和学习成效具有一定的效果。

（二）探索混合评价，尝试融合创新

在课堂教学评价方式的混合和不断尝试各种评价方式、途径来提高课程教学效果的同时，可以感受到信息化教学对于课堂评价的促进和颠覆。在线上线下混合式课程中，教师的评价不再是单一、线性的，更多是多维度、交叉、多元的。而传统的课堂教学评价对于设计课程来说还具有直观、可现场修改等在线评价无法替代的优势。在信息化教学的背景下，课堂依然打破了物理界限，线下课堂教学完全可以运用线上线下混合式教学中的评价方式，将线上的过程性评价和直观的课堂评价相结合，混合式的评价将更多地出现在设计课堂的教学中。

（三）基于数据分析统计，促进教学管理时效

通过诊改工作逐步推动的线上线下混合式评价结果的呈现将充分基于设计类课程教学的后台数据分析和计算功能展开。不仅教师、学生可以直观地看到评价的数值和评价的成果，在整个平台上还可以了解到课程整体实施成效、学生参与度、教师教学实施情况等综合数据信息。这些信息的有效运用将从更高的管理纬度促进课程评价的升级和迭代，有助于课程的不断"进化、演进"，相信更多的在线精品课程会不断诞生。

四、存在的问题

（一）诊改有待持续推进，在线评价标准有待细化

在第一周期的诊改中还仅是对部分核心课程开展了跟踪研究和探索，但设计类专业由于其专业大类较为丰富，还应注意考虑以下问题。第一，课程涉及核心基础、专门化方向、选修拓展，因此同一名称的课程由于针对不同岗位群和职业技能要求，教学标准不尽完全类同。第二，在课程实施的过程中，评价是基于不同学校、不同学生的学情，不能简单地划分统一标准来简单衡量。因此，在线设计类课程的评价标准、模式不能仅以数据化进行简单复制。各课程需要通过诊改工作的持续推进，逐步制定在线评价标准、模型，更多地积累丰富的实践案例来不断细化，在操作方案上尽可能地照顾到不同的基础情况，将评价标准细化。这样才能使设计类课程形成的评价结果更具备实用性，让更多的教师将其作为教学指导依据和学生学习成果的衡量标准。

（二）在线和线下评价混合，缺乏系统化

作为设计课程线上线下混合式教学的重要有机组成部分，线上评价已初步具备一定的系统化和模型形式。随着教育模式的不断创新，线上线下混合式教学模式将逐步被大家接受，在今后的教学中必将形成常态。因此，在诊改的过程中如何将线上评价的可量化、数据化和线下课堂教学评价的直观性、即时性相融合，还需要进行更多的系统性思考和探索。逐步在信息化教学背景下探索具有实际操作性、便携性、可量化、数据可视化的评价系统，辅助教师开发设计类课程的测评工具，更直观地体现学生的学习成效。

五、进一步改进措施

通过第一周期的教学诊改工作，线上线下混合式教学工作的开展促进了设计类课程整体的在线化，课程的评价方案、模式也还在探索的过程中。随着诊改工作不断深入以及平台功能的完善，并结合课堂教学评价模式的既有经验，教师将在其他课程中逐步尝试这样的评价模式，同时开展线上线下混合式的评价融合和系统化的探索，总结更多更具有操作性的经验、案例和模式。同时，如何有效地发挥好线上线下混合式教学平台的优势和特点，如何在线下课堂教学中通过混合教学将两者的评价模式充分有机结合起来，将成为教师教学工作研究的一个新方向。这样的研究也将有助于教师一起面对信息化教育时代带给大家的全新的教学评价模式的改变和挑战。

基于产教融合的实习课程标准开发与实践

——以动漫与游戏制作专业顶岗实习课程标准出台为例

上海市群星职业技术学校   龚斯文   韩晓明

摘要： 学校针对专业人才培养方案中出现的问题，依托企业加以诊改，强化学生顶岗实习的实践应用能力，形成了顶岗实习标准行业化，制定了顶岗实习课程标准，教学内容标准化，制定了标准化教学课件，考核标准企业化，制定了岗位考核标准等成果。

关键词： 产教融合   顶岗实习课程标准   标准化教学课件   岗位考核标准

一、背景概况

动漫与游戏制作专业人才培养目标定位：坚持以服务为宗旨，以就业为导向，以能力为本位，以学习者为中心的人才培养理念。2019 年，学校与上海艺趣科技公司建立深度校企合作，依托产教融合，校企并举，深化专业内涵建设，强化学生顶岗实习的实践应用能力，实施"校中企、企中校"教学模式，力争建成具有行业特色的现代学徒制育人基地。

二、现状诊断

对照 2018 年学校实施的动漫与游戏制作专业人才培养方案，发现如下问题。

一是顶岗实习课程没有无缝对接行业标准。原有的游戏美术设计制作和三维室内制作课程标准没有与时俱进，没有跟上行业技术更新的节奏。

二是顶岗实习阶段，企业师傅带教内容不精准、不系统，带教方法不规范、不科学。

三是顶岗实习阶段，由于企业师傅带教内容不精准、不系统，自然就造成了考核标准不统一。

通过反复论证，校企双方专家一致认为需要优化人才培养方案，特别要优化顶岗实习内容，制定符合行业要求的、科学规范的实习课程标准及考核细则。

三、解决方法

（一）顶岗实习标准行业化，制定顶岗实习课程标准

围绕顶岗实习课程没有无缝对接行业标准的问题，校企双方专家通过反复调研，确定了以游戏岗位为切入口，拟制定"游戏原画设计师""游戏角色设计师""游戏场景设计师" 3 门顶岗实习课程标准。因为目前游戏行业这 3 类人才缺口高达 60 万人，人才市场长期呈现供不应求的状态。同时，岗位间有多重共性，相较于游戏程序编写，上述内容

中职学生更易入门，且游戏岗位标准都需要学生熟练掌握 3ds Max、Maya、Photoshop、ZBrush 等软件。如果学生对人体结构相关知识把握不准，可以选择入职门槛稍低的场景设计师岗位，而悟性好的学生则可尝试难度高的角色设计和原画设计岗位，这 3 类岗位可因人而异灵活切换。

如何制定出既符合教学标准又符合市场准入门槛的课程标准？校企双方从课程性质、设计思路、课程目标出发进行全面的考量，明确以项目驱动为手段，以强化学生实践能力为目的，从而培养学生的实操能力、服务意识、吃苦耐劳精神和善于沟通合作等职业素养。

学校在制定教学标准的过程中得到了合作企业不遗余力的支持，合作企业甚至无偿开放有知识产权的游戏作品库，专家从上万件游戏作品中遴选出具有代表性的游戏制作物，作为标准化课件。这些游戏制作物是经得起市场考验且极具品类特性的。如，场景中选取 3 个案例：宝箱、街道、枪 AK47。其中，宝箱涵盖道具品类、街道涵盖各类场景、枪 AK47 则涵盖机械品类。熟练掌握课件制作技能也就意味着学生可以触类旁通地做出各类游戏场景。课件排列顺序由简到繁、由易到难，循序渐进。最终选定的标准化课件分别为原画 3 案例（武器设计、宠物设计、角色设计）、场景 3 案例（宝箱、街道、枪 AK47）、角色 1 案例（次世代男性角色），均为全流程制作。这样既解决了企业师傅带教内容不精准、不统一的问题，又避免了因不同师傅采用不同的课件教学，最后导致无法系统化、标准化教学和不能统一考核的问题。

（二）教学内容标准化，制定标准化教学课件

针对企业师傅带教内容不精准、不统一的问题，校企双方专家通过深入研究和反复论证达成了共识，一致认为应制定标准化教学课件和制作流程。考虑到市场的验证标准与实效息息相关，选用复杂的制作方法必然耗时费力，因此专家采用"遴选 + 优化"的方法。企业指派资深游戏美术设计师，由设计师分别制作标准化课件并提交方案，专家小组通过甄别、遴选后，选出最简洁、高效的制作方法，再由专家优化选定方案，以通俗易懂的语言和图示形式编制出标准流程，也就是课程内容。在标准之上亦可激励学生个性化发展，即通过顶岗实训阶段参与企业的商业项目制作。由此，学生不断提升专业技能，最终实现与行业岗位要求的无缝对接。

（三）考核标准企业化，制定岗位考核标准

标准化教学课件和制作流程出台后，考核标准也须细化完善，在考核方式上首次引入企业用工标准，摒弃单一学分考核模式，创新采用多元设计、毕业设计、项目制作等评价方式。

四、取得成效

顶岗实习课程标准的制定，为其他专业课程标准的优化起到了示范作用，也为学生就业指明了方向。带领学生参与商业项目制作，并采用"边做边学，做学并举"的教学方式，改变了"先学后做"的教学常规。顶岗阶段，根据学生的专业所长，将学生分派到最适合的岗位实习，缩短成为熟练工的周期。2019 年至今，学生在顶岗实习阶段参与制作了多部国际市场的游戏大作，例如火遍全球的《穿越火线》《地下城与勇士》，接触到最前

沿的技术，和行业人员共同成长、共同进步。

学生经历了商业项目制作的历练，不仅在上海市"星光计划"职业院校技能大赛中屡获佳绩，更深受用工企业青睐，毕业生均可直接上岗，薪资水平、就业率逐年递增。学校为企业缩短员工培养期，节约了企业的用工成本，实现了校企双方真正意义上的互惠共赢。

五、感悟

对顶岗实习课程标准的诊改，要搭准脉搏、对症下药。

一是改变了传统教学理念。学校与企业紧密结合，校中企、企中校的教育教学模式，使得企业与学校互为依托，成功地将中职学生培养成行业所需要的人才。

二是建立了新型的师资队伍。校企双方采用现代学徒制的合作模式，打造出了一支校企互聘互用的师资队伍，既弥补了学校师资力量的不足，同时也帮助学校教师贴近市场、跟上行业节奏。

三是达到了市场预期。采用做中学、学中做的教学方式，对于企业师傅而言，完成的既是教学又是工作，育人的同时又实现了企业收益的目标。学生毕业即就业，就能胜任岗位，企业不必再进行二次培训，节省了时间、人力和物力，提升了企业的效益。

以诊促建　以改促教

——中职语文课程诊改案例

上海交通职业技术学院　刘文英　王　娟

摘要： 质量是职业教育的生命线，课程建设就是其主体保障和坚实基础。在学校全面持续开展的教学诊断与改进工作中，语文教学团队依据《上海市交通学校教学诊断与改进制度建设和运行方案》，对中职语文课程建设进行全面诊断，修正课程建设发展方向，初步取得了一些进步和成效，为学校人才培养质量提供了有力保障。

关键词： 语用能力　教学方法　数字化资源

一、背景

上海市交通学校自 2017 年成为上海市教学诊断与改进试点学校以来，文化基础课程的教师依据《上海市交通学校教学诊断与改进制度建设和运行方案》，积极开展诊改工作。在语文课程的实践探索中，教师坚持问题导向和成果导向，聚焦课程建设的目标和标准，对标专业人才培养方案，结合常规教学工作，进行全面诊断，并在充分分析数据的基础上，提出改进意见，修正课程建设发展方向，初步取得了一些进步和成效。

二、诊改问题

在探索课程教学诊改的制度体系和运行机制过程中，我们发现目前语文课程教学存在以下问题。

（一）对接专业人才培养方案的意识薄弱

诊改前，语文课程定位更多关注的是《上海市中等职业学校语文课程标准》，对接专业人培方案、了解专业需求的意识薄弱，课程定位与专业实际和行为发展未能做到密切结合，教学实践中缺少融入专业素养和职业精神培育的内容。

（二）对学生语用能力的培养欠缺

课程标准中，对学生语用能力的要求是"树立学以致用意识，能联系专业学习和职业素养养成，进行语言实践活动，强化语文实际应用，提高语文综合运用能力"。教师在教学中，对这一目标要求贯彻得不够到位。

（三）数字化教学资源匮乏

教师在教学中更多是注重语文知识的传授，以讲授教材为主，教学内容单一，教学资源没有得到及时补充、优化、提升和更新，不能适应当下的教学要求，学生学习兴趣不足，积极性不高。

（四）教学方法、手段没有紧跟信息化发展的步伐

课堂教学方法还是以传统的讲授法为主，学生参与度不高，无法真正调动学生学习的积极性，而且教师对现代信息技术的掌握不够熟练，致使课堂教学效率较低。

三、诊改目标

根据以上查找出的问题，确立如下诊改目标。

（1）明确课程定位：全面提高学生语文素养，促进学生综合职业能力的提升，适应新时期培养德才兼备技术技能人才的新需求。

（2）调整、编制授课方案，提高学生语文综合运用能力。

（3）扩充、引进语文教学资源库，实现线上线下相融合的混合式教学模式。

（4）教师熟练掌握现代化教学技术的操作和教学手段。

四、诊改措施

按照学校的质量改进理论和要求，我们的诊改主要采取了以下几方面的措施。

（一）充分研习课程标准和人培方案

语文教研组教师加强教研，充分研习《上海市中等职业学校语文课程标准》和专业人才培养方案，依据其要求，以立德树人为根本任务，把培育和践行社会主义核心价值观融入教学实践，结合专业人才培养方案，找准结合点，确定授课计划及方案，在授课过程中潜移默化、互相渗透。

（二）优化教学内容，提高学生语用能力

为实现教学内容和教学模式丰富多样，我们增加了课前三分钟演讲、阅读汇报课、融合专业元素的综合实践活动课等内容，力争实现真正地以学生为主体，变"要我学"为"我要学""我乐学"。

1. 听说教学融入专业元素

通过走访、调研毕业生，我们发现学生在表达方面的不足，如：独立发言紧张；说话表达无条理、不清晰；回答问题有头无尾等。针对这些现状，我们遵循"大语文"理念，调整编制教学方案，在注重语文课程听说读写基本能力训练的同时，对标专业人才培养方案中的培养目标，将听说教学列入教学计划和实施要求中，设置课前三分钟演讲的环节，在课程教学的过程中结合专业特色安排听说教学。

2. 阅读教学注重习惯培养

随着信息技术的不断发展，快餐式的阅读成了学生的主要阅读方式，阅读效果极差。针对这一问题，我们在前两个学期开展整本书阅读活动，增加阅读汇报课，师生共同进行思想交流、碰撞，逐步引导学生的阅读兴趣，让他们愿意打开书本，形成较好的阅读习惯。

3. 写作教学强调实际应用

通过调研，我们发现学生将来的工作对应用文写作能力的要求很高。如求职信、计划、总结以及调查报告等的写作，都是会经常用到的。我们在诊改过程中，通过教师的教研、学生的反馈，不断优化方法，形成了较为完整的应用文教学体系。

针对上述教学内容，每次课后，我们通过自评、互评、师评等评价体系，对每一位学生的学习效果有一个综合评定，形成反馈，找出不足，在下一步教学中继续探索、改进。同时，每学期结束后，会对这些问题、不足、改进、经验等进行总结，成文归档。

（三）扩充数字化教学资源

学校引进了东方激光数字教学平台，其中有与选用的教材配套的较为完备的资料，语文题库的内容也较为丰富，能较好地满足教师教学、辅导学生进行学业水平考试的要求。我们把这些教学资源进行整合和提升，并将其呈现在网络平台上，实现线上线下教学相融合的学习模式。

（四）改革教学方法，改进教学手段

针对教学方法较为传统单一这一问题，我们首先凝聚共识，充分应用现代教育技术，开拓学生学习语文的新平台。同时广泛采用案例教学法、情景教学法、问题导向法和任务驱动法，有效解决教学重点，突破教学难点，提高课堂效率及教学质量。

（1）鼓励教师积极参加各级各类现代信息技术培训，参与教学比赛，提升技能。

（2）升级语文题库，开通学生移动端，方便学生随时练习。

（3）充分运用超星学习平台，促进学生线上预习、复习。

五、诊改效果

（一）语文课程与专业课的融合度提高

在听说读写的教学中，融入了专业元素。语文课与专业课的融合度提高，从而准确定位语文课程：以全面培养学生语文素养为根本，重点提升学生的语言文字运用能力和人文素养；促进学生形成终身学习的能力、适应未来生活与工作变化的能力以及实现自身职业生涯发展的能力。

（二）学生的语用能力得到提高

对教学内容进行了适当优化、调整后，学生反馈良好，综合素养得到提升。在全市统一的中等职业学校学业水平考试中，语文课程考核的合格率一直保持在前列。在上海市中职校各类大赛中收获颇丰，在学校"第二课堂"社团活动的指导中学生表现突出。

（三）东方激光数字教学平台使用常态化、语文题库建成并使用

每个班级的电脑都安装了东方激光数字教学平台软件，教师在熟练备课的基础上，甚至可以不用带教案，直接进教室打开这一软件上课。语文题库建成，在平时组织小测验、月考等考试时，方便了教师出卷，也更好地为学生复习提供了便利。

（四）教师教学、教研能力得到提升

在诊改的过程中，语文教学团队的凝聚力进一步加强，教科研能力得到提升。教师在上海市职业院校信息化教学法大赛、上海市中职学校"精彩一刻"教学大赛等各项教学比赛中获得二、三等奖。在论文发表、课题研究、教材参编方面，都取得了丰硕的成果。

六、未来发展

美国教育家华特说"语文学习的外延与生活的外延相等"，在"大语文"观的指导下，我们的语文课程建设将根据学校教学诊断与改进的总体发展规划，以高素质技能型人才培养为目标，与时俱进，不断探索创新，及时调整课程定位，力争实现教学资源丰富、方法手段先进、考核评价科学、教学质量不断提高、学生人文素养不断提升的优质语文课程。

以新思路应对新形势，
以教学诊改促质量提升

——上海市城市科技学校思政教学诊改案例

上海市城市科技学校　张　玲

摘要： 面对学校思政课程教学中学生不爱学、教师教不好、学科素养落实不到位、教学资源少、评价机制不健全等问题，学校思政教师团队协同校质研办积极落实推进课程教学诊断，采取加强课标培训、优化教育资源、分层教学设计、加快思政教学信息化建设与运用、完善课程评价机制等一系列改进措施，取得了显著的成效。

关键词： 思政课程　教学诊断　改进措施

一、实施背景

学校积极贯彻落实《教育部办公厅关于建立职业院校教学工作诊断与改进制度的通知》和《关于印发〈中等职业学校教学工作诊断与改进试点学校复核工作指引（试行）〉的通知》等文件要求，进一步推进学校的教学诊断与改进工作，落实学校质量保证的主体作用，推动建立常态化的教学诊断与改进工作机制和制度体系，促进学校主动适应经济社会发展和人的全面发展，持续提升学校发展能力和人才培养质量。

二、中职新课标下思政教学的关键问题诊断

（一）整改目标

学校以《中等职业学校思想政治课程标准（2020版）》为依据，确定中职新课标对思想政治学科教学提出的新要求：基于思政学科核心素养设计教学；倡导多元化的教学方式；注重思政知识学习与学生职业发展的融合；加强现代信息技术在思政教学中的应用。对照以上要求，学校思政教师努力以8字形质量改进螺旋对中职思政课程教学运行的关键要素和环节进行全面诊断。

（二）查找问题

基于中职新课标对思想政治学科教学提出的新要求，根据思政学科组的自我诊断情况，梳理出目前中职思政课程教学突出的问题主要有：学生层面，中职学生生源参差不齐、学科素养基础薄弱、思政课堂参与度不高；教师层面，教师教学设计难以反映学生需求，课堂教学方法传统老旧，教师缺少对信息化技术手段的运用；教学资源方面，思政课程教学资源较单一，缺少职业教育特色，教学评价机制不完善。

三、中职新课标下思政教学的诊改措施

针对以上教学诊断，思政教研组积极探索诊改策略，聚焦思政课堂教学实践与思政教师队伍建设，对教师的"教"与学生的"学"进行综合研判，探索有效提高中职思政课堂教学质量的方法。

（一）加强师资队伍培养，强化教师育德意识和育德能力

职业教育要发展，教师是核心要素。学校注重师资梯队的建设，专门成立以书记为首的思政教师队伍建设领导小组，关注新教师、青年教师、骨干教师的成长，通过新教师的入职培训及指导带教、各级各类课堂教学评比活动、教师竞赛活动和教师培训平台，不断提高思政教师的教育教学能力。

深耕课标，强化教师的育德意识和育德能力。新课标颁布伊始，学校率先派出思政骨干教师"边学、边实践、边研究"，校外参加各种培训研学，解读思政课新课程标准，校内开展思政课具体教学实施策略的相关课题研究。通过对课标的"学、践、研"，教师"吃透"思政学科核心素养的培养要求，在注重理论实践一体化过程中，研究学生核心素养培养路径，强化自身育德意识和育德能力。

（二）协同处理课程资源，加快思政教学信息化建设

针对思政课程教学资源单一、缺少职业教育特色的问题，学校教师跨学科协同处理教学资源，结合专业特色处理教学内容，多角度挖掘育人元素，借助教学平台加快思政教学信息化建设。

1. 优化课程资源，多角度挖掘育人元素

深挖中职思政课程与历史及各类专业课程中蕴含的思想政治教育资源，解决好各类课程与思政课相互融合的问题。在现有教材的基础上，协同其他学科和专业教学，引入新时代思政元素，优化课程资源。例如，协同历史学科，精选"四史"资源，设置学期"四史"专题教育内容，实现以史证论、以史化人的教育效果。

结合专业特色梳理教学内容，注重思政知识学习与学生职业发展的融合。以一堂"职业道德与法律"课教学资源的选取为例，教师智取党史中的"红船精神"为教学资源，巧借"船"为线索，引出大国工匠沪东中华造船公司焊工张冬伟的"守船"故事；结合学校汽车钣金专业特色，向汽车钣金班学生提出"中职生成才路径"，引发学生主动探究，最终实现教学难点的突破。

2. 借助教学平台，加快思政教学信息化建设

教育教学新时代，信息技术引发展。学校不断丰富以"泛在学习、智能管理、多元服务、共享开放"为特征的智能校园的内涵，完善"一库六平台"建设。思政教师通过校本研修，稳步推进教师信息化教学，促进信息技术与思政教学的融合，助力新时代的教学创新发展。教师通过"学习强国"、校际"思政课数据库"资源共享、学习通等教学平台收集整合身边最新的教学案例，为学校思政教学资源库添砖加瓦。

（三）改进教学设计与手段，推动教学目标与学生需求对接

思政教师通过师生调查访谈等形式收集数据，根据信息反馈诊断出学生思政课堂不爱学、参与度不高的原因。据此，学校思政教师调整教学设计，改良教学策略，推动教学目

标与学生需求的对接。另一方面，改良课堂教学手段，加强现代信息技术在思政教学中的应用，巩固教学效果，切实提高学生对思政课的兴趣度。

1. 差异化教学设计，推动教学目标与学生需求对接

明晰发展起点，确定学生需求。教师通过问卷、访谈等方式搜集学生关注的问题，全面了解学生在知识与智力、学习策略与风格、学习动机与态度、学习情感与价值观等方面的差异，建立中职学生理论关切数据库，明晰学生理论发展起点，发现学生发展的优势与不足。

改进教学设计，促进学生思考。教学设计采用问题导向，设计有梯度的问题，适合不同层级学生回答；选择贴近学生生活的活动形式，分组讨论时将掌握程度不同的学生分在一起，实现不同分工、共同参与；设计教学评价，对评价的内容、方向、形式进行细化和优化。教学设计反映学生需求，促进学生的思考。

付诸教学实践，优化教学效果。在教学实践的过程中，教师对比学生发展起点，动态评估学生差异，及时调整差异教学设计，推动教学目标对接学生需求，从而不断优化教学效果。

2. 改良课堂教学手段，让思政课堂"立"起来、"活"起来

动感技术新体验，思政课堂"立"起来。现代信息技术迅猛发展，实景360度展示、AI知识自动化引擎、知识图谱等智能教学工具应运而生，教师利用智能工具制作数字化动感教案，在知识点之间建立超链接，为每个知识点之间建立联系。

互动游戏新手段，思政课堂"活"起来。教师在思政课堂中结合知识点融入热身游戏、角色扮演、知识抢答等游戏环节，变枯燥无味的理论课堂为丰富有趣的互动课堂。通过课堂教学游戏化，大大丰富了教学手段，激发了学生学习的主动性，提升了学生的综合思维能力与团队协作能力，大大提高了学生课堂抬头率，让思政课堂"活"起来。

（四）动态评价与综合评价相结合，完善教学评价机制

动态评价，对学生进行学习情况跟踪。教学中，教师通过学生课堂情况、作业记录、结果性考试等分析诊断，对学生开展动态评价，关注学生在具体学习实践中的成长、收获和进步，并给予学生及时的鼓励和反馈。

综合评价，全方位展示学生成长发展过程。每学期末采用教师评价、学生评价、学生自评、小组互评等多种方式，对学生的学习表现进行全面、综合的评价，全方位展示学生成长发展过程，填写教学质量分析表，形成授课班级详细的考试分析诊断报告。

四、中职新课标下思政教学的诊改成效

在本轮教学诊改过程中，学校依托整合教学资源、创新教学方法和手段、改进教学设计、完善教学评价四个方面，形成了一套特有的思政教学体系，取得了一定的诊改成效。

学生有变化。课程资源的整合与教学手段的更新，让思政课程生动活泼起来，学生课堂抬头率高了，抵触情绪也少了，学习的主动性提高了。客观多元的教学评价机制，激发出了学生多方面的潜在能力，调动起学生的参与热情。在"四史"知识竞赛、青年说演讲比赛、职业生涯规划设计大赛、中职生创新创业大赛等活动中，学校学生频频获奖，学生从各项活动中收获了信心和自信。

教师有提升。历经两年的探索与实践，校级课题"新课标背景下'四史'教育融入中职思想政治理论课的探索实践"和职教协会课题"基于学科核心素养的中职思政课差异教学设计的实践研究"都顺利结题，教师在教科研、信息技术运用能力上都得到普遍提升。

思政教学诊断与改进工作经验在校际交流推广。2020 年 10 月，学校与奉贤中专思政学科教研组进行校际联合研讨活动。此次活动包括课堂教学、课后点评、课题开题报告、专家讲座等，教研组分享了学校思政诊改经验。

五、结束语

随着本轮诊改工作的完成，新一轮的教学诊改工作即将开始。我们相信，只要我们坚持顶层对标、底部抬高，脚踏实地，持续奋斗，定能实现教师的教育水平不断增强，学生的课程学习兴趣显著提升。

基于教学诊改背景下的
会计专业课程建设与应用
——"财经法规与会计职业道德"课程诊改案例

上海市城市科技学校　潘丽花

摘要：教学诊改是全面提高教育教学质量和人才培养质量的重要途径。学校作为培养人才的主阵地，要重视教师专业技能的提高，更要加强对教师职业素养的培养。本文以学校会计专业的"财经法规与会计职业道德"课程教学诊改发现的问题，阐述课程改革与建设的诊改过程和取得的成效。

关键词：教学诊改　财经法规　职业道德　成效

一、教学诊改的背景

2015 年教职成厅发布《教育部办公厅关于建立职业院校教学工作诊断与改进制度的通知》，标志着职业院校教学诊断与改进工作正式开启。我校各专业落实学校发展规划和专业建设规划，围绕课程开发、实施标准，完善课程规范管理、考核评价等相应制度，推进课程建设质量保证体系建设。

近几年，会计法律制度时有调整，税收法制制度常有变化，现代信息技术运用日新月异。"2016 年 5 月 1 日起在全国范围内全面推开营改增税制转换。2017 年《会计法》修订，取消会计从业资格考证。2019 年 4 月 1 日起，增值税一般纳税人原适用 16% 税率的，税率调整为 13%；原适用 10% 税率的，税率调整为 9%。2019 年 1 月 1 日起，个人所得税首次实行综合计征……"。"财经法规与会计职业道德"作为会计专业的一门核心课程应与时俱进。

二、诊断发现的问题

（一）专业师资结构缺乏合理性

专业教师"双师型"比例不高，专业教师缺乏实践经验，对近几年不断更新的税收政策和税率不能准确把握。

（二）使用教材的内容缺乏时效性

近几年财经法规变化频繁，市面上的教材未能及时更新，在日常教学使用中出现很多困扰。另外，当前很多教材大多是以一般纳税工业企业的业务和经济案例为依据，对于中职学生而言，更多的学生是进入中小企业或服务行业实习和工作，这就造成教学与就业不能直接接轨。

（三）教学方式和手段缺乏实效性

"财经法规与会计职业道德"课程从总体来说多是法规条文，理论性强、知识点多而散。该课程曾作为会计从业资格考试的一门考证科目，授课时为了追求合格率，习惯了教师、教材、课堂为中心的教学方法。单一的教学方法不能让课堂教学达到良好的课堂效果。

三、教学诊改措施

针对教学诊断过程中发现的问题，我们采取了一系列诊改措施。

（一）多元举措提高专业师资队伍建设

为解决师资结构不合理的诊断结果，我们采取了一系列的诊改措施：（1）要求会计专任教师重视会计继续教育，了解专业发展趋势，掌握财经法规变化情况；（2）鼓励教师提高学历水平，参加高一级职称的评聘；（3）根据5年规划要求，鼓励专业教师参加区级以上的企业实践；（4）邀请国家税务总局上海市松江税务行政执法员以及注册税务师组成专家团队，由税务顾问指导专业教学，确保教学内容的专业性和准确性。

（二）专家把关编写适用性的校本教材

以《上海市中等职业学校会计专业教学标准》为依据，根据现行法规和税率编写《财经法规与会计职业道德》校本教材。在编写时对重难点内容进行梳理、整合和归纳，方便学生对重难点内容的掌握和理解。为符合中职生个性特征，进行丰富的排版和色彩运用，兼顾教材的学术性与趣味性，体现以学生为本的教学理念。校本教材由税务局专业人员参与编写，保证了教材内容的严谨性、准确性。

（三）改革教学方法提高教学效果

1. 情景创设法

税收法律制度是本课程比较重要而又比较难懂的模块，该模块运用情景创设法进行教学。比如：某同学将来的工资为每月6000元，按照现行的个税政策，他要不要交个人所得税？交多少？课堂上，学生展开思考和计算，各抒己见，有人说要交，有人说不需要交。此时，教师通过对个税的免征额、税率、计算公式、专项扣除等知识的引导，让学生自己推导计算出正确答案。这种方法可以调动学生学习的积极性，增加学生的课堂参与度，提高学生对专业知识的理解和掌握能力。

2. 案例教学法

通过案例导入，以任务引领的方式把抽象的知识点寓于生动具体的案例之中，增加课堂的趣味性，提高学生学习积极性，提高学生解决实际问题的能力。同时，在对学生进行职业道德教育的过程中，坚持正面教育和反面事例相结合。用正面事例宣传弘扬爱岗敬业精神，坚定他们恪守会计职业道德的信心和决心。用反面典型事例使学生从中吸取教训，引以为戒，培养诚信光荣、造假可耻的观念。

3. 发挥信息化在教学中的重要作用

建设精品课程2.0，在此基础上搭建课程网站，教材、教案、习题、参考文献、课件、微课以及在线测试等相关教学资料在网站上发布，同时建立课程网站的资源链接、互动问答等板块，作为课堂内容的延伸，充分发挥网络资源的作用。引导学生利用好网络资源，培养自主学习的能力。

四、教学诊改成效

（一）优化了会计专业师资队伍结构

经过诊改，专业教师参加区级以上的企业实践达标率为100%，学历、职称和"双师型"比例都有了提高，构建了"5+1+1"模式的师资队伍（即5位专业教师、1位企业兼职教师、1位税务专家）。师资队伍结构的优化为教学质量提供了保障。

（二）提升了课堂教学的多元化

以市级精品课程2.0为契机，通过资源开发优化了课堂教学模式，提高了学生的综合素养，同时也促进了教师的专业化成长。开展线上线下混合教学模式，调动学生的积极性。过程和结果相结合的多元评价模式，提高了课程教学的有效性。

（三）在各类比赛中体现出教学效果的明显提升

在教学要符合"财税一体"的行业需求的要求下，通过"财经法规与会计职业道德"课程的诊改，赛教融合，以赛促教，近几年学生综合素养方面得到了很大提升，所获奖项见表1所示。

表1　近几年学生所获奖项

年　份	赛名及奖项	主办单位
2018年1月	第九届商贸类专业能力竞赛会计项目获一等奖2人	上海商贸职教集团
2018年1月	第九届商贸类专业能力竞赛会计项目获二等奖3人	上海商贸职教集团
2018年1月	第九届商贸类专业能力竞赛会计项目获三等奖7人	上海商贸职教集团
2018年12月	全国（2018）职业院校会计专业百城联赛获全国三等奖30人	畅捷通集团
2019年4月	"星光计划"第八届技能大赛会计技能项目获二等奖1人	上海市教委
2019年4月	"星光计划"第八届技能大赛会计技能项目获三等奖1人	上海市教委
2020年6月	第三届（2020）全国中职财税技能大赛获一等奖3人	中国会计学会
2020年6月	第三届（2020）全国中职财税技能大赛获二等奖3人	中国会计学会
2020年12月	全国（2020）职业院校会计专业百城联赛获全国三等奖30人	畅捷通集团

五、诊改反思

（一）重视案例素材的日常积累，加强对素材的提炼和应用能力

案例教学，把抽象的知识点寓于生动具体的案例之中，有助于提高学生解决实际问题的能力。教师在日常工作和生活中要养成积累素材的习惯，并善于提炼和应用。

（二）构建财税一体化模拟实训平台，弥补校企合作的不足

由于会计工作的特殊性，开展校企合作建立校外实训基地面临诸多困难，而会计专业的学生经常出现财务和税务不相通的困扰。因此，需要学校搭建和完善财税一体化模拟实训平台，才能培养贴近社会需求的复合型会计人才。

六、总结

教学质量诊断评估是促进、提升中职会计教学质量的重要途径。因此，中职学校及教师必须立足于会计专业教学目标及教学中存在的问题进行不断总结与反思，增强自主教学诊改的动力，最终实现提高会计专业教学质量的目标，为全面提升会计专业学生的职业素养和职业能力提供更多保障。

产教融合背景下的"特殊中职中式面点" 项目式课程诊改实践

上海市城市科技学校　任雪萍　张　悦

摘要：基于特殊中职阶段现有课程体系与特殊学生学情不对称、融合落地实施缺乏课程体系支持的实际问题，松江区特殊职业教育办学点与校企合作单位共同组建以特教教师、中式面点教师与行业专家为主体的课程诊改团队，制定"特殊中职中式面点"项目式课程方案并进行课程资源开发，使得特殊学生的职业技能和综合素养均得以提升，教师在项目式教学探索过程中不断走向专业化。

关键词：特殊中职　中式面点　项目式课程　课程诊改

一、诊改背景

松江区特殊中等职业教育办学点于 2018 年 1 月正式成立，作为一种在普通中职校附设特教班的全新育人模式，办学点以中餐烹饪专业为依托，对已完成义务教育的智力障碍、自闭症谱系障碍青少年进行文化素养和职业技能培养。

设点以来，学校秉持"为每位学生可持续的职业发展奠基"的办学理念，遵循"一体化设计，双融合推进"的工作方针，制定人才培养目标、职业范围、人才规格、课程内容与要求等，并不断探索以产教融合、普特融合为支撑的课程教学诊改运行机制，为特殊学生的职业教育、劳动实践、就业安置提供保证。

"中式面点"作为该专业的专业必修课程之一，课程内容共计 432 学时，分 6 个学期完成，旨在培养特殊学生制作中式面点的基本能力及相应的综合素养。专业成立伊始，教师采用原有的中职中式面点课程标准及教学内容进行教学，在课程实施一学期后对课程进行了诊断评估。

二、问题诊断

（一）现有课程体系与特殊学生学情不对称

由于特殊学生在专业技能的学习中存在识记速度慢、精细化程度偏低、职业技能提升跨度小、群体异质性明显等特点，现有中职中式面点课程体系的目标、要求、内容与评价方式不适用于特殊学生，课程方案、资源开发、评价方式等几乎没有先行案例作为参考，且缺乏对特殊学生综合素养的关注。

（二）产教融合落地实施缺乏课程体系支持

为打通特殊学生实习就业渠道，提高特殊学生社会融合效率，办学点在区残联的协助下，引进上海中式面点著名企业——乔家栅饮食食品发展有限公司，与其达成产教融合培养协议，并在学校建成乔家栅工作坊。合作以来，双方以学生企业见习和教师企业实践为主要合作形式，形式较为单一，融合深度不够，这意味着对企业岗位具体需求更加有针对性的特殊中职中式面点课程体系亟待开发。

三、诊改思路

团队基于8字形质量改进螺旋理念，围绕课程目标链与标准链确定诊改思路。

（一）课程目标链

第一，选择合适的课程开发理论依据，编制出符合特殊中职生中式面点学习特点且行之有效的项目式课程。

第二，开发出与基于产教融合的"特殊中职中式面点"项目式课程相匹配的资源，包括电子资源、教学资料、评价量表等，为课程的具体实施提供支撑。

第三，创造出一套基于产教融合的"特殊中职中式面点"项目式课程内容开发与应用的范式，为课程体系的建设提供理论依据和框架。

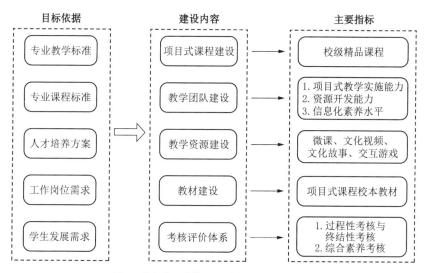

图1 "中式面点"项目式课程建设目标链

（二）课程质量控制标准

课程质量控制标准主要围绕项目式课程建设、教学资源建设、教材建设、教学团队建设以及考核评价体系五个方面展开，团队教师依据质量诊断点检测课程建设和实施的运行状态进行预警与改进。

表1 课程质量控制诊断要点

序号	诊断要素	诊　断　点
1	项目式课程建设	（1）课程建设方案是否完整； （2）课程目标定位是否准确合理； （3）课程内容是否能够有力支撑相应课程目标的实现，内容本身之间的配合程度如何
2	教学资源建设	微课、交互游戏等辅助教学资源的建设程度是否能够较好地满足教师教学需求和学生差异化学习的需求

（续表）

序号	诊断要素	诊 断 点
3	教材建设	教材的编制以及课程资源库、在线开放课程等辅助教学资源的建设是否满足学习成果的要求
4	教学团队建设	（1）课程团队配置是否符合师资配置标准； （2）课程团队的所有成员是否胜任其所在职位； （3）是否为课程负责人、其他团队成团制订相应的培养和学习计划； （4）能否在项目式教学和资源建设过程中完成任务
5	考核评价	（1）过程性考核次数； （2）综合素养考核定位是否准确合理

四、诊改举措

（一）组建课程开发与诊改团队

由学校质研办牵头组建校本课程改革与发展委员会，负责中式面点项目式校本课程的规划、核定、执行、监督和评价，加强对课程的管理。在委员会的领导下，成立了由特殊教育教师、中餐烹饪教师与行业大师组成的课程开发团队，研究制定课程改革的实施方案，定期对课程进行研讨。

（二）建立课程开发与诊改运行机制

1. 事前——课程与资源的开发

（1）制定课程标准

在特殊中职项目式课程的开发实践过程中，团队完成了"特殊中职中式面点"项目式课程的课程方案制定，包括课程目标、课程内容、课程资源、教学组织形式、课时分配、课程空间安排以及课程评价等方面的内容，为项目式课程的落地实施提供了有效支撑。

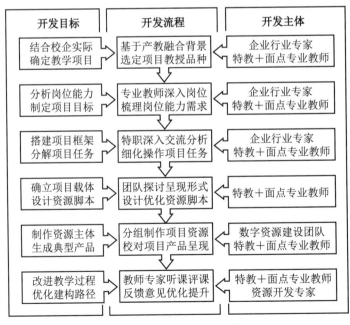

图2 产教融合背景下"特殊中职中式面点"项目式课程内容开发路径

（2）开发课程资源

基于产教融合的中式面点项目式课程资源在开发过程中，充分结合学生、学校和企业的实际情况，尊重特殊学生的主体性，开发全过程评估特殊青少年的学习和工作水平，主体团队全员参与，全方位细化课程目标与项目任务。

（3）制定实施方案

依据课程目标、长期及短期教学目标、学生学习需求等多方面因素，采取不同的教学组织形式进行课程实施安排。例如，采用走班教学、分层教学、协同教学等形式，以满足不同层次学生的学习准备和学习要求。这样既有利于激发学生的学习兴趣，促进不同水平学生的相互交流，又能提升同水平学生的学习效果。

表 2　产教融合背景下"特殊中职中式面点"项目式课程教学资源实施方案

实施地点：乔家栅中式面点实训室					
教学设计人员：中式面点专业教师＋特殊教育专业教师					
教学实施人员：中式面点专业教师（部分课时需助教）					
面团类型	面点品种	实施班级	课时计划	教学形式	跨学科支持
水调面团	三丁烧卖	职业一年级	8	整班授课（需助教）	数学、语文
	兰花饺	混班	6	AB 层混班	数学、语文、手工
发酵面团	刺猬包	职业二年级	8	整班授课（需助教）	数学、手工
	钳花包	混班	6	AB 层混班	数学、手工
油酥面团	核桃酥	职业三年级	8	整班授课（需助教）	数学、语文、个训
	荷花酥	混班	6	AB 层混班	数学
澄粉面团	船点白兔	职业三年级	8	整班授课	手工、个训
	船点天鹅	混班	6	AB 层混班	手工

（4）确定评价标准

项目评价指标的选定聚焦在项目完成过程中学生应具备的能力、项目完成的水平以及项目完成时的非知识因素等，基于特殊学生能力提升较慢的特点，从知识、技能和情感等

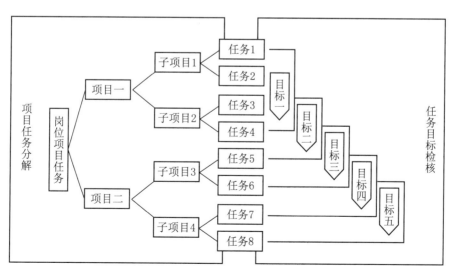

图 3　项目任务分解及目标划分的"树梯模型"

方面将水平等级进行更为细致的划分。

2. 事中——课程的实施

特教教师提出基于项目教学的课程教学资源建设框架，并由专业教师将建设好的课程资源运用到实际教学中，对激发特殊中职学生课堂学习的主动性，培养其专业技能和综合素养起着积极的作用，同时也可以检验课程及资源在设计过程和规范性等方面是否合理。基于项目式课程资源的应用特点，资源的实施共分为八个步骤。

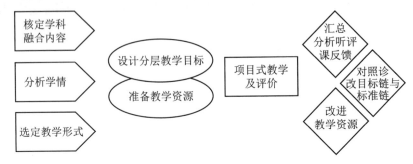

图 4　项目式课程的实施步骤

3. 事后——课程的监测与诊断

（1）评价数据汇报

课程实施后，以学校智能信息平台为载体，利用"课时—项目—课程"三级评价体系，对课程的应用成效进行检测与诊断。同时，通过撰写项目实施案例对课程进行自我诊断，调动团队成员参与课程实施的积极性和反思能力。

（2）周期性诊改

以学期为单位，结合学生学习状态、学习达标率和课程教学评测数据生成课程质量分析报告，再结合同行评教、督导评教、企业评价及专家访谈等诊断方法提出课程建设存在的问题并进行创新和改进。

（3）常态化诊改

在课堂教学实施中，以一个项目为周期进行常态化诊改。通过学校智能教学平台，对教学实施过程的数据进行快捷、准确的采集并监测实施等环节，建立"监测—预警—改进"的动态循环机制，及时发现日常课堂教学过程中的问题并加以改进。

五、主要成效

（一）课程教学质量显著提升

为了检验建设的课程教学资源的应用效果，诊改后由六位教师对开发出的项目式课程实施效果进行量表自评分析，自评分析结果见表 3 所示。

表 3　教师自评的整体状况

	M	SD	p
教师讲授效果	3.95	0.259	.000
学生学习效果	3.93	0.250	.000
总评价	3.94	0.193	.000

根据初步统计结果，教师对项目式课程的总体评价处于中上水平。六名教师认为项目式课程的设计符合整体教学目标。首先，项目资源涵盖课程所学的实操技能，有助于项目课程的进展；其次，资源本身之间连贯性强，组织有序，有利于课堂内容的编排；再次，课程资源具有可选性，可根据学生的不同学习风格和特点，提供不同的课程资源支持。

（二）学生的职业技能和综合素养大幅提升

通过项目式课程教学诊断，课程目标更加明确，授课内容和企业的工作过程紧密对接，激发了学生的学习兴趣和学习主动性，学生的实训任务完成质量、期末考试平均成绩、及格率、满意度等均明显提升，有助于特殊青少年达成学业成就。同时，校企共同参与课程建设，深化校企合作方式的同时，也培养了特殊中职生的综合素养。

（三）教师综合能力明显提升

经过课程诊断与改进，培养了团队成员的自我诊断与改进意识，团队教师积极参加企业实践锻炼、信息化教学培训、教学研讨等活动，教师的专业技能和信息化教学水平均得到提升。

教学诊改视域下的
中职护理专业课程思政教学实践与探索

——以外科护理为例

上海市建筑工程学校　高仁甫

摘要： 教学诊改视域下，课程层面的教学诊改是五纵五横质量保障体系中的关键环节，应大力推进课程思政教学实践，引导教师发挥课堂育人主阵地的作用，把思想引导和价值观塑造融入常态化课程教学中。针对中职"外科护理"课程思政实施中存在的问题，通过挖掘外科临床中的德育功能，凝练专业教学和课程思政相结合的双重教学目标；提炼护理临床中的思政元素，实现课程思政契合点与课程任务双向对接；立足课程思政内涵，完善考核与评价，将思政教育贯穿于课程教学全过程，扎实推进立德树人根本任务，实现课程育人的目标。

关键词： 教学诊改视域　中职护理　课程思政　外科护理

一、背景

近些年，随着《关于做好中等职业学校教学诊断与改进工作的通知》《关于全面推进职业院校教学工作诊断与改进制度建设的通知》等政策性文件的陆续出台，明确了教学诊断工作的目标任务和基本原则。专业课程教学作为培养完整职业人的重要环节，在高校广泛践行课程思政的大育人格局下，中职校教学诊改工作亦需要融入课程思政。我校教学诊改复核工作以课程为中心展开，作为专业教师，需要强化认知引导实践，以教学诊改理念增强实施课程思政的自觉性和主动性，挖掘专业课中的思想政治教育元素，对学生进行职业精神的强化、思想观念的引导、道德规范的熏陶等。

二、课程概况

"外科护理"作为我校中职护理专业核心课之一，开设于第二学年第四学期，周课时4学时，课程类型为"理论＋实践"课。根据中职学生适合"跨小步，聚焦式"的特点，将原来的任务进行项目化教学重构，教学过程采用情景和案例导入教学，结合教学资源和线上课程进行混合式教学；基于课程思政契合点与课程思政清单，以教学诊改带动课程思政教学的全面实施。

三、诊改依据和诊断问题

课程层面的教学诊改是五纵五横质量保障体系中的关键一环。通过对标课程设置与学校层面、专业层面的规划对接情况，从课程的教学内容、教学方法和手段、考核评价、教学资源、信息化应用等5个维度进行诊断分析，凸显的主要问题见图1。

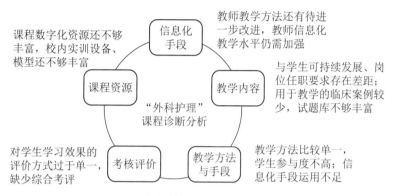

图1 "外科护理"课程诊断分析

在中职护理专业的课程教学中，教师对思政教育的重视程度还不够，课程思政意识不够迫切，思政元素的挖掘还不够聚焦，亟须加强和突破；基于课程思政的教学评价针对性不强，未有效落地。因此，基于8字形质量改进螺旋教学诊改机制（见图2）进行教学诊断与改进，以发展思维不断发现问题、解决问题，引导教师发挥课堂育人主阵地的作用，转变教学观念，把思想引导和价值观塑造融入专业课程实践中，提升课程思政教学的能力。

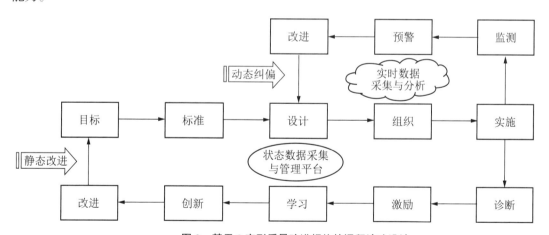

图2 基于8字形质量改进螺旋的课程诊改设计

四、主要做法

根据《上海市中等职业学校护理专业课程标准》，外科护理课程团队着重从课程质量诊断与改进的角度出发，通过打造标准链和目标链、实施8字形质量改进螺旋路径（下螺旋，见图3）、针对课程中存在问题采取对策等系列途径，深入挖掘提炼外科临床和课堂中所蕴含的思政要素和德育功能，凝练专业教学和课程思政双重教学目标，实现思政教育与专业教育的协同推进，对接护理临床，课程思政契合点与课程任务双向对接，立足课程思政内涵，完善考核与评价，将思政教育贯穿于课程教学全过程。

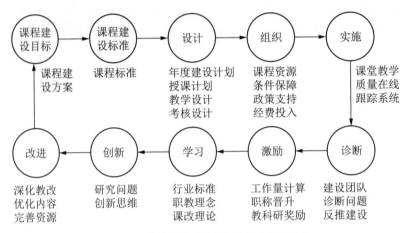

图3　8字形质量改进螺旋路径（下螺旋）

（一）德融课堂，凝练专业教学与课程思政双重教学目标

课程思政教改实施过程就是要在原有知识目标、技能目标与情感目标相结合的基础上，以社会主义核心价值观为指导思想，大力弘扬"抗疫"精神，从党史、新中国史、改革开放史、社会主义发展史中挖掘提炼育人元素，将家国情怀、国际教育、工匠精神、护理伦理、职业素养等有效渗透，基于"与护理工作结合，培养外科护理学应用能力"的课程目标，实现价值引领与知识传授、能力培养的有机统一，课程思政和专业教育相互促进、相得益彰，有效推动以德融课堂为目标的课堂教学改革。

（二）重构教学，课程思政契合点与课程任务双向对接

课程内容按照临床外科护理工作流程为线索来进行重构，围绕价值塑造、能力培养、知识传授三位一体的课程建设目标，充分寻找外科护理课程内容中所蕴含的思想政治教育元素并完成契合点清单。教学实施中，将思政教育贯穿于教育教学全过程，通过典型案例等教学素材的设计运用，以润物无声的方式在传授专业知识的过程中将专业性职业伦理操守和职业道德教育融为一体，将正确的价值追求、理想信念有效地传递给学生，做到专业教育和核心价值观教育相融共进，给予学生正确的价值取向引导，引导学生做社会主义核心价值观的坚定信仰者、积极传播者、模范践行者，从而培养具有家国情怀、国际视野、创新思维、工匠精神的高素质应用型技术技能人才。

（三）立足课程思政内涵，完善考核与评价

通过课程思政理念的渗透，将其有机融入实训项目考核中并逐年修订和完善，加入人文关怀、哀伤观念、沟通交流等评分点，将专业性职业伦理操守和职业道德教育融为一体。课程考核围绕核心价值素养、职业能力、知识理论三位一体，以学习目标为评价标准，采用多元化评价，结合课堂提问、学生表现、技能竞赛及考试情况等综合评定学生成绩，强调课程综合能力评价，结合护理个案分析，充分发挥学生的主动性和创造力，注重发展学生的综合职业能力，关注学生的动态成长和社会主义核心价值观的塑造。

五、取得的成效及影响

按照学校"十三五"课程改革与建设规划，经过两年时间建设，课程教学团队制定的课程建设规划和课程思政改革方案均有效落实；"外科护理"课程的教学质量、教学资源建设、教科研成果等均有一定的提升，基本达到预期；课程思政切入点和清单、课程思政进教案和进课堂基本有效落实。教学资源不断积累、优化，学生主体得以体现，能积极参与到课堂中，课堂氛围活跃，课程认可度提高。教师在工作中目标更加明确，能够更好地利用现有教学资源，积极开发新资源，基本完成将本课程建设为学校优质核心课程的两年目标，后续将进一步冲刺上海市"匠心匠艺"优质课程。

（一）教学质量

通过两年的课程诊改，教学质量明显提升。教学效果和教学评价不断提升，及格率达到90%以上，优秀率近30%，课堂满意度为99.7%，第三方督导评价为"优"，学生对本门课程的获得感明显提升。在学校优秀作业评比中，2020级护理学生荣获一、二等奖5人次，9人过程考核作业被评为校级优秀作业（作品）。

（二）教学资源建设

围绕价值塑造、能力培养、知识传授三位一体的课程建设目标，充分寻找"外科护理"课程内容中所蕴含的思想政治教育元素，整理汇编"南丁格尔获得者的故事集锦"，搜集、完善视频资源库和图片库等，为下一步更好地开展课程思政2.0改革提供丰富素材。

完成1本校编教材《外科护理学习指导（含实训）》，优化15份教学课件，完成4个教学视频微课，完成6套试题库编写。教学资源陆续上传至线上教学平台，包括课程标准1个、授课计划2份、授课PPT 30余个、线上题目500道。后台数据显示2019级和2020级护理4个班的学生线上教学活动的参与率为100%，学习用户访问量达5000次以上，师生互动800余次（超星学习通数据）。由团队负责人高仁甫老师主持的线上课程"外科护理"被超星认证为优质教学资源包。

（三）教科研成果

立足于学生核心素养和职业精神的培养，申报并完成一项市级教改课题、一项校级课题；发表两篇教学论文，撰写两篇课程思政典型案例、一篇研究报告；课程主讲教师参加上海市第八届中职校教学法评优荣获优胜奖，获上海市中职校教师教学能力比赛二等奖；课程思政相关论文荣获闵行区职教论文评选一等奖。

1+X 证书制度背景下的课程教学诊断与改进

——以"建筑信息模型（BIM）"课程为例

上海市建筑工程学校　　孙晓卯

摘要："建筑信息模型（BIM）"课程教学诊改以《教育部办公厅 国家发展改革委办公厅 财政部办公厅关于推进 1+X 证书制度试点工作的指导意见》（教职成厅函〔2019〕19号）文件精神为指导，以《上海市建筑工程学校五年发展规划》《上海市建筑工程学校诊改制度建设运行实施方案》为依据，对标 1+X 建筑信息模型（BIM）职业技能等级标准，将 BIM 建模员岗位关键能力与必备品格融入教学目标，实践探索课程教学诊改的有效路径，课程教学质量有效提升，促进了基于 1+X 证书制度的 BIM 人才培养质量的持续改进与提高。

关键词：1+X 证书制度　课程教学诊断与改进　建筑信息模型（BIM）

一、实施背景

为贯彻落实《上海市教育委员会关于印发〈上海市中等职业学校教学工作诊断与改进实施方案〉的通知》（沪教委职〔2016〕45 号）要求，2017 年 9 月学校正式启动教学诊断与改进工作，制定完成《上海市建筑工程学校五年发展规划（含课程专项规划）》《上海市建筑工程学校诊改制度建设运行实施方案》《上海市建筑工程学校专业人才培养方案、专业发展规划和专业教学（建设）标准》。依据建筑工程技术专业人才培养方案，"建筑信息模型（BIM）"课程是一门专业必修课，也是专业落实"课证融通"的改革试点课程。如何在 1+X 证书制度下有效开展课程教学诊断与改进，如何对 1+X 证书制度实施有效的诊断与改进，将两项工作有效融合，是保障专业人才培养质量的重要课题。在诊改初期，基于 SWOT 分析，发现本课程主要存在以下几个问题。

一是课程诊改"两链"未打造完成。学校根据"五纵五横"内部质量保证体系建设要求，已完成学校、专业及课程层面的"两链"打造，但"建筑信息模型（BIM）"这门课程的诊改"两链"并未形成。

二是课程诊改团队师资素养有待提升。基于 1+X 证书制度的课程诊改，对教师提出新的要求：既要具备扎实的基础理论知识和较高的教学水平，又要具有较强的专业实践能力和丰富的实践经验，还要熟悉 1+X 证书制度、证书考核要求，能开展职业资格培训。现有师资整体素养暂不能满足诊改所需。

三是课证融通目标达成度有待改善。随着 1+X 建筑信息模型（BIM）职业技能等级标准的落地，1+X 证书制度下 BIM 技术人才培养对课程教学目标提出了新的要求。推进课程与 X 证书的有机融通，促进教学改革，是亟须解决的问题。

二、主要创新做法

"建筑信息模型（BIM）"课程坚持做好清查现状、制定目标、建立标准、规范流程、实施改革、反思改进等工作环节，围绕专业人才培养目标、师资队伍建设、课程建设、课堂教学与实践等诊改重点，从"两链"打造、团队建设、螺旋改进等方面着手开展教学诊改工作。

（一）打造课程目标链和标准链，推进诊改顺利实施

在广泛调研分析的基础上，"建筑信息模型（BIM）"课程团队根据学校课程"十三五"发展规划，结合专业建设发展规划与目标，对课程前期建设情况与现状进行全面剖析、深入研究、反复论证，最终确定"建筑信息模型（BIM）"课程建设目标为"试点 1+X 证书制度，强化学生职业能力培养，实践课证融通"，并将总目标分解细化为课程教学、资源建设、师资建设和课程质量管理目标。

基于课程建设的目标链，结合学校和专业层面的建设标准，制定相应的课程建设标准，从课程团队、教学内容、资源建设、教学方法、课程评价（X 证书考核）5 个方面细化标准。由此，建立了完整的课程诊改目标链和标准链。

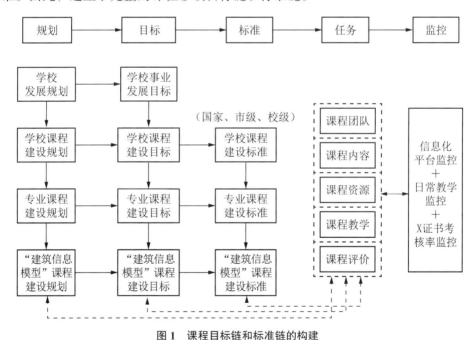

图 1　课程目标链和标准链的构建

（二）建设"三师型"课程团队，落实诊改主体责任

课程诊改的主体是教师，学校以师德为先，"育、评、聘、培"结合，提高课程师资团队的教学能力、技术应用能力、实践能力和培训能力，培养一支准确把握课程诊改理念和内涵、深入研究 1+X 职业技能等级标准、适应新技术新技能培训需求、具备扎实教学功底的高水平"三师型"教师队伍。近两年，课程教学团队由 4 人增至 8 人，其中企业专家 2 名，团队成员均参加过诊改工作专题培训、1+X 制度政策培训以及职业技能等级标准

培训，具备 1+X 建筑信息模型 BIM 师资证书，为落实课程诊改主体责任打下坚实基础。

（三）构建 8 字形质量改进螺旋，规范诊改工作流程

在课程教学诊改实施过程中，通过构建课程诊改 8 字形质量改进螺旋，把握诊改规律和框架，明确诊改路径与要求，形成了常态化诊改和周期性诊改的课程诊改方式。如图 2 所示，常态化诊改是在课程教学过程中的问题诊断与改进，及时发现问题，提出改进措施，并立即在下一个相关教学环节落实改进措施，进行教学常态化纠偏与改进。阶段性诊改是对一学期课程结束后的问题进行诊断与改进，归纳总结教学过程动态诊断的有效措施，固化相关的教学设计，并分析课程教学目标的达成度数据，修正课程改进策略与改进后的目标效果。

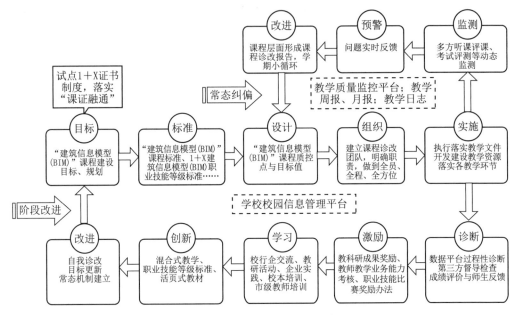

图 2 课程诊改 8 字形质量改进螺旋

（四）落实课程教学诊改，达成"课证融通"目标

1. 基于 1+X 证书制度，优化课程标准

课程抓住 1+X 建筑信息模型（BIM）证书试点的契机，结合课程建设实际，进一步优化调整课程标准。围绕 BIM 职业能力要求，从培养目标和能力要求入手，将 X 证书标准融入课程培养目标和课程模块体系中，将职业技能等级考核标准与课程知识结构进行对接，构建基于 1+X 证书制度下 BIM 应用型人才的培养模式及标准，促进课程教学标准与证书考核标准的充分融合，实现"以证促改"。

2. 对接职业技能等级标准，重构课程内容

课程以学习者为中心，依据课程标准，对标 1+X 建筑信息模型（BIM）职业技能等级标准，重构优化课程内容。解析职业技能等级证书对应的知识、技能、素质，提炼典型工作任务，开发活页式校本教材、课件（PPT）、课程案例、微课、视频、动画、实践项目等教学资源，及时融入行业新理念、新工艺、新技术、新规范，同步加强教学过程的实践性、开放性和职业性，建立适应于 1+X 证书制度的 B1M 课程教学模式和方法，强化就

业导向和能力本位，推动课程教学改革。

3. 结合 X 证书考核，实施课程评价

课程在教学评价中，不仅突出过程性评价，也重视并加强了对职业素养的评价，以评价促进学生职业素养的养成。制定了"建筑信息模型（BIM）"课程考核方案，明确了课程结束后终结性评价可以用建筑信息模型 X 证书考核代替，建立以学分银行为基础的职业技能等级证书与学历证书的学分转换规则，实现"以证代考"。

三、取得成效及影响

（一）课程诊改机制更加完善

本课程诊改在学习全面质量管理、目标管理等理论的基础上，以学校总体规划中课程的建设目标为依据，全面梳理课程的现有基础，对标发现课程建设和课程教学的薄弱点，从确立目标链，打造标准链，修订完善制度体系，设计质量控制点，开展常态化的课程诊改等方面实践探索，以大数据质量分析平台作为支撑，加强对课程建设及课程教学的监测预警，构建了常态化的课程质量保证机制。

（二）学生岗位适应性显著提升

自 2019 年 4 月开展"建筑信息模型（BIM）"课程诊改工作以来，在课程教学实践中不断强化学生职业能力培养，累计 524 名学生取得建筑信息模型（BIM）初级证书，186 名学生取得建筑信息模型（BIM）中级证书，持证学生的技能水平、岗位适应性和就业优势已初步显现，持证毕业生在实习与就业中得到企业的一致认可和好评。

（三）1+X 证书试点工作成效明显

学校将 1+X 证书制度试点作为重要因素纳入教学诊断与改进工作中，建立 1+X 证书试点工作实施、督查及评价机制，充分落实"课证融通"，以证促学，以证促教，以证促改，落实课程诊改与 1+X 证书制度试点工作有机融合。近年来，学校累计完成 1346 人次的 X 证书考核，证书获取率达到 83%，不仅提升了专业人才培养质量，也提高了职业教育的适应性，试点工作成效显著。

打造"目标引领，岗课衔接，质量提升"的
实践教学课程

上海新闻出版职业技术学校　龚　丹　张淑婷

摘要：实践教学是职业教育实现高质量技能人才培养目标的重要教学环节，与理论教学组成完整的教学活动。因此，提高实践教学的课程质量，实施系统化的诊断与改进，促进岗课衔接，建立常态化的质量保障机制，对于提高职业教育专业课程质量具有重要意义。

关键词：职业教育　中高职贯通　课程诊改　实践教学　企业跟岗实训

学校2017年启动教学诊改工作，课程诊改按照"两链"打造、8字形质量改进螺旋运行机制与专业诊改相呼应。在诊改周期内，课程诊改依据人才培养方案和课程建设标准，在国家和上海市相应课程标准的基础上，对标职业标准和岗位要求，以问题为导向，实施课程诊改。在实践教学中，开展教学设施、授课教师、教学内容等改革，具有职教课程改革的鲜明性、代表性和典型性。总结实践教学课程改革与实施，有助于提高专业课程质量，提升课程诊改的有效性。同时，根据中高职贯通长学制的特点，在第三学年进行跟岗式岗位实习，在教学过程中更注重企业工学结合的实践教学课程安排，为此，以五年制中高职贯通数字图文信息技术专业的"平面媒体设计制作实训"实践课程教学为例，交流共享课程诊改的经验。

一、实践背景

按照数字图文信息技术专业中高职贯通人才培养方案，"平面媒体设计制作实训"作为独立设置的实践教学课程在第六学期开设，共五周，是专业学生基于前一学年校内专项技能学习的基础上开展的集中安排在企业的综合实践活动，是跟岗实践的课程化体现，以真案真做为教学内容。在课程诊改机制的运行与监控中，发现该类型课程的质量管理运行还是存在问题。

（一）课岗分离

五年制中高职贯通数字图文信息技术专业培养目标与规格是：培养能从事印前设计、平面广告设计与制作、数字出版物设计与制作、多媒体展示与交互设计等相关工作的高素质高技能人才。在实践课堂中，"平面媒体设计制作实训"作为独立设置的实践教学课程，旨在培养学生具备过硬的专业知识和技术，同时培养其在完成工作任务过程中独立分析和解决问题、组织协调和沟通领悟等方面的专业素质和专业能力。因此，"岗"的实践教学就显得尤为重要。但是，由于校企双方对于人才培养的落脚点不同，在企业跟岗实践教学

的过程中，兼职教师多为企业生产一线的技术骨干，教学内容往往根据每位兼职教师当天的生产任务开展，与课程标准衔接不紧密，实践教学内容整体系统性不够，难易度不均，教学设计、教学实施与课程要求偏离，"岗"的理念凸显了，"课"的作用却弱化了，导致学生浸润式地在"岗"，学习效果出现"大投入、小回报"的现象。

（二）质量实时监测失效

在实践教学过程中，校方安排的校内指导教师往往是班主任，其工作更侧重学生的考勤和行为规范指导，充当的是辅导员的角色；企业方一般选派具备一定经验的企业工程师根据当天的生产任务情况，安排相当数量的跟岗实践工位，并根据学生的学习态度和完成任务的情况进行主观评价；实践课程考核结果最终由校企双方各自评定结果综合生成。整个过程校企各自为政，学校方因缺乏主动全面的观察与评价，无法判断学生的动态学习变化和问题，错过调整课程教学内容的时机，质量监测的实时性失效。

二、诊改路径设计与实施

（一）打造课程目标链与标准链

课程团队以问题为导向，依据课程建设标准，明确课程性质与目标、教学内容与要求，让学生全面地接触实际生产任务，能根据工单需求独立分析，正确有序地完成图文设计与处理、印品完稿输出和成品加工等工作任务，并在过程中通过交流、协作解决遇到的工艺问题，综合提升专业素养、专业知识和专业能力。同时，学校结合教育部等五部门印发的《职业学校学生实习管理规定》，从规章制度、组织机构、校企共建实训基地条件、师资队伍、学生岗位技能要求、课程考核等方面，将企业兼职教师和学校专任教师配备要求及工作考核标准、教学文件规范、课程考核规范、校企合作企业资金补贴标准等规定，构建成实践课程诊改实施的目标链和标准链。

（二）遴选企业、匹配岗位、设计课程

首先，依据课标内容遴选合作企业，匹配岗位，确保实践岗位能实现课程目标，企业产品生产的工作任务能匹配课程要求；其次，根据生产任务和岗位要求，企业工程师和校

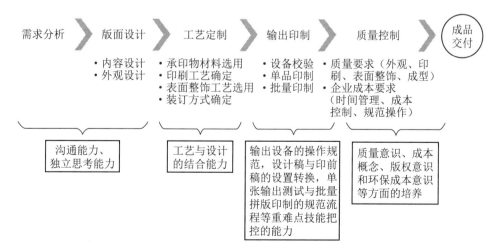

图1 印品生产工艺流程

内专任教师共同开展教学设计，根据印品生产工艺流程，将印品生产主要环节与课程技能和能力素养要求相融合（见图1），为实践课程教学有效实施提供保障。

（三）运行诊改机制，提高课程质量

在实践课堂的教学实施中，首先，明确企业导师与校内专业教师、班主任共同参与，协同教研（见图2），按照运行诊改机制，在以完成每个生产产品为一个学习任务的周期中，按照诊改要求实施教学；其次，学校专业教师协同企业工程师查看学生每日实训手册的记录、听取班主任的定期跟踪反馈，对照教学进度，促进教学计划的落地；再次，细化评价指标、更新评价方式。校企双师共同完成以单个生产任务为单位的过程评价，细化了评价指标，严格按照《纸质印刷产品印制质量检验规范》(国标GB/T34053.1-2017)，按产品各项指标进行有效质量控制，并细化排版规范、尺寸、折配页、锁线、烫印等指标。学生在自我小结中也能对标自身不足，实施自评、互评和师评。学生从原来只看不说当观众，转变为人人参与和评价的"岗"中人，评价更客观。

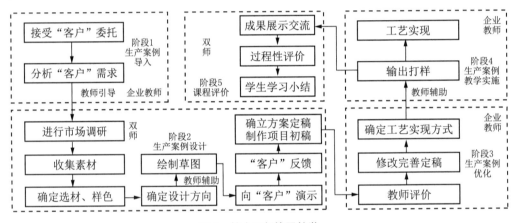

图2　校企双师协同教学

实践教学课程在教学设计与组织、课程实施与监督的循环自诊和改进中，教师通过生产任务的技术工艺学习研究、校企合作经验与协同育人的学习研究、教学评价优化方法的学习研究，促进实践课程教学的改进与提升，完善课程标准，实现以课程为单位的实践课程教学诊改大循环（见图3）。

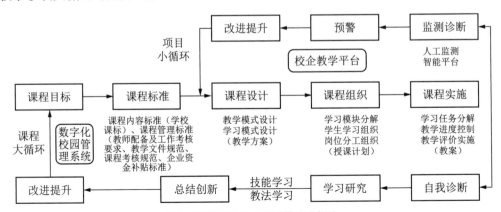

图3　课程诊改8字形质量改进螺旋

三、主要成效

（一）形成校企合作实践课程开发机制

依据技术技能人才培养目标与课程建设标准，通过合作企业和教学内容遴选准入机制及校企双师共同实施课堂教学的模式，有效保障岗课融合。按照印制产品工艺要求，把生产任务转化为实践课程教学内容，将校企协同育人落到实处，完善实践教学课程内容，提高教学效果。

（二）形成实践教学课程质量保障机制

把课堂监测联动机制、教师配备、教学文件规范、课程考核规范评价要求等应用于实践课程教学中，为开展实践教学提供了质量保障，并且辐射到其他三个中高职贯通专业的6门实践教学课程教学中，取得良好的教学效果。

（三）校企课程团队建设成绩突出

教师深入企业参与双师教学，不仅保证了课程教学质量，也是教师企业实践的一种新方式。专业教师能及时地将新工艺、新技术、新方法进行有效的教学成果转换，课程团队在2021年市教学能力大赛中，经企业授权将实践教学的生产项目作为参赛内容，获得市级教学法比赛二等奖。同时，企业工程师也成为职业教学技术导师，合作企业成为市级教师企业实践项目承办者，成为课程推动校企深度合作的一个成功范例。

（四）学生培养质量不断提升

通过实践课堂教学模式的不断改革创新，课程内容的岗课衔接，使学生的技术技能水平与生产实际需求相适应，学生制作的印制工艺产品屡获美国印制大奖——班尼金奖。学生参加全国印刷行业技能大赛（国家一类）三个项目比赛获一等奖，获全国印刷行业技能能手称号，学生的专业技术技能水平领先全国同类职业院校学生水平，学生培养质量不断提高。

四、经验启示

实践教学课程具有鲜明的职教特色，是职业教育培养技术技能型人才、提升教学质量的主渠道。聚焦"上好每一堂课"，就是要通过指导和管理，使教师在实践课程中也要树立目标意识、主体意识、全体意识和效果意识，切实打造出"以学定教、以教导学、全员参与、积极主动、效果优良"的高效实践课堂，使其成为学校课程诊改的特色和亮点。

建构中职数学课堂有效教学模式的
探索与实践

上海鸿文国际职业高级中学　　曹记辉

摘要：中职校数学课程是以习近平新时代中国特色社会主义思想为指导，以《中等职业学校数学课程标准》为指南，践行社会主义核心价值观，培养学生社会责任意识，落实职业教育立德树人根本任务、发展素质教育的重要载体。为实现《中等职业学校数学课程标准》的目标，结合本校学生实际情况，学校组织教师通过学习课程标准、专业人才培养方案等寻找课堂问题，并建立诊改标准，对照教师上课行为、上课效果进行研判，提出诊改建议，然后进行二次授课。再针对二次授课，进一步提出改进建议，形成诊改结论，构建出有效教学模式并进行推广，从而为提高学校人才培养质量提供重要保障。

关键词：教学诊断与改进　数学课程　有效教学模式　质量

一、背景

2015 年 6 月，教育部要求建立职业院校教学工作诊断与改进制度，并从 2015 年秋季学期开始逐步在全国推行。以校为本，围绕课堂教学诊改工作需要建构有效的诊改模式，这对提高中职校本研修的实效性，深化课程与教学改革有积极的现实意义。中职学校学生的基础薄弱且有很大的差异，其中数学课成为学生学习最困难的课程之一，教学质量难以得到保障。因此，在课程方面的诊断与改进工作中，数学课堂教学的诊断与改进具有很强的迫切性，建构数学课堂有效教学模式的实践与探索就显得特别有意义。

二、现状

学生层面：中职学生学习困难，数学根底薄弱，数学思维不强，易产生畏难、抵触情绪，大部分学生缺乏正确的学习方法；教师层面：部分教师没有从宏观上意识到数学在中职教学中的重要性，不愿耗费时间和精力去研究如何有效帮助学生提升数学知识；教法层面：数学教法模式过于单一，缺少策略，没有具体的针对性教学方案。而《中等职业学校数学课程标准》明确提出课程的目标是全面贯彻党的教育方针，落实立德树人根本任务。在完成义务教育的基础上，通过中等职业学校数学课程的学习，使学生获得继续学习与未来工作和发展所必需的数学基础知识、基本技能、基本思想和基本活动经验，具备一定的从数学角度发现和提出问题的能力、运用数学知识和思想方法分析和解决问题的能力。为实现《中等职业学校数学课程标准》中的目标，中职校有必要进行课堂教学的诊改，有必要对数学课的有效教学模式进行探索与实践。

三、诊断与改进的实施

（一）落实诊改主体责任

按照数学课程人才培养目标，确定诊改主体为数学教研组全体教师，承担制定我校数学课堂教学的发展与规划，结合《中等职业学校数学课程标准》制定以校为本的数学课程标准，构建符合我校实际学情的数学课堂教学目标链与标准链。

（二）明确目标

一是通过组织开展课堂教学诊改，进一步将课堂教学的诊改具体化与实践化，规范课堂教学诊改的工作流程，提高课堂教学诊改的专业化水平，强化课堂教学诊改的校本化意识。

二是加强校本诊改的团队建设，推进课堂教学诊改常态化与制度化，切实发挥中职学校的质量保证主体作用。

三是不断完善内部质量保证制度体系和运行机制，为贯彻落实教育部提出的"要普及推广项目教学、案例教学、情景教学、工作过程导向教学，广泛运用启发式、探究式、讨论式、参与式教学，充分激发学生的学习兴趣和积极性"的职业教育教学改革目标奠定基础，同时建构数学课有效教学模式。

四是激发教师在教学研究中的主动性。

（三）建立诊改运行机制

数学教研组是数学课堂教学诊改的主体承担者，肩负着课程设计、资源开发、教学实施及课堂教学诊改的重要责任。课堂教学诊改对标人才培养目标和课程标准，依据《上海鸿文国际职业高级中学内部质量保证体系和运行机制》，运用8字形质量改进螺旋模型以"两次课为一小周期，一学年为一大周期"开展课堂教学诊改。

（四）制订计划

阶　段	时　间	诊　改　工　作
准备阶段	2019年11月20日—11月30日	（1）成立诊改小组，明确成员分工； （2）确定诊改问题； （3）讨论课堂观察表的使用方法； （4）收集与学习相关的文献，选择诊改课例
实施阶段	2019年12月1日—12月7日 第一次研究课（说课）	（1）出课教师撰写第一次说课稿和教学设计，进行第一次说课； （2）诊改小组讨论并提出改进意见、开发诊断观察工具； （3）出课教师根据讨论结果修改教学设计
	2019年12月8日—12月14日 第二次研究课	（1）出课教师上第一次研究课； （2）诊改小组听课并整理课堂观察记录，进行课后研讨，整理集体反思； （3）出课教师根据讨论结果，修改教学设计，撰写第二次研究课说课稿； （4）诊改小组议课，再次提出改进意见； （5）出课教师根据讨论结果，再次修改教学设计
	2019年12月15日—12月21日 第三次研究课	（1）出课教师上第二次研究课； （2）诊改小组重复第一次诊改流程
总结阶段	2019年12月15日—12月21日	诊改小组汇总诊改资料，撰写诊断与改进研究报告，准备综合评定

（五）具体实施

根据需求，教师选择的教学内容为"正弦函数的图象和性质"和"余弦函数的图象和性质"。两节课的内容相近但不相同，采取同一问题、不同内容，分别根据诊改流程开展教学活动。诊改小组坚持运用8字形质量改进螺旋模式进行诊改，保证课堂教学诊改质量。最初，诊改小组将"建构数学课有效教学模式"的诊改重心放在教学手段方面，第一次诊改课后，诊改小组结合课堂教学观察结果，进一步明确了诊改的重心，从单纯的教学手段视角转向以教师和学生之间的互动角色为重点的"四助式"，即自助、师助、互助、施助课堂教学。通过开展两次诊改课，观察到以下结果。

一是课堂教学活动转换观察结果。学生讨论的时间增多，独立学习（含分工合作）的时间延长，学生通过互助合作探究来完成学习任务成为主要学习方式之一。

二是教师提问类型观察结果。教师在第一次课上提问的知识点过于分散，教学目标不够突出，诊改后针对教学目标中的重难点提问次数比第一次课有所增加。

三是教师提问效果观察结果。第一次课教师提出的问题效果不佳。诊改后的提问更有针对性，学生回答正确率高。

四是学生回答方式观察结果。学生回答方式，第一次课中只有集体回答和个别回答。诊改后既有集体回答和个别回答，又有小组代表发言，形式更加多样，课堂教学气氛比第一次课更活跃，师生互动交流明显比第一次课要好。

五是学生非参与学习行为观察。第一次课，学生上课状态涣散，部分学生未被吸引到课堂上来；诊改后学生基本都能参与到教学活动中。

六是学生学习效果观察结果。第一次课，诊改小组从多个维度观测学生学习任务完成情况，发现学习目标的达成度不高。诊改小组经过课后评课探讨，梳理出诊改建议。诊改后经过检测，发现学生学习目标达成度比第一次高。推广课时，教学内容难度加大，由不同教师授课，教学效果较以往有较好转变。

四、成效

第一，通过组织开展数学课堂教学诊改，进一步将课堂教学的诊改具体化与实践化，规范了课堂教学诊改的工作流程，提高了课堂教学诊改的专业化水平，强化了课堂教学诊改的校本化意识。

第二，加强了校本诊改的团队建设，推进了课堂教学诊改常态化与制度化，切实发挥了中职学校的质量保证主体作用。

第三，完善了内部质量保证制度体系和运行机制，激发了学生的学习兴趣与积极性，初步构建了符合我校学生实际情况的数学课的"四助"有效教学模式。

第四，促使教师逐渐由受训者变为研修者，激发了教师在教学研究中的主动性。

教 师 篇

构建校本研修体系，赋能教师成长发展

上海市行政管理学校 王露华

摘要： 为加强学校教师队伍建设诊断与改进工作的实施，学校通过建立教师队伍建设目标与标准，推进校本研修，围绕师德师风建设、教育教学研究、思政课程与课程思政建设、企业实践等方面构建校本研修体系。为教师提供专业学习和发展提升的平台，激活教师成长内需，提升课堂教学水平和教科研能力，建立健全学校校本研修管理体制和工作机制，持续提高教师队伍质量，赋能学校高质量发展。

关键词： 教师队伍建设　校本研修　教师成长

为加快教师队伍建设步伐，落实教师队伍建设诊断与改进工作，有效提升教师综合素质与整体实力，更好地满足教育教学和管理工作的需要，上海市行政管理学校基于 8 字形质量改进螺旋，结合学校教师队伍建设的诊改现状，以教师队伍发展规划、建设目标和质量标准为抓手，通过构建校本研修体系，改进提升校本研修效能，赋能教师成长发展，为提升学校办学水平与人才培养质量奠定扎实的基础。

一、以问题为导向，精准发掘校本研修内驱力

（一）深入分析需求，把握研修要义

1. 教师队伍建设诊断与改进工作的需求

根据《教育部办公厅关于建立职业院校教学工作诊断与改进制度的通知》、《上海市教育委员会关于印发〈上海市中等职业学校专业教学工作自主诊断与改进实施方案〉的通知》以及《上海市行政管理学校诊断与改进建设与运行实施方案》等文件精神，开展学校层面教师队伍建设诊断与改进势在必行。这为学校如何充分发挥教师的主体作用，培养高素质教师队伍提供了新思路。

2. 学校内涵建设和高质量发展的需求

对标建设国际化大都市和产教融合型城市建设的要求，学校结合内涵发展的优势积淀，需探索如何打造"双师型"教师队伍，如何为培养高素质的具有工匠精神的复合型技术技能人才提供质量保证运行机制。

3. 教师主体发展的内驱力发掘需求

结合学校教师队伍建设及教师发展诊改需求，需建立教师队伍建设诊改目标链、标准链，明确主体责任和诊改周期，强化规范管理，健全师德建设长效机制，关注教学团队能

力建设，开展自我诊断，持续改进，提升内生动力需求。

（二）定位需解决的重点问题，力争举措高效

1. 需明确教师队伍建设诊改的价值向度，定位校本研修目标任务

结合教师队伍建设规划、目标与任务，围绕学校"十四五"期间的事业发展和改革需要，进一步健全校本研修管理体制和工作机制。以年度为周期，分解和下达校本研修的重点目标任务，通过信息化平台，动态监测目标任务实施情况并监测预警。

2. 需加强教师的科研素质培育，提升校本研修的实效性

根据校本研修的规划和年度任务目标，制订工作计划并组织实施教师队伍培养，解决教师的理论研究与教学实践的有效融合，既重视教师知识与技能的提升，又重视教师师德修养、自我价值认同、自我效能感等影响教师专业发展的因素，从关注教师的问题解决转向教育教学质量提升服务。

3. 需突出教师发展性评价，优化校本研修的针对性

通过平台数据与运行资料，掌握教师校本研修任务的执行情况，不断优化研修活动的设计与实施，关注不同专业、不同层次教师的需求，改进方法，提高管理与服务能力，形成层级化和个性化的研修模式，实现教师队伍建设目标的不断优化及标准适切性的提升。

二、以需求为引领，打造校本研修管理机制与运行模式

（一）顶层设计，科学规划研修体系，加强制度保障

近三年，学校先后制定并颁布了《上海市行政管理学校中专部教师校本研修管理制度》《上海市行政管理学校中专部教师职责（试行）》《新一轮教研室主任、专业（学科）带头人管理办法》，明确专任教师四级岗位职责、教师培养考核性诊改标准，细致规划校本研修四结合（需求导向与全员参与相结合、教研与教学实践相结合、集中学习与分散学习相结合、线上学习与线下学习相结合），系统设计课程思政与课程建设、课堂教学与教研、课题研究与实践、专业建设与规划、企业调研与校企合作等多个主题模块。

（二）聚焦问题，以专家讲座为引领，践行教学新理念

聚焦教师队伍的质量提升，从师德师风、科研能力等方面开设不同主题的专家讲座，促使教师明确新时代职业教育背景下教师的角色和育人价值，并有意识地将新时代教育教学理念渗透到日常工作中。

表1 校本研修专题讲座

主　题	讲　　座
师德师风建设	"实践中的班主任策略""德育名师工作分享""请亮出你的名片"等
课程思政建设	"中职教育如何实施课程思政""课程思政——同向同行　合力育人""思政教育引领职教学生核心素养培育——落地课程思政，推进全面育人"等
信息技术能力提升	"信息化背景下教与学的变革""思维导图的教学应用""Camtasia Studio 录屏软件操作"等
青年教师素养提升	"基于课程的教师专业化成长""研修实践点亮课堂""中职教育如何实施课程思政"等
教学能力提升	"青年教师爱岗敬业大赛分享""教学法评优大赛分享"等

（续表）

主　　题	讲　　座
教研室主任、专业带头人业务能力提升	"高水平专业群及特色品牌专业建设""教研室主任和专业带头人角色认知与实践"等
学校"十四五"规划和教师个人发展	"'十四五'我们如何开局""教师职称发展之准备""中等职业教育的教学与科学研究"等

（三）立足课程教学，以组内研修为平台，建设研究型团队

根据教研计划、教师团队特点，综合考量确定教研室系列研修主题。通过研课标、研教材、研学情、研专业建设与发展，坚持"理论与实践兼顾、研讨与交流并行、个人与团队共进"，结合教育教学实践案例，进行教、学、研、评一体化研修，做好"传帮带"，达到学、思、研、悟、用的充分结合，促使不同职称层次的教师形成不同定位的个人发展方案。

（四）植根课堂教学，以优师为示范，促进青年教师教学成长

依托立项的市级课题"基于工匠精神培育的中职课堂教学活动设计与实施研究""基于协同育人的中职学校课程思政建设与研究"，发挥大赛获奖优秀教师和第四期上海市"双名工程""攻关计划"基地主持人的典型示范作用，培育青年教师以热点、难点问题及个人在教育教学中所面对的困惑为出发点，在说课、听课、研课、磨课与试课中进行"专业自觉"诊改与提升，带动教师队伍的整体提升。

（五）深入企业调研，以校企合作为载体，助推校企融合

注重专业教师的个性化需求，公共管理与服务类、财经商贸类和计算机类三大专业群每月开展企业调研活动，调研走访上海市档案局、新道科技股份有限公司等多家知名单位和企业，了解市场人才需求，分析学生岗位职业能力的适应性，洽谈校企合作项目，为专业教学、人才培养规划等方面提供有力支撑。

三、以校本研修促教师队伍质量提升，赋能高质量发展

立足教师质量改进与提升，构建教师学习和发展的平台，激活教师成长内需，形成校本研修的良好管理机制与运行模式。

（一）遵循教育教学规律，形成研、训、用三融合的校本研修模式

通过分主题模块、分类别、分层级，计划、组织与实施校本研修，与职业教育集团对接，现场与网络整合，学习与引领结合，研究与改进融通，个体与群体互动等方式，进行诊断、监测、激励、改进等循环，实现学用结合、学以致用、以用促学，研、训、用三融合。

（二）完善校本研修评价，形成系列校本研修显性成果

充分利用信息化管理与服务平台，开展以教师网络学习空间应用为核心的过程性评价，收集整理教学、教研等常态数据，切实提高精准诊断、及时干预和个性化服务，使校本研修更具针对性、更加优质化。

2021、2022年两次整理教师校本研修成果，分别汇编38份线上教学典型案例和33份课例研究报告，由华东师范大学出版社公开出版《匠心至臻　点亮云端——上海市行政

管理学校"匠心匠艺"优质课堂建设行动研究案例集》《尚行不辍 匠心育人——上海市行政管理学校"匠心匠艺"优质课堂建设行动研究报告集》。

（三）教师队伍素质提升，赋能专业建设高质量发展

调研显示，教师对学校校本研修制度满意度高、获得感强。2019年至今，共组织21次校级层面专家专题报告会，18次个性化主题研修，43次教研室组内研修，36次企业实践。

近三年，共有6项课题获得市教委教研室和嘉定职教集团立项。全年中国知网以作者单位"上海市行政管理学校"检索中专部教师公开发表论文，较2018年增长了2.67倍。同时，教师参加市级层面教学能力大赛成绩突出：2020年上海市中等职业学校教师教学能力大赛外语团队获得一等奖、会计团队获得二等奖；2020年第八届教师教学法改革交流评优复赛中，获得一个二等奖和两个三等奖。《硬笔楷书教程》《普通话口语交际训练》在上海市中等职业学校第五届校本教材展示交流评比中获得优秀校本教材荣誉。

构建8字形质量改进螺旋体系，
助推教师自主成长发展

上海市现代流通学校　　熊　晔

摘要： 职业院校教学诊断与改进工作要求学校提升内部管理水平，建立质量保证制度体系，保障教育教学质量。本文以上海市现代流通学校师资队伍诊断与改进工作为例，科学制定目标链、标准链、教师发展标准，结合学校数字校园平台数据，按照"三年大循环，一年小循环"的诊改周期，持续进行8字形质量改进螺旋体系良性运行的工作做法，以期为中职学校师资队伍诊断与改进提供一些借鉴与参考。

关键词： 诊断与改进　师资队伍　目标链　标准链　8字形质量改进螺旋

党的十九大召开后，我国职业教育发展迈入了新的阶段，社会、行业、企业、学生家长对职业教育的质量也提出了更高的要求。教育部在全国范围内通过正式启动、试点探索、培训推动，逐步从点到面、从上到下在全国开展职业院校教学诊断与改进工作，相继出台文件强调教学诊断与改进工作的重要性与必要性。从学校的角度，教学诊断与改进工作是学校立足经济社会发展和人的发展，在"管、办、评"分离的背景下，自主确定办学规划目标和质量标准，自主诊断目标达成度并分析原因，针对差距不断改进，持续提升质量的过程。学校合理地运用平台数据系统分析、听评巡课、学生座谈、学生评教、教师考核等多种手段和方法，明确学校师资队伍发展现状，查找师资队伍存在的问题，通过全员、全过程、全方位的自我诊断与改进，以此达到自我提高，实现教师的成长发展。

一、教师职业生涯发展的现状和困境

2018—2021学年，通过学校数字校园平台数据分析，三年来教师数量共减少1人，虽然数量没有较大幅度减少，但退休教师较多且多为中、高级讲师，师资队伍年龄结构上呈年轻化态势，师资职称结构和"双师型"教师的比例下降，教师断层现象较突出。

从听评巡课、学生座谈、学生评教、教师考核等多种手段和方法诊断出，部分教师由于工作的重复性和单一性致使自身的专业发展出现暂时的停滞不前，在个人发展规划中设定的目标不够清晰，职务晋升、职称评定动力不足，遭遇职业发展"瓶颈"期，教师工作积极性减弱。

二、创新制度良性运行

面对上述学校师资队伍诊断出的问题，如何在教学诊改工作中去解决，这需要落脚在关注教师个人成长需求上，尊重教师的主体精神，满足教师自主成长发展心理需要，引导教师结合学校发展需要找到适合自身发展的有效路径。在本轮师资队伍的诊断与改进具体实施过程中，学校教师采取了以下改进措施。

（一）制定目标链，明确诊改目标起点与落脚点

教学诊改的起点是制定目标。首先，教师通过全校大会、部门工作会议等多种途径明确知悉学校的《上海市现代流通学校三年改革与发展规划》《上海市现代流通学校师资队伍三年发展规划》，了解师资队伍发展总体目标和主要任务。在此基础上，每位教师根据自身实际情况，以学校师资队伍的三年发展规划为基础，结合自己所涉及的专业建设规划、课程建设规划、学生发展规划等，制定出教师个人三年发展规划，并将任务分解到每学年，构建教师个人的诊改目标链。

（二）细化标准链，明确教师诊改的标尺

标准是诊断与改进的标尺，建立和目标相契合的标准是目标设置不可或缺的组成部分。教师在制定个人三年发展目标后，再依据学校建立的教师诊断点、诊断要素以及主要质控点的目标值、标准值和预警值，细化标准链到个人的具体数据。

（三）构建8字形质量改进螺旋体系运行机制

在"一年小循环，三年大循环"的诊改周期中，教师自我运行师资队伍诊断与改进8字形质量改进螺旋体系，每学年教师借助学校人才培养工作状态数据采集平台、人事数据管理系统提供的数据，查找质控点目标达成度较低的工作，及时分析原因，对自己进行全方位的反思和总结，编写教师个人诊断与改进报告，并拟定有效改进方案。通过8字形质量改进螺旋体系运行，及时重新梳理工作内容和工作方法，制定新目标，细化新标准，从而达到激励个人不断学习和自我成长发展的目的。

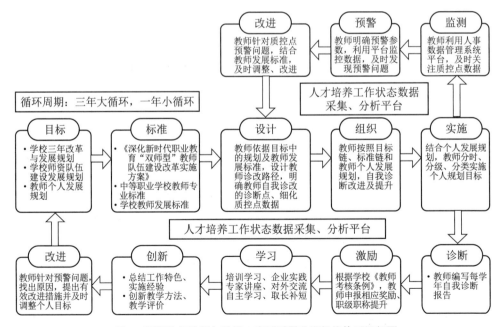

图1　师资队伍诊断与改进8字形质量改进螺旋体系运行图

三、助推教师专业成长，实现教师自主发展

下面以学校商贸教研部专业教师林老师为例，看教师在第一轮诊改周期中是如何良性运作 8 字形质量改进螺旋体系的。在诊改初期，林老师先做个人基本面分析：研究生学历，讲师职称，2016 年通过学校公开招聘入校，成为商贸教研部电子商务专业新入职教师，在 2016、2017 学年任教电子商务专业核心课程，两学年教师考核合格。2018 学年初，根据《学校骨干教师选拔管理办法》，确定其为电子商务专业骨干教师。林老师依据学校师资队伍规划、对照学校教师发展标准，制定其在师德修养、教育教学、教研科研、社会实践四个维度的三年个人发展规划，具体包括担任班主任、申报副高级职称、取得与专业相关的中高级职业资格证书 2—3 个、参加 1 次校级以上教师教学能力大赛、指导学生参加市级竞赛、公开发表论文等多项任务，并将这些任务分解到每学年中。

第一学年，查找问题：林老师对照自己设定的目标查找出的问题有，在专业课的教学中思政融合度尚缺一定的深度。分析原因：在课堂教学中过多把注意力集中在专业知识教学上，忽略了在专业课中融入思政教育。采取诊改措施：教师参加创新创业类教师培训，组织学生参与以校内的商贸节为基础的创新创业活动。

第二学年，查找问题：林老师查找出的问题有，指导学生参加专业竞赛但未获市级以上奖项。分析原因：对市级竞赛的技术要求研读不精，同时比赛培训技巧欠缺。采取诊改措施：教师参加与大赛相关的职业资格证书培训，熟悉竞赛相关技术要求；改变大赛培训思路，对参赛学生采用一人一方案的形式展开训练。

小循环周期中，林老师积极落实个人诊改报告中提出的改进措施，从学校平台数据显示，林老师三年规划目标任务全部完成：担任 2019 级班主任；2020 年取得副高级职称；获得 1+X 网店运营推广初、中、高三个级别职业技能证书；指导学生参加第九届"星光计划"电子商务项目比赛获二等奖 1 个、三等奖 1 个；个人获教师组课件制作赛项三等奖；成功申报省级课题 1 个；公开发表论文 3 篇；2020 学年考核优秀；2020 年 9 月成为电子商务专业学科带头人。林老师在学校教学诊改工作中按师资队伍的 8 字形质量改进螺旋体系运行，有力地助推了自身成长，实现自主发展。

教师是教学诊断与改进工作的灵魂。教学诊改对职业院校教师的角色提出了新的要求和新的期待，教师在此过程中结合工作实际，重新认识到教师成了主体，是自我诊断，不是外部专家的评估对象。教学诊断与改进制度凸显并尊重了教师的主体地位，着眼于教师的职业生涯发展。

"三结合两平台一载体"构建教师发展新路径

上海食品科技学校　曹金华

摘要：学校要上水平、有成效、大发展，就离不开一支师德优、教学强、实践强、科研强的"一优三强"师资队伍。学校按照既定诊改方案，通过"三结合两平台一载体"实施路径，建立目标体系、完善教师发展标准体系和制度体系，引导教师进行自我改进和完善，实现学校师资队伍建设高质量持续发展。

关键词：三结合两平台一载体　教师发展　标准链

一、诊改前教师层面存在的问题

立足金山职业教育深刻变化和学校办学目标，对照诊改点，认真查找、分析教师层面存在的问题，归结起来，主要表现为：教师教学理念和信息技术应用能力整体水平稍显滞后；专业（学科）带头人、青年骨干教师和"双师型"教师与专业发展需要在数量和质量上还须进一步匹配；教师年龄结构有待进一步年轻化，骨干教师梯队不够稳定；师资队伍的建设和教师培训还没有完全形成制度化和系统化，教师成长的保障机制有待进一步完善。

学校以制定、完善教师队伍建设规划为基础，以目标链建设、标准链建设和制度体系建设为目标，以考核为抓手，以具有较强预警功能的校本网络平台为支撑，形成内外结合的全方位、多元化教师发展质量诊改工作运行机制，培养师德优、教学强、实践强、科研强的"一优三强"师资队伍，助力学校内涵式高质量发展。

二、精准定位，修炼内功，激发教师内生动力

根据学校章程、发展规划和师资队伍建设规划，按照"学校—专业（学科）—教研组—教师"四级师资队伍建设目标链，编制年度实施路线图。学校制定总的师资队伍建设目标和年度计划，科室据此制订本部门年度教师发展计划，教师个人按照年度计划和个人发展目标编制个人发展规划和年度工作任务目标，实施并开展自我诊改，推动教师向"教学双师型、事业奉献型、专业引领型、企业服务型、行业专家型和产业对接型"兼容的方向发展。

（一）遵循"三结合"原则

1. 个人目标与上位目标相结合

学校在完善师资队伍建设体系的基础上，启动教师个人诊改工作。教师对照标准完成SWOT分析，从教学、技能、德育和科研四大领域中选择1—2项确定最近发展区，编制实施计划。个人目标制定后，增加教研组、专业科、学校的逐级审核和校准环节，重点评估个人目标与学校（专业）目标的匹配度、关联度，形成汇编。

2. 目标实施与监测预警相结合

在实施中，加强过程监测预警，以学年为小周期，评估目标达成情况。以教师学期小结和学年考核作为数据采集点，监测预警个人目标完成率，及时调整优化，将个人发展目标实现期限提前或延后，删去不现实或难以实现的目标，适当添加与新机遇有关的发展目标。

3. 制度建设与诊断改进相结合

依据《中等职业学校教师专业标准（试行）》等上位标准，不断完善教师考核办法和实施工具；系统设计教师职称评聘、绩效分配等激励提升机制和保障标准链，修订《教学事故认定及处理办法》《教育科研工作条例》等制度标准，完善专业（学科）带头人、骨干教师等管理考核标准链。

（二）搭建"两平台一载体"路径

围绕建设党和人民满意的高素质专业化创新型教师队伍，学校绘制师资队伍建设改革的"路线图"与"施工图"，建立健全师德师风建设长效机制，成立师德建设监督委员会。结合学校实际修订教师考核办法，建立教师师德档案，在年终考核中设定师德师风考核专栏，实现"一票否决制"。通过分步实施，持续选树宣传教师优秀典型，形成树典型、学典型、超典型的良好氛围，涌现出一批道德品质及工作能力突出的人才，为推动学校高质量发展注入强大动力。

1. 搭建高技能人才研修提升平台

学校依托上海市高技能人才培养基地平台，形成了以周耀斌上海市职业技能大师工作室为引领，3 个上海市首席技师为骨架，1 个金山区首席技师为尾翼的高技能人才研修平台。先后完成食品检验等 6 个专项职业能力标准开发，公开出版教材 2 本，1 人荣获全国轻工行业技术能手，"双高"教师获得极大尊重感和荣誉感，教师专业发展瓶颈突破成效显著。

2. 搭建高学历教师建功立业平台

深入挖掘食品研发与技术服务中心、名师"蓄水池"，利用名师自身丰富的项目实战经验、完整的知识技能框架以及崇高的职业道德精神，培养一批"产学研训创"综合人才。助力上海银龙、牧粮实业等 10 多家金山区中小微企业开展玉米汁配方优化、籽粒苋食品开发和蓝莓加工等技术研发攻关，申报新型实用专利 4 项，提升了"双师"能力和服务企业水平，获得极大成就感、获得感。

3. 组建教师发展共同体

切实打造高素质创新型的教师队伍，实现组团式发展。以学校、专业发展目标为出发点，构建教师发展共同体，促进教师群体间良性发展，参与教学比赛、技能大赛指导和教学改革项目，提高教师岗位归属感。教师团队在世界技能大赛上海市选拔赛、全国职业院校技能大赛、市中职校教师教学法评优活动、全国"互联网+"大学生创新创业大赛中屡创佳绩。

三、教师发展特色、成效显著

通过"三结合两平台一载体"构建了教师发展的目标链和标准链，将学校、专业发展目标分解落实到教师层面。经过第一周期的诊改，形成了"教师个人规划、进行诊断分析、形成诊断报告、不断改进提升"的教师能力良性循环提升机制，有效促进教师队伍能力和素质的提升。学校专任教师数由 99 人增加至 119 人，高级教师由 14 人增加至 25 人，研究生学历教师由 18 人增加到 27 人，实现了既定诊改任务。

后续，学校将以师德师风、教学能力、科研能力、社会服务能力 4 个方面作为持续质控点，以学年为周期，遵循 8 字形质量改进螺旋，多维度测评教师综合素质，建设能说、会做、善研的"双师型"教师队伍，为上海湾区的经济发展培养高素质技术技能型人才。

完善人事制度，建立教师发展标准

上海市农业学校　　戴　娅

摘要：为进一步完善师资队伍发展平台、优化中青年骨干人才成长的环境、充分调动广大教师积极性、发挥师资队伍建设的主体作用，近年来，学校推出了一系列有利于教师专业发展的政策保障措施。大力创造人才成长与发展有利环境，开辟人才梯队培养"快车道"。学校以相关职称制度和"破五唯"为契机，搭建起基于职称的"初级—中级—副高—正高"和基于职业的"青年教师—骨干教师—职业教育教学名师—领军人才"的晋升通道。

关键词：教师发展标准　政策保障措施　教师积极性

一、教师诊改情况与问题分析

（一）目标完成度

学校已将教师层面的诊改列入学校内部质量保证体系之中，建立了教师层面8字形质量改进螺旋，实施教师全员素质提高计划，不断完善教师培养体系。同时完善了教师激励与考核机制，将教师个人诊断与改进效果应用到职称晋升、年度考核和评优评先中，推动了教师不断自我改进和发展。但是，骨干教师队伍建设还需加大力度，师资发展质量标准的完备性、先进性、体系性还需进一步调整和优化，各项规章制度与管理机制还需规范化、常态化、长效化。

（二）存在问题

（1）师资结构欠合理，青年教师总体成长速度比较慢。

（2）专任教师中"双师型"教师比例仍需进一步提高，高级技能教师数量偏少。

（3）中青年领军人才"头雁"效应尚未形成，在职业教育行业内影响力不够。

二、具体举措一：制定教师发展标准

（一）建立目标链

学校制定教师发展标准要素，包括6个项目（职业发展、师德师风、教育教学、培训进修、科研能力、社会服务）12个要素35个诊断点。

教师个人依据教师发展标准，主动制定符合国家职业教育相关政策，与学校师资队伍建设规划、所在系部师资队伍子规划相契合，且适应自身基础的三年发展规划。教师个人以年度为周期，开展自我诊断与改进，教师个人发展实现由外部监管转向自我诊改。

表 1　教师自我诊改情况表

诊断项目	诊断点	存在的主要问题	原因分析
职业发展	骨干教师、校内领军人才、专业负责人等	自我成长比较缓慢	自己制定的要求和标准不高
师德师风	立德树人，为人师表，遵守师德规范；在学生综合素质培养、创新创业教育、思政教育和传承中国传统优秀文化中发挥应有的作用	只注重完成课堂教学任务，忽略与学生沟通、交流	教学设计能力水平不高，尤其是课程思政
教育教学	学习、改进教育教学方法，提高教学质量；积极参与教育教学改革，在专业建设、课程建设中做出贡献；信息化教育教学能力不断提升	教育教学改革积极性不够，在专业建设、课程建设中贡献不大	工作积极主动性不够
培训进修	参加专业技能培训，获得"双师"素质；脱产参加产学研、企业实践项目	未取得专业技能证书、未能脱产进行企业实践	培训出勤率不高，深入一线企业实践决心不够
科研能力	提高科研服务意识，增进产教融合，提升个人科研、创作水平	科研意识不强	钻研精神不够
社会服务	在教学和职业实践中不断提高服务于社会与区域经济的能力和水平	社会服务能力弱	服务意识不强

（二）打造标准链

新引进教师 2—3 年内须取得教师资格证，并将这一要求明确写入合同中。教师工作量每年 576 学时，专业教师企业实践每年不少于 22 天。设立人事代理人员标准，公开招聘人员标准和高水平人才引进标准，制定助教、讲师、高级讲师、正高级讲师岗位说明书。建立师德师风标准，出台了《中共上海农林职业技术学院（上海市农业学校）委员会关于进一步加强师德师风建设的实施意见》，实行师德师风一票否决制。

教师以个人三年规划目标"校内骨干教师—校内领军人才—校内专业负责人—职业教育教学名师"为目标链，以学校"骨干教师标准、领军人才标准、专业负责人标准、职称晋升聘任评定标准等"为标准链，从职业发展、师德师风、教育教学、培训进修、科研能力、社会服务 6 个层面了解年度目标达成情况。

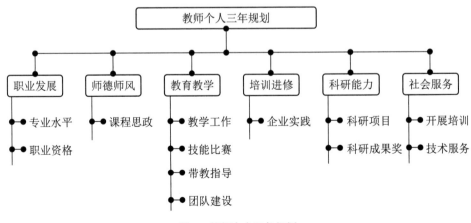

图 1　教师个人三年规划

（三）教师诊改运行机制

教师根据制定的个人发展规划，借助学校数字化校园诊断与改革平台，对照6个项目、12个要素和35个诊断点，以"一年小周期，三年大周期"进行自我数据监测，及时了解自己规划的实施情况，正确定位个人在团体中的发展水平，重视预警中的未达标项，深度分析原因，动态调整诊断意见和改进措施，形成个人诊断8字形质量改进螺旋。

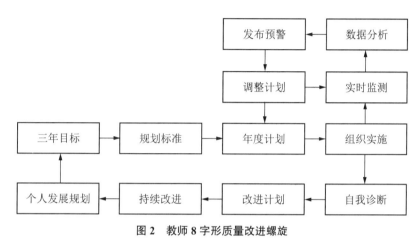

图2 教师8字形质量改进螺旋

三、具体举措二：完善保障激励制度

（一）优化教师诊改制度

根据学校层面自诊制度要求，结合师资队伍存在的问题，三年来，人事处在岗位设置、绩效分配、职称聘任、教师发展、评优考核等方面出台和修订了16条规章制度、管理办法，为教师职业发展、职称晋升提供制度保障，建立了良好的外部干预机制。

（1）职业发展：学历进修、企业实践、领军人才培养等制度。
（2）职称评聘：中级职称评聘制度、高级讲师和正高级讲师评审方案。
（3）绩效奖励：教科研成果、技能大赛、教学质量工程及创业就业等奖励办法。

（二）创新聘任方式

优化职称评聘机制，注重教学能力和业绩。根据市教委有关职称制度改革及人才评价相关政策，修订文件中更加注重品德、能力和业绩评价，更加突出质量、贡献和影响力评价，切实推进教师分类考核评价，贯彻和落实教育部"破五唯"文件精神。

2019年，创新性采用正式聘任和校内聘任双线结合的办法，打破了因职位不足导致教职工晋升困难的瓶颈问题，10人为正式聘任，12人为校内聘任，切实打通了教师的晋升渠道，激励教师更好地发挥出自身教学与科研能力，与学院共同成长和发展。

四、具体举措三：出台领军人才培养办法

为加快推进高层次人才队伍建设，努力培养一批在职业教育行业内具有较大影响力的领军人才，学校制定了《中青年教师领军人才培养管理办法》，在45岁以下中级及以上职称教师中培养一支高素质的人才队伍，目前有2名教师进入培养期。通过搭建教师发展平

台，加大中青年人才培养力度，力争在上海市领军人物、上海市青年东方学者、国家级教师教学创新团队上实现新突破。

五、具体举措四：重视高水平"双师型"师资队伍建设

（一）教师企业实践（产学研）

着力加强学校"双师型"师资队伍建设，夯实教师定期到企业实践常态化、制度化、标准化、规范化管理机制。制定并启用《教师企业实践（产学研）手册》，确保企业实践（产学研）工作的质量，重点关注将教师实践成果转化为教学实效，提高专业教师在教育理论、专业技术和企业实践等方面的能力，并逐步形成产教结合模式。2016 年至 2020 年，完成企业实践（产学研）教师 20 人次，时间约 1500 天。

（二）教师职业技能培训

学校鼓励教师以参加职业技能培训的方式，获得与专业相关或工作岗位相关的职业资格证书和技能等级证书。在职务晋升、考核评优、培训发展等方面，向"双师型"教师倾斜。目前学校具有"双师素质"教师 38 人，"双师型"教师占比达到 73%。

六、教师诊改成效初显

截至 2020 年底，学校有专任教师 52 人，其中有副高及以上职称的教师 17 人，占专任教师总数的 32.69%，有中级职称的教师 22 人，占专任教师总数的 42.31%。教师职务结构总体上不断改善，中高级职务的教师比例进一步提高。获得上海高校青年教师教学竞赛特等奖 1 人，上海市园丁奖 6 人，上海市教师企业实践转化成果案例一等奖 1 人，参加教师"十三五"培训 52 人，逐渐构成一支结构合理、素质优良且能够适应现代职业教育教学的师资队伍。

名师工作室引领下的专业教师成长

——基于诊改理念的专业师资培养案例

上海市商业学校　李　玉

摘要： 促进教师专业发展，培养更多高水平教师，已成为教育改革与发展的重要主题之一。师资整体梯队的发展和个人轨迹的成长，借助教学诊断与改进工作得到进一步提升。通过8字形质量改进螺旋的结构流程，对教师培养实行"制订计划、设定标准、组织实施、诊断检测、考核激励、改进提升"等环节，充分调动教师自我提升的积极性。探索出以名师工作室为载体，"专业与教研并举，校企融合，多维度、多角度"的教师培养路径，实现专业教师全方位个性化成长。

一、建设背景

《国家中长期教育改革和发展规划纲要（2010—2020年）》指出"严格教师资质，提升教师素质，努力造就一支师德高尚、业务精湛、结构合理、充满活力的高素质专业化教师队伍"，给教师队伍建设和教师专业发展指明了基本方向。我校美发与形象设计品牌专业建设以来，专业建设在原有的基础上取得了新成效。基于教师培养需要引路人，确立了"诊断改进，以名师工作室为载体，促进专业教师全方位个性化成长，辐射全市"的工作思路和工作机制。在教师培养上形成了自身品牌特色。同时期，上海中职在教委职教处的指导下，以及教育技术装备中心的整体规划和系统设计下，启动了上海市中等职业教育名师培育工作室建设计划，建成优秀教师间合作互动的平台和培养人才的新机制。这项举措使我校名师工作室的引领作用得到进一步发挥。

二、主要目标

充分发挥专家名师的引领作用，落实教师诊改的针对性和有效性，以教师个人为诊改主体，通过8字形质量改进螺旋的结构流程，保证教师队伍的先进性和可持续发展，推进教师全方位个性化成长，提升教师师德修养。力求专业教师在课堂教学上出精品，在课题研究上出成果，在学生培养上见成效。

三、诊改实施

（一）制订计划，设定标准

结合《教育部关于进一步深化中等职业教育教学改革的若干意见》的指导思想，根据《中等职业学校教学工作诊断与改进指导方案》的要求，以教师个人为诊改主体，依据我校教学诊改工作部署，三年为一大周期，每一位教师结合自身特点、自身实际和发展方向，梳理需求，确定三年发展规划，制定个性化成长方案。一年为一小周期，对照三年规划，拟定年度发展计划。在推进过程中，每年结合自身完成情况和个性化发展需求，通过自我诊改，肯定成绩，发现不足，对方案进行动态调整，实现改进提升。

（二）组织实施，推动教师诊断改进、提升精进

名师引领，以赛促教。组织教师通过参加教学法评比、带教学生参加各级各类技能大赛等方式提高实践教学水平，发现自身不足；根据教师个人规划，引入高校、企业优质资源，使教师发展有方向；利用品牌教师的经验传授和示范，领衔专业课程建设以及校本教材开发与研究，提高教师科研水平；通过行业专家培训、企业挂职锻炼等方式，打通专业信息传播渠道，保证专业技术的先进性，实现专业提升。

1. 以"德"为先，强化师德修养

不定期开设教师形象设计和教师心理健康类讲座，阶段性开展专业公益活动，同时将德育深入每个专业及教学活动。由表及里、潜移默化，全方位提升教师师德修养。

2. 以"教"为本，提高教学水平

学习名师教学经验，参加各级各类教学法比赛，开展教学公开课，名师工作室带领教师共同磨课、议课、说课、评课，思维碰撞，由点及面，聚焦微专题精研究，深入进行教学探索，凝练教学风格，提升教学水平。在精研究的过程中发现不足，使教师得以重新审视，汲取精华，再度反思，改进提升。

3. 以"专"为基，开阔专业视野

特邀国内外相关专业领域大师名师、高校教授分别开设专业讲座，使教师感受到当代高科技信息技术对专业领域的影响和技术要求，开阔专业视野。同时，名师工作室搭建平台，组织教师在实践中学习，通过共同参与行业活动、企业挂职、校企合作技术开发等方式，始终保持与"行业专家、前沿技术、时尚信息"零距离，使专业教学时刻与新技术、新理念发展保持同步，不断提升精进。

4. 以"研"为纲，提升教研水平

教育科研有利于教师较快地更新教育观念，通过名师工作室整合资源，跨域合作。组织跨校、跨组联合教研，实现优势互补，共同提高，丰富教师成长阅历。

（三）制度保障，考核激励

学校制定了专业带头人、骨干教师培养计划等文件，确立了"借诊改之力，以名师工作室为载体，促进专业教师全方位个性化成长，辐射全市"的工作思路和工作机制。制度中明晰了责任、义务及要求，制定了相关的培养程序和途径，明确了保障措施及管理责任。为师资队伍建设提供制度保障，使其步入制度化、规范化的良好运行状态。学校每年预算安排专项经费用于教师队伍建设。提供考察交流、师资培训、企业实践等机会，提高教师的教学能力和实践能力。安排教师下企业，积累实际案例，提升课程能力培养与企业实践需求的贴合度。充分利用学校现有教学设备和教学条件，鼓励教师参加技能培训、技能鉴定。学校把落实"双师型"教师队伍建设的情况，作为个人和单位学年工作考评的一项重要内容，建立了教师"双师素质"和"双师型"的认定标准与认定程序。每学年进行一次认定和统计，及时落实相关待遇。

四、诊改成效

以我校美发与形象设计专业为例，借助教学诊断与改进工作，在名师培育工作室运行机制下，师资整体梯队的发展得到进一步提升，阶段性实现专业教师全方位个性化成长。

（一）教学团队的综合素养不断提高

"双师型"教师比例超过预期目标，达到100%，已形成专业（学科）带头人领衔、师德高尚、结构合理、专业技能与教学水平并举的"双师型"教学团队。特别是在名师引领和有针对性的带教下，专业骨干教师成长明显。如我校美发专业何静老师，通过针对性成长方案的设计制定和实施过程中的动态调整，及时诊断改进，从一名单纯技能型教师逐渐成长为技能和教学、教研全面发展的骨干教师。

（二）课程资源建设有成果

近三年，在名师工作室带领下，美发与形象设计专业教学团队完成化妆、美发、美容等课程的50个微课资源建设，出版4本校本教材、2本活页式教材，将VR技术应用到微课制作中。建成精品在线开放课程《戏剧与影视化妆造型基础》和《女士修剪造型》；建成国家美容师（基本素质、初、中、高级）职业培训数字课程，并已在"职培云"平台向全国推出。

（三）学生培养有成效

以赛促教，以赛促学。培养学生参加各级各类大赛摘金夺银，成效显著。2019年我校冯家新同学荣获中国技能大赛——第46届世界技能大赛上海市选拔赛美容项目一等奖，2020年荣获全国行业职业技能竞赛暨第三届全国美发美容行业职业技能竞赛美容全能（学生组）冠军。2021年，专业教师团队带教学生分别荣获上海市中职"星光计划"美容项目一、二、三等奖和团体一等奖。2020—2021年，学生在上海国际美容美发美甲邀请赛上荣获7枚金牌。

五、思考与展望

教师培养的系统性和持续性，要求必须有一个科学的进阶体系。在学校总体布局下，通过名师引领的方式落实了8字形质量改进螺旋的结构流程。教师队伍建设是一项长期的且投入高、见效慢的工程，更加需要政策法规保障，需要学校支持和待遇激励，需要不断完善教师评价制度。建立一个教师成长轨迹的平台，有助于教学诊改持续的推进，也有助于教师更好更快地成长，从而保证教师培养机制的有效运行。

教学诊改助推师资提升，
育训结合实现自我赋能

——上海商业会计学校教师层面诊断与改进案例

上海商业会计学校　蒋梦琪

摘要： 上海商业会计学校以教学诊断与改进为抓手，以"双师型"教师队伍建设为目标，组织教师制定师资发展规划，层层分解教师在实现"双师型"教师队伍建设目标中的职责和任务、主要举措以及保障措施、考核标准等。同时打通"双师型"教师的多元培养路径，创新"双师型"教师队伍的建设与培养机制，打造"双师"职教人，育训结合自我赋能，为学校技术技能人才的培养和教育教学质量的提升提供坚实的保障，为学校服务上海区域经济发展和产业转型提供有力的专业团队支撑。

关键词： 教学诊改　育训结合　"双师型"教师

一、实施背景

根据《教育部办公厅关于建立职业院校教学工作诊断与改进制度的通知》（教职成厅〔2015〕2号）、《关于做好中等职业学校教学诊断与改进工作的通知》（教职成司函〔2016〕37号）文件精神，职业院校要根据自身办学理念、办学定位、人才培养目标，聚焦专业设置与条件、教师队伍与建设、课程体系与改革、课堂教学与实践、学校管理与制度等人才培养工作要素，查找不足并完善提高。《职业教育提质培优行动计划（2020—2023年）》提出，实施职业教育"三教"改革攻坚行动，提升教师"双师"素质。同时根据《上海市教育委员会关于印发〈上海市中等职业学校教学工作诊断与改进实施方案〉的通知》（沪教委职〔2016〕45号）、《上海市教育委员会关于印发〈上海市中等职业学校专业教学工作自主诊断与改进实施方案〉的通知》（沪教委职〔2018〕24号）等文件精神，职业学校需建立常态化和周期性的自我完善、自主保证、自主优化的人才培养质量机制，持续提升人才培养质量。

上海商业会计学校积极贯彻落实教育部以及市级层面关于教学诊断与改进的文件精神，制定并完善一系列教师发展标准，并把目标的达成度作为衡量师资质量高低的重要依据。以培养"双师型"教师为教师层面诊断与改进的重点，推动建立自我完善、自主保证、自主优化的教师层面诊改机制。

二、诊改运行与问题分析

2017年开始，学校结合"十三五"师资建设规划与师资队伍现状，诊断师资队伍建设规划是否符合专业发展与课程发展需要，管理与保障制度是否完善，机制是否合理，聘用、评选等工作是否达到阶段性目标，培训学习是否安排合理，名师工作室等是否发挥作用，教育教学质量是否有所促进等。借助数据平台对实施环节中的过程数据进行分析挖掘，对过程中存在的问题、漏洞进行及时准确的预警反馈，并建立上海商业会计学校师资层面诊改 8 字形质量改进螺旋。

一是建立教师层面目标链。学校以"十三五"发展规划为依据，制定"上海商业会计学校师资队伍建设三年规划（2018—2020 年）"，组织各教学部制定师资发展规划，层层分解各教学部在实现"双师型"师资队伍建设目标中的职责和任务、主要举措、保障措施、责任部门等。

二是建立教师层面标准链。在建立目标链的基础上，学校制定和完善了一系列教师发展标准。包括《中等职业学校教师专业标准（试行）》《上海商业会计学校教师系列专业技术职务评聘》《上海商业会计学校名师培育工作室实施方案》《上海商业会计学校教师下企业实践培训实施办法》《上海商业会计学校专业（学科）带头人制度》《上海商业会计学校"教学标兵"评选实施办法》《上海商业会计学校教职工奖励办法（试行）》等，并与岗位聘任、考核和教师发展融为一体。

三是充分运用数据管理平台。学校建有企业微信数据管理平台，记录教师授课情况、教师参与培训情况、教师参与科研情况、教师获奖情况等，在企业微信平台对教师评价诊断点影响因素进行进一步细化、量化，以便教师能及时查找自己的不足，明确发展目标和改进方向。

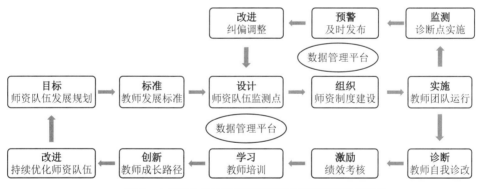

图 1　上海商业会计学校师资层面 8 字形质量改进螺旋

通过师资层面诊改机制的运行，学校发现师资建设存在以下问题。

一是师资结构有待优化。2017 年，学校"双师型"教师占比 34.62%。从年龄结构来看，缺乏年轻骨干教师；从聘任渠道来看，来源渠道比较单一，从高校毕业直接任教的教师占较大比例；从学历结构来看，硕士及以上学历比例偏低，专业教师硕士以上学历占29.8%；从职称结构来看，高级职称比例偏低，占 32.69%，"双师型"教师队伍结构仍有待优化。

二是师资培训有待提高。部分专业教师没有参与过企业实践，学校教师培训制度不健全，缺乏系统的"双师型"教师培养培训长效运行机制。教师培训形式单一，多数培训效果不理想，对"双师型"教师的培训是教师成长与发展的薄弱环节。

三、实施路径

学校将教师层面诊改工作过程中监测发现的问题以数据分析报告的形式向各部门进行反馈，并结合相关数据提出合理化建议，使各部门更加准确深入地了解问题所在，以便做出更为合理的决策与调整，为实时改进提供依据。在诊改过程中，学校通过以下路径保证实现各专业师资队伍的目标，最终实现学校教师发展总体目标。

（一）搭建产教融合平台，提升教师专业素养

学校为师资队伍建设搭建广义的产教融合平台。近年来，学校落实专业教师每5年下一次企业的制度，平均每年组织近90人次约5000人日专业教师下企业实践。通过组织教师到政府、事业及企业单位挂职锻炼，使其具备业务实战能力。每周邀请企业专家听课评课，站在企业视角促进课堂教学质量的提高。申报12个"1+X"证书试点，聚焦"1+X"证书制度开展教师全员培训。与企业合作建设市级教师企业实践基地4个，不仅为学校教师提供市级企业实践的机会，更为全市提供300余人次教师企业实践。研发校企合作专题师资培训课程。学校通过产教融合校企合作，将企业行业"能工巧匠"纳入教学资源，鼓励教师在企业顶岗实习，与企业一起形成校企协同育人的新格局。

（二）着力提升师资资源配置，优化师资队伍结构

学校加大青年教师的引进力度，并加大对青年教师的培养力度。推进兼职教师队伍建设和教师下企业工作常态化，在将教师送到企业实践的同时，从企业聘请具有一定理论水平和教学能力、实践经验丰富的兼职教师充实教师队伍，目前学校专任教师中兼职教师比例达22.61%。学校鼓励教师积极申报高级和正高级讲师，目前学校高级职称教师比例达35.09%，相比2017年环比增长2.4%。学校三年来成功申报正高级讲师达5人，师资队伍结构得到进一步优化。

（三）推进以赛促教，提升教师教学能力

学校重视青年教师积极参与各级各类比赛，通过赛事引领，全面提升教师教学能力和综合素养，在组赛、备赛、参赛过程中，引导教师聚焦课堂、总结教学方法、完善教学手段。教师在各级各类比赛中荣获佳绩：教师获得过全国五一劳动奖章、全国优秀教师、全国教学能力大赛一等奖等荣誉称号。同时组织校内青教赛、班主任基本功大赛等，鼓励教师使用现代教育技术开展教学，将最新、最前沿的科研成果以多媒体方式演示，全面提升教师使用信息技术和教学相结合的能力。

（四）开展育训结合，实现教师自我赋能

在市人社、市经信委的支持下，与行业企业合作，学校对教师开展市级新技能培训。与行业企业一起开发AR交互应用操作、IP（知识产权）产品制作等课程，实现职业院校的职业教育与培训一体化。依托教学科研平台，提升教师科研服务的应用能力，强化教师的专业实践能力培养。通过举办"一带一路"新商科青年创业营，组织教师研发智慧商科课程体系，包括财商素养、创新创业和信息科技模块，完美融合学校3个专业群的课程，服务校本的同时致力于海外输出，该课程体系于2019年8月"一带一路"新商科青年创业营上发布，辐射"一带一路"共建国家与地区。

（五）积极服务社会，鼓励教师助力职教文化传播

学校顶层设计构筑好"双师型"教师社会服务的机制和平台。从管理者到一线教职员工，学校的每一位教师既是学校品牌文化的践行者，也是对外传播的使者。在普职融通、东西协作、国际会展和竞赛活动的舞台上，通过城市文化演绎、沪商环境探究、职业精神演说、专业能力展示、非遗传统体验等课程，向世界传播中国传统文化、上海城市文化、职业教育文化以及清荷校园文化。从教师自身角度不断加强自身的职业认知，增强教师自身的管理与服务能力。

四、成果成效

通过教师层面的教学诊断与改进实施，学校"双师型"教师团队的培育取得一定成效。一是依托教师团队实现发展目标下的社会效益：在"双师型"教师团队的助力下，学校获上海优质中职培育学校立项、上海信息化标杆学校等多个荣誉和立项。二是实现内生驱动下的师生成长：2020 学年学校"双师型"教师占专任教师的 54.39%，专业教师硕士以上学历占比和具有高级专业职称教师的比例明显提升；"双师型"专业教师队伍正不断优化。近年来，超过 600 人次教师获得市级及以上奖项，近 2000 人次学生获得市级及以上奖项。三是实现人才培养质量的有效提升：依托师资队伍的不断优化，学校人才培养模式不断丰富，实现了专业布局的调整优化和专业影响力的不断扩大，实现了教育链、人才链、产业链和创新链的有效衔接。

德技并修，理实一体

——基于诊改理念的青年教师校本培养实践案例

上海市逸夫职业技术学校　沈　蓝　徐　青

摘要： 根据《教育部办公厅关于建立职业院校教学工作诊断与改进制度的通知》《关于做好中等职业学校教学诊断与改进工作的通知》和《上海市教育委员会关于印发〈上海市中等职业学校教学工作诊断与改进实施方案〉的通知》的总体要求，学校在分析与诊断教师结构和师资队伍现状的基础上，以"德技并修"为培养目标，建立了青年教师管理培训班。以师德建设为前提，加强教师的教育教学能力和专业技能培养，落实5年一轮的教师全员培训制度，为学校的可持续发展提供充足的师资保障。同时，学校还确立了"理实一体化"的培育模式，以校本教研为载体，以各学科核心素养教学研究为主题，聚焦问题、立足课堂、优化资源，开展了系列主题式校本研修活动，目的是通过循环往复的过程性研究，实现教与学的融合、理念与实践的结合，使青年教师能得到全面而系统的发展。

关键词： 青年教师　德技并修　师德建设　核心素养

我校根据教育发展规划及办学定位对学校现状进行了分析，编制了学校"十四五"发展目标规划："积极构建纵横交贯、开放融通的现代职教体系，形成规模结构适宜、质量效益协调的办学格局，以'创意+创业'融合式人才培养模式为特征，建设长三角乃至全国具有较强办学影响力的文创教育特色知名校。"

基于学校规划总目标的要求指导，运用诊改理念和手段，将诊断项目、诊断要素和诊断点融入规划和计划，通过对标找差设定我校师资队伍建设目标和标准，完善教师层级构架；聚焦"三维一体能力"培育提升教师素养；完善教师培育机制，加强教师自我规划意识，促进自身不断提升；形成教师有热情、教学有方法、研究有成效、发展可持续的教师发展培养体系，为培养创新型人才奠定育人基础。

一、采集数据、分析问题

（一）年轻化，高学历

我校目前有专任教师140名，入职2—5年青年教师共19名，占专任教师的14%。其中，有研究生学历的教师有14名，占职初教师人数的74%；985高校毕业人数5名，占比26%；211高校毕业人数2名，占比11%；应届毕业生14名，占比74%。从对入职2—5年青年教师的情况分析得出，师资队伍呈现年轻化趋势，青年教师学历高、知识面宽、接受能力强。

（二）热情高，缺经验

通过对职初教师的课堂观察发现，青年专业教师虽然有着较高的教学工作热情，也具有一定的专业能力，但大多没有接受过专门的职业教育课堂教学培养，很多教师从课堂直接走向讲台，教育工作实践经验不足，教学经验积累少，这些是制约其教学水平的重要因素。要提高育人质量，必须非常注重青年教师课堂教学能力的提高。

（三）重实操，轻理论

近年入职的青年教师中，专业教师占了大部分比例。从其成长经历和培养规律看，一般侧重专业技能的水平。教师的教育教学理论水平和教育研究能力偏弱。

二、聚焦内因、明确目标

学校通过对青年教师的问题分析，根据青年教师的职业发展规划和特点，确定青年教师发展轨迹，通过多种途径逐步推进青年教师从合格教师向骨干教师的发展，设定了如下培养目标。

（一）强化师德修养

培养青年教师具有较高的政治思想觉悟和师德修养水平，能根据学生的成长规律和学科特点，开展有针对性的学科德育教育教学活动，做学生健康成长的指导者和引路人。

（二）明确发展规划

学校利用"逸夫课联社区"平台开发教师个人发展规划系统，要求青年教师根据个人特点和职业规划理想制定短期（1—3年）和中期（3—5年）的职业发展规划，培养青年教师职业发展规划能力，使青年教师拓宽对自身成长目标领域的认知和规划，融合提升专业技能和管理能力，实现更宽领域的自我成长和发展。

（三）形成文化认同

引领青年教师积极参与学校建设活动，关心学校发展，提高青年教师对本校文化的认同感，培养青年教师强烈的事业责任感、高尚的职业道德感。

（四）培养职教思维

懂得职业教育育人规律，加深青年教师对职业教育发展的理解与思索，使青年教师在未来发展中具有更宽阔的意识、胸怀与见识。

（五）提高研究能力

通过学科研修、论文撰写、课题研究等教科研形式，提升青年教师的教育教学反思和研究能力、教育创新思维能力、学科知识拓展能力、信息技术运用能力等，促使青年教师在教学领域上获得方法，取得突破，形成风格特色。

三、建构机制、提供途径

（一）顶层设计，构建机制

学校根据师资队伍建设诊改和教师个人发展诊改两个层面，根据专业发展、课程建设和学生反馈等，通过建立教师发展规划系统、数据收集和检测预警、结果运用与调整创新，实现学校师资水平及人才培养质量持续提升（见图1）。

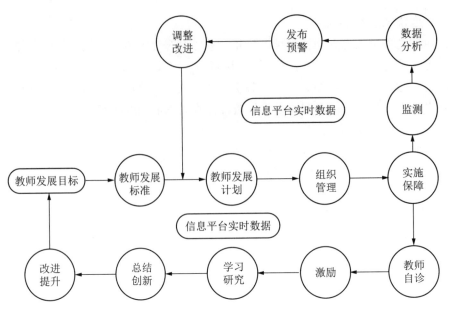

图1 师资队伍建设8字形质量改进螺旋

（二）明确目标，制定方案

根据学校"十四五"规划，结合学校"创意＋创业"人才培养链系统建设，鼓励引导青年教师参与"创意＋创业"人才培养创新系统建设，全面提升教师队伍育人能力水平。推动青年教师参加企业实践，支持教师通过各级各类培训提高专业技术能力，逐步提升学校"双师型"教师的比例。着力职初教师的规范化培训，通过教学竞赛等形式加以锻炼，提升青年教师的教育教学能力。

四、聚焦过程、明确方法

（一）学以促思、共同学习

学校着力构建学习共同体。从2017年起，为了能使青年教师更快融入学校文化，在职业各领域有更长足和全面的发展，校领导直接牵头，为青年教师开设了青年教师管理培训班，按青年教师入职时间长短设班，精心设计学习内容。培训班要求青年教师每学期至少要读一本理论专著，写一篇实践论文，做一个专题论坛讲座，开设一堂有先进理念指导的高质量的公开课，参与一项前沿的课题研究，旨在不仅提升青年教师的理论素养，也能充分地调动青年教师参与学校学习文化的主动性。

（二）聚焦案例、实践反思

以案例为载体，启发青年教师对教育教学、学校建设、个人成长与学校发展的关系等多维度进行理性思考，保持职业热情和冲劲。案例的内容以学校教育教学的真实案例为主，青年教师根据案例背景、发生场景、教师角色、相关理论等进行分析解剖和对话交流。

如2018年，以"促进学生核心素养提升的个性化人才培养策略与方式"为主题开展论坛，要求青年教师从自我教育教学实践中选取典型案例进行分享交流，并援引优秀教师和管理者加以点评，帮助青年教师增长解决教育教学各类问题的智慧。

（三）导师引领、教学相长

学校要求青年教师与名师、学科带头人、富有教学经验的骨干教师结成师徒，并明确了指导教师、青年教师各自的职责，建立了理论学习制度、课堂互听制度、课题研讨制度，使导师的教学思想、实践智慧、研究成果能够被青年教师学到悟到。同时，对青年教师进行指导，与青年教师的思维进行碰撞，又能反过来促进指导教师专业素养和前沿领域知识面的拓展，实现教学相长。

（四）知行并进、项目实践

学校注重将校园文化共创的主题融入青年教师的培养中，依托专业文创集群特色，鼓励青年教师参与学校的各种项目实践与活动。

在华山艺术馆展会策展（融绘、艺呼百应）活动中，先后有8位青年教师参与了核心策展工作，承担了媒体设计、策展、展陈、宣传等任务。

"逸想秀"作为我校对外交流的一个窗口，每一期内容都精彩呈现了学生的课业文创作品。同时，学校将学生创业项目进一步深化，通过鼓励青年教师参与创新创业大赛及"逸想秀"门店营销策划指导，让青年教师把自身专业领域所长融入学校校园文化品牌建设中。

（五）浸润培养、干事机制

通过青年干部管理培训班的开展，许多青年教师在管理能力上也得到了快速提升。为了使青年教师深度、全面了解和参与行政工作，学校为青年教师设立了部分行政助理岗位，直接参与学校的各项行政管理，使青年教师开阔了视野，同时也促进了他们职业能力的全面发展。

五、成效反馈

"十四五"以来，青年教师教育和研究水平的共同提升初见成效，他们在教学活动与各项比赛中已经逐渐展现出各自的特长，并有多位青年教师取得市、区级多项荣誉。学校陆续拥有了一批专业知识扎实、教学热情高、精力充沛并能全身心投入教学的青年教师。

六、问题改进

（一）优化评价体系，完善评价机制

青年教师的成长是一个系统而全面的工程，传统的评价观念比较单一，过多注重教师大赛获奖成绩并以此作为青年教师成长的可视指标，这种单一的评判模式对青年教师的全面培养和激励造成负面影响。有待全系统更新观念，创设更良好的生态环境，保护和优化青年教师个性化成长空间。

（二）对接市、区级培训，优化长效培养

基于职业教育的特殊性，学校自身的带教资源还不够丰富，区域内资源较为有限单一，对接的有些市、区级培训渠道和平台资源契合度也不够高，需要进一步健全培养体系，提高青年教师培养工作的有效性。

根据诊改"自我反思、自我调整、自我提升"的理念，下阶段我校将进一步从本轮青年教师校本培养尚存的问题出发，不断改进与优化，提升青年教师的发展目标。

以诊促改，全方位、多渠道、高平台
助力中职教师成长

上海市浦东外事服务学校　许　妍　张敏彪

摘要：教师发展是学校竞争力提升的保障，在教学诊断与改进过程中起着提升办学质量、建设学校文化的重要作用。学校在落实诊改过程中，坚持"需求导向、自我保证，多元诊断、重在改进"的工作方针，确定教师发展目标和标准，分析需求、聚焦问题，探索教师发展途径，全方位、多渠道、高平台提升教师师德修养、职业能力和专业素养。

关键词：教学诊改　教师发展　问题改进

教师发展是诊改的核心要素之一。为贯彻落实《教育部办公厅关于建立职业院校教学工作诊断与改进制度的通知》（教职成厅〔2015〕2号）和《关于做好中等职业学校教学诊断与改进工作的通知》（教职成司函〔2016〕37号）要求，依照《上海市中等职业学校教学工作诊断与改进实施方案》，学校以诊改为抓手，依照8字形质量改进螺旋完善教师成长路径和发展机制。

一、做法与过程

（一）顶层设计，打造"两链"

学校"十三五"规划明确学校办学方向、发展定位，为教师发展做好顶层设计，为目标链和标准链的打造设定了指导方向。依据《教育部关于印发〈中等职业学校教师专业标准（试行）〉的通知》（教师〔2013〕12号）和《教育部关于进一步完善职业教育教师培养培训制度的意见》（教职成〔2011〕16号），制定学校教师发展的目标体系，为见习期教师、胜任教师、骨干教师、成名教师设定了标准链。

（二）深化认识，建立机制

学校是保证人才培养质量的责任主体。全体教师加强学习诊改理念，深化认识，领会重要意义和工作重点，结合自身实际，明确诊改要求，建立常态化、周期性诊改制度和工作机制。引导全体教师参与诊改工作，实现任务分解、标准细化、过程监督。

（三）查找问题，自主诊改

运行8字形质量改进螺旋，在过程中诊断存在的问题。针对诊断内容和要素，分析师资队伍数量、配置和结构，明确专任教师"双师型"比例、实践教学专职指导教师数量等与诊改目标和标准的差距，定期召开诊断工作会议，进一步增强教师的质量意识、标准意识和自主诊改的主体意识，明确改进思路。

（四）考核激励，重在改进

依据"两链"，修订教师培训、培养制度标准与奖励细则，完善教师考核等标准，确保诊改落到实处，推动全员参与分析问题、诊断问题，并就问题提出解决思路。

1. 文化引领，全方位提升成长理念

针对诊改中教师成长理念特色不鲜明的问题，学校加强组织领导，以塑造"朝阳文化"为核心，加强师资建设，成就"外事服务教师团队"品牌，引领完整、系统并具有职教特色的"外事服务教师发展体系"。

开展教师通识培训，解读职教政策与文件精神，"青蓝工程"专业培训邀请高校学者、学科专家和行业工匠开展主题讲座，教研组开展主题教研、专业进修、岗位实践等培训，让教师了解职教最新动态，明确教育理念，聚焦核心素养，落实教学实践，体现人才培养，不断帮助教师强化诊改意识、促进诊改实践、加深研修内涵。

2. 课程联动，多渠道提升积极性

针对教师质量主体发展不积极的问题，加强统筹规划，根据教师发展的培养体系、规划，开展基于顶层设计的模块化校本培训，形成"任玉芬中职德育工作室培训课程""李立红创业名师培训课程""见习教师规范化培训基地课程""中青年教师能力提升课程"。

在推进以诊断为中心的课堂教学实践诊改工作中，通过"教师信息技术应用能力提升工程"培训、"基于学校定位的课程架构和校本课程开发"培训，指导教师诊断教学、制订计划与实施改进，形成教学案例和论文等培训成果。指导专业负责人制定人才培养方案和专业发展规划、实施与落实专业建设。

3. 需求导向，高平台塑造培训品质

针对教师质量主体内驱力不足的问题，加快改革创新，以激励政策为教师专业发展满需求、谋出路、搭平台。学校通过9个贯通专业形成与七所高校的深度合作，通过联合教研、专家指导、主题讲座、项目研讨和课题研究等，引领市级示范性品牌专业、品牌专业、重点建设专业师资队伍的建设。

为提升"双师型"教师比例，紧扣行业发展动态和企业用人需求，学校积极创造教师深入企业实践的机会，通过校企合作平台，教师走进永达汽车、百联集团、吉祥航空、贵都酒店等知名企业，学习新工艺、新技术、新方法。

学校将未来发展战略规划与服务上海卓越城市定位和大浦东区域经济发展需求紧密契合，通过国际交流平台，有计划地安排各专业、各学科中青年骨干教师参加学习，拓宽教师的国际视野和跨文化交流能力。

二、成效与反响

（一）从被动到主动，教师诊改形成常态机制

学校依照8字形质量改进螺旋建立循环运行机制，组织教师召开诊改反馈会议，分析存在问题并提出改进思路。作为质量改进的主体，教师从被动考核转向了主动参与。教师在原有的工作流程环节中加上自我的质量控制和目标考核，及时开展自我诊改。对于教师成长中的问题，及时优化培训流程，适时检查反馈，加大激励力度，形成行之有效的常态化运行机制。

（二）从数量到质量，教师结构进一步完善

以诊改为驱动的教师培训推动了教师发展和队伍建设，为职称评定、专业提升创造机会与提供平台。

"十三五"期间，具有硕士及以上学历教师从 21 人升至 42 人；2020 学年、2021 学年新评高级职称 7 人，新评中级职称 9 人，中高级职称占比 67.4%，专业教师"双师型"占比近 48.77%；新评市特级教师 2 名，市名师后备 3 人，市名师培育工作室主持人 2 人，名师工作室学员 7 人；区学科带头人 2 人，区骨干教师 11 人，市、区学科中心组成员 16 人。

（三）从教法到科研，教师能力进一步增强

以诊改为驱动的教师培训强化"五横五纵"建设，推动教师立足专业，催化教学研究成果。2017 年，我校获市教学成果一等奖。2019 年，五支队伍参加市中等职业学校教师教学能力大赛均获特等奖。2019 年，参加区中职教师教学法比赛获一等奖一项、二等奖一项、三等奖三项。2020 年，参加市第八届中职学校教师教学法比赛获二等奖两项、三等奖两项、优胜奖五项。教师发表论文 100 余篇，开发校本课程 40 本（册），申报国家级和市级德育课题、市级青年教师课题、区级课题多项，浦东新区区级及以上课题立项或结题多项。在浦东新区教师专业发展学校"十三五"绩效评估工作中保持"优秀"。

学校指导教师围绕师德修养、教育教学、教科研、社会实践四个维度对照教师发展标准和专业发展目标，制订个人三年大周期诊改计划和一年小周期的措施。例如，舞蹈教师王辰辰 2015 年入职我校参加见习教师规范化培训，在基本功比赛、"新苗杯"教学比赛、全国职业教师教学能力大赛和上海市"青教赛"中均获奖。诊改中，她扬教学优势，补育德与科研能力之短板，主动承担班主任工作，积极参加学校"青蓝工程"项目，通过各类培训获得能力的大幅提升，所带的 2019 级服装表演班获得上海市先进班集体。如今她又申报了上海市青年教师课题和浦东新区一般课题，在育德、教学、科研等多领域不懈地追求专业发展。

（四）从制度到质量文化，学校育人特色更加突出

以诊改为驱动的教师培训加强了学校的文化引领，教师重视质量文化，注重对学校价值观内涵的渗透。基于中职学生特点，开设"走进中华艺术宫"艺术作品讲解课程、跨文化交际课程、书法、乐器、合唱、舞蹈、心理、篮球、足球、羽毛球等社团课程，塑造健康积极"朝阳"校园文化。"十三五"期间，足球社团、英语社团、篮球社团、管乐队获评浦东新区"四星"社团。外语组教师积极研究对外汉语课程，2017 至 2020 学年接待世界 AFS 组织的德国、法国、瑞士籍高中留学生，活跃在外事服务的舞台上。

（五）从内部发展到对外服务，示范辐射功能更显功底

以诊改为驱动的教师培训使学校培养了一批优秀教师成为骨干教师、学科带头人、专业负责人。2012 年起，学校承担了浦东新区见习教师规范化培训项目，为浦东新区各中职校和社区学院培养见习教师共 44 名，他们在后续发展中参加国家级和市、区级各项教学比赛并获佳绩，学校连续九年被评为"优秀基地学校"。

上海市教委教育装备中心立项建设的市中等职业教育名师培育工作室，我校首批立项 2 个，短短 2 年为市中职培育优秀青年教师 7 名。2018 学年浦东新区任玉芬德育实训基地成立，吸收区内成员 8 名。个性化菜单式培育模式为教师在各自专业领域的发展开启加速

模式，学员费晓莹获 2020 年浦东新区"十佳百优"班主任，学员群星职校高嬿获 2020 年全国班主任技能大赛二等奖。2020 年李立红创业名师室继续领航与培养全市中职学校创新创业学科专业教师。

"十三五"期间，学校接待国内外交流学习近 80 批次，2017 年承办"浦东·加拿大 BC 省职业教育研讨会"，2018 年承办"服务上海卓越全球城市建设，促进中职教育高质量发展"2018 浦东民进第二届教育论坛暨浦东职业教育集团中职教育高质量发展研讨会，围绕浦东新区和学校在教师发展方面的实绩，进行经验总结与交流。

加强分类研修，促进教师发展

上海市第二轻工业学校　梁进学

摘要： 学校在 2018 年结合"十三五"发展规划和专业发展实际，诊断分析师资队伍的数量与结构、能力与水平，发现学校师资队伍存在以下问题：高级职称占比不足，学科带头人和骨干教师数量不足，教师科研能力需要提升，教师国际化理念亟须强化，信息化水平亟待提高，工匠意识亟须加强。为解决这些问题，在加大人才引进力度、解决生师比偏高问题的基础上，以提高师德素养和业务能力为核心，创新教师培养机制，探索实践型、教学型、学习型、科研型分类研修模式，促进教师专业发展。

关键词： 研修　教师发展　中职

一、建设背景

上海市第二轻工业学校是上海市中等职业教育发展改革特色示范校，以培育"美于形""美于心""美于行"的具有国际化视野的"美丽职业人"为办学愿景。2018 年，随着教学诊改工作的推进，学校结合"十三五"发展目标，开展了师资队伍建设情况分析。

表 1　学校教师队伍建设基本情况分析表

"十三五"规划目标	2018 年年度目标	2018 年年底情况	偏差原因分析	解决措施
专任教师达到 100 人，生师比低于 20∶1	新引进教师 10 人，生师比达到 18∶1	专任教师维持在 78 人，生师比为 19.7∶1	因政策原因没有引进新人员；招生数增加	争取政策支持；合理引进与培养
专业教师占比 60%	新引进教师中有 7 名专业教师	专任专业教师占比 43.6%	因政策原因没有引进新人员	
硕士研究生达到或超过 25 人，占比达到 25% 及以上	新引进教师中研究生不低于 5 人；现有教师 3 人完成学历进修	新增硕士学位教师 3 人，研究生或硕士学位总计 14 人，占比 17.94%	因政策原因没有引进新人员；教师学历进修人员偏少	
高级职称达到 30 人以上，占比达到 30% 以上	新增 5 名高级职称教师，占比达到 27% 及以上	新增 2 名高级职称，高级职称人员总计 21 人，占比 26.92%	教师科研成果少，教改成果少；教师整体素质需要提升；高级职称教师没有引进	完善学校教师队伍培养机制，提升教师队伍素质
每个专业都具备 1 名具有硕士以上学历、副高以上职称、专业造诣深、学术水平高、实践能力和创新能力强的专业带头人	开展专业带头人评选认定和引进工作，新增 3 名专业带头人	9 个专业中 4 个专业缺乏高级职称教师，没有具备国际视野的、学术水平高、实践能力和创新能力强的带头人	引进和培养力度不足	

（续表）

"十三五"规划目标	2018年年度目标	2018年年底情况	偏差原因分析	解决措施
各专业均配有2—3名骨干教师	9个专业每个专业2名中级以上职称	有6个专业出现断层，没有讲师职称	培养力度不足	完善学校教师队伍培养机制，提升教师队伍素质
"双师型"教师比例达到60%以上	"双师型"教师达到21人	"双师型"教师维持在18人	理论课教师企业实践、技能考证不足；实训教师理论培养力度不够	
五年内教师国际专业交流比例达到60%及以上	30人次国际交流，考取国际技能证书	当年度仅完成国际TAE技能考证12人	国际交流合作不足	
骨干教师人年均发表1篇教育科研论文；其余教师五年人均发表2篇以上论文	年度教师发表论文14篇	年度教师发表论文6篇	科研能力有待提升	
教师信息化应用水平高	年度微课制作完成80个，获得区级以上信息化奖励8项以上；精品课程和在线课程立项2项	年度学校微课大赛，完成微课制作78个，课题研究中完成微课20个。信息化项目立项1个，精品课程立项1项；在全国职业院校教师微课大赛中获得优秀组织奖和一等奖8个	教师微课制作比较熟练，但是虚拟技术如AR、VR等技术引进课堂和改善课堂效益的能力还需要提升	

通过分析，发现学校教师队伍整体上还需要重点改进以下两个方面。

（一）教师的国际化理念亟须强化

学校领衔开发了专业国际水平教学标准，对标国际行业标准改进教学，促进学生技能提升。但是专业教师团队对国际标准的认知和解读还需要进一步加强，教师队伍的国际化视野尚需进一步开阔，教学方法和学生技能培养尚需进一步与国际标准对接。

（二）教师的信息化水平亟须提升

虚拟技术AR、VR等技术引进课堂，能有效减少教学成本，改进课堂教学。但是专业教师对这些新技术的应用还存在认识的误区——不习惯使用，还存在技能提升的问题——不能熟练使用。

二、建设过程

（一）规划引领，标准引导

学校制定《2018—2021年师资队伍建设行动规划》，制定专业群带头人、专业带头人、骨干教师、"双师型"教师培养培训方案和年度实施计划；制定《关于专业带头人选拔与管理暂行办法》《专业骨干教师能力培养标准》等，引导教师自主、专业发展。

（二）明确类型，自主发展

学校提出实践型、教学型、学习型、科研型四种分类研修模式，在开展教师性格、能力、专业等全面分析的基础上，结合专业发展，引导教师自主选择研修类型及具体内容，提升"产、教、学、研"能力。

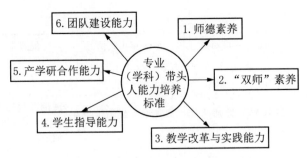

图 1　专业带头人能力培养标准

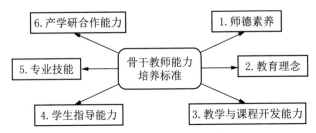

图 2　骨干教师能力培养标准

表 2　教师研修模式与内容

类型	实践型	教学型	学习型	科研型
提升目标	提升专业技能和职业资格能力、丰富生产服务实践经验	提升教师课程教学能力和学生专业技能指导能力	拓展国际化视野，更新教育教学理念，丰富专业知识技能	提升教师发现、分析和解决问题的能力，提高教师科研综合素质
研修方式	企业实践、专业技能培训、专业资格考核、企业员工培训	课程标准开发、微课比赛、基本功大赛、课例研究、公开课展示、教学研讨	学历提升、名师培训、国际交流、专题进修	课题研究、信息化项目建设、资源库项目建设、专业诊断、教学诊断
研修平台	合作企业、市实践基地、各类竞赛、各类考证等	教学法评优交流、微课大赛、信息化应用竞赛、教材开发、说课比赛等	名师工作室、高等院校、学习资源平台、国际交流	科研院所、校企研发项目、科研课题、专题论文等

（三）团队研修，整体发展

在教师自主选择、明确方向的基础上，学校组织专题研修，开展团队实践。

第一，研学国际标准，强化国际化理念。以专业教研组为单位，研学国际职业能力标准，试点国际化标准教学。引入澳洲 TAFE 学院的课程包开发理念和结构教学法；借鉴德国双元制，建立校内沙龙体验中心，企业师傅和专业教师联合开展情景教学。

第二，研讨教学方法，强化信息技术应用。建设 APP 智能终端学习课程，开发 3D 虚拟实训平台、真人发声系统 APP 课程、数字化实训手册，建设共享性教学资源库，利用移动通信载体和 VR 技术创新线上线下混合式教学改革实践。

三、建设成效

经过三年的建设，学校"十三五"教师队伍建设目标圆满完成。初步形成了一支具有国际化视野和较强科研能力、重视信息技术应用、结构相对合理的高素质教学团队。

表 3　三年队伍建设成效分析表

"十三五"规划目标	2021年6月队伍情况	完成情况分析
专任教师达到100人，生师比低于20:1	专任教师103人，生师比18:1	达到目标。专业布局调整，中本、中高贯通专业增加，引进人员政策开放，学校每年按照计划引进
专业教师占比60%	专业教师64人，占比62.13%	
硕士研究生达到或超过25人，占比达到25%及以上	专任教师学历100%达到本科及以上学历；研究生学历的教师人数占专任教师总数的27%	达到目标。引进人员政策开放，学校每年按照计划引进；鼓励教师进行学历提升
高级职称达到30人以上，占比达到30%以上	三年来新增高级职称教师9名，高级讲师（或高级技师）及以上职称教师占专任教师总数的25%	未达标。但是整体素质有所提升。引进2名，退休7名，培养7名。教师自我提升比2018年有所增加
每个专业都具备1名具有硕士以上学历、副高以上职称、专业造诣深、学术水平高、实践能力和创新能力强的专业带头人	新增高级技师4名，新增行业大师2名，新增行业名师2名。基本实现各专业有学科带头人	达标。研修途径提升
各专业均配有2—3名骨干教师	14个专业中，新设西点专业无中级职称，动漫专业只有1名中级职称。其他各专业均有2名以上讲师	基本达标。教师研修途径提升
"双师型"教师比例达到60%以上	"双师型"教师占专任教师总数的32%，占专业教师总数的63%	达标。教师企业实践数量增加，研修途径提升
五年内教师国际专业交流比例达到60%及以上	新增国际交流人数32人	达标。通过对德国双元制、澳洲TAFE、英国学徒制等的学习和韩国技能交流，强化了国际化视野
骨干教师人年均发表1篇教育科研论文；其他教师五年人均发表2篇以上	三年教师共发表论文46篇；有36人次教师参与市级、国家层面课题研究；有12人次教师参与5本校本教材和全国规划教材编写；完成市教委科研课题8项，区级课题3项	基本达标。研修途径提升
教师信息化应用水平高	完成市教委精品课程2.0项目2项，建设市级在线课程4项；获得上海市教学成果奖二等奖1项；获得全国职业院校教师教学设计大赛二等奖1项，全国职业院校教师微课制作大赛奖项34项	达标。研修途径提升
培养制度逐渐规范，明确标准	完善了教师队伍建设制度，修订制度5项，新制定制度4项	达标。形成了比较完善的标准体系

四、体会与反思

随着新技能、新工艺、新产业的发展，现代服务业趋向于智能化，我们还需要进一步加强专业教师跨界学习，借助"互联网+"技术提升师资培养手段，以不断提高教师专业发展的自主性、灵活性、长效性和可持续性。

"见习规范、教研渗透、挂职提升"
以诊改促建设

——学校青年师资队伍建设案例

上海海事大学附属职业技术学校　陈彩芝

摘要：本文从学校师资队伍建设现状出发，根据师资发展现状制定目标。从青年教师发展出发，利用青年教师入职后头三年的黄金时间，从见习教师规范培训、教研组渗透培训、职能部门挂职培训入手，开展具有职业学校特色的"一年小循环，三年大循环"的学校层面师资队伍诊改的实践。

关键词：青年教师培养　职业学校　诊断改进

一、理解诊改理念，明确师资队伍建设目标

《上海市中等职业学校教学工作诊断与改进实施方案》明确指出："建立和完善学校内部质量保证体系，推动学校建立常态化、周期性的自我完善、自主保证、自主优化的人才培养质量机制。"诊改的核心理念是：自我提升、自我改进，根据学校自身发展的特点构建学校诊改的目标链、标准链及8字形质量改进螺旋。上海海事大学附属职业技术学校（以下简称"海大职校"）"十二五"期间青年教师的培训存在针对性不强、执行性较弱的问题。因此，第一阶段学校层面的师资队伍建设诊改是从青年教师培养开展的。

（一）诊改目标

提升青年教师占比，优化学校师资年龄结构。学校从2017年开始从上海海事大学等高校重点引进专业学科教师。到2020年，青年教师从原来占比不到20%提升到30%。同时，通过对青年教师前三年的系列培训，让他们逐步成长并能够承担学校的教育教学重任。

（二）诊改举措

从学校师资现状出发，针对学校师资队伍建设的问题，制定了每年引进5名左右青年教师的目标，然后抓住青年教师从业前三年的黄金时间制定"一年小循环，三年大循环"诊断改进8字形质量改进螺旋。第一年，侧重教师规范化培训，规范教育教学；第二年，教研组浸润式培养，深化学科研究；第三年，开展部门挂职，了解学校管理及职业教育理念。每年培养的内容既有区分度又有侧重点，在实施过程中根据实际情况有针对性地开展。

二、以学校为诊改主体，开展 8 字形质量改进螺旋

（一）现状问题梳理

鉴于学校青年教师 90% 以上都是从非师范学校引进，这些教师对教学的规范性、职业教育的特殊性、职业发展的目标性等基本处于一个空白状态。青年教师的教学基本功欠规范，而教师职业生涯前三年养成的习惯，可能会影响整个教师生涯，对学校后续的教育教学管理有较大的影响。

（二）诊改的方法和举措

1. 见习教师规范化培养

夯实规范性培养。见习教师规范化培养是上海市及浦东新区对从事教师岗位的人员从师德师风、教育教学、班级管理及科研能力四个方面有针对性地进行专业的培养，学校在此指导思想下制定了《上海海事大学附属职业技术学校见习教师规范化培训实施方案》。方案中根据每年见习教师的具体情况，配备优秀的学科带教导师及班主任带教导师，特别是针对职业教育的特殊性由学校校长亲自参加完成年度的学校自培讲座。

侧重职业性培养。学校在对见习教师进行针对性、规范性的培训基础上，不断总结积累经验，在培训实践过程中进行了培训内容系统化、课程化的建设。围绕师德师风建设、职业教育、班主任工作、学科教学、教育教学科研、教师心理健康六个模块进行课程化建设与开发，特别是针对职业教育的特殊性培训是每年培训的重要内容。

表 1　职业教育模块培训内容

序号	《国家职业教育改革实施方案》(简称"职教 20 条")
1	《上海职业教育高质量发展行动计划》(2019—2022 年)
2	新时代职业教育课程建设与教学改进
3	现代职业教育评价
4	学校"十四五"规划

在第一年规范培养结束后，学校会根据当年的培训情况及年终考核情况，及时修订学校见习教师规范化培养方案，为下一年度的培训做准备。

2. 教研组、学科组培养

在完成见习教师第一年规范化培养的基础上，青年教师的基本教学能力已经具备。但是，职业学校专业课的教学是一个不断探究、不断实践的过程，因此，针对这个情况，学校对青年教师第二年的培训以学科组 / 教研组为主战场，通过教研组浸润式的培训，强化青年教师的学科教学能力。以我校 2020 学年物流专业青年教师培养为例，物流组以交流、互动、共同提高、共同发展为目标开展教研组集体备课。在集体备课中，教师凭借自己的经验和各自独特的表现形式，通过意见的交换、思想的碰撞、合作的探讨，实现教学方法上的交流。针对国际贸易实务、跨境电商物流、通关实务、国际海运货代实务等专业核心课程，每门课程至少选一个课题由青年教师分析、主讲。青年教师也通过教研组渗透式培训，锻炼提升了自己的专业能力。

教研组活动既是教学的一项重要工作，也是教研组教师探讨专业教学的一种重要形式。教研组活动更重要的任务是进行教学研讨，组内有青年教师的教研组尤其关注对青年教师的带教。此外，学校还通过"星光计划"辅导、教研组活动、教研组主题研讨等形式对青年教师加以培养。

3. 学校跨部门培养

针对第三年的青年教师校内挂职培训开展实践，学校在 2020 年 6 月公布了青年教师校内挂职的文件，各部门及青年教师通过双向选择，确认了挂职部门。2020 学年学校主要针对 2018 学年进校的 6 位青年教师开展为期一年的部门挂职培养。在挂职培养的一年期间，青年教师参与部门的日常管理，部门的重大事项对青年教师是个难得的锻炼机会。在为期一年的挂职期满后，青年教师均有较大收获，逐步实现学校对青年教师三年培养的目标。

在青年教师三阶段培养过程中，学校根据青年教师的现状制订年度培养计划，并且对见习教师的带教导师、青年教师教研组、青年教师挂职部门制定量化的考核要求，以求把培养做到实处。通过对青年教师的培养，提升师资队伍的活力，提高师资队伍的内涵能力。

三、梳理诊改路径，优化诊改内容

经过"一年小循环，三年大循环"的学校师资队伍建设诊断与改进后，初步形成学校青年教师培养路径及培训内容，并且根据每年青年教师的特点，培训的内容持续进行优化和调整，基于诊断与改进的海大职校青年教师培养路径如图 1 所示。

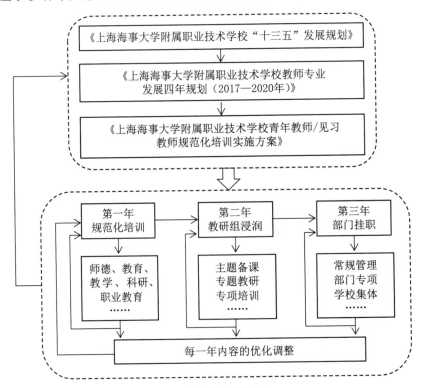

图1 青年教师培养路径

四、自身培养为基础，诊改成效初显

2017 年启动的引进计划及 2018 学年开始实施的青年教师培养实践，经过三年的诊改循环，学校的青年教师占比明显提升，青年教师在学校各项活动中的作用陆续凸显，逐步成为学校教育、教学的主力军，并且成绩表现优异。

在学校教学之外，在专业建设中青年教师也逐渐承担生力军的重任，在 2021 年上海市"星光计划"职业技能大赛中，学校有 8 名近三年入职的青年教师作为辅导教师辅导学生参与各赛项，均取得较好的成绩。

师资队伍建设是学校建设的重要组成部分，在教学诊断与改进第一周期，学校针对现有师资队伍发展的困境，努力通过多渠道引进青年教师，立足青年教师的培养，改善学校师资现状。

聚力师资队伍"硬建设"，
提升学校发展"软实力"

上海市大众工业学校 杨建英 周 琴

摘要：教师是立校之本，在教学诊改中以完善目标链和标准链为前提，实施师资队伍建设8字形质量改进螺旋。通过创新教师聘用机制、深化人事制度改革、搭建多元发展平台等改进措施，强化师资队伍"硬建设"，从而提升学校发展的"软实力"。

关键词：教学诊改 师资队伍建设 学校发展

学校的发展离不开高素质的师资队伍，为了提升学校发展"软实力"，上海市大众工业学校积极推进师资队伍建设专项诊改，以完善目标链和标准链为前提，从学校层面实施师资队伍建设8字形质量改进螺旋。通过在诊改中不断改进，逐步造就了一支专兼结合、德才兼备、素质优良、结构合理的高素质师资队伍，为学校改革转型、实现高质量发展提供了保障。

一、明确师资队伍建设目标与标准

根据上级文件精神，结合学校"十三五"发展规划，为提高师资队伍整体素质，构建一支专兼结合、德才兼备、素质优良、结构合理的师资队伍，学校制定了《上海市大众工业学校师资队伍建设专项发展规划》，各系部依据学校师资队伍建设专项规划制定本部门教师发展规划，教师按照学校、系部教师发展规划和个人情况制定个人发展规划，从而形

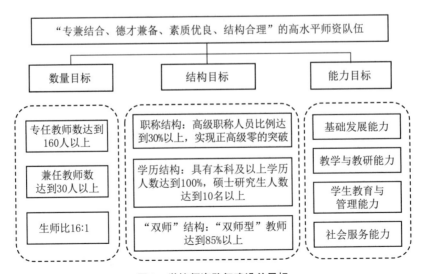

图1 学校师资队伍建设总目标

成"学校—系部—教师"三级师资队伍建设目标链。学校层面，从教师数量、结构、能力三个方面设立学校师资队伍建设总体目标（见图1），通过年度工作计划和学期工作计划细分目标，使具体的师资队伍建设质量目标能够落细、落地、落实。

围绕师资队伍建设整体目标，针对学校师资队伍实际情况，从教师职业发展规律出发，规划教师成长路径，建立健全教师成长期、成熟期、专业发展期阶梯式教师发展标准（见图2）。如建立学校教师准入标准、入职培训标准、见习期考核标准、培养与培训标准、企业兼职教师、"双师型"教师、骨干教师（区、校两级）、专业带头人、名师工作室主持人、金牌教练等聘用考核标准。每类标准均以师德师风、业务能力、职业发展等为核心指标，并与岗位聘任和教师考核融为一体，为实现师资队伍建设整体目标提供保障，明确师资队伍建设整改的标尺。

图2 师资队伍建设标准链

二、构建师资队伍建设 8 字形质量改进螺旋

整合学校资源和管理平台，建设对接市级以上管理平台的校本人才培养工作状态数据信息化管理平台。基于教学诊改平台，根据学校师资队伍具体情况，应用8字形质量改进螺旋构建"目标—标准—设计—组织—实施—诊断—激励—学习—创新—改进"十步递进的周期诊改静态螺旋，围绕设计、组织、实施三个环节，构建"检测—预警—改进"三步调整的常态纠偏动态螺旋（见图3）。

以学校教师发展负责人作为学校层面师资队伍建设专项诊改的主体，确定"诊改年度循环，三年周期循环，质量螺旋上升"的诊断与改进模式，从学校层面开展师资队伍建设专项诊改，为逐步提升学校师资队伍质量提供保障。

三、诊断与改进

在学校师资队伍建设专项诊改过程中，通过数据平台采集教师的基本资料和各类业务材料，如教师的年龄、职称、学历、参加培训次数、教科研成果数量、获奖情况等，将师资队伍建设质量标准转化为数据模型。通过数据分析，及时发现超出预警值的情况并采取相应改进措施。

在第一年度诊改中，多次出现青年教师数量、编外教师数量、教师职称比例质控点预警。面对这一情况，学校及时分析原因，发现学校教师数量虽然能满足办学要求，但其中不少实训指导教师都是编外教师。由于受相关政策限制，无法及时解决进编问题，导致个

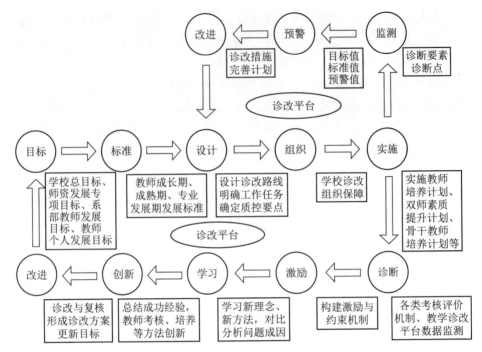

图 3　师资队伍建设 8 字形质量改进螺旋图

别编外优秀青年教师离职。另一方面，学校不少高级职称教师陆续退休，而近年来缺少新教师补充，从而出现了师资结构"断层"问题。在第二年度诊改中，平台多次出现优秀教师人数、教科研成果数量质控点预警。针对以上问题，学校及时采取了以下三点措施。

（一）创新教师聘用机制，缓解师资"断层"危机

一方面，为编外教师提供本人或指导学生参加技能竞赛的机会，为编外教师凭借突出贡献进编奠定基础；另一方面，积极为编外教师进编争取政策支持，为表现突出的编外教师进编开辟绿色通道。针对教师队伍老龄化严重等问题，一方面，不断加大招聘力度，积极探索"线上＋线下"的招聘方式，及时为师资队伍注入新鲜血液；另一方面，依托校企合作、名师工作室等运行机制，聘请了一批具有丰富实践经验的企业人才担任兼职教师。

（二）深化人事制度改革，激发教师工作活力

学校以业务贡献和能力水平为导向，完善绩效工资分配办法、校骨干教师评选及管理办法、校优秀教师评选办法等，先后修订了《上海市大众工业学校关于教师职务评聘、职务晋升工作的实施方案》等适应学校发展的职务晋升、职称评审、绩效分配等一系列改革文件，保障了师资队伍建设顺利推进。

（三）搭建多元发展平台，引领教师专业成长

首先，以培训为着力点，夯实专业素养。根据教师专业发展实际需要，推行分层培养模式，常态化开展寒暑假全员培训和专业教师下企业实践，组织参加市级、区级、校级等各级各类培训，选派学科带头人、骨干教师参加市名师培育工作室学习，选送优秀教师赴德国、英国进行专业培训等。其次，以教研为发力点，提升教师科研能力。学校新增科研室，制定科研规划，开展试点项目研究和教师科研工作指导，并开展校企联合教研。再次，以竞赛为突破点，磨砺教师教学技能。学校连续举办校青年教师教学法评优、校班主

任基本功大赛等竞赛，并在此基础上推荐优秀教师参加区级、市级、国家级教育教学能力大赛。

四、主要成效

（一）师资队伍结构趋于稳定

通过三年诊改，共解决了4名编外教师进编问题，引进了8名新教师，逐步形成了一支结构合理、专兼结合的师资队伍。在师资队伍规模方面，学校现有教职工总数206名，在编在岗教职工199名，在编在岗专任教师160名，聘用兼职教师34名，师资队伍规模保持稳定。在学历结构方面，学校在编在岗专任教师全部拥有本科及以上学历，其中拥有硕士学历的15名，师资队伍学历结构得到优化。在职称结构方面，学校新增正高级讲师1名，高级讲师所占比例保持在30%左右，讲师所占比例保持在55%左右，教师职称比例结构稳定。

（二）优秀教师数量增加

在诊改过程中，学校通过深化人事制度改革、搭建多元成长平台等措施，为教师提供成长渠道，涌现出全国技术能手、上海市教学能手、上海市中职校优秀班主任、嘉定工匠等一批优质师资。优秀教师人数大幅增加，上一届区级骨干教师为6名，而本届区级骨干教师为12名，其中3名为区学科带头人，另还有1名区学术技术带头人、1名市级名师。

（三）教师教科研水平提升

在发现教师教科研成果较少后，学校通过采取诊改措施，教师论文发表量从2018学年的37篇增加到2020学年的50篇。从2018学年没有区级重点课题到2019和2020学年各新增一个区级重点课题，区级一般课题和青年课题数量每年保持新增2—3个。2019和2020学年教材开发质量明显提高，获评"十三五"国家级规划教材1本、市级优秀校本教材2本，同时学校成为市级规划教材基地，开发建设市级规划教材2本。

通过教学诊改，学校在师资队伍建设方面取得了很好的成效，但是诊改是一个动态螺旋上升的过程，学校将持续推进师资队伍建设诊改工作，不断更新目标，促进师资队伍建设向着更高的水平发展。

把脉问诊在深处，精心培育于微处

上海市工程技术管理学校　黄永兵

摘要： 三年（2017—2020年）来，我校制定了《教学工作诊断与改进制度建设和运行方案》等文件，将教师层面诊改工作列入学校中心工作，重点培育一批具有担当精神和勇于创新的骨干教师和教学新人，以35周岁以下青年教师为重点进行了把脉问诊和改革探索。学校积极运用教学诊改理念创新青年教师培养机制，聚焦教师层面开展教学诊断与改进工作。通过持续的诊改工作，分步解决与改进了学校存在的教师问题，整体提升了学校办学水平和社会声誉，取得了可喜的成效。

关键词： 把脉问诊　精心培育　校本研修　提升工程

根据《关于做好中等职业学校教学诊断与改进工作的通知》（教职成司函〔2016〕37号）、《上海市教育委员会关于印发〈上海市中等职业学校教学工作诊断与改进实施方案〉的通知》（沪教委职〔2016〕45号）以及《中共中央 国务院关于全面深化新时代教师队伍建设改革的意见》等文件精神，结合我校实际情况，基于学校"两链"体系，根据教师层面特点编写诊改方案，确定一学年为一个诊改周期，提供诊改要素参考。编制质量管理手册，建立质量主体依据目标和标准进行自我诊断与改进的工作方式，明确在诊改周期内将教师层面诊改工作列入学校的中心工作，培育一批具有担当精神、勇于改革创新的骨干教师和教学新人，以青年教师为重点进行了把脉问诊和改革探索，取得了可喜的成效。

一、开展教学诊改前的教师现状

2017年，我校在编在岗教师266名，其中文化课教师98名，专业课教师132名，组织借用和在校从事非教学岗位教师36名。近5年，每年引进10名左右新教师，学校35周岁以下青年教师多达70名，教师职称结构较前几年发生了很大变化。学校师资队伍建设中的突出问题是中、高级职称教师明显不足，初级教师职称比例过大；"双师型"教师总量不足，能力薄弱，专业发展极不平衡；组织借用和非教学岗位的教师数量偏多，专任教师实际人数只有230名，其中中层及以上干部39名，生师比达15∶1；不少任课教师处在超负荷状态，既影响教学质量，也不能很好地参与教育科研活动和企业实践。

二、开展教学诊改中的方法举措

（一）目标链打造

学校制定《上海市工程技术管理学校"十四五"发展规划》和《上海市工程技术管理学校诊改制度建设与运行实施方案（第二轮）》，对全体教职员工进行了教学工作诊断与改进相关理论的培训，强化现代职业教育质量管理理念。基于学校"十四五"战略定位，围绕学校建设目标，2020学年制定了专业建设、课程建设、师资队伍建设、校企合作建设等6个五年专项规划；依据学校专业建设发展规划制定了10个专业发展规划（2021—2025年）。各部门条线依据专业发展规划，制订年度工作计划，基本形成了与学校发展战略定位相呼应的目标链。下一学年，各专业将按照目标导向、问题导向要求，进一步明确建设任务、建设举措、建设步骤和建设成效，补充完善专业建设方案。

表1　上海市工程技术管理学校"十四五"发展规划

战略定位	各项子规划	各专业发展规划
上海市工程技术管理学校"十四五"发展规划	➢ 专业建设发展规划 ➢ 课程建设规划 ➢ 师资队伍建设规划 ➢ 校企合作建设规划 ➢ 信息化建设规划 ➢ 学生素质发展规划	➢ 高星级饭店运营与管理专业发展规划 ➢ 会计专业发展规划 ➢ 机电技术应用专业发展规划 ➢ 计算机应用专业发展规划 ➢ 服装设计与工艺发展规划 ➢ 汽车运用与维修专业发展规划 ➢ 数控技术应用专业发展规划 ➢ 园林技术应用专业发展规划 ➢ 中餐烹饪与营养膳食专业发展规划 ➢ 电气运行与控制专业发展规划

依据文件精神、学校章程、"十四五"建设规划及五大层面建设规划进行顶层设计，按照全员参与、全过程管理、全方位监控的质量保证原则，形成了学校教学诊断与改进工作路径。

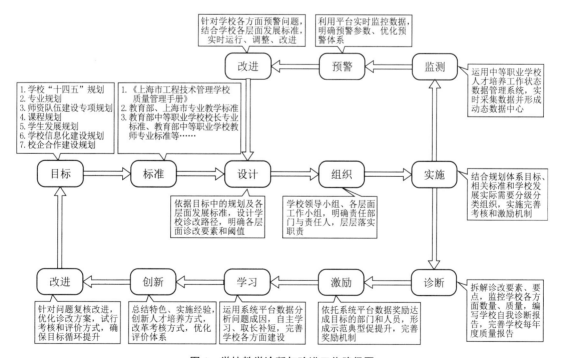

图1　学校教学诊断与改进工作路径图

（二）标准链打造

依据学校"十四五"发展规划，梳理、规范学校部门职能和岗位职责，保证管理运行标准有效落实。在此基础上，梳理各类管理制度，保证管理标准与工作业务融合。学校发布了《上海市工程技术管理学校质量管理手册》《上海市工程技术管理学校内控制度》，初步形成了学校、专业、教师三个层面的标准链。

表 2　学校标准链建设情况一览表

层面	国家 / 市级标准	学校标准
学校	➤《中等职业学校设置标准》（教职成〔2010〕12号） ➤《中等职业学校校长专业标准》 ➤《中等职业学校管理规程》（教职成〔2010〕6号）	➤ 学校章程 ➤ 学校质量管理手册 ➤ 学校制度汇编 ➤ 学校内控标准
专业	➤ 上海市中等职业学校示范性品牌专业和品牌专业建设标准 ➤ 上海市中等职业学校专业设置管理实施细则	➤ 示范性品牌专业建设标准 ➤ 品牌专业建设标准 ➤ 学校重点专业建设标准 ➤ 学校特色专业建设标准
专业	➤《上海市中等职业学校教学管理工作指导意见》（沪教委职〔2013〕22号）	➤ 专业教学实施方案编制标准 ➤ 课程标准制定标准 ➤ 教材使用和选用审核工作标准 ➤ 课程表编制审核工作标准 ➤ 授课计划编制审核工作标准 ➤ 教案编写检查工作标准
专业	➤ 国家 / 上海市相关专业教学标准	➤ 学校各专业人才培养方案
教师	➤《中等职业学校教师专业标准（试行）》（教师〔2013〕12号） ➤《职业学校兼职教师管理办法》（教师〔2012〕14号）	➤ "双师型"教师认定标准 ➤ 专业带头人 / 骨干教师认定标准 ➤ 新时代教师师德标准 ➤ 教育教学岗位考核标准 ➤ 教师发展激励机制等标准

（三）人才培养数据采集

学校依托中等职业学校人才培养工作状态数据管理系统，首次开展了2020—2021学年人才培养状态数据的采集，对目标达成情况进行了客观数据采集和对比分析。通过校本数据的采集，实现了数据共享和大数据分析，实现了预警和可视化自我质量监控，提高了质量体系建设和运行中的信息流转准确性及质量管控效能，有效推进了广大师生的自我诊断与改进工作。

1. 校本研修日常化，把脉问诊教师履职能力

学校把强化教师履行教书育人的意识和能力作为精神文明建设和师德师风教育的重要内容。一方面，通过经常性的正面宣传教育，引导广大教师认真履行行为准则与职业规范，在职业生涯发展过程中不断学习、不断进取、探索规律、承担道义；另一方面，通过建立教学质量管理制度将教师的履职能力和业绩与师德师风考核和绩效考核挂钩。

2. 教学诊断精准化，精心实施"青蓝"提升工程

学校建立健全新教师带教制度和培养机制，对新教师进行为期一年的实习期培养，以学习职业技能和校内教育教学见习为主，进行规范化培训，完成指定的各项工作任务，一

年内获得相关工种的中级职业资格，通过新教师见习期各项评定。对于参加教育工作 6 年以内的新教师，学校指派专业对口的老教师带教，明确新教师的年度教育教学工作任务和总体专业发展目标，通过"压担子、出路子、搭台子"，使得他们"厚底子、长面子"，实现又好又快地成长。

学校连续 3 年邀请崇明区教育学会专家开展青年教师课堂教学能力提升工程。一方面，针对全校 70 多名 35 周岁以下的青年教师开展三轮地毯式课堂教学听课诊断活动和课堂教学大奖赛活动；另一方面，发挥研修团队作用，针对部分有潜力的青年教师开展小课题研究等继续加以跟踪培养。具体做法是：举行签约仪式和专家聘任，签订"提升工程"协议，按专业大类分成 8 个小组开展了见面、交流和听课活动。"提升工程"实施三轮以来，共完成诊断听课 588 节，专家对青年教师的教案设计、上课情况等进行一对一的把脉问诊，由学校教务处组织三轮青年教师听课情况专家汇报会。同时，对每一轮被听课的青年教师均有针对性的交流面谈，对青年教师进行一人一表的评课。

3. 骨干队伍梯次化，辐射引领师资队伍建设

加强教师发展"双通道"机制建设，发展壮大骨干教师队伍。按上级计划选送相关干部和骨干教师参加校长领导力、专业带头人、"双师型"教师等国家级和市级师资培训，选派部分骨干教师赴国外进行短期培训，培训成绩或学分计入个人培训总分。每个骨干教师重点围绕课程建设、课堂教学、交流合作、学生管理、教育科研等制定个人专业发展规划，明确发展目标、主要任务和工作措施，加强过程性检查与达成度评价。

三、开展教学诊改后的实际成效

（一）诊改工作形成了科研的氛围

立足专业发展特色，坚持以科研促进教学和专业发展，以项目引领专业发展，围绕"研思路·寻策略·出路径"的工作主旨，凸显科研的统筹协调与示范引领作用。2017 年以来，教师承担"中职校实现教育与经济效益双赢的校企合作机制研究"等市级课题 3 项，"中职校沙·舟文化育人的实践研究"等区级课题 38 项。"沪喀协同创新南疆职业技能人才培养模式的探索与实践"获上海市教学成果特等奖。

（二）诊改工作打造了优秀的团队

2017 年以来，教师晋升副高职称 11 人，获得"双师型"称号教师 12 人。根据人才培养方案，教师精心备课，认真上课，注重因材施教，辅差拔尖，做好各项教学工作。强化教学评价，以评价改进教学。经过多年建设和积累，尤其是诊改试点后成效凸显：3 年来学校有 10 个教师团队参加上海市中等职业学校教师教学能力大赛，获一等奖 4 个、二等奖 6 个；完成"园林植物病虫害识别与防治""典型铣削零件的编程与加工"等 5 门市级在线开放课程建设。

（三）诊改工作检验了教学的效果

专业教师积极参与技能竞赛，能够展示职业教育改革发展的成果，展现职业学校师生的风采，促进职业教育发展形成良好氛围，推动学校教学与企业的产教融合。通过竞赛能够考核学生的专业知识，提高学生的操作能力，也丰富了学生的课余文化生活。2017 年以来，学校教师有 28 人次参与市级教学法评优和教师教学能力大赛，获一等奖 4 个、二

等奖 7 个、三等奖 2 个；有 32 人次教师指导学生参加各级各类技能大赛，获市级及以上奖项共计 85 个。

学校在上一周期的教学诊断与改进工作中已经进行了积极的探索，在铸师魂、炼师能上取得了较为明显的成效。但面对"中国智造 2025"以及"互联网 +"带来的产业结构转型升级，在教师培养上，如何进一步精准把脉问诊，精心培育于微处，一人一策，提高师德师能，服务区域经济，成就学生职业未来，将成为学校继续开展教学诊改的重要课题。

总之，打造一支德才兼备的教师队伍，我们永远在路上！

图书在版编目（CIP）数据

上海市中等职业学校教学工作诊断与改进指南 / 上海市教育评估院编著. — 上海：上海教育出版社，2023.12
ISBN 978-7-5720-2422-1

Ⅰ.①上… Ⅱ.①上… Ⅲ.①中等专业学校 – 教学工作 – 研究 – 上海 Ⅳ.①G718.3

中国国家版本馆CIP数据核字(2023)第251772号

责任编辑　茶文琼　汪海清
封面设计　毛结平

上海市中等职业学校教学工作诊断与改进指南
上海市教育评估院　编著

出版发行　上海教育出版社有限公司
官　　网　www.seph.com.cn
地　　址　上海市闵行区号景路159弄C座
邮　　编　201101
印　　刷　上海昌鑫龙印务有限公司
开　　本　787×1092　1/16　印张 24.25
字　　数　600 千字
版　　次　2024年1月第1版
印　　次　2024年1月第1次印刷
书　　号　ISBN 978-7-5720-2422-1/G·2148
定　　价　108.00 元

如发现质量问题，读者可向本社调换　电话：021-64373213